BR

Edition Akzente
Herausgegeben von
Michael Krüger

Ernst Wendt

Wie es euch gefällt geht nicht mehr

Meine Lehrstücke und Endspiele

Carl Hanser Verlag

ISBN 3-446-14140-5
Alle Rechte vorbehalten
© 1985 Carl Hanser Verlag München Wien
Umschlag: Klaus Detjen,
unter Verwendung eines Bühnenbild-Fotos
von Johannes Schütz
Satz: LibroSatz, Kriftel
Druck und Bindung: Pustet, Regensburg
Printed in Germany

für Mari

Inhalt

VI

Zur Auswahl

Vor die Aufgabe gestellt, aus den Texten von über 25 Jahren einen heute lesbaren Band zusammenzustellen, meint man – vor ihr zurückschreckend –, die eigene Biographie zurechtrücken zu müssen. Ich habe das, bei der Auswahl der Texte, teilweise getan. Vorgelegt werden hier nur die Aufsätze, Reden, Probennotizen, Rundfunkessays, Programmheftbeiträge, die das spiegeln, was ich auch heute noch denken mag.

Deshalb: keine »Schülerarbeiten«; all die Anfängerkritiken aus den Jahren 1958 bis etwa 1968 habe ich weggelassen, es waren das Lernschritte, ihr Neudruck würfe nur ein schiefes Licht auf die Theatergeschichte jener Jahre.

Meine Skepsis gegenüber der »Wahrheit« von Theaterkritiken hat mich veranlaßt, den Ordner mit Photokopien aus der Zeit meiner Arbeit bei »Theater heute« wieder in die Ecke zu stellen, in die er wohl gehört. Ein Abdruck von Tageskritiken in einem Buch verschafft ihnen ein Maß an Objektivität, das jedenfalls den meinen, wenn ich sie wiederlese, ganz offensichtlich nicht zu eigen war. Viel zu sehr war schon damals Theaterkritik ein Mittel zur Durchsetzung bestimmter ästhetischer Richtungen, Geschmäcker, auch Moden, und zur Bekämpfung anderer: ich habe, das erkennend, an den großen Lehrer Siegfried Melchinger gedacht und zu verstehen geglaubt, warum er sich Mitte der sechziger Jahre aus dem immer theaterpolitischer werdenden Kritikergeschäft zurückgezogen hat.

Im übrigen ist, was in »Theater heute« erschien, ja relativ leicht zugänglich, es macht mir ohnehin Angst, zu sehen, mit welcher Gläubigkeit daraus immer wieder in Dissertationen und sogenannten Rezeptionsgeschichten zitiert wird.

Was hier gesammelt vorliegt, ist eher das nicht so leicht Wiederzufindende: ungedruckte oder verstreut gedruckte Reden und Rundfunkbeiträge, Beiträge in schwer zugänglichen Programmheften, Katalogen und Zeitschriften oder Sammelbänden. Und merkwürdig oder nicht – gerade daraus entsteht so etwas wie die Essenz der eigenen praktischen Arbeit und der eigenen Theater-Obsessionen. Eine Bilanz dessen, hinter dem man hergelaufen ist. Von dem man meint, daß es sich gelohnt haben sollte.

I

Meine amerikanische Bildung
Eine Erinnerung

Der Himmel war nichts anderes als hellblau an jenem Tag Anfang Mai 1945. Da ging die Mutter mit ihren beiden Kindern an der Hand zurück aus dem Dorf über die Felder und Wiesen in die Stadt. Die Amerikaner, hatte es geheißen, seien einmarschiert in die Stadt. Der Krieg war vorbei. War er vorbei? Am Himmel die kleinen silbernen Punkte gaben keine Auskunft. Sie sahen aus wie seit Jahren. Die Kinder, acht und vier, wußten: Die trugen Bomben mit sich. Manchmal waren sie oben, weit oben auf andre silberne Punkte, schnellere, getroffen, die kämpften dann miteinander, und die einen oder die anderen waren heruntergetrudelt.

Man konnte nicht wissen. Wenn tiefffliegende Flugzeuge über die Mutter und die Kinder hinwegflogen, dann verkrochen die sich im Straßengraben, so wie sie es gewohnt waren, und sie zitterten. Den wenigen Leuten, die ihnen auf dem Weg begegneten und die ihnen sagten, die amerikanischen Panzer führen durch die Stadt, trauten sie nicht. Wer traute in diesen Jahren schon seinem Nächsten? Und wenn es denn stimmen sollte: Was würde geschehen, was würden diese Amerikaner mit einem machen?

Als die Mutter und die Kinder in die Stadt kamen, war alles sehr einfach und alles sehr anders: Die Panzer fuhren ganz einfach durch die Stadt durch, am einen Ortsende rein, am anderen wieder raus. Es war die Straße, auf der der Junge zur Schule ging. Die Soldaten saßen lachend auf ihren Panzern und warfen den Kindern Schokolade herunter. Die Kinder bückten sich zögernd, noch ängstlich, denn warum warf der böse Feind mit Süßigkeiten, statt uns zu spießen, aber die kindliche Lust siegte, und die Schokolade wurde noch auf der Straße gegessen.

Das war das erstemal, daß mir Amerika was gab. In meiner Erinnerung ist das Bild des Soldaten auf dem Panzer, der mir etwas vor die Füße warf, bis heute eingebrannt. Er hatte ein ernstes Gesicht. Was er tat, verstand er wohl als eine Aufgabe, als humane Pflicht des Befreiers. Es war ja sicher auch nicht seine persönliche Schokoladenration, man hatte sie ihm wohl eigens zugeteilt, um mich zu »gewinnen«. Neben ihm der Neger, der erste, den ich lebend sah – ich kannte nur die Photos von Jesse Owens im Zigarettenbilderalbum der Olympiade und die Zeichnungen aus »Onkel Toms Hütte« – dieser Neger lachte über das ganze Gesicht und nickte und gestikulierte, als ich mich vorsichtig bückte. Eigentlich war *er* das Kind. Ich glaube, ihm habe ich vertraut. Und ich denke, diese Szene hat mein Empfinden sowohl dem »weißen« wie dem »schwarzen« Amerika gegenüber auf immer bestimmt.

Irgendwann kam das erste Care-Paket. Ich erinnere mich, wie wir um den Küchentisch standen, als die Mutter es auspackte. Schon die Verpackung, wasserfest und vielfach verklebt und verschnürt, war eine Sensation. Als erstes wurden Papier und Pappe und die Hülle aus Leinen beiseite gebracht. Das ließ sich ja alles weiterverwenden. Was außer einer sehr harten bitteren Schokolade, Kakaopulver und Rosinen alles drin war – ich weiß es nicht mehr. Aber an die Erdnußbutter erinnere ich mich: ein bräunlicher, süß-klebriger Brotaufstrich, der jahrelang meine Geschmacksnerven bestimmen sollte. Durch seinen leicht öligen Hautgout war er dem teutonischen Rübensaft für den Gaumen des Kindes natürlich überlegen.

Das Kind hatte, acht Jahre alt, natürlich nicht das Gefühl, kolonialisiert zu werden. Auch später nicht. Wie denn auch? Die Eltern, die Lehrer – sie hatten dem, was nun an amerikanischer Versorgung und amerikanischer Bildung über einen aufwachsenden jungen Menschen hereinfluten sollte, nichts Eigenes mehr entgegenzusetzen. Nicht nur gab es nichts zum Fressen, auch an »Werten«, an zu vermittelnder Bildung war da nur ein Loch: Das Kind sah, verstört und fasziniert, die Bilder der in Nürnberg aufgehängten Nazi-Verbrecher. Die Zeitung lag ja herum. Aber wie sollte ein Kind das bewerten? Gegen das große Schweigen ringsum, die ängstlichen, niedergeschlagenen Gesichter einerseits, gegen die wüsten Überlebenskämpfe andererseits? Schon das Kind wurde hineingezogen in die kriminelle Energie, die sich im Alltag der Menschen, der hungernden und frierenden, sofort entfaltete. Die Eltern warfen die Briketts von den nachts auf freien Strecken haltenden Güterwagen, das Kind am Bahndamm sammelte sie auf. Es wurde mitgenommen in den Wald, wo man heimlich in nachbarschaftlicher Hilfe ganze Bäume fällte, in einer Lichtung zersägte und unter Tüchern verdeckt mit dem Handwagen nach Hause zog. In der Waschküche wurde »schwarz« geschlachtet und heimlich Rübenschnaps gebrannt. Auch bei der Plünderung eines Militärlagers gleich am Ende des Krieges war das Kind dabeigewesen. All das wird heute ja gerne verdrängt und als Unverwüstlichkeit des Menschen und deutscher Wiederaufbauwille glorifiziert.

Wenn ich zurückdenke, dann wird mir bewußt, warum mir dieser orgiastische Drang zu einer neuen Heimat der Sicherheiten, der in den fünfziger Jahren dann ausbrach, schon damals suspekt war. Der Heranwachsende, der Junge in der Pubertät, muß gespürt haben, wie sehr die politische, wirtschaftliche und militärische Regeneration dieses Landes nur eine Fortsetzung jener Beutezüge war, an denen er als Kind selber beteiligt war. Mundraub in großem Stil. Bereichere sich, wer kann. Das war das deutsche Wirtschaftswunder. Und der amerikanische Marshall-Plan diente dazu, dieses großangelegte Manöver kollektiver Kriminalität zu finanzieren und gegen andere gesellschaftstheoretische Modelle abzusichern.

Man kann das, ohne zu moralisieren, heute getrost einen Kolonialisierungsvorgang nennen. Denn zum Moralisieren haben wir kein Recht in diesem Lande. Die uns da mit ihrem Geld, mit ihrer Weltanschauung, mit ihrer Kultur *über*zogen und *erzogen*, hatten ja eine weiße Weste. Sie waren nicht in politische Verbrechen verstrickt wie unsere Eltern, sie hatten das Recht und die Moral und gegen die der Nazis sogar noch die Kultur auf ihrer Seite.

Und die Kultur, die sie – natürlich nicht selbstlos, sondern als globalen ökonomischen Verwertungsvorgang – über den Ozean schwemmten, bestimmte den »Roman« meiner Bildung und sicher vieler aus meiner Generation. Das soll hier nicht beklagt, sondern in Erinnerung gerufen werden. Vielleicht kann es einer blödsinnig abstrakt geführten »Anti-Amerikanismus«-Debatte ein wenig sinnlichen Hintergrund einmalen.

Als der Deutschlehrer mich in der fünften Klasse zum erstenmal dabei erwischte, wie ich unter der Bank ein Groschenheft mit den Abenteuern Buffalo Bills las, hatte er dieser Art von autodidaktischer Beschäftigung nichts weiter als die Worte »Schmutz und Schund« entgegenzusetzen. Sowie die Dichterin Gertrud von Le Fort und den Dichter Bergengruen. Gegen diese trostlosen Trostspender der deutschen Literatur behielt natürlich schon damals jeder Schuß des Cowboys Billy Jenkins in einem jener Hefte mit den silbergrauen Titelgraphiken recht und ein Roman von Zane Grey, den man in einer Leihbibliothek aufstöberte, allemal.

Es waren das ja Kolportagen über eine Welt der Recht- und Gesetzlosigkeit, des Faustrechts und des barschen Überlebenskampfes in einer Zeit des Aufbruchs. Sie spiegelten also etwas von dem wider, was einer als Kind eher unbewußt ringsum erlebt hatte. Und es gab, was ein Kind wohl braucht, Helden darin, Sieger. Deutsche Helden hatten wir, die Verlierer, nicht mehr. Eine zum Verbrechen mißbrauchte kulturelle Tradition wurde doch zunächst einmal ängstlich aus dem Verkehr gezogen.

In die Lücke stießen Zorro der Rächer – sonntags vormittags im Kino der Kleinstadt – und Errol Flynn, der Herr der Meere, und Tarzan, Herr des Dschungels. Eroberer-Typen. Der Herren-Mensch als Hollywood-Produkt. Die Kolonisatoren stellten sich in diesen Produkten als die Guten, die Kämpfer für Gerechtigkeit dar, und der Schüler merkte nicht, wie sehr sich in den mythischen Figuren der Trivialfilme und -romane auch nicht viel mehr spiegelte als die Raubzüge der Starken gegen die Schwachen und daß die Guten vor lauter Kämpfen und Schießen nie dazu kommen, Gutes zu tun, sondern auf ewig dazu verdammt zu sein scheinen, das Prinzip des »Guten« mit den Mitteln des Bösen durchzusetzen.

Ich habe es nie bedauert, diese Lese- und Kinoerfahrung gemacht zu haben: Ein Blick auf das, was sich demgegenüber die Wirklichkeit nennt, belehrt ja darüber, daß die Strukturen solcher Produkte nicht phantastische Ausgeburten sind, sondern gleichsam dokumentarische Reproduktionen dessen, was an globaler Politik geschieht.

Insofern hatte der Deutschlehrer, der das als Schmutz und Schund bezeichnete, sogar recht: Er wußte nur nicht, daß er damit die Wirklichkeit meinte. Er hielt es für eine Frage des guten Geschmacks. Heute würde ich ihm sagen, daß die Kultur der Sieger immer eine geschmacklose ist. Sie missioniert »nach unten«, sie vertreibt ihre billigsten Produkte, weil mit ihnen die rascheste und gewinnträchtigste Wirkung zu erzielen ist, und vergißt darüber, wofür sie eigentlich missionieren wollte. Sie landet also wieder bei einer Identität der wahren Interessen mit den Mitteln von deren Propagierung.

Das läßt sich – zum Beispiel – an einem weiteren Lehr-Material meiner Jugend zeigen: an Walt-Disneys Comics und Filmen. In ihnen bilden sich ja auf eine geradezu schamlos direkte Weise die Mechanismen eines vom Wettbewerb, vom Geld, von Konkurrenzängsten und Aufsteiger-Rücksichtslosigkeiten geprägten gesellschaftlichen Systems ab. Mit der Hilfe von Tieren – Mäusen, Katzen, Schweinen, Füchsen – wird das alles vermenschlicht. Was aber nichts anderes heißt als: Der Mensch merkt nicht einmal mehr, daß er über sein eigenes Gefangenen-Dasein lacht. Bösartige Dialektik: Die amerikanischen Trivialkünste zeigen wohl dem einzelnen die Strukturen seiner Ängste und Unterlegenheit, auch seines tierischen, amoralischen Wesens, doch sie hüllen ihn zugleich durch die Raffinesse ihrer Vermittlung in dem Glauben ein, das, was er sieht, seien entweder nur vermenschlichte Tiere oder allenfalls der böse Nachbar.

Natürlich habe ich auch den »Superman« studiert. Da war er ja, der Wille zur Macht des prädestinierten Menschen, von dem uns die Amerikaner gerade befreit hatten – und sie hatten ihn die ganze Zeit über bei sich zu Hause als Comic-Futter für ihre GIs verarbeitet. Eine faschistische Ideologie der sauberen Menschen, leicht homoerotisch angehaucht, mit sterilen Frauen, und mit

Wunderwaffen, die diese Kultur des Frigiden, Reinlichen, Blonden, eine hochgezüchtete Angestelltenwelt, immer wieder garantierten. Ist es nicht ein phantastischer Selbstbetrug: daß der Machtwille angesichts der braven neuen Welt der Mittelklasse, für deren Sauberkeit er ins Feld zieht, auch immer wieder bereit sei, sich selbst zu domestizieren? Sollte der amerikanische Traum-Kitsch das wirklich durchhalten können? Wenn man erkennt, daß diese Frage, die vielleicht über Krieg oder Frieden entscheiden wird, in den Abenteuern von Superman-Comics angelegt ist, dann kann man kaum bereuen, auch naiv in ihnen gelesen zu haben.

Warum sollte ich leugnen, daß ich diese amerikanische Bildung als junger Mensch, also in den fünfziger Jahren, mitunter wohl auch süchtig eingesogen habe? Mir war es ja egal, ich durchschaute nicht, daß die Idole, denen ich ins Kino nachrannte, Produkte einer ausklügelnden Industrie waren, daß man mich mit ihnen zu Vorstellungen von Weiblichkeit, von Männlichkeit, von Gerechtigkeit, von Bösigkeit und Tugend verführen wollte. Ich ahnte nicht, wie schnell aus einem Netz von Bildern rückkoppelnd soziale Wirklichkeit werden kann.

Wollte man mich tatsächlich verführen? Die Bilder, denen ich unterlag, waren ja von Gläubigen oder von Abhängigen gemacht. Was sie produzierten, war bereits Abbild einer Realität, in der sie dieses – freilich *nur* dieses – produzieren durften. Ein verflixter Vorgang: Seit ich ihn durchschaue, fühle ich mich von ihnen nicht mehr betrogen, und vorher habe ich mich auch nicht betrogen gefühlt – was also kritisiere ich eigentlich? Die eigene Gefährdung wohl. Die insgeheime Lust, am Trivialen einen lässigen Geschmack zu haben und Idole herbeizusehnen und die Welt doch lieber auch auf eine einfache Weise eingeteilt zu wissen. Warum ist der junge Mensch damals gleich dreimal in den Film »Verdammt in alle Ewigkeit« hineingerannt? Es ist wohl über 25 Jahre her, aber heute denke ich, es war wegen Montgomery Clifts sentimentalen Trompetensignals und seiner Tränen wegen, die sich in der Projektion mit den meinen vermischten. Er/ich weinte ersatzweise, er starb ersatzweise, er überlebte ersatzweise, er liebte auch ersatzweise. Der Junge wuchs, wenn man es genau besieht, mit dieser Art von Kultur ersatzweise auf.

Denn er trug ja das Haar wie Marlon Brando in »Die Wilden« und so einen Lambswool-Pullover wie James Dean und wollte zugleich so unschuldig gehen wie Cary Grant und schon so zernarbt aussehen wie Victor Mature und vielleicht auch noch so schön wie Clark Gable. Und das alles war nur dieser einen blöden Frau wegen, von der ich nicht mehr weiß, ob die nun Doris Day oder Esther Williams oder Lana Turner oder Kim Novak geheißen hat. Da war er aber erst fünfzehn oder siebzehn, und so ein Auto, mit dem man sich wenigstens zu Tode fahren konnte wie James Dean, hatte er auch nicht. Aber als der starb, hat er geweint, und es schien ein schlimmerer Verlust zu sein als der der eigenen Großmutter.

Ich habe dann angefangen, »richtige« Bücher zu lesen und »richtige« Musik zu hören. Und wiederum war alles amerikanisch. Die Bücher waren von Hemingway, und es wurde darin der starke Mann markiert, der nicht gesellschaftsfähige Held. Mir gefiel das so sehr, daß ich damals in der Oberstufe gegen den leicht erschrockenen Deutschlehrer ein Referat über Hemingway durchsetzte. Der Text ist erhalten – es ist ein einziger Einsamkeits-Kitsch, eine Sehnsucht nach dem Leben, das sich schon bei Hemingway selber nur noch als Sehnsucht erleben konnte und deshalb wohl pausenlos feiern mußte.

Dann hat er sich eine Schellackplatte von Louis Armstrongs »Westend Blues« gekauft – einer 78er, die kostete 4 Mark damals – und sie auf das alte Nadelgrammophon des Vaters gelegt und dreimal täglich abgehört. Negermusik, hat der dazu gesagt, wenn er von der Arbeit kam, und er war kein Nazi gewesen, nur ein braver Deutscher, und mir tat es weh, wenn er das sagte, denn inzwischen waren die »Neger« für mich bereits nicht nur das »andere« Amerika, sondern auch das andere Deutschland. Tucholsky, den ich als Vierzehn-, Fünfzehnjähriger in den rororo-Bänden las, hatte ja sichtbar nichts bewirken können: Alles wurde wieder so, wie er es beschrieben hatte – die Politik, die Justiz, das Militär, die Väter, die Kleinbürger. Eine einzige Restauration.

Die Heimatfilme verriegelten uns den Blick dafür, daß just zu dieser Zeit mit der Zerstörung der Heimat, der Heide, der Flüsse, der Wälder im großen Maßstab deutscher Gründlichkeit begonnen wurde. Die Schlagerparaden mit ihrer tremolierenden Südsee- und Italienreklame träufelten den deutschen Neckermännern ihre künftigen Reiserouten ins Ohr. Und die wiederkehrende Ufa-Kultur mit ihrer Ärzteschwemme bereitete den Siegeszug der Pharmaindustrie vor. Unsere »nationale« Trivialkultur war voll in den Dienst der Aufbauwunder genommen.

Dem Jugendlichen, der dahinter die Zerstörung von Natur und Gefühlen wohl ahnte, der sich in einem Volk, das meinte, ohne die Empfindung der Trauer auszukommen, heimatlos fühlte, halfen die Neger. Er emigrierte ins Getto von New Orleans, in eine Musik, die voller Sehnsucht war und deren Traurigkeit den Verlust von Heimat und Wärme beklagte. Wenig später lösten die ersten Platten von Charlie Parker dieses Gefühl ab: Da war nun zum erstenmal eine brutale Protestkultur, die voller Wut die traditionellen Formen zerspielte und vor der Selbstzerstörung nicht haltmachte. Die eine Aufnahme von »Lover man«, auf der er völlig fragmentarisierte Phrasen, Tondokumente der Zerrüttung, vor sich hin bläst, habe ich mir damals pausenlos angehört. Es war der schmerzhafte Ausdruck der schmutzigen Kehrseite jenes Amerika, das mit den Produkten seines unangekränkelten Selbstbewußtseins auch mein Gemüt besetzt hatte.

Der schrille Ton von Parkers Altsaxophon machte ihn zum erstenmal aufmerksam auf das Elend in den Seelen, das von einer narkotisierenden Trivialkultur perfiderweise zugleich befördert und ruhiggestellt wurde. Was zehn Jahre später bei Marcuse zu lesen war, hätte man in Parkers Musik schon hören können. Als Parker in einem New Yorker Hotelzimmer elend starb, ein arbeitsloses, krankes Genie, da habe ich wieder geweint, aber diesmal vor Wut über einen flapsigen »Spiegel«-Artikel, in dem das Ganze auf eine schäbige Drogen-Story verkleinert war. Das war in den fünfziger Jahren. Es gab schon kein Erbarmen mehr.

Später, erst sehr spät, nach der Schule und autodidaktisch, so wie ich's mit dem Kino, den Comics und dem Jazz ja auch gemacht hatte, habe ich mir dann auch die Hochkultur, die europäische, angelesen und angehört. Ich bereue die »falsche« Reihenfolge nicht. Goethe, Mozart und Hölderlin mußten sich halt gegen meine amerikanische Bildung erst einmal durchsetzen. Sie haben's schließlich geschafft, und ihnen hat es nicht geschadet.

Nur, manchmal empfinde ich die Tatsache, daß ich heute das Käthchen von Heilbronn einem King-Vidor-Film vorziehe und eine Beethoven-Aufnahme von Arthur Schnabel der Hot Five, und daß ich denke, die Günderrode ist vielleicht doch emanzipierter gewesen als Rita Hayworth, und Werthers Leiden waren womöglich wichtiger als die von James Dean, wie einen Verrat an der eigenen, der »amerikanischen« Jugend.

(SZ, 6./7. 11. 82)

Mein Hitler
Eine andere Erinnerung

Als der Vater, kurz vorm Einmarsch der Alliierten, einen Spaten nahm, im Garten hinter den Stachelbeerbüschen ein tiefes Loch grub und die Zigarettenalben und »Mein Kampf«, wasserfest eingewickelt, dort zu Grabe trug, da hatte der Sohn sich an Hitler bereits satt gesehen. An der Wand, hinter dem Katheder des Lehrers der ersten Klasse, hing ja, jeden Morgen zum Gebet und zum Hitler-Gruß mahnend, das Bildnis des Führers. Daß der Unterricht nicht mehr so recht in Gang kommen wollte, weil immer öfter die Sirenen heulten, wenn die Tiefflieger über die Stadt Nienburg jagten, um die Munitionszüge auf der Bahnlinie zwischen Hannover und Bremen zu beschießen, konnte der Mann auf dem Bild mit den so beharrlich ins Nirgendwo gerichteten, engliegenden Augen offensichtlich nicht mehr verhindern. Nur das schaffte seine Autorität noch: daß wir Kinder in Reih und Glied antraten, ehe es in den Luftschutzkeller ging.

Auf den Zigarettenbildern hatte ich ihn kennengelernt: »Von deutscher Scholle« hieß der eine Band, in den mein Vater und ich sie mit Pelikanol eingeklebt hatten. Da beugte er sich, im Bückeburger Land, zu den Kindern herab, die ihm Blumen reichten, er streichelte ihnen das Blondhaar. Und Frauen im Trachtengewand und mit eingerollten Zöpfen sahen ihn mit Augen, die ich allerdings erst viel später als sehnsüchtige identifizierte, gläubig und fröhlich an. Alle schienen ihn zu lieben, und er, so kam es dem Kinde aus den Bildern entgegen, liebte die Menschen. Er fuhr auch ein schlankes Auto, ein offenes, er fuhr es durch ein Spalier von Jubelnden; das wußte ich aus den zwei Alben von der Olympiade. Und das Bild, wie er dem 400-Meter-Läufer Harbig, der ein Vorbild der Jugend war, die Hand zum Gewinn der Goldmedaille drückte, auch das hatte ich vor Augen.

Zu Hause hing er nicht. Der Vater nannte ihn mit einer kaum merkbaren Verächtlichkeit beim Vornamen: »Adolf«. Das Kind fühlte, daß er ihn nicht mochte. Die Alben aber waren ein Bestandteil der Kleinbürgerkultur: sie fielen beim Rauchen, wenn man nur einer bestimmten Marke die Treue hielt, einfach an. Wo es keinen Bücherschrank gab, waren sie für das Kind die einzigen, die wegweisenden »Schrifttafeln«.

Man hat gesagt, daß dieser Mann, wenn das Fernsehen schon verbreitet gewesen wäre, es nie so weit gebracht hätte. Die Flut der Reproduktionen hätte ihn rechtzeitig entlarvt. Das stimmt sicher nicht. Schon die Augen der Menschen, mit denen er sich photographieren ließ, sprechen dagegen. Wenn einer es erst einmal so weit gebracht hat, daß er über die Auswahl der Bilder entscheiden und die Kameraperspektive bestimmen kann, dann ist das Medium ohnmächtig, selbst wenn es seine Fehler ins Bild setzt. Im Gegenteil: wo die Fehler zur Botschaft werden, tragen die Reproduktionen durch die Medien zu ihrer Popularisierung bei.

Dem Kind jedenfalls erschien er auf den Herz-Jesu-Bildchen der Firma, die die Juno drehte, als ein faszinierender Mann. Warum hätte aus ihm nicht, wenn die Sache sich noch länger hingezogen hätte, ein gläubiger Pimpf werden sollen, voller Sehnsucht nach einem der Halsknotenschals, welche die Hitlerjungen, die auf den Bildern angetreten waren, so sichtlich stolz trugen?

Ich kannte natürlich die Stimme. Der Volksempfänger stand

in der Küche der Großtante, bei der wir, die Mutter mit uns Kindern, evakuiert waren. Und wegen der Vorwarnungen über Luftangriffe auf Hannover – dort stand das Haus, da war der Vater geblieben – lief das Radio den ganzen Tag über. Wenn das Kind, erhitzt vom Spiel im Garten, in die Küche kam, um aus dem Schöpflöffel, der am Wasserhahn hing, ein paar kalte Schlucke zu trinken, dann hörte es seine politische Bildung: die Fragmente einer Führerrede oder die Berichte des Oberkommandos der Wehrmacht oder die Warnungen vor anfliegenden Bombern – die waren dann aber bei klarem Wetter am Himmel immer schon zu sehen. Und je ernster die Lage wurde, desto mehr Beethoven.

Ich habe später manchmal überlegt, ob ich deshalb so lange Zeit mit der klassischen Musik nichts im Sinn hatte, weil sie durch ihre Verwendbarkeit als Schmiermittel zwischen den Berichten vom Krieg für die Ohren des Kindes korrumpiert war. Tatsächlich habe ich Beethoven noch viele Jahre später immer nur im Zusammenhang mit fallenden Bomben und dem Gebell von Tieffliegern und explodierenden Tanks hören können. Vielleicht ist er ja taub geworden, um diese Art von Zukunftsmusik beim Komponieren nicht bereits mithören zu müssen.

Also da war diese Stimme. Sie ist sicher hundertmal beschrieben worden. Dem Kinde klang sie »wie von oben«. Wie etwas, dem man gehorchen muß, ein sprechender Rohrstock gleichsam, dem vergleichbar, den der Lehrer in der ersten Klasse in der Hand hatte. Sie paßte sich ein in die Geräusche, mit denen das Kind ohnehin aufwuchs: die schnarrende, von Hand betriebene Sirene, mit der der Bäcker beim Alarm durch die Straßen ging; das leise, eigentlich sanfte Brummen der englischen Bombenflugzeuge über der Stadt; das kurze Krachen am Bahndamm nach dem scharfen Aufkreischen der Tiefflieger, wenn sie direkt übers Haus flogen; die dumpfen Explosionen, wenn man in der Vorratskammer hockte, die unter der Küche lag und zu der eine Klapptür im Boden führte, über der normalerweise der Küchentisch stand. Manchmal freilich war er schon weggeräumt, damit man schneller hinunterkam.

Diese theatralische, überschnappend hochkreischende Stimme

spielte im Konzert der letzten Kriegsjahre das Leitmotiv; sie schien es anzutreiben, heiser und blechern hochzureißen zu immer grellerer Musik, sie schien auch uns alle zu »schimpfen«: denn das Kind kannte solche Obertöne und angstmachenden Stimmbrüche nur von den Autoritätspersonen, die es anherrschten, wenn es einen Fehler gemacht hatte – der zumeist ja in nicht mehr bestand, als daß es sich die Hose schmutzig gemacht oder in der Nase gebohrt hatte.

Das Kind hat das gewiß so nicht im Kopf gehabt, aber instinktiv gefühlt. Später habe ich mich manchmal gefragt, ob nicht ein ganzes Volk sich von dieser Stimme hat anbrüllen lassen *wollen*, masochistisch duldend; daß da einer die ganz hohen Töne riskiert und im pausenlosen Fortissimo letztlich um jene Liebe schreit, die die Eltern wollen, wenn sie mit aggressiver Liebe einen Dank von ihren Kindern herbeischimpfen.

Das Kind entwickelte eine in diesem Klima gesteigerte Sensibilität für die Tatsache, daß auch die Erwachsenen nicht alles durften. Das mußte mit dem Mann zu tun haben, vor dem man selber, auch wenn er nur gerahmt an der Wand hing, strammstehen sollte. Der »Feind-Sender«, das kriegte schon der Sechsjährige mit, durfte nicht gehört werden. Wenn der Vater am Wochenende kam, erwischte er ihn dennoch manchmal, wohl aus absichtlichem Versehen. Das Kind verstand das nicht, aber es spürte, daß es ein Vergehen war, daß Bestrafung in der Luft lag. Und es gab Menschen, Fremde auf den Feldern, Polnische, mit denen durfte man nicht sprechen; das Kind wußte nicht warum, es mußte wohl mit »Adolf« zu tun haben. Der Siebenjährige kriegte auch mit, daß im Haus nebenan ein debiler junger Mann, Epileptiker, Sohn der Nachbarn, die Dreckarbeiten machte, das Ausmisten der Ställe und das Ausheben der Jauchegrube. Man solle ihn meiden, hieß es, aber der Narr faszinierte das Kind; sie würden ihn »abholen«, hieß es, wenn er auffiele. Der hielt durch. Erst nach dem Krieg ist er, so meine ich dann gehört zu haben, eines Tages in die Grube gefallen und drin ertrunken.

Es gab auch Witze. Wenn die Verwandtschaft sich an den Wochenenden oder bei den Geburtstagsfeiern versammelte, hörte das Kind mit. Es gab Witze über Hitler und Goebbels; es gab Witze über die Viererbande Hitler, Churchill, Roosevelt und Stalin, noch bevor der Krieg zu Ende war; es gab aber auch, unter uns Kindern, den von uns zwar nicht verstandenen, aber geheimnisvoll lachend erzählten Witz, daß die Seife, mit der wir uns wuschen, aus den Juden gemacht sei. Ich habe mich nach dem Krieg, als die Erwachsenen nichts davon gewußt hatten, immer daran erinnert, daß ein Witz, den die Kinder kennen, nur von den Eltern erfunden sein konnte. Als ich in Alain Resnais' Film in den fünfziger Jahren zum erstenmal die Leichengerippe sah, die der Bagger bei der »Befreiung« der Konzentrationslager aufschaufelte, habe ich mich der Atmosphäre im Obstgarten zu Nienburg erinnert, als wir spielenden Kinder uns wie Verschworene die »witzigen« Geheimnisse anvertrauten, hinter den Büschen.

Schon um 1950 herum hatten »Quick« und »Stern«, die ich zuerst beim Friseur im Lesezirkel las – diese Illustrierten, die noch heute für die historische Bildung der Deutschen einstehen –, den Bewältigungs-Markt schon unter sich aufgeteilt. Gleich nachdem die ersten aufgehängt oder eingesperrt worden waren, fing die Tagebuch- und Memoiren-Manie ja an. Schon um 1950 herum meine ich den Kabarett-Witz »Ich war Hitlers Zahnbürste« gehört zu haben. Die Inflation der Landser-Erinnerungen, der Kammerdiener-Perspektiven, der Witwen-Tagebücher wucherte.

Für den Schüler war das bis zur sogenannten mittleren Reife die einzige Informationsquelle, deshalb auch ließ er sich so oft wie möglich die Haare schneiden, oder er fuhr mit dem Fahrrad zur Tante, denn die hatte schon sehr früh ein Abonnement von »Daheim's Lesezirkel«. Man könnte, was schon damals – sicher in zum Teil löblicher Absicht – für den Unterhaltungsmarkt aufbereitet wurde, ja einmal nachlesen; irgendwo wird's doch auch Archive geben, in denen diese Bilderblätter aufbewahrt werden. Man würde dann, wenn meine Erinnerung nicht trügt, darauf kommen, daß es mit der besänftigenden Darstellung, dem verzeihenden Verstehen, der Verkitschung von Verbrechen, der Privatisierung der gesellschaftlichen Untaten, der Heroisierung von Gangstern und der Entlastung der »Mitläufer«, die über

Strecken eben doch manchmal ihre mörderischen Zwischen-
spurts eingelegt hatten, zu eben der Zeit anfing, als die Medien-
landschaft der Nachkriegszeit sich formierte.

Ich habe kürzlich auf dem Dachboden ein altes Schulheft,
liniert für Ober- und Unterlängen, wiedergefunden, der Schrift-
duktus ist vom Eintunken der Tintenfeder, vom Ausdünnen der
Tinte bestimmt; es enthält offenbar Diktate und Abschreibübun-
gen aus der zweiten Schulklasse zwischen Anfang 1945 und –
nach einer Unterbrechung – Mitte 1946. Denn selbstverständlich
wurde, nicht nur, weil es ja auch kein Papier gab, nach dem, was
die Deutschen den Zusammenbruch nannten und andere Völker
vielleicht die Befreiung genannt hätten, in einer deutschen
Schule das gleiche Heft wie zuvor weiterbenutzt. Deshalb kann
ich zitieren, womit der Achtjährige innerhalb eines einzigen
Jahres konfrontiert war:

»Alle Bemühungen der militärischen Dienststellen und der
Behörden die Wirkung von Luftangriffen soweit wie möglich
herabzumindern wären zwecklos wenn nicht die gesamte Bevöl-
kerung auch von sich aus ihren eigenen Schutz vorbereiten und
durchführen würde. Göring selbst bezeichnete den selbstschuts
als das größte und weiteste Feld der Betätigung«

»Am Wege hatten wir kleine Marktpfleken gesehen, saubere
einzelne Gehöfte, Kinder mit offenem Blick wienkten uns zu,
Männer mit ernst-freundlichem Blick. Unvergeslich bleibt uns
die Stunde als wir beim Durchmarsch durch ein kleines Dorf die
ersten Bombenabwürfe erlebten. russische Flieger«

»Ferner erhalten in der 77. Zuteilungsperiode sämtliche Ver-
braucher 1 Stück Einheitsseife, Kinder von 1-3 Jahren weiter
zusätzlich 1 Stück Feinseife auf Berechtigungsschein oder Seifen-
karte.«

»Alle Lehrer, die zum Unterricht an Schulen in der britischen
Zone zugelassen werden, müssen sich vorher in einer schriftlichen Erklärung verfliechten, die Erziung der Kinder von allen
nationalsozialistischen und milietärischen Eiflüssen freizuhalten.
Die erklärung die den Lehrern zur Unterschrift vorgelegt wird,
enthelt nach Mitteilung der Kontrollkommission folgende
Punkte: Die Lehrer verpflichten sich, nichts zu lehren was geeig-

net ware den Militarismus zu verherrlichen die nationalsozialistische Weltanschauung zu rechtfertigen oder wieder neu zu bele-
ben und die nationalsozialistichen Führer reinzuwaschen eine
Politik ungleicher Behandlung verschidener Rassen und Reli-
gions-bekenntnisse zu fördern. eine feintselige Haltung gegenüber«

An der Stelle bricht der Text ab; auch diese Unterrichtsstunde
wird zu Ende gewesen sein – so weiß ich nicht mehr, gegen wen
man in der Zukunft, die wir jetzt schon lange hinter uns haben,
nicht hätte feindselig sein sollen. Aber daß ein falsch geschriebe-
nes Wort jeweils fünfmal korrekt abgeschrieben werden mußte,
das geht aus den folgenden Seiten des Heftes noch hervor; und ist
es nicht der Grundstock eines sehr »Deutschen Wörterbuches«,
an dem das Kind sich damals verschrieben hat? »schriftlichen . . .
verpflichten . . . Erziehung . . . militärischen . . . Einflüssen . . .
Erklärung . . . enthält . . . verschiedener . . . Bekenntnisse . . .
feindselige«. Wenn wir's heute nicht hinter-, sondern untereinander schrieben, würde womöglich noch ein kritisches Gedicht
daraus.

Als ich es in diesen Tagen wiederlas, dachte ich, vielleicht wäre
es doch am richtigsten, die zerstrittene Konferenz der Kultusmi-
nister würde sich ganz einfach auf das einigen, das damals unseren Lehrern, die selbstverständlich zumeist alte Nazis waren,
diktiert wurde, uns Kindern zu diktieren. Das waren ja noch
Zeiten, als die Lehrer es schriftlich geben mußten, die Kinder von
militärischen Einflüssen freizuhalten . . . Sie mußten das freilich
nur so lange aushalten, bis die deutschen Mitläufer, die es schon
1945 gewußt hatten, daß der Amerikaner mit »uns« doch einfach
bis Moskau hätte durchlaufen sollen, wieder recht bekamen.

Als »Mein Kampf« wieder ausgegraben wurde, hat der Sohn
dieses Buch, das den Eltern im Jahr der Olympiade vom Bürger-
meister zu Hannover zur Hochzeit verehrt wurde, als erster in der
Familie gelesen. Er las es parallel zu »Panther, Tiger & Co.«, der
ersten Tucholsky-Auswahl nach dem Kriege, die damals als einer
der frühen Bände der rororo-Reihe erschien.

Das war nun eine den Fünfzehnjährigen erstaunende Lese-
erfahrung. Zwei um die gleiche Zeit, in den zwanziger Jahren

geschriebene Texte, aus zwei scheinbar ganz verschiedenen Deutschlands, deren einer sich dennoch wie der Kommentar zum anderen las. Hatte nicht Tucholsky den Mief, das Spießertum, die Großmannssucht des Untertanengeistes, die sich in »Mein Kampf« zu einem politischen Rechenschaftsbericht hochstilisierten, bissig und verletzend genug beschrieben; hatte er dem Geist, der da sein mörderisches Lebenswerk zusammenphantasierte, noch bevor der sich zur Tat anschicken konnte, nicht die Maske vom Gesicht gerissen? Ja, war da überhaupt eine Maske gewesen? »Mein Kampf«, das las sich ja nicht wie ein Werk der Tarnung, sondern wie eines der Offenbarung. Es stand doch, abgesehen von den Ausführungsbestimmungen, fast alles drin, was dann geschehen würde – hatte das denn, auch die Lehrer verstummten vor der verzweifelten Frage des Jungen, nie auch nur jemand gelesen?

Ihr habt es nicht wissen wollen. Ihr habt geschwiegen, weil da eine Maschine in Gang gesetzt war, die eure insgeheimen Sehnsüchte vollstreckte und so perfekt gebaut war, daß sie euch die Verantwortung abzunehmen schien. Aber wem sollte der Junge das sagen? Es gab keine Gespräche – nur Stummheit, die sich des Vorwands der Arbeit bediente. Wo alle »anpacken« mußten, Überstunden machten, wo es immer nur ums Überleben und Wiederaufbau ging – wer hatte da Zeit zum Erinnern, zum Erforschen, zum Sichten der Erfahrungen? Da waren keine Lebenden, die mit ihm hätten reden können oder wollen. Der Onkel, dem der eine Finger fehlte, war Sanitäter gewesen; er muß so viel gesehen haben, daß er nie darüber sprach; er spielte Halma mit dem Kind.

Die Lehrer waren aus der Pensionierung zurückgeholt; sie hielten den Mund, stellten uns vor der Klasse in die Ecke, wenn wir aus dem Fenster geschaut oder – wie sie meinen ungläubigen Gesichtsausdruck bezeichneten – »gegrinst« hatten. Sie hatten auch nicht verlernt, uns mit dem Rohrstock auf die Finger zu hauen. Da war einer, der war auch Sanitäter gewesen im Krieg; er war der brutalste. Er muß die jungen Soldaten so sehr schreien und weinen gehört haben, daß er für das Weh der pubertierenden Schüler nur Verachtung übrig hatte. Ich habe ihn gehaßt damals. Heute weiß ich, daß er eines von jenen Opfern war, die fürs Leben abgestumpft sind, denen nur noch die Fortsetzung der Kriege helfen kann.

Da war auch ein Geschichtslehrer, der hatte uns versprochen, bis zum »Dritten Reich« zu kommen – aber er hat es dann auch nur bis zu Bismarcks Sozialgesetzen geschafft. Einmal jedoch hat er sich was getraut: weil es ein neues Fach gab – es hieß Gemeinschaftskunde – und noch keiner wußte, was das so richtig sein sollte. Da ließ er uns aufschreiben, was wir uns unter dem Begriff »Herzensgüte« vorstellten. Ich erinnere mich, einen seitenlangen Entwurf für das Zusammenleben der Menschen zurechtgedichtet zu haben, vieles darin, was ich aus den Reden von Theodor Heuss und Carlo Schmidt, den einzigen Autoritätsfiguren, aufgeschnappt hatte. Der Aufsatz muß wohl ein Stück dessen gewesen sein, was man später Trauerarbeit nannte; in Gemeinschaftskunde hatte ich denn auch die einzige nicht mittelmäßige Note.

Der Pastor, der damals zum Konfirmandenunterricht in die Schule kam, war der einzige, bei dem man reden, fragen, diskutieren konnte. Wenn wir unser Gesangbuchverslein gut auswendig gelernt hatten, war er immer zu einer gesellschaftlichen Nutzanwendung von Gottes Wort zu überreden. Da kroch dann allerdings auch, in einer Atmosphäre für eine Kleinstadt von damals geradezu unvorstellbarer Liberalität, der braune Ungeist schon wieder aus den Löchern. Der Klassen-Nazi, Sohn aus einer Offiziersfamilie (der Vater ging dann gleich zum »Bund«), riskierte die große Lippe und rühmte die Arbeitsbeschaffungsprogramme des Menschen, den er schon wieder den Führer nannte; und die Sache mit den Lagern, das sei ja nicht nachprüfbar; es sei eine Propaganda des Ostens wahrscheinlich.

Es war schwer, dem etwas entgegenzusetzen; man hatte ja nur seine Illustrierten-Bildung. Also prügelten wir uns in der Pause auf dem Korridor, einer der aufsichtführenden Schüler der oberen Klassen – das Ordnungs- und Unterdrückungssystem war ja noch das alte – setzte der Rangelei mit einem wohlgezielten Uppercut an mein Kinn ein Ende. Ich wußte von einer Sekunde auf die andere, was der »Niedersachsen-Sport« montags immer meinte, wenn er berichtete, Bubi Scholz, oder wer immer das damals war, habe einen anderen Boxer zu den Sternen geschickt. Als ich wieder aufwachte, begann die Mathematikstunde; ich durfte sie, wegen Widerstandes gegen die Pausenaufsicht, stehend, mit dem Gesicht in der Ecke, vorn rechts verbringen. Kurz vor dem Ende der Stunde wurde ich zur Bewährung an die Tafel geschickt: aber den Dreisatz konnte ich vor Wut und Tränen gar nicht lesen.

Der Junge beschloß, daß Tucholsky recht hatte, und er beschränkte sich darauf, jahrelang nur mehr mit ihm zu reden, still und heimlich; inzwischen waren ja weitere rororo-Bände erschienen. Es schien ihm eine gespenstische Szenerie: Mit jedem Jahr bequemte sich die Wirklichkeit, soweit er sie konkret erfuhr, den Beschreibungen Tuchos wieder an. Die Eltern, die Nachbarn, die Väter der Mitschüler, die Lehrer, die Vorgesetzten des Vaters, der Metzgermeister und der Bäcker, der Direktor der Volksbank: beim Abschlußball der Tanzstunde hatte man sie doch einmal alle auf einem Haufen, und sie waren den Figuren in Tucholskys Spießer-Bestiarium verdammt aus dem Gesicht geschnitten. Sie redeten auch schon wieder so. An die Stelle der erträumten Herzensgüte waren die steinernen Herzen getreten. *Le bourgeois revenant* – so hatte das Adorno das längst beschrieben. Aber das wußte der Schüler natürlich noch nicht.

Wir legten uns mit der Polizei an. Nicht weil wir das in Filmen mit James Dean und Marlon Brando so sahen – das ist eine der Legenden, die der Trivialkultur als Wirkungen zuschreibt, was natürlich deren Ursachen sind. Wir betrieben einen lächerlichen nachträglichen Widerstand gegen den Hitler, von dem wir unsere Eltern, alle Älteren, infiziert hielten und nachträglich meinten »befreien« zu müssen; von dem sie sich hatten schlagen lassen, und nun gaben eben sie die Schläge weiter. Und schon wieder sollte eine Generation, das schien unglaublich, unter die Soldaten. Vielleicht war die Idee der Remilitarisierung nicht nur das Produkt des sich zuspitzenden Ost-West-Konfliktes, sondern auch der Versuch, sich unbequemen Fragen der Kinder durch deren abermalige Einsperrung in Uniformen zu entziehen?

Was man die Halbstarken-Krawalle nannte, war eine Antwort auf diese Verknotung der Erwachsenenwelt, der Welt der »Starken«, in der uns der Faden, den die Eltern in der Hand zu halten meinten, schon als die zukünftige Schlinge erschien. Das Gesicht jenes Einsatzleiters, der uns Jungen, die wir nichts taten als neugierig und gelangweilt zwischen der Milchbar und dem Brunnen vor Hannovers Bahnhof herumzustehen, auseinandertreiben lassen wollte, werde ich nie vergessen. In einem Anfall von Kindermut fragte ich ihn, was denn unser Vergehen wäre und wohin wir gehen sollten, wenn seine Polente uns doch rings umzingelt hielt. Das Gesicht blieb stumm, die Lippen waren aufeinandergepreßt, die Augen blickten schräg an mir vorbei, als stünde dort eine Kamera. Er antwortete einfach nicht. Ich zitterte, ich hätte ihn schlagen mögen, ich schlich davon. Schon damals war ein Dialog der Herrschenden mit der Jugend nicht mehr möglich. Und es war doch nichts weiter vorangegangen als der ohnmächtige Protest jener ersten Phantasie-Demonstrierer, die den Bahnhofsbrunnen mit mehreren Paketen eines sehr weiß waschenden Waschmittels zum Erblühen gebracht hatten. Die Staatsgewalt, die damals noch jenen Paragraphen hatte, der heute wieder eingeführt wird, meinte bereits darauf mit der Mobilisierung all ihrer Kräfte reagieren zu müssen.

Wir wußten nicht, gegen was genau wir protestierten; die Schule hielt uns doch ungebildet. Vielleicht war es die Sehnsucht nach einer Aufklärung, die sich ein Ventil suchte – der aber nur ein horrendes Schweigen, ein alles bedeckender Teppich der Stummheit begegnete. Die Generation danach, 1968, die hatte es einfacher; sie hatte sich das Lernen, die Aufklärung inzwischen erkämpft; mußte sich auch nicht mehr mit Hitler herumschlagen. »Hitler's Children«, das waren deshalb auch nicht die Leute der RAF, das waren wir, die Generation davor, die Generation von Heiner Geißler, der mich so sehr – im arroganten Gestus, im Redestil, in den frechen Behauptungen – an jenen Mitschüler aus den Jahren 1950/52 erinnert.

Man hat uns, als Chaplins »Der große Diktator« in den fünfziger Jahren zum erstenmal gezeigt wurde, eingeredet, es sei das ein dem Ausmaß der Verbrechen unangemessen komischer Film, gedreht von einem, der nicht dabeigewesen sei und deshalb nur verniedlichende Szenen übers Getto gedreht habe. Wir Jungen konnten das gar nicht beurteilen, weil wir über jenes wahre Ausmaß der Verbrechen ja noch gar nicht informiert waren. Es mußte das doch, Jahre später, erst mühsam in den Auschwitz-Prozessen ans Licht befördert werden. Aber man war, auch als Jugendlicher, immerhin sensibel genug, um zu erkennen, daß Chaplins bös-komische Phantasie etwas erwischte, das man vor uns verbarg: jenen Anteil der Geschichte, den die Erwachsenen besonders hartnäckig zu verdrängen suchten; den schmerzend komischen; all die fatalen Bewegungen, die der verkrüppelte Mensch macht, sei er nun der Herrscher oder dessen Opfer.

Auch Brechts »Arturo Ui« hat mir ein paar Jahre später einen solchen Aspekt auf den Hitler, den wir nicht »bewältigt« haben, ermöglicht: Das große Verbrechen bedient sich, so zeigt das Stück, des gemeinen, des trivialen Stils. Eine überdimensionale Anstrengung ist gar nicht nötig; die Show, das Gangster-Spektakel ist so billig zu haben, wie es in die Erscheinung tritt. Insofern war Hitler der erste Kinodarsteller, der als Politiker reüssierte. Brechts These, daß es nur ein Mafia-Unternehmen war, ein Bastard amerikanischer Unsitten, das sich zum Weltunternehmen, zu einem gigantischen Konzern aufplustern wollte, ist zweifellos so vulgär wie sie von den Rechtsnachfolgern der Firmen, die damals in den Schuldzusammenhang von Verdienen und Vernichten verstrickt waren, empfunden wird. Mag sein, es ist nur eine Theater-Wahrheit, eine des Spiels. Aber war nicht das Grauen noch in der Form der Maskerade angetreten, hatten nicht die Aufmärsche in Nürnberg und die vor der Rampe von Auschwitz – fatal, es aus den Photos entziffern zu müssen – einen gleichermaßen rituellen Charakter? Noch als sie die Menschen ins Gas schickten, machten sie ein Spektakel daraus. Die Todgeweihten wurden gezwungen, sich den Uniformierten als Nackte gegenüberzustellen: hilflos, ungeschützt, gedemütigt.

Das Töten war das Verbrechen, aber ihm voraus ging die Obszönität. Und vielleicht war dies für die Opfer schlimmer als der Tod, unmenschlicher? Ich kann mir den Schrecken Adornos vorstellen, als sich ihm 1969 vor dem Beginn einer Vorlesung ein Trupp barbusiger Studentinnen entgegenstellte. Daß die »nackten Tatsachen«, die wir von den Bildern her kannten – entblößte

Frauen vor den Gewehrläufen, noch im Angesicht ihrer Mörder in hilflosem Reflex den Busen bedeckend –, zur Protestgebärde umfunktioniert werden könnten, das kann er im Alptraum nicht geahnt haben.

In diesem Sommer mit einem Kind über eine Isarbrücke gehend, hinunterblickend inmitten einer Gruppe von Homosexuellen, Spannern, Sonntagsbürgern, Türken, ausländischen Touristen, sehe ich Hunderte von Nackten, die wie auf einem Grill der Toten gespreizt, gestreckt, stumpf und leblos in der Sonne liegen. Spielen sie, daß sie tot sind? In den Lagern, das weiß man, war es kälter als hier. Aber die optischen Chiffren ähneln sich verdammt. Die Bilder wollen in meinem Kopf zu einem werden. Ich denke an meinen Hitler. Und frage mich, was der Minister Geißler davon weiß, wenn er das Wort Auschwitz wie aus einem Stück von Sternheim über die Lippen trompetet . . .

Das Kind will weiter. Es langweilt sich beim Anblick der Todesstarre. Hoffentlich braucht es sich nach keiner nächsten Katastrophe an diesen Sonntagnachmittag zu erinnern.

(SZ, 20. 8. 83, gekürzt)

II

Erlaubt ist, was sich ziemt

Rede in der Katholischen Akademie München

Ich bin gebeten worden, zu Ihnen über das Negative im Theater zu reden, und ich verstehe, wieso ich in den Geruch kam, das zu können, dafür kompetent zu sein. Da gab es diese Inszenierung von Genets »Balkon«, von Heiner Müllers »Germania Tod in Berlin« oder von »Ödipus«, und ich erinnere mich tatsächlich selber nicht nur an öffentliche Sauberkeits-Dispute darüber, sondern auch an schmutzige anonyme Postkarten. Die einen, ohne ihren Namen zu nennen, des Niederreißens aller Werte zeihen, sparen dann ja sogar noch am Porto.

Ein Satz, mit dem ich – mich verwundernd – aufgewachsen bin als ein Mensch in der Pubertät, hieß: »Herr Kästner, wo bleibt das Positive?« Diesem meiner damaligen Lieblingsautoren hing die Frage zum Hals hinaus, beantworten konnte er sie auch nicht, denn schon damals wußte man nicht, wohin es entschwunden war. Ich habe das als Vierzehn-, Fünfzehnjähriger als die Frage aller Fragen angenommen, als die Frage, die ohne Antwort bleiben muß, wenn wir uns denn – indem wir uns als *menschliche* Wesen verstehen – nur als zugleich auch *geschichtliche* Wesen verstehen können, die bisher allemal an sich selbst gescheitert sind.

Ich habe nicht begreifen können, wie das Positive sich erleben kann ohne ein Bewußtsein des Negativen, dem es seine Anstrengungen überhaupt und notwendigerweise erst verdankt. Konkret gesprochen: wie ein Wiederaufbau, ein Wirtschaftswunder stattfinden konnte ohne die gleichzeitige Scham, sich auf Millionen Toten, Ermordeten, auf einer Wüste des Verbrechens aufzubauen. Ich habe deshalb die Werte, an denen die Generation meiner Eltern sich beim Schopfe aus dem Sumpf zog, nie als eindeutig positive empfinden können; ich hatte immer das Gefühl, sie dienten dazu, Schuld zu verdrängen, also doch wohl: die Teilhabe am Bösen.

Einen schlichten Dualismus von Positivem und Negativem, von Gut und Böse, von heiler und kaputter Welt, von Glanz und Schmutz habe ich nie einsehen können, er ist mir in meiner Erfahrung auch nie begegnet. Im geschichtlichen Leben, in der gesellschaftlichen Realität schien mir immer ein dialektischer Prozeß zu walten, ich könnte auch sagen: die Verhältnisse begegneten mir als widersprüchliche, als unreine, stets gemischte, trübe. Eindeutigkeiten waren nie auszumachen, das Edle ist mir immer nur befleckt begegnet, das Glänzende verschattet, das Zerstörte nie ohne Hoffnung, und noch im Brutalen entdeckte ich manchmal Spuren der Zärtlichkeit.

Für mich war diese Einsicht, die oft genug nur als Hilflosigkeit sich begreifen kann, so etwas wie ein poetisches Credo. Theaterarbeit habe ich deshalb immer als die Möglichkeit begriffen, Menschen in all ihrer Widersprüchlichkeit vorzuführen, als *ungeklärte* Wesen; die Heillosen als mit Träumen begabte; die Starken als die zugleich kräftigsten Verdränger; die Liebenden als Irrende; die Narren als die eigentlich Weisen; die Mörder als von anderen oder mindestens von sich selbst Gepeinigte; die Unschuldigen als Gefährdete. All jene, die sich ihrer Identität sicher glauben, kann das nur verstören, das liegt in der Natur der Sache. Sie wähnen eine Lust am Negativen, wo nichts weiter als ihr Begriff der sogenannten »ganzen Persönlichkeit« in Frage gestellt ist.

Der wird aber nicht etwa durch den Künstler in Frage gestellt: Dieser ist ja nur der Seismograph jener Tendenzen, die an der Vernichtung des Individuums arbeiten und dabei auch schon recht weit gekommen sind; er empfindet, bewußt, unbewußt, wie brüchig das Wertgefüge seit der einsetzenden Industrialisierung geworden ist, wie sehr die Aufklärung zugleich ihr Gegenteil, nämlich die zeitweise Abschaffung jeglicher Vernunft, geboren hat und wie sehr das Versprechen individueller Freiheit einherging mit einer ständig wachsenden Vergesellschaftung des einzelnen – die dessen Traum, als Subjekt sich zu verstehen, vielfach längst zerstört hat.

Schon gibt es viele, die träumen nicht mehr; man verkauft ihnen Traum-Surrogate. Sie begegnen den Träumen anderer verständnislos; wo sie die Macht dazu haben, sperren sie die Träumenden zunächst aus, manchmal sogar schon ein. Sie, diese Traumlosen, sind die eigentlichen »freaks« unserer Zeit. Dem Künstler sind sie unerreichbar geworden, und hätten doch, was andere stellvertretend, leidend und hoffend, träumen, so bitter nötig.

Inzwischen ist es aber so weit gekommen, daß ein Satz wie jener von Goethes Leonore, »Erlaubt ist, was sich ziemt«, der recht gelesen eine utopische Hoffnung auf ein gesittetes menschliches Zusammenleben enthält, sowohl im Theater wie in den Feuilletons belacht wird. Und die da lachen, merken nicht, daß sie sich selber auslachen. Sie wähnen sich freie Subjekte, und deshalb einen solchen Satz von den Fortschritten ihrer Individuation historisch erledigt, und sie merken nicht, daß ihre Überheblichkeit einem solchen Traumsatz gegenüber nichts anderes ist als der Reflex auf ihre tatsächliche Subjektlosigkeit, auf die Verdinglichung fast aller menschlichen Beziehungen. Daß diese »geziemend« sein könnten, ist der blinden Vernunft nicht mehr vorstellbar, und deshalb werden die Verhältnisse, solange blinde Vernunft sie regiert, auch nicht geziemend sein.

Ich bin abgeschweift. Bin ich abgeschweift? Ich glaube nicht. Denn ich meine, es müssen noch ein paar andere Kategorien eingeführt werden, als die Themenstellung unserer Tagung sie stichwortartig liefert. Und es muß die Lage beschrieben werden, die der Künstler, die das Theater vorfindet. Sie ist komplizierter, um nicht zu sagen: aussichtsloser, als sich mit dem Gegensatzpaar »negativ – positiv« oder dem Reizwort von der »Lust am Bösen« fassen ließe.

Ich habe – Theater machend – eine Lust am Bösen nie empfunden, einen Schmerz daran sehr wohl. Nun kann auch Schmerz was Schönes sein, im äußersten Weh läßt sich sinnliche Befriedigung erfahren. Schmerzlust sozusagen. Und manchmal glaube ich, ohne diese Begabung kann der Künstler weder seine Leiden noch seine Phantasien auf Papier, auf eine Leinwand, in Noten oder aufs Theater übertragen.

»Die Kunst ist nie mehr als ein Grabmal der Liebe gewesen«, hat Clemens Brentano, einer der vielen Vergessenen unserer nationalen Kultur, 1801 gesagt. Der Künstler also ist der Chronist der Trauer, der Enttäuschungen, des Scheiterns. Er sagt, was Kleists Figuren in einem einzigen Seufzer zusammenfassen, eh sie in Ohnmacht fallen und aller Irdischkeit für eine Weile sich entziehen: »Ach!« Meist kriegt's der Künstler so knapp und treffend nicht hin, aber seine Mühe geht in diese Richtung.

Und er ist der Chronist der Hoffnungen, der Wünsche, des Begehrens. Da benutzt er dann den Vokativ, die Wollens- und die Wunschform, und sagt: »Oh!« und glaubt daran, das werde helfen. Was es selten tut. Chronist also ist er der *verlorenen* und der *ersehnten* Zeit. Wenn er die beschreibt, hat er – indirekt – auch die laufenden Ereignisse erfaßt. Er braucht nicht, was uns umgibt, noch einmal abzuschildern; da ist ja auch nicht viel, was auch nur verdiente, photographiert zu werden. Die Künste haben seit langem begriffen, daß uns die Wirklichkeit zunehmend nur noch im Verlust erfahrbar wird: Der Abstraktionsprozeß, dem die gesellschaftlichen Beziehungen bis in den letzten Winkel unseres Daseins unterworfen sind, droht unsere Körper zu entsinnlichen und zu verstümmeln, er läßt unsere Sprache sich analphabetisieren und will unsere Einbildungskraft mit genormten Bildern und Zeichen zusperren.

Der Künstler findet allenthalben bereits Spektakel vor, die sich als die Wirklichkeit aufspielen und allmählich unser Bewußtsein von der Welt zu beschlagnahmen drohen. Der Siegeszug der technischen Vernunft – man könnte auch sagen: ihre Fetischisierung – hat alles unmittelbare Leben, Begreifen, Sehen abgedrängt; es ist in die Vorstellung entwichen. Die sinnliche Welt wird ersetzt durch eine Bilderflut, die aus den Apparaten hervorquillt, und diese läßt sich von denen, die über die Apparate gebieten, schamlos als die eigentliche Wirklichkeit sanktionieren.

So sieht es aus. Die Verkehrung des Lebens feiert tägliche Triumphe. Das eigentlich Unlebendige – das, was Sie sehen, wenn Sie Ihren Fernseher einschalten: das inszenierte Vergnügen, das ritualisierte scheinhafte Gespräch, die öffentliche Zurschaustellung politischer Arbeit, die Science-fiction-Welt der

Reklamen – dieses Unlebendige hat längst eine eigenständige Bewegung gewonnen, und es will uns in ihren Sog mit hineinziehen. Das sinnliche Leben ist demgegenüber fast zur Agonie verurteilt, es verstummt vor dem Lärm, den eine Sammlung von lauten Spektakeln anrichtet.

Wer *dagegen* in der Kunst noch *an*arbeitet, muß entweder wahnsinnig oder gläubig oder beides sein. Er arbeitet als ein Archäologe, als Spurensicherer: sei es der Gedanken, die in der Vergangenheit gedacht worden sind; sei es der unterdrückten Wünsche der Heutigen; sei es der in die Büsche geflüchteten Phantasien, die vor der Dampfwalze des Realitätsprinzips kapitulierten.

Er arbeitet heimlich: Er schafft beiseite, was an sinnlichem Vermögen noch nicht auf den Markt gekommen ist und noch nicht in den Dienst der technischen Vernunft gestellt worden ist. Er sichert die Reste menschlicher Einbildungskraft, unsere Träume, unseren Wahn, unseren Glauben.

Die Fragestellung unseres Themas »Das Theater als Spiegel des Negativen?« sieht das – denke ich – nicht kompliziert genug. Die Künste spiegeln zunächst einmal *gar nichts* – außer der Einbildungskraft des Künstlers. Die Vorstellung, sie würden die Realität, also auch dessen Böses, einfach so »spiegeln«, wird ja heute eigentlich nur noch von Vulgärmarxisten vertreten, die sich die Künste als Teil des Überbaus der Realität vorstellen. Daran halten sich nun aber die Künstler leider schon lange nicht, außer vielleicht die des Naturalismus oder eines geheimnislosen Realismus. Und was *die* spiegeln, das dürfte in der Regel eher jene Form der Wirklichkeit sein, in der diese sich über ihren wahren Charakter betrügt. Die Illusionierung der Illusionen. Dort, wo der Realismus als Methode obwaltet: im angelsächsischen Boulevard, in den Fernsehspielen, die behaupten, aus dem Alltag gegriffen zu sein, und in den Produkten des sogenannten Sozialistischen Realismus läßt sich ja trefflich beobachten, wie sehr diese Art von Spiegelung nichts anderes reflektiert als den *Schein* von Leben.

Was dagegen ein anständiger Realist ist, der muß alles selber erfinden. Der findet auch das Böse nicht einfach irgendwo draußen im Lande vor – sondern in sich selbst. Als die eigene Gefährdung. Als den eigenen Alptraum. Als Produkt seiner Ängste und Lüste. Er zerrt also nicht etwa – das eben wäre eine zu naive Vorstellung vom wirklich verantwortungsvollen künstlerischen Prozeß – das Böse, die Schrecken, die entsetzenden Lüste von außen auf die Bühne; ach was, er bringt – sonst ist er ein Scharlatan, ein intellektueller Clown – sich selber ein, und das kann ja viel schrecklicher sein.

Deshalb leidet – der Veranstalter möge mir diesen Einwand verzeihen – die Formulierung des Themas »Die Darstellung des Negativen« natürlich an einem grundsätzlichen Mißverständnis: Es wird ja gar nicht eine so oder so, negativ oder positiv, beschaffene Außenwelt dargestellt, und ein Abstraktum wie »das Negative« oder »das Böse« entzieht sich eh einer Darstellung. Es spricht sich vielmehr Erfahrung aus und findet in Worten, Gesten, Bildern ihren Platz, Erfahrung, die der je einzelne Künstler bereits in sich eingesogen hat oder die ihm sich auferlegt hat – jedenfalls eine, mit der er *eins* ist und die es außerhalb seiner so gar nicht gibt.

Denn gezeigt wird nicht eine Reproduktion jenes Schreckens, den – beispielsweise – eine real heruntergefallene Bombe gehabt hat; sondern jener Schrecken, den ein Dramatiker, ein Schauspieler, ein Regisseur unter der Bedrohung der Bombe selber zu empfinden vermag. Und das ist selbstverständlich zweierlei. Gezeigt wird auch nicht das Abbild einer Blutspur, eines Mordes, einer Vergewaltigung – sondern die Vorstellungswelt, die Schauspieler an sich selber entdecken, wenn sie in die Rolle sei es des Töters, sei es des Opfers sich begeben. Und das ist wiederum zweierlei.

Man kann den Unterschied leicht darlegen, wenn man zum Beispiel den Beruf des Schauspielers mit einem anderen vergleicht, welcher tatsächlich die Realität unmittelbar wiederzugeben hat: dem des Reporters, des Photographen, der das Böse, den Schrecken, das Entsetzen kaltblütig protokolliert oder ablichtet, weil das nun mal sein Job ist, ihm wird allenfalls schlecht und er ekelt sich, daß er dafür auch noch Geld kriegt, wenn er kalten

Blutes bleibt und ohne Nerven und seine Gefühle beiseite läßt. Der Schauspieler begibt sich in eine ganz andere Gefahr: ihm kann es ja passieren – und es ist sein Beruf, *daß* es passiert –, daß er *sich selbst* begegnet. Sich selbst im Schlimmen. Sich selbst als Veranstalter böser Träume. Sich selbst als Gefangenem sexuellen Begehrens. Sich selbst im Wahn, in irrer Verzweiflung. Die Vorstellung, es könne jemand daraus eine provokatorische oder auch eine selbstbefriedigende Lust gewinnen, ist – mit Verlaub – ganz und gar laienhaft. Wenn sie nicht gar der Versuch ist, dasjenige, was ein anderer für sich riskiert und herausgefunden hat an nicht so schönen Möglichkeiten des Menschen, für die eigene Person schnell abzuweisen. Man fühlt sich provoziert, man ist beleidigt: Das ist ja die fixeste Methode, sich selber sauberzuhalten. Das Starren auf einen Stein des Anstoßes erspart einem für eine Weile den Blick in sich selbst.

Doris Schade hat Ihnen den Bericht der Medea über die Tötung des geliebten Bruders gelesen. Ja, glaubt denn vielleicht jemand, es habe der Dichter damit den harmlosen Bürger, den es im übrigen nicht gibt, der sich nur so versteht, provozieren wollen? Ach was: in der Umgestaltung eines alten Mythos, der über die Jahrtausende zu uns sich gerettet hat, hat Hans Henny Jahnn eine Möglichkeit gefunden, eigene Obsessionen, Tötungsvorstellungen, mythische Ängste, abzuarbeiten. Er hat sich, denke ich, beim Schreiben dieser, seiner Wahrheit, seiner Phantasien von deren möglicher Realisierung »erlöst« – und wenn wir wollen und ihm zuhören und nicht vergessen, in uns hineinzuhören, dann hat er mit einer solchen Tötungsphantasie, indem er sie in schöne Metaphern transponierte, auch manchen von uns erlöst: Der schaudernde Genuß, der da ermöglicht wird, ist womöglich die Sublimation eigener Begierden, die – realisiert – uns verschlingen würden.

Sie haben auch einen Text von Heiner Müller, dem in Ost-Berlin lebenden Dramatiker, gehört: »Die Hamletmaschine«. Eine Abrechnung. Des Künstlers mit den Mächtigen. Aber auch mit den Aufständischen. Mit dem Publikum. Und mit sich selbst. Abrechnung mit der eigenen und mit der Geschichte der Menschheit. Maßloser und – wenn Sie so wollen – gottloser geht's nun wohl kaum mehr. Dieser Text ist zweifellos ein Dokument äußerster, erbarmungsloser Negativität.

Er scheint mir deshalb besonders geeignet, eine Antwort zu wagen auf eine Frage, die der Papst in seiner Rede vor den Künstlern gestellt hat und die ja wohl auch deshalb im Programm dieser Tagung zitiert ist, weil sie viele von Ihnen bewegt. »Kann der Spiegel des Negativen in der Vielfalt der heutigen Kunst« – so hat der Papst gefragt – »nicht zum Selbstzweck werden? Kann er nicht zum Genuß am Bösen, zur Freude an der Zerstörung und am Untergang, kann er nicht zum Zynismus und zur Menschenverachtung führen?«

Eine mir verständliche, eine ja eher demütig gestellte Frage. Wie kann man sie beantworten? Der radikale Text von Heiner Müller mag als Material eines Beantwortungsversuches dienen.

Da will einer raus aus der Welt, die er kennengelernt, aus der Geschichte, die er erfahren hat. Zurück wohin? In die Schmerzlosigkeit. Gibt es die? Er weiß es auch nicht. Er träumt sich in den eigenen Schädel, in den eigenen Kot, in die eigenen Adern, die Eingeweide. Eine Selbstvernichtungs-Phantasie, und das ist sicher etwas sehr Nihilistisches. Aber immerhin: Er sucht einen Ort für sich, ein Zuhause, das seine Beschädigungen, die er fühlt, bergen könnte. Ist das nun nicht schon der Punkt, wo die äußerste Negation umkippt in eine ihr vielleicht gar nicht bewußte, aber vorhandene Hoffnung? In die Sehnsucht, es möchte doch noch einen Ausweg geben, und nicht Haß, Verachtung, Aufstand, Tod seien die letzten Möglichkeiten? Ein Text, in den sich das Wort Opfer einschleicht, kann ja nicht wirklich menschenverachtend sein oder von der Freude an Zerstörung bestimmt. Das läßt sich, glaube ich, zunächst einmal einsehen.

Und dann muß man wohl verstehen, daß ein solches Dokument Ausdruck eines höchst persönlichen, eines uns ganz entzogenen Leidens ist, eines Leidens, das sich bewußt gegen unsere mögliche Neugier, gegen den immer drohenden Voyeurismus eines Publikums abschließt. Das aber ist gewiß nicht zynisch, sondern ein Schutz, welchen die Angst, den Blick aus dem Abgrund nicht wieder hochzukriegen, sich schaffen mag.

So frage ich mich denn, ob einer wie Heiner Müller oder der, den Müller reden läßt, nicht eher dem Hiob vergleichbar ist, den Professor Mosis uns beschrieben hat. Einer, dessen klagendes Lied Gott eher recht war als das Reden der Selbstgerechten, wenn ich es denn richtig verstanden habe.

Aber, um auf die Frage, die der Papst gestellt hat, auch eine zweite Antwort zu versuchen:

Es besteht natürlich eine ständige Gefährdung der Künste darin, daß sie sich als einen Teil jener Spektakel vereinnahmen lassen, die ich vorhin als das uns verschlingende Unlebendige, als den zum Sinn des Lebens sich proklamierenden Lebensersatz beschrieben habe.

Es wäre erstaunlich, wenn diejenigen, die sich als Medium der latenten Ängste und Begierden verstehen, nicht auch jenen Strategien konfrontiert wären, mit denen die instrumentelle Vernunft der Moderne all das überzieht, was ihr querliegt: Sie macht es zur modischen Speerspitze auf dem Weg, der die Abschaffung eben dieser Ängste und Begierden zum Ziel hat. Phantasie, die hat inzwischen jede halbwegs funktionierende Werbeagentur auch, und kreativ ist der Schaufensterdekorateur einer Boutique auf der Maximilianstraße schon allemal. Und unsere Haut ist sensibel, wenn wir nur den Verheißungen der Reklame für irgendwelche Cremes folgen.

Das will sagen: Es findet ein ungeheurer Verzehr an Werten statt, man kann das zunächst an der Sprache beobachten, aber aus deren Verfall gehen ja die Dinge, die die Sprache bezeichnet, nicht unbeschädigt hervor. Dem Zynismus solcher Entwertungen ist der Künstler, der letzten Endes auch an einem Markt agiert, ständig ausgesetzt. Der Zynismus der Verwertungsmaschinen verfolgt ihn und versucht, ihn zu einem Rad im eigenen Getriebe zu machen – auf daß diese Maschinen noch besser funktionieren.

Der Hamlet Heiner Müllers wünscht sich – wenn es denn nicht gelingen mag, in die eigenen Eingeweide zu kriechen – eine Maschine zu werden. Ist das Sarkasmus? Ist es die Suche nach dem Gegenteil des Ichs, Traum des schizophrenen Künstlers, einmal – und sei es als Maschine – zu funktionieren und nützlich zu sein? Oder ist es womöglich schon ein Science-fiction-

Selbstmordtraum: die Maschine zu werden, möglichst gleich, die zu werden uns ohnehin allen droht? Es schnell hinter sich zu bringen?

Ich fürchte, Müller hat an die letzte Möglichkeit gedacht. Dann sollten wir uns gefälligst gegen die Maschinenwerdung des Menschen wehren.

Das Negative bewiese dann meinen Gedanken, daß es das Positive ja erst ermöglicht.

(SZ, 30./31. Januar 1982)

Keiner hört zu, es sei denn, man schreit
Rede in der Katholischen Akademie München

Der Dramatiker Heiner Müller, ein von der Dynamik der Historie und dem lächerlichen Heldentum des einzelnen inmitten ihrer Bewegung besessener Mensch, hat mich vor einiger Zeit auf einen amerikanischen Science-fiction-Roman aufmerksam gemacht, der heißt »Illuminatus!«, es sind drei bei Rowohlt erschienene Bände. In ihnen wird die ganze Geschichte der Menschheit als eine von Geheimbünden und Geheimdiensten in Gang gesetzte Maschine beschrieben, also auch die Mächtigen an den sogenannten Schalthebeln als die Opfer, als gelenkte Marionetten, denen man zum Spielen ein Räderwerk hinstellt, das gar nicht das *wirklich* bewegende ist.

Eine phantastische Obsession. Kafka hat auch so eine gehabt: die Maschine, die er für die »Strafkolonie« erfunden hat, ist ja die Metapher für den von uns allen noch nicht durchschauten Vorgang, daß es längst die *Gewalt der Ideen* ist, die sich in unsere Körper einschreibt, und daß die realen Folterwerkzeuge nur die notdürftigen und bizarren Vehikel dafür sind. Auschwitz, von dem zur Zeit aus Gründen die Rede ist, die genauso »modisch« sind wie es ein paar Wochen zuvor das Fälschen von hitlerschen Tagebüchern war, Auschwitz war ja längst jener Ausverkauf des nackten Körpers, der in den letzten zwanzig Jahren in allen Medien betrieben wird. Nicht ob man danach noch ein Gedicht schreiben könne, hätte Adornos Frage sein müssen, sondern ob man danach noch das Bild eines nackten Menschen ansehen, geschweige zur Schau stellen dürfe.

Wie aber hätte sich einer 1945, in einer mit Hiroshima, Buchenwald und Stalingrad doch sehr apokalyptischen Situation, noch ein Science-fiction-Szenario ausdenken können, das darüber hinausreichte? Man hat ja damals gedacht, das sei es nun gewesen, was der Menschheit möglich ist. Denkste – und man braucht dazu heute gar nicht mehr die Bombe und nur in den »unterentwickelten« Ländern noch die Folter: Die *Drohung* damit genügt ja bereits. Wir leben in einer Drehbuch-Kultur, die uns damit lahmlegt, daß sie droht, jede denkbare Szene, über der einmal die Klappe fallen könnte, sei bereits aufgeschrieben.

Die Angst, wir seien verstrickt in eine Verschwörung, freilich in eine Agentur der von uns selber ausgedachten Zeichensysteme, ist nicht mehr so irreal, wie sie noch scheinen mochte zu der Zeit, als man sich über den Medientheoretiker Marshall McLuhan lustig gemacht hat. Seine auf den Satz »Das Medium ist die Botschaft« verkürzte Theorie ist längst Praxis geworden. Im Netz der Zeichen, das sich selber strickte, als alle Ideen machbar wurden, sind auch die herrschend sich Glaubenden eingefangen.

Die nennen das, in grotesker Verkehrung der Realität, die »Sachzwänge« – es sind aber die Ideen, die ihnen entglitten sind und nun ihre launische, verteufelte Selbständigkeit selbst in den Körper der Macht einschreiben und somit ihn in eine theatralische Landschaft hineinzwingen. Das ist die Schizophrenie der Mächtigen, das begreifen sie nicht: daß ihnen längst ein zweites Ordnungssystem, eines, das sie nicht mehr »machen«, gegenübersteht oder, besser gesagt: überlagert ist. Nämlich das Schaltsystem jener Szenarios, die in den Zentralen der Militärstrategie, der Warenstrategie und der Informationsstrategie entworfen werden, und dort nicht etwa – da liegt der historische Witz – von bösen Buben, sondern von Ohnmächtigen, deren einzige Kraft darin besteht, daß sie es verstehen, die Ideen in Signale umzusetzen, nach denen sich dann aber die Wirklichkeit ausrichtet. Eine trostlose Form, das zu betreiben, was früher den Namen Politik verdiente.

Und was fangen wir damit an in der Kunst, am Theater? Ich weiß es auch nicht. Die Genauigkeit und Unmittelbarkeit unserer Erfahrungen würde aber sicher auch darin zu bestehen haben, daß wir das Leben als eine maschinisierte Wirklichkeit begreifen, die den Begriff »Geschichte« selbst fragwürdig macht und zu zersetzen beginnt. Adorno hat bereits in »Minima Moralia«, also vor vierzig Jahren, darauf aufmerksam gemacht, wie der Künstler vermöge einer gesteigerten Reflexion auf die Seele fatalerweise auch gelernt habe, immer mehr über sich selbst – als ein Ding – zu verfügen; also genau das zu leisten imstande sei, was der Produktionsprozeß von ihm wolle.

Überall dort, wo es uns gelungen ist, uns als Ware auf den Markt zu bringen, haben wir inzwischen schuldhaft Anteil an der Niederlage der menschlichen gegen die der technischen Einbildungskraft.

Es wäre ja erstaunlich, wenn die Allgegenwart jener Zeichensysteme, welche nicht nur die Bilder, sondern bereits unser Denken, nicht nur unsre Kleidung, sondern bereits unsre Körper, nicht nur unser Sprechen, sondern auch unsere Gefühle besetzt halten – wenn diese Systeme nicht auch die Kunstunternehmungen immer schneller »revolutionieren« würden. Wir bewegen uns in einem besinnungslosen Strudel der »geistigen« Revolutionen und immer mehr der Wahrheit des Satzes entgegen, den Andy Warhol schon vor Jahren formuliert hat: heutzutage könne jeder Mensch einmal für zwei Minuten berühmt sein.

Es handelt sich bei diesem Vorgang – darauf hat der französische Soziologe Jean Baudrillard hingewiesen – nicht mehr um das, was man in den goldenen Zeiten die »Umwertung aller Werte« nannte, sondern vielmehr um eine *Austauschbarkeit* jeglicher Werte und Sinngebungen. Der subversive Charakter der Moden ist inhaltsleer, er richtet sich gegen nichts, feiert narzißtisch sich selbst. Mode erfüllt sich in einem theatralischen Fest: Das kann eine Fernsehdiskussion sein, in der sie die Sprache theatralisiert; eine Werbung, in der die Ware maskiert wird; oder es sind die von der Kosmetikindustrie bereitgestellten theatralisierten Körper. Wie sollten nun nicht gerade jene Bretter, von denen man sagt, daß sie die Welt bedeuten, immer mehr zu solchen werden, die nurmehr die Mode bedeuten – wenn doch diese von der Welt in der Form einer gigantischen Maskerade, eines Schmink-Rituals Besitz ergreift? Es ist das ein Verschlingungsvorgang, welcher die Ethik der Sprache, der Körper, ja selbst die der Produktion den Spielregeln der Mode, und das heißt: der Nutzlosigkeit, der Immoralität unterwirft und uns alle zu deren Agenten zu machen versucht.

Deshalb, meine ich, muß man Joachim Kaisers Hinweis – vor einigen Wochen in der »Süddeutschen Zeitung« –, die eigentliche »Tendenzwende« spiele sich derzeit in den Künsten ab, ernstnehmen und diskutieren. Ich glaube, er zielt zu kurz. Er krankt zunächst wohl daran, daß er das Phänomen der Mode wiederum mit einem Terminus der Mode erklären will. Der Begriff der »Tendenzwende« bezeichnet ja erst einmal nichts anderes, als daß Politiker und Journalisten sich darauf einigen konnten, einem ganz bestimmten, einem erst intendierten gesellschaftlichen »Fest« ein bestimmtes Design, eine Sprachmaske zu verpassen. Je zündender das Feuerwerk und je farbenfroher die Masken, desto illuminierter das Fest, und desto weniger wird noch nach seinem Inhalt gefragt. Ist es nicht bezeichnend, daß eine Regierung sich den ehemaligen Chef der »Bild-Zeitung« für ihre Selbstdarstellung wählt, einen Mann also, der es gelernt hat, aus jeder Nachricht ein Spektakel zu machen, aus Kriminalität, Sexualität und Politik und Ökonomie eine einzige Modebewegung, die über nichts mehr informiert, dieses aber für alle?

In der täglichen Maskerade, in die sich Politik vor den Kameras begibt; in den Ritualisierungen, wie wir sie gegenwärtig bis zum Exzeß bei sogenannten »Gipfeln« beobachten können; in den Spielzügen der Konferenzen, Sitzungen, Gesprächsrunden, auf denen nurmehr Wortmaterial hin- und hergeschoben, aber keine Inhalte bewegt werden: Überall läßt sich der Prozeß beobachten, wie Mode auch den Bereich der Polis erobert. Politiker werden nurmehr aus modischen Gründen gewählt, sie erlassen inzwischen schon Mode-Gesetze, und selbst die neuen Waffensysteme folgen dem Diskurs der Mode. Deshalb, nicht aus rationalen Gründen, wird die Pershing-Rakete stationiert werden;

deshalb ist das Ethos einer Friedensbewegung natürlich genauso lächerlich, wie es der Herr Geißler und andere machen. Denn dieses Ethos weiß nicht, daß es gegen eine Mode anrennt, und das ist das Aussichtsloseste und Lächerlichste, was man machen kann.

Ja, es kann ihm sogar passieren, selber in das System der Mode mit einbezogen, in die Tanzfiguren der Immoralität mit hineinchoreographiert zu werden. Genau das wird wahrscheinlich im Herbst passieren, der Widerstand von Gesinnungsresten wird der Mode zur endgültigen Legitimation dienen. Die Aufmärsche der Raketengegner wird man zum Bestandteil des Nachrüstungsspektakels machen, das sich ja – raffiniert genug – selber im rechten Moment der Maske eines Ethos bedient.

So kommt der ganze Begriff der »Tendenzwende«, um nun darauf zurückzukommen, uns in der Verkleidung des Ethischen, neuer Sinngebung daher. Eine perverse Verdrehung des sittlichen Weltgebäudes: noch mit den Begriffen des Sittlichen wird die »Universalisierung des Modesystems«, wie Baudrillard das nennt, betrieben. Das hat aber schon Goethe, zumindest im zweiten Teil des »Faust«, vorausgesehen. Das mephistophelische Gelächter, das hinter den Worthülsen, mit denen die Maskerade sich instrumentalisiert, aufklingt – es muß bereits ihm als Dissonanz in den Ohren geklungen haben.

Und da wären wir wieder beim Theater, wir haben es ja gar nicht verlassen. Wie alles – die Freizeit, die Politik, das Essen & Trinken, die Sexualität, das Nachrichtenwesen –, ist auch das Theater seit Jahren nichts als ein bunter Bazar. Man hat das, das tatsächliche Phänomen verkennend, lange Zeit den Pluralismus genannt, so wie man ja auch das politische Spiel-Werk ein demokratisches nennt, und die Verstopfung mit Medienunrat immer noch die Freiheit der Information, und die Möglichkeit, nun auch den Urlaub als entfremdete Arbeit zu leisten, als Zugewinn an Selbstverwirklichung deklariert.

Es ist aber, was wir in den Künsten betreiben, seit langem die Perfektionierung eines Systems der Austauschbarkeit von ästhetischen Spielmarken. Valeurs, Effekte, Reize und Anti-Valeurs,

Anti-Effekte, Anti-Reize werden zu immer neuem Patchwork aneinandergeflickt; da ist eine aleatorische Reihe möglich, wir brauchen deshalb keine Angst zu haben, daß das irgendwann mal aufhören könnte und statt der täglichen Simulation des Neuen entweder eine Besinnung auf den Nullzustand der Gegenwart stattfände oder eine Besinnung und Wiedergewinnung von Qualitäten der Tradition, die imstande wären, den Modekreislauf zu unterbrechen. Ihm das künstliche Blut abzudrehen.

Macher und Medien betreiben, händchenhaltend, diese Art von Geschichtsvernichtung täglich und beharrlich, indem sie regelmäßig – inzwischen schon mindestens zweimal in der Saison – das Hemd ihres ästhetischen Bewußtseins wechseln und neue singuläre Erfindungen mit bahnbrechenden Produkteigenschaften propagieren, die meist nur alte Scherze, neu erzählt, sind. Wenn sie ein politisches Bewußtsein noch hätten, würden sie auch dieses immer schneller austauschen; die Zeit, die sie dadurch gewinnen, daß sie sich solchen Luxus schon abgewöhnt haben, benutzen sie inzwischen, um die jeweils neusten Modedüfte als politisch verfolgte darzustellen. Am Beispiel des Kollegen Achternbusch, der ja auch dann noch ein Schlitzohr bleibt, wenn ein noch windigerer Typ ihm den Geldhahn abdreht, läßt sich das grade wieder studieren.

Nichts gegen Scharlatanerien, sie mögen für die blitzartige Erhellung einer zementierten, sich ihrer Ohnmacht gar nicht mehr bewußten Situation wichtig sein; Eulenspiegeleien sind meistens das Symptom einer umfassenden Krise, närrische Antworten auf katastrophale Situationen. Aber man möge uns doch nicht einreden, daß sie auch deren Analyse oder eine Arbeit zu ihrer Überwindung seien. Der Dadaismus, von dem da ja zum Teil kräftig schmarotzt wird, überhaupt die früheren Avantgarden, sie wußten wenigstens noch, daß man nicht zugleich subversiv sein *und* im Kulturbetrieb, der doch den Abwechslungsbedürfnissen des Bürgers und seiner Kulturagenten dient, wohlig baden kann. Mit der russischen in den zwanziger Jahren fand die Avantgarde ihr endgültiges Ende, sie bezahlte es zum Teil mit dem Leben. Seither ist längst alles, noch ehe dieser Begriff von den Feuilletons erfunden wurde, nurmehr »Postmoderne« gewesen, Vermarktung historischer Fortschrittsformen, ob die Dinge nun von La Mama oder Ionesco, von Tabori oder Achternbusch, von Wilson oder Grotowski – lauter ehrenwerten Leuten – hergestellt wurden.

Es wird in den letzten Wochen ein großes feuilletonistisches Getöse veranstaltet über den Entzug der sogenannten Freiräume, und eine scheinheilige Verwunderung bricht aus, daß der Staat sich als jener gebärdet, als den man ihn vorher kritisiert hat. Es wäre sicher besser, man würde auf dieses Faktum wortkarger und härter reagieren. Von Leuten, die allerdings – das weiß ja auch der Minister Zimmermann – darauf angewiesen sind, von öffentlichen Geldern zu leben, ist das nicht zu erwarten. Deshalb erfolgen noch die Proteste – darf man es zugeben, ja warum nicht? – nach dem Gesetz der Mode. Ich hätte mir gewünscht, die Unredlichkeit der Argumente des Innenministers und der trostlose Tiefstand seines und seiner politischen Freunde kulturellen Bewußtseins würden sich an einem würdigeren Gegenstand entlarven als einem Film von Achternbusch.

Solange wir aber die Freiräume, die der Kunst selbstverständlich garantiert sind und deshalb auch finanziert werden müssen, nicht anders als mit dem besetzen, was wir immerzu Experiment nennen, haben wir einen so kläglichen deutschen Kulturkampf, wie er sich in diesen Tagen abspielt, auch verdient. Wenn der Minister sich den Skandal erlaubt, einer Kritik am Geschmack der Massen entgegenzuhalten, sie sei undemokratisch, dann kann man ihm doch einfach vorhalten, daß natürlich ein derzeit modischer Polit-Kollege von ihm das in einem weit verbreitet gewesenen Buch »Mein Kampf« auch schon mal so ähnlich gesagt hat; und daß das Undemokratische am Phänomen des Massengeschmacks die ökonomische Gewalt derer ist, die jene Produkte bezahlen, welche diesen Geschmack kultivieren. So einfach wäre das ja, wenn wir – ja wenn wir! – nur dieser Macht einmal etwas entgegensetzten, das übers Experiment, übers Schelmentum, über die Narrenkappe hinausreicht und der künstlerischen Arbeit die Kraft, sich zu erinnern, am Gedächtnis der Menschen zu arbeiten, zurückgewinnt – statt immer noch einmal die »Neugierde« zur Triebkraft zu machen.

Solange freilich der Narzißmus im gesellschaftlichen Leben – und demgemäß auch in der Kunst – sich als das Realitätsprinzip behauptet, werden wir auch nur entfremdete Kunst hervorbringen können und paradoxerweise immer noch glauben, das sei eine »befreite«, hoch persönliche. Es ist nur eine aufs Neue gierige. Der Impuls bestimmter Avantgarden, ganzer Festivals und Off-Off-Fabriken nährt sich laufend von diesem Mißverständnis, und der Staatstheater-Modernismus rennt dieser Verzauberung inzwischen glamourös, wie zum Hohn vorneweg. Er leistet sich in seinen gewinnendsten Produktionen die luxuriöse Ausstellung jener Bilder, die uns im Alltag demütigen. Die Not, sich auf den Mode-Pferdchen – bei immer größerer Fliehkraft des Karussells – noch zu behaupten, macht wohl erfinderisch. Aber sie fragt nicht so sehr nach künstlerischer Dringlichkeit und geistiger Anstrengung. Sondern die glorreiche Idee, daß es kein besseres als ein volles Theater gebe, feiert naiv ihre Auferstehung. Da muß man sich aber hüten, daß man nicht bei dem landet, was der Minister für die zynisch so genannten »breiteren Schichten des Volkes« für gut hält. Als wäre »Dallas« durch die Höhe seiner Einschaltquoten etwas anderes als ein sozialpsychologisches Phänomen, eine sexistische Spekulation, und als stellte nicht die sogenannte Abstimmung an den Kiosken, wenn es um die Auflagen der Bilderblätter geht, jede Woche auch die Frage nach der geistigen Hygiene des Volkes, das sich von Burda und Bauer für dumm verkaufen lassen mag.

Eine Reihe von Künstlern, die sensibel genug sind, die Situation so zu sehen, verzweifeln davor auf die pikanteste mögliche Weise: Sie schwenken opportunistisch ein auf den immer breiter werdenden Trampelpfad einer sich »zweite oder alternative Kultur« nennenden Vermarktungsstrategie des Trivialen. Die bildet sich ein, mit dem Austeilen von Bier und Edelzwicker in Pappbechern und der Eröffnung möglichst vieler Würstchenbuden rund um die Kultur herum seien bereits alle Fragwürdigkeiten, an denen bürgerliche Kultur ja zweifellos leidet, beiseite gewischt und obendrein sei ein Ersatz für diese gefunden, mit dem zu leben sich lohne.

Wo aber nur der Bratwurstduft mit dem der Räucherstäbchen

und der Freiland-Toiletten sich mischt, hat die bürgerliche Aufklärung, die sich ja das Vergnügen noch als eines des fortschreitenden Erkennens vorstellte, gewiß eine weitere Schlacht verloren – eine neue Definition des Vergnüglichen ist damit doch noch nicht in Sicht. In den Situationen der Krise haben die Flucht ins Circensische einerseits und eine Rückgewinnung des Mythischen auf dem Weg mitten durch die Boutiquen andererseits immer schon Konjunktur gehabt. Man kann das, was das Theater betrifft, ja bereits an den verzweifelten Unternehmungen des Theaterunternehmers Max Reinhardt studieren. Hofmannsthal und die Zirkuskuppel gleich zu vereinigen – das war schon einmal so eine Vorkriegsidee: ein Tanz auf dem Vulkan.

Bertolt Brechts ganzes Verdienst mag vielleicht einmal nicht in den Stücken bestehen, die er dem Theater hinterlassen hat, sondern in der Tatsache, daß er den eigentlich unsinnlichen, weil die Gefühle der Menschen *um ihre Konflikte betrügenden* Charakter solcher Vergnügungen sehr früh erkannt und sein Leben lang bekämpft hat. Der Genuß einer verdorbenen Speise werde auch durch ein heftiges Würzen derselben nicht angenehmer – so ähnlich hat er es einmal gesagt. Was würde er erst heute sagen? Die Gefahr ist groß, daß wir uns, um überhaupt noch »geschmeckt« zu werden, immer mehr zu Gewürz-Narren machen, die einer Gesellschaft, welche in ihrem religiösen, ihrem kulturellen, ihrem moralischen – und Hölderlin hätte gesagt: vor allem in ihrem vaterländischen – Verständnis heillos auseinandergebrochen ist, immer mehr Paprika und Pfeffer aufstreuen müssen, um über die Fäulnis hinwegzutäuschen.

Wenn es Joachim Kaiser auffällt, daß gegen den Wust solcher Schein-Emanzipationen und deren offenbare Katastrophen inzwischen ein paar Leute anarbeiten, dann ist das – meine ich – kein Indiz einer Kapitulation, sondern es verdankt sich, im Gegenteil, der Tatsache, daß sich aus dem Schutthaufen der austauschbaren Subversionen eine Spur heraushebt, die sich das Nachdenken darüber, was denn Widerstand heute überhaupt ist und leisten kann, erlaubt.

Es kann das nur ein Zweifronten-Widerstand sein: Einerseits gegen den Spuk gerichtet, den die Ideologen der »neuen Werte«

veranstalten. Eine Wende, welche bezeichnenderweise – wie immer in solchen Fällen – damit beginnt, daß die Geschichte umgeschrieben wird, daß Teile von ihr geleugnet, ausgelöscht werden, die Nation in Anständige und Nichtanständige auseinanderdividiert wird und die früheren Opfer als die eigentlich Schuldigen verhohnlacht werden. Die Umschreiber stehen bereit. Es sind jene Zyniker, die das Wort »Ethik« im Munde führen und jedem Regime, auch demjenigen, das sie im Moment bekämpfen, dienstbar wären.

Und andererseits muß der Widerstand sich richten gegen jene Vernichtung des Kulturbegriffs, bei dem Industrie- und Medienkultur mit der alternativen ironischerweise Hand in Hand arbeiten: Beide sind sie auf den Tod der Wörter aus und auf die Inthronisierung von Bildern und Signalen. Allmählich bemerken wir doch so etwas wie eine Sinnes-Verlagerung in uns allen: Die Augen werden in dem Maße mehr beansprucht, wie die Ohren vernachlässigt werden. Schon hört keiner mehr zu, es sei denn, man schreit. Der Pegel des Sprechens geht höher, wir lärmen nur noch, die Differenziertheit des Gesprochenen ist notwendigerweise geringer. Die Fülle dessen, was die Augen reizt, führt zu Verkürzungen und Brutalisierungen der Sprache, damit diese mit dem am meisten bombardierten unsrer Sinne überhaupt noch mitkommt. Der Anteil des Nonverbalen in unseren Verständigungsformen nimmt zu, die Sprache regrediert: Zwar sprechen die »Bild-Zeitung« und die alternativen »tip«- und »Scene«-Blätter nicht die gleiche, aber sie sprechen beide eine Sprache, die aufs Stammeln, Grunzen, Fluchen, auf das Erbrechen von Kotzbrocken sich zubewegt.

Die Bilderflut, darüber muß man sich nicht wundern, nimmt uns bereitwillig die Anstrengung des Gedankens, der rationalen Formulierung und der Sprachlust ab. Längst werden Fernsehserien, aber auch politische Magazinbeiträge nach der Erzählstruktur einer Werbesendung aufgebaut, geschnitten, getextet. Und dieses Sperrfeuer der Bilder, die nicht mehr über Inhalte informieren, sondern für Empfindungen und Stimmungen, um Zustimmung und Kauf »werben«, wird längst auch aufs Theater gerichtet. Die alternativen Gruppen bedienen sich mehr und mehr der Strukturen von Unterhaltungsshows, und ob es sich dabei noch um eine persiflierende Absicht oder schon um die bequeme Anpassung an die formalen Übereinkünfte handelt: das ist nicht mehr auszumachen.

Nicht ein Theater, das deshalb voll ist, weil es sich diesen Tendenzen andient, nicht der umjubelte, schnell vergehende Bildreiz, nicht die denunziatorische, besserwisserische – und deshalb immer so schnell eingängige – Interpretation können unser Ziel sein. Nicht das Vollmundige – sondern das Mündige. Der subversive Charakter, den auch Aufklärung haben kann, wäre wieder zu entdecken – aber da können uns die Schelmenkultur, auch der mondäne Umgang mit exotischen Kulturmasken, der zur Zeit in der Mode ist, nicht helfen – sondern jene politische Entdecker-, Veränderungs- und Zweifellust, auch die Skepsis, die Melancholien und die Verzweiflungen wären gefragt, die von großen Dramatikern vor allem in sprachlichen Strukturen aufgehoben sind. Bei Euripides, bei Shakespeare, bei Schiller, Büchner, Hölderlin.

Schon grassiert, wenn man sich um solche Strukturen bemüht, der gute alte deutsche Vorwurf des Intellektualismus. Geistreich zu sein, das gilt noch als vermittlungsfähig. Aber dem Geist auf die Spur kommen zu wollen, um sein Überleben besorgt zu sein, das handelt sich den Verdacht des Unsinnlichen ein. Als wäre nicht gerade eine Idee und der Klang, mit dem sie formuliert wird, die sinnlichste Sache der Welt. Hölderlin hat das wie kein anderer gewußt. Wer aber nicht in den Turm fliehen will, muß weiterkämpfen, mitten im Strudel all der beschriebenen schreienden Widersprüche, grellen Paradoxien und – Aussichtslosigkeiten.

(FR, 16. Juni 1983)

Münchner Begegnungen

Rede zur Verleihung des
Münchner Ernst-Hoferichter-Preises 1983

Verehrte Jury, meine Damen und Herren – Ich denke, ich gehe nicht fehl in der Annahme, daß die Verleihung dieses Preises so etwas ist wie die originelle, humorvolle und weltoffene Rache der Stadt München an meiner Absicht, sie zu verlassen. Deshalb ist dies eine Dankes- und Abschiedsrede; sie heißt »Münchner Begegnungen«.

Meine erste war mit dem Leberkäs. Da war ich wohl zwanzig Jahre alt, auf ein Wochenende zu Besuch in der Stadt, und man führte mich in den Franziskaner. »Wat de Buer nich kennt, dat fret hei nich«, hatte meine Großmutter, ein Nordlicht aus Westfalen, immer gesagt – zu hochdeutsch: Was dem Bauern unbekannt ist, das nimmt er nicht zu sich. Und mit dieser Maxime, hinter der sich wohl eine tiefgründige Angst vor dem Fremden, aber gleichzeitig auch ein sturschädliges konservatives Beharren auf dem heimatlich Vertrauten verbirgt – mit diesem Spruch habe ich sowohl den ersten Ansturm des Leberkäses als auch, zehn Jahre später, die zweite kulinarische Angriffswelle: die der Weißwurstbrigaden, zunächst überstanden.

Meine Kapitulation hat, so meine ich mich zu erinnern, der designierte Intendant der Kammerspiele Dorn eingeleitet, und wenn auch sonst nicht, so darf ich mich doch wenigstens insofern seinen Schüler nennen. Das war, Sie werden's nicht mehr glauben, auf dem Münchner Hauptbahnhof, als der diesen Namen noch verdiente und es an einem der Imbißstände den frischesten und den dampfendsten Leberkäs der Stadt gab. Wir stiegen damals bloß um: von Berlin kommend, ins Österreichische zu fahren, einen Dichter zu besuchen. Auch dessen Stücke waren damals, mein Gott, es ist ein Dutzend Jahre her, noch frischer. Und ich wollte mir vor dem Kollegen keine Blöße geben, also aß ich, was auch er aß. So fing denn unsre gemeinsame Münchner Karriere an, und es ist nicht das geringste Verdienst des süßen Senfes, die ästhetischen Kontroversen der Kammerspiele auf Jahre hinaus immer wieder zugeschmiert zu haben. Sieben Jahre lang, immerhin, mehr kann man selbst von einer derart perversen Erfindung wie dem süßen Senf nicht verlangen.

Meine zweite Münchner Begegnung war – und mögen Sie es auch mehr für Dichtung als die Wahrheit halten – mit Hans-Reinhard Müller, dem jetzigen Intendanten. Sie fand, das war vor genau zwanzig Jahren, in Saarbrücken statt, wir hielten dort irgendwelche klugen Vorträge übers deutsche Theater, man nannte das ein Wochenendseminar. Saarbrücken. Eine der Städte, die schon damals, am Anfang der sechziger Jahre, ohne Trost waren und deshalb nicht zufällig heute von der höchsten Arbeitslosenrate gesegnet sind: dort, in irgendeinem Ratskeller, erzählte der Müller Valentin-Anekdoten, eine nach der anderen, mit jener Erbarmungslosigkeit, die dem weltoffenen Münchner Humor, wenn er in Fahrt kommt, also seiner Geschichte sich erinnert, eigen ist. Und es hatte das wie immer, wenn ein Bayer in kleinstem Kreise, aber alleweil öffentlich genug auftritt, den grantig-grazilen Charme einer Konkurrenz zwischen dem Anwesenden und dem Abwesenden; gleich zwei Figuren entstanden also vor meinem Auge: Valentin, der Hansnarr der Stadt München, ein Entfremdeter in seiner Heimat, einer, der alles, was am Lokalen nur Kolorit und Tracht ist, mit schmutzigen Fingernägeln abkratzt und dahinter die früheren, die dunkleren Schichten, das Bösartig-Kämpferisch-Selbstische bloßgelegt – und demgegenüber Müller, der Liebhaber zugleich dessen, was und wie es kritisiert wird, ein Sohn der Stadt, der im Grunde so sehr verzweifelt ist über das, was der Karl Valentin seiner Mutterstadt an Widersprüchen und Misanthropien entlockt, daß er sich nurmehr davor schützen kann, indem er mit einem Akt schauspielerischer Identifikation das ganze Problem zu einem künstlerischen verklärt. Und die Anekdoten so vorträgt als sei er –: Valentins Vater gewesen, hätte ihn selber gezeugt.

Die dritte Begegnung. Ein Premierenabend in den Kammerspielen. »Richard III.«, Mitte der sechziger Jahre. Es währte der Abend, Stunde um Stunde wie sich's beim Shakespeare schon gehörte, als man ihn noch im Tageslicht am Nachmittag aufführte, damals: vor Adligen, Handwerkern, Huren, vor den Müßiggängern und dem Pöbel. Doch die zivilisierten Abonnenten der Premiere 1963 fürchteten um das Ende der Zivilisation, das auf der Maximilianstraße ja tatsächlich einsetzt, wenn die Küche zumacht, und sie waren deshalb an der Ablösung zweier Königreiche nicht mehr so wahnsinnig interessiert. Ein Murren hob an, gleich nach der Pause, zögerliche Zwischenrufe und Lacher. Dann ein zu langer, wohl nicht ausführlich genug geübter Umbau vor dem letzten Bild, dem Auftritt des neuen Monarchen: Richmond. Und der Vorhang, der zu lange unten geblieben war, ging hoch, und die Bühne war: ein Schlachtfeld. Vollbedeckt mit Kadavern, menschlichen und – was so realistisch wie die Leute verstörend war – auch tierischen. Tote Soldaten mischten sich mit verreckten Pferden zu einem Tableau, dessen Theatralik nur wie ein höhnischer Kommentar auf die Metapher erschien, die unsre tötenden Militärs benutzen: ein »Kriegs-Schauplatz«; der war da aufgebahrt.

Als dann noch der blonde Sieger-Nachfolger auftrat, links hinten, ich sehe es noch wie heute vor mir, ging der hysterische Sturmruf, die Entlastung der zugeschnürten Kehlen, los. Da war, ich habe es nie vergessen, ein minutenlanges Protestgejaule, die Schauspieler spielten wacker zu Ende, und dann trat irgendwann der untersetzte alte Mann, ich denke, es war in einem nur zu grauen Anzug, heraus, Fritz Kortner, und er schaute traurig und trotzig zugleich in sein Publikum. Ein Emigrant, den sie bis zu seinem Tode nicht wieder zurückgenommen haben. Man tut das ja auch nicht in diesem Lande: emigrieren – es sei denn in einer Nische oder um den Preis, sich im Ausland umzubringen wie Toller oder Benjamin – aber doch bitte nicht, um uns mit den Erfahrungen, die wir verdrängen möchten, hinterher zu konfrontieren. Später, wenn ich am Kiosk im Vier Jahreszeiten mir die Zeitungen kaufte, sah ich ihn manchmal in jenem Sessel sitzen, den Martin Walser in einem Gedicht als Lears Thron auf der Heide beschrieben hat: einsam und auf sich selber konzentriert wie nur einer, der ein Leben lang sich auch ins Licht gestellt hat; und die eigentlichen Blinden, die mit den Aktenkoffern, rannten und stolzierten oder stolperten, sich gegenseitig hofierend, an dem Denkmal einer verlorenen Zeit vorbei. Und ich selber drückte mich schüchtern durch die Drehtür; unfähig, gelähmt, ihn je anzureden.

Helmut Henrichs erzählte manchmal die – nur, wenn man nie Kontakt mit einem Theaterpförtner hatte, kaum glaubliche – Anekdote, wie er eines Tages beim Bühneneingang ins Residenztheater ging und der Pförtner ihm mit einem Brief entgegenwedelte: »Herr Staatsintendant, Sie kennen sich doch aus – hoabn mir einen Herrn Henrichs im Hause?« Er erzählte sie immer, wenn er das Amt besonders leid war, was mindestens einmal in der Woche vorkam. Er war, was eine Rarität ist, ein melancholischer Intendant. Wenn sein Oberspielleiter Lietzau hochroten Kopfes und im Diskant die Schuldigen für sein alltägliches Theaterleid namhaft machte, wobei er vor Henrichs Schreibtisch auf und ab tigerte und mit dem ausgestreckten Zeigefinger die von ihm selbst entfachte dicke Luft durchschnitt – dann breitete er, in seinem Biedermeiersessel sitzend, wie in einer Zeitlupenbewegung resignativ beide Arme aus – eine Geste, die für sich selbst um Verzeihung bat und zugleich den anderen, den lauteren Ohnmächtigen, umarmen wollte – und er sagte dazu nichts als: »Ach, Hans!« Das hatte eine solche kleistische Zartheit, daß auch der bitterste Preuße angerührt war und alsbald verstummte.

Seine Schauspieler nannten ihn heimlich »Papa« Henrichs, und es war wohl so, daß er sich aus diesem elenden Beruf, nach dem es so viele aus Gründen, die sie später bereuen, drängt, einen kleinen Traum herauspreßte: den Traum vom sorgenden Hausvater, der seine Kinder nicht nur trotz, sondern gerade wegen ihrer Fehlbarkeit und Ungezogenheiten liebt – denn es sind seine eigenen, von ihm entdeckten Kinder. Und er liebt in ihnen die Schwächen, die selber noch auszutragen Amt und Alter ihm verwehren. Wir haben viel miteinander geschwiegen. Vor allem abends. Da ließ er, meist gegen 18 Uhr, den Chefdramaturgen zu sich ins Büro kommen, man ging das Aktuellste durch, und etwa wenn die Vorstellung begann, ließ er Frau Düring, die Sekretärin, zwei große Bier holen. Er blieb fast jeden Abend bis zur Pause, das war selbstverständliche Sitte, denn nichts am Theater ging ihm über den Augenblick des Spielens. Nicht immer aber hatten wir einander bis zur Pause was zu sagen und nicht immer brachte ich es dann übers Herz, mich mit einer Ausrede davonzustehlen. Die Summe allen Mißlingens, des ach so vielen Halbgelungenen, also Fastgescheiterten, hing wie eine Föhnwolke im Zimmer. Dann, nach einer der längsten Pausen meines Lebens, lächelte er mich plötzlich an und sagte mit seiner leisen, immer etwas traurigen Stimme: »Herr Wendt, werden Sie nie Intendant.« Und reichte mir über den Tisch die Hand; ich war verabschiedet für diesen Abend.

Dem Kritiker K. von einer großen »Süddeutschen Zeitung« bin ich eigentlich nur zweimal begegnet, und da war er jeweilen mit seiner Obsession, von der ich fürchte, es ist seine einzige, beschäftigt: der von Regisseursphantasien unbefleckten Empfängnis der klassischen Theaterstücke. Naturgemäß waren es beidemale – bedeutende Menschen sieht man ja nur dort – Prominentenparties, wo man mit der einen Hand am Glase sich festhält und mit der andern engagiert fürs kulturelle Erbe fuchtelt. Da saß er nun, auf einem Sofa mit dem Regisseur Z., und verfocht sehr viele Stunden lang die Meinung, daß jener, der sich grad ein halbes Jahr lang verbissen, wütend und lustvoll mit dem »Hamlet« beschäftigt hatte, doch eigentlich vom wahren Kern des Stückes nichts verstanden hätte. Und da saß er, drei Jahre später, auf einem andern Sofa in einem andern Salon, vielleicht war's auch ein Sessel, und belehrte den Assistenten des Regisseurs N., welcher unlängst den »Hamlet«, wenn auch auf eine mehr konservative Weise, inszeniert hatte, daß auch dieser das Stück nicht eigentlich begriffen habe.

Man kann natürlich, habe ich mir manchmal gedacht, über den Abgründen an vielfältigen, vielleicht auch verstörenden Lesarten, die sich einem vor wirklich geheimnisvollen Texten auftun, verrückt werden. Es ist dann, um sich vor der Infektion mit einem in sich selber schizoiden Material zu bewahren, gewiß ein weiser Ausweg, dieses als aber doch durchaus gesund und in sich harmonisch zu definieren und den, der sich tatsächlich damit abgequält hat – scheiternd, na klar, wie denn auch sonst –, als den eigentlich Verrückten zu beschreiben. Daß es vielleicht so sein möchte, habe ich – den Disputen zuschauend – der Körpersprache, der gegen die eigenen Wörter anarbeitenden, des Kollegen Kritiker entnommen: den suchenden, sich windenden Bewegungen der einen Schulter und des Nackenwirbels, die asynchron dem so sicheren Redefluß antworten. Der Mensch verfügt da über eine verblüffende Disharmonie der eigenen Ausdrucksformen, habe ich gedacht, die durchaus musikalisch ist, aber der von ihm selbst mit Worten verfochtenen Theorie von Musikalität durchaus widerspricht – und das auf eine zugleich lächerliche und poetische Weise. Kleist würde es womöglich als jene Grazie bezeichnet haben, nach der seine Figuren suchen. Aber man stelle sich vor, in einer Kleistaufführung würde unser Kritiker einer Figur begegnen, die sein Spiegel ist.

Über die Arbeitsbegegnungen mit Schauspielern zu reden, ist – ich weiß es nicht – ein vielleicht zu intimer Vorgang, oder man möchte es doch erst aus größerer Distanz tun. Sie gehören aber ins Zentrum meiner Münchner Begegnungen, und so wäre es auch verlogen, daran vorbeizusprechen. So will ich zweimal zwei erwähnen, stellvertretend.

Ich habe gelernt, daß ein Schauspielerleben sich wohl überhaupt nur lohnt, wenn es am Ende als ein Modell von Menschenfreundlichkeit dasteht. Wenn die Wahrheit sich aus einer heiteren Melancholie speist, einer Weisheit, die auch an so manchen Niederlagen sich erackert hat. Da wächst dem Gestus des spielenden Menschen etwas zu, das kein Kulturbetrieb, keine Mode ihm noch bestreiten könnte und um keinen Marktwert der Welt ihm abzukaufen wäre. Das ist etwa so wie jenes Geheimnis, das ein Tischler jenseits von Hobel und Leim, also seinem Handwerkszeug, dem Stuhl noch hinzufügt –: durch die sinnliche Erfahrung vieler Jahre, die modellierende Kraft seine Hände und Augen, die erst, wenn diese auch das Altern spüren, entsteht. Der ideale Handwerker kommt ja letzten Endes, darin bestünde seine absolute Vollendung, wieder ohne Handwerk aus: der Stuhl – ich weiß, es ist nur ein Traum – würde sich ihm dann unter seiner Haut und vor seinen Augen zusammenfügen. Maria Nicklisch und Peter Lühr sind mir in der Arbeit und auf der Bühne als solche Tischler vorgekommen.

Der Kampf der Jungen bei der Theaterarbeit muß aber vorerst noch darum gehen, sich die Welt, die man noch nicht immer am eignen Leib und Leid erfahren hat, aus dem Text herauszuprojizieren, sie für sich vorwegzunehmen und darin womöglich sich zu verschwenden. Der junge Schauspieler, der ein derart perfekter wäre, daß er mir jene heiter-melancholische Wahrheit nur vorzuspielen brauchte, wäre auch ein schlechter, ein lügender Schauspieler. Er muß noch scheitern wollen, zweifeln und verzweifeln und manchmal eben verschwenderische Behauptungen aufstellen, Formalisierungen der eigenen Verstörtheit erzwingen, die dann zuweilen wieder andere, das Publikum – und zwar hoffentlich – verstören können. Zuweilen öffnet sich die Welt ja erst, wenn die Gefühle miteinander im Streit liegen, wenn ein verrückter Entwurf von ihr erzwungen wird, also wenn der Schmerz und nicht die Heiterkeit die Glieder überwältigt und dirigiert. In den Begegnungen mit Lisi Mangold und Markus Boysen haben wir daran gearbeitet.

Allen, die ich erwähnt habe, danke ich für die Erfahrungen.

(Theater heute, 5/1983)

Väterlicher Freund und Künstler
Rede zum Abschied von Hans-Reinhard Müller

Der Beruf des Theaterdirektors ist in der letzten Zeit auf eine besondere Weise diskreditiert worden. Es sind immer wieder welche, von denen man hätte wissen dürfen, daß sie es nicht können, mit vehementen Posaunentönen angekündigt worden, und nach einer Spielzeit, manchmal auch weniger, war der Beweis geführt. Demoralisiert, abgewirtschaftet, atemlos noch von der schnellen Anstrengung, den Feuilletons die ganz großen Pläne zu verkaufen, warfen die einen das Handtuch, den anderen schlug man es um die Ohren. Die Steuerzahler müssen sich gedacht haben, es sei der deutsche Theaterbetrieb ein einziges Narrenhaus, von Scharlatanen, von Subventionsbetrügern dirigiert.

Was Wunder, wenn die Politiker, die über die Besetzung dieser Mammutbetriebe zu entscheiden haben, uns nicht mehr ernst nehmen. Sie erwägen dann, ob es nicht – der Idee der Frauenemanzipation zuliebe – an dem einen Theater auch eine Verlagsangestellte tut, die noch kein Theater von innen gesehen hat.

Oder, jüngster Skandal: da wird ein Schauspieler, der mit jedem Satz, den er redet, das alte Vorurteil vom ehrgeizigen eitlen Mimen wiedererweckt, zum Leiter der größten deutschen Bühne gekürt, und keiner protestiert auch nur, sondern man quatscht uns was über ein Nationaltheater vor, und der Senat der ehemaligen Hauptstadt des Landes, Gott hab sie selig, präsentiert das auch noch vor den Kameras der Tagesschau.

Ich denke mir, daß ein Mann wie Hans-Reinhard Müller, der diesen Beruf noch gelernt hat, der sich langsam und mühsam in ihm hochgearbeitet hat, dieses entwürdigende Treiben sehr schmerzlich registrieren wird. Undenkbar, daß zu der Zeit, als Müller den von ihm sehr verehrten Kurt Horwitz als Lehrmeister hatte, an einer großen deutschen Bühne ein Intendant das Sagen gehabt hätte, der nicht vor allem: Künstler, geistige Führungsfigur, verstehender, liebender, väterlicher Freund seines Hauses und Ensembles gewesen wäre. Müller hat das so gelernt – und ist es geworden.

Dem Theaterdirektor, so Goethe zu Eckermann, sei wie sonst nur dem Fürsten und dem Vater eine übergreifende sittliche Verpflichtung auferlegt, ja: beider Aufgabe schließe erst in seiner, des Direktors, zusammen.

Wie der Vater dem ihm anvertrauten Kinde, so habe er dem in seine Obhut sich begebenden Schauspieler sittigendes Beispiel zu sein, und wie der Fürst auf die des ihm sich anvertrauenden Volkes, so habe er auf die moralische Bildung des von seiner Bühne geworbenen Publikums einzuwirken.

Es fordre das, gegenüber dem Comödianten, im rechten Augenblicke der eigenen gestrengen Allmacht mehr als nur den Schein der verstehenden Güte abzugewinnen, sondern diese mit jener in einer Geste der liebenden Einsperrung des an sich doch ungebärdigen Vermögens der Schauspieler zu vereinigen.

Und es fordre das, dem verehrlichen Publico gegenüber, das Talent, der natürlichen Begehrlichkeit der Menge, die durchaus auf derbe Vergnügungen gerichtet sei, wohl ab und an nachgiebig sich zu zeigen, dabei aber stetig um die Reinigung des groben Geschmacks und die Veredelung des ästhetischen Empfindens besorgt zu sein.

Das hört sich so einfach an, und ist es doch nicht: Denn wenn es wert war, dann ist es Mühe und Arbeit gewesen. Ich weiß nicht, ob es Luther oder meine Großmutter war, die diesen Satz gesagt hat. Jedenfalls hat er gestimmt. Lustig war es eigentlich nie in den letzten Jahren. Wenn man's genau nimmt und nicht verklärt, war es doch vor allem eine Zeit des elenden Schwitzens, der pausenlosen Energieabgaben, der Auseinandersetzungen nach innen und außen, der Konflikte um Geld, um Zeit, um Material, um die Auslegung von Vorschriften, von Etatpositionen, von Verträgen, von Gemütszuständen – und zwischendurch sogar von Stücken, Theatertexten. Man ist immer mal wieder, das wundert freilich eher, auch noch dazu gekommen, Kunst zu machen. Aber das war dann schon auf dem Zahnfleisch gerutscht, also weniger possierlich, als der Eckermann das notiert hat.

Als Müller uns – den Martens, Dorn, mich, Harald Clemen – engagierte, war er einerseits ziemlich down, und andererseits kam er mir ganz mutig vor. Er hatte sich halt in den Kopf gesetzt, das, was ihm anfangs nicht gelingen wollte, einfach noch mal von vorn zu versuchen.

Er hat unter dem, was er sich da eingekauft hatte, oft gelitten – einer muß das ja mal sagen, er selber verschweigt es nobel. Und wir haben unter ihm übrigens auch gelitten. Es war doch durchaus nicht so, daß er alles, was die damals sogenannten »Berliner« ihm an Kuckuckseiern in sein Nest legten, auch von Herzen ausgebrütet hätte. Zuweilen sträubte sich ihm durchaus das Gefieder.

Ich habe unter ihm übrigens auch gelitten. Ich habe ihn auch leidenschaftlich die Zähne knirschen gehört, das war selbst gegen die Doppeltür seines Intendantenbüros nicht abzudämpfen. Aber er hat Arbeitsweisen, die manchem Mitarbeiter neu waren und von uns, den Regisseuren und Bühnenbildnern, nicht immer einleuchtend genug erklärt wurden, geduldig vertreten – er hat für sie geworben, auch wenn er selber den Sinn so manchen Chaos' nicht einsah: weil er das eigene Chaos ja mit den Mitteln der Genauigkeit, Ordentlichkeit und Beharrlichkeit bekämpft.

Er hat sich's, wenn es darauf ankam, mit manchen verdorben

in dieser Stadt. Nie ist, das hat er neulich zu Recht gesagt, Zensur ausgeübt worden in der Zeit seiner Arbeit. Aber es gibt ja im Leben etwas Verstörenderes: das ist der insgeheime Druck der Freunde, die man gern hat, und die es anders wollen; und da ist die lauthalsige Umarmung derer, die man nicht so gern hat, die sich aber unsere Freunde nennen. Denen hat er standgehalten, unauffällig. Wem er auch nur die eine oder andere der freundschaftlichen Ratschlags-Postillen aus Politik, Wirtschaft und Kultur, die ihm auf den Schreibtisch flatterten, gezeigt hat, der kann das nicht genug bewundern.

Ob er immer radikal genug gekämpft hat – wer wollte das entscheiden? Im Duell mit seinem Lieblings-Gegner in der Verwaltung hat er sich manchmal sogar so sehr verklammert und verzehrt wie eine Figur von Strindberg. Das war ein Clinch, wie nur Leute ihn suchen, die eigentlich Freunde sein möchten. Es hatte etwas Verzweiflungsvolles, es waren jahrelange En-suite-Vorstellungen eines Zweipersonenstückes; wir wollen das nicht vergessen, auch wenn Hans-Reinhard Müller nicht mehr so gerne darüber spricht.

Aber es ist doch wichtig und lehrreich, darauf zu sehen, wie denn die Energien eines Intendanten sich verteilen. Ich denke, wenn die Umstände seiner Wahl, der konservative Treibsand in dieser Stadt und die schwierige juristische Konstruktion in der Leitung der Kammerspiele es nicht gefügt hätten, daß er seine Kraft manchmal auch verschwenden mußte – dann hätte er wohl noch mehr als er's konnte für jenes Theater werben können, das er hatte: für ein Theater, das nicht jede Saison das Hemd seines ästhetischen Bewußtseins wechselte; ein Theater, dem er eine kontinuierliche Mannschaft besorgte, die mit ihm zusammen – das wage ich zu sagen – ein Kapitel deutscher Theatergeschichte geschrieben hat. Und die das so nur konnte dank seiner – das Wort im doppelten Sinne verstanden – Güte.

Denn wenn ich es recht verstanden habe, dann war er ein Theatermann, der – aus dem Krieg kommend, verletzt – die Möglichkeit eines neuen Anfangs unter den geschundenen Menschen sich erhoffte, ein Mann der ersten Stunde, in welcher von einer Wiederkehr der Humanität noch geträumt werden durfte.

Was davon inzwischen den Bach hinunter ist – er hat es nicht aufhalten können. Aber ich glaube, er hat immer versucht, diesem Scheitern von Humanität seinen persönlichen christlichen Glauben, daß es so nicht sein müsse, entgegenzuhalten. Und in manchen Aufführungen – ob es nun die »Minna« oder »Tasso«, das »Käthchen« oder »Merlin« waren – muß er gespürt haben, daß sein Ensemble da mit ihm zusammen gekämpft hat, auch wenn wir an sich allesamt lauter unchristliche Egoisten sind.

(Abendzeitung, 6./7. 8. 1983)

III

Samuel Beckett zum 70. Geburtstag

Ich erinnere mich also an jenen Abend vor 20 Jahren in einem
kleinen Theater am Fleischmarkt in Wien, da spielten sie Samuel
Becketts »Endspiel«, Kinski den König, Roger Blin, Becketts
Pariser Freund, hatte inszeniert. Ich hatte sowas, damals 19-jäh-
rig, noch nie gesehen, ich hatte überhaupt bis dahin keine zehn
Theateraufführungen gesehen, das Lesen der Klassiker in der
Schule hatte mich – wie so viele – theaterscheu gemacht.

Das »Endspiel«, diese ungeheuer düstere, bedrückende, im
Ausweglosen lustvoll sich festbohrende Aufführung, traf mich
wie ein Schlag. Ich erinnere mich an die Diskussion mit den
Freunden in der Nacht, sie begann während einer langen, zocke-
ligen Straßenbahnfahrt nach Haus durch die Wiener Vororte, sie
wurde heftig, wir standen auf dem Perron und der Freund be-
schimpfte das Stück, was ein unverständlicher Unsinn das sei,
und ich geriet in eine düstere Rage, es wurde eine wahre Weltan-
schauungsdiskussion daraus, denn da war etwas in Becketts Bun-
kerbild theatralisch sinnlich formuliert gewesen, das der 19jäh-
rige dumpf und unsicher fühlte und wovon die damals verehrten
Kästner und Tucholsky sich nichts hatten träumen lassen. Etwas
war aufgerissen worden, ein Theaterstück, das man heute bereits
zu den Klassikern rechnet, hatte eine Verstörung bewirkt, die
mich mit Konsequenz aufs Theater zutrieb.

Ich weiß nicht, ob eine solche Erinnerung sich heute nachemp-
finden läßt. Merkwürdig ferngerückt sind ja die Theaterskan-
dale, die wütenden Attacken um die Stücke Becketts und Ionescos in den fünfziger Jahren. Es will uns das heute kaum glaubhaft
erscheinen: die Arroganz der ersten Kritiken über Beckett, das
Unverständnis des Publikums vor einem Stück wie »Warten auf

Godot«, das heute im Schiller-Theater fast ein Kassenschlager ist.

Aber auch die Betroffenheit ist weg, jenes leidenschaftliche Engagement für Theaterstücke, in denen man eigenes Weltempfinden, eigene Ohnmacht, eigenes Suchen gespiegelt fand. Heute sind auch Becketts Werke Teil eines rotierenden Kulturbetriebs und einer Vervielfältigungsindustrie geworden, das hat ihnen den Stachel genommen; sie werden produziert – verlegt, inszeniert –, sie werden konsumiert – gekauft, gelesen – aber betreffen sie auch nur jene noch, die sie produzieren?

Hans Bauer, der zu früh gestorbene Regisseur, hat sich zerfressen, wenn ihm ein Beckett-Stück unter die Finger kam, und er lebte mit dem, was er inszenierend erfahren hatte, weiter: er brachte es ins eigene Leben ein und in das Theater, das er machte. Minetti, der außerordentliche Beckett-Spieler, bringt, was er bei Beckett erfährt, noch in ein so belangloses Broadwaystück wie die »Sonny Boys« ein und vergoldet es; er kann beweisen, daß Thomas Bernhard ein großer Figurenschreiber ist, weil er dem Caribaldi auch etwas von Becketts Krapp mit auf den Weg gibt: jene Welterfahrung, die selbst in den sensibelsten Menschen-Beschreibungen, die das realistische Theater zwischen Ibsen, Gorki und Pinter bereithält, nicht aufbewahrt ist.

Hans Bauer, Bernhard Minetti – zwei, die hier leider nicht für viele stehen – sind vom Typus jener Theatermacher, die von Kleinmütigkeit, von allzu biederer Menschensicht und einem bloß empfindsam-freundlichen Menschenbild nicht zu gefährden sind, weil sie durch die Erfahrung Beckett hindurchgegangen sind. Vielen Jüngeren, ich fürchte fast den meisten, bedeutet diese Erfahrung zur Zeit wenig oder nichts – die Regisseure Grüber oder Löscher sind da fast schon die einzige Ausnahme. Mit Beckett läßt sich im Augenblick allerdings auch wenig hermachen, unser Theaterbetrieb glaubt, ihn verdaut zu haben, und hält die tägliche Durchdringung seiner Arbeiten durch diesen wichtigsten Autor unserer Zeit für nicht so sehr erforderlich. Da legen sich die je neuesten Aktualitäten vor eine noch längst nicht ausgeschöpfte, nicht produktiv gemachte Erfahrung.

Vielleicht weil die zu schmerzlich wäre? Weil sich am Theater auf Beckett wirklich einzulassen weder jenen modischen Kramladen noch den stilistischen und weltanschaulichen Pluralismus erlauben würde, der allerorten herrscht? Ein Geburtstagsgruß mag kein Anlaß zur Polemik sein – aber: ist nicht unser Theater zur Zeit, seit einigen Jahren schon, von einer fatalen Leichtfertigkeit im Verarbeiten jener Welt, über die es was zu wissen glaubt? Mir hängt, ich will es bei dieser Gelegenheit sagen, der sich anbiedernde Positivismus, der zunehmende Kleinkunst-Charakter unserer Theater, diese verlogene Spaß-Süchtigkeit inmitten einer Welt, die wenig spaßig sich darbietet – mir hängt das zum Hals heraus.

Falls der, dessen Siebzigsten wir heute gedenken, es nicht mehr tut, dann sollte ein neuer Beckett, ein ähnlich radikaler Welt- und Theaterphilosoph dreinfahren in die Läppischkeiten und den Theater-Schick ringsum. Und uns aufs neue verstören.

(Aus: Berliner Festwochen 1976, Programmheft)

Jean Genet, Edward Bond
Über zwei Autoren unseres Spielplans

Um diese völlige Einsamkeit zu erlangen, die er zur Verwirklichung seines Werkes braucht – seines Werkes, das er einem Nichts, einer Leere entrissen hat, die er ausfüllen und zugleich sichtbar machen wird –, soll sich der Dichter in eine für ihn äußerst gefährliche Lage begeben. Er wehrt jeden Neugierigen, jeden Freund, jede Anregung, die versuchen, sein Werk zur Welt hinzubeugen, in grausamer Weise ab. Falls er will, kann er sich folgendermaßen benehmen: Er verbreitet einen derart ekelerregenden und finsteren Geruch um sich herum, daß er selbst durch ihn verwirrt und halb erstickt wird. Man meidet ihn. Er ist allein. Seine äußere Verdammung erlaubt ihm jetzt, da ihn kein beobachtender Blick mehr stört, lauter kühne Tätigkeiten. So bewegt er sich in der Einöde, einem Element, das dem Tod verwandt ist. Kein Echo antwortet seiner Rede. Was sie auszudrücken hat, ist an niemanden mehr gerichtet und braucht dem Lebendigen nicht mehr verständlich zu sein; es ist eine Notwendigkeit, die nicht vom Leben gefordert wird, sondern vom Tod, der sie befiehlt. (Genet, »Der Seiltänzer«)

Eine Herausforderung. Der Dichter Jean Genet verweigert sich der Kommunikation, er weist sein Gegenüber – den Leser, den Zuschauer – schroff von sich, er verlangt und erwartet keine Antwort. Er redet an, er träumt an gegen die Wand der bestehenden Verhältnisse, indem er sie einem scheußlich-phantastischen Spiegelbild konfrontiert und in diesem Spiegel zu fratzenhaftem, morbidem, todessüchtigem Glanz »aufleben« läßt.

Ein Aufleben, das den Tod anzeigt: kann das, wo zur Zeit so viele künstlerische Energien auf ein verändertes gesellschaftliches Selbstverständnis der Kunstproduzenten gerichtet sind, noch verstanden, noch akzeptiert, wenigstens noch eingeordnet werden? Jean-Paul Sartre hat, von Genets »vermessenem Wahn« schreibend, gesagt, er zeuge das Universum im Akt der Masturbation: ein höchst ungesellschaftlicher, egozentrischer Vorgang. Berauscht sich da nicht, so könnte man fragen, ein aus allen bürgerlichen Ordnungen herausgefallener Autor am Fäulnisgeruch dessen, was er sterben sieht, an Besitztümern, die er nur wert hält, gestohlen zu werden? Der Diebes-Akt, die Aneignung fremden Guts – ein wiederkehrendes Motiv bei Genet – bezeugen indes indirekt immer auch den alles Asoziale überherrschenden Wert des Gestohlenen und bestätigen darin eben jene Ordnung, gegen die sie sich vergehen.

Oder sollte vielleicht gerade darin die Radikalität dieses Autors bestehen, daß seine ungesellschaftlichen Akte die »Revolution«, eine Umstülpung der bestehenden Verhältnisse, ausschreiten – nämlich denkend, spielend und den Veränderungsvorgang im Ritual vorwegnehmend? Denn das Bestehende ist, nachdem einer es seinem unerreichbaren Gegenbild zeremoniell konfrontiert hat, schon nicht mehr dasselbe: Indem Genet das Bild der schlechten Welt höhnisch feiert – in den »Zofen«, im »Balkon« –, verändert er es zugleich zur Kenntlichkeit.

Das Existierende kann nur im Gegen-Entwurf, der identisch ist mit seiner zeremonialen Erhöhung, widerlegt und beseitigt werden, nur durch radikales Sein: die Unterdrückten – die Dienstboten in den »Zofen«, der Dieb Said in den »Wänden«, die Schwarzen in dem Stück »Die Neger« – bestimmen, endlich, ihr

Schicksal, indem sie dieses Schicksal als das ihre erkennen und anfangen, es zu leben. So erscheint die Gnädige Frau in den Zofen als ein unabweisbares, endgültiges Zeichen der »ruling class«, sie ist nicht zu vergiften, der Widerspruch zwischen ihr, zwischen dem, was sie vertritt, und den Dienenden ist unaufhebbar, da hilft – nach Genet – keine Gewalt: außer der, die die Dienenden exorzistisch gegen sich selbst richten. Die Befreiung der Unterdrückten geschieht im eingebildeten Mord, wenn angestaute Libido in kanalisiertem, ritualisiertem Spiel ausbricht – aber nur in der Selbstzerstörung können sich am Ende die Energien unterdrückter Kriminalität als wahrhaftig erweisen. Das entspricht kaum den herrschenden Theorien über Notwendigkeit und Möglichkeit gesellschaftlicher Umwälzungen – und schon gar nicht der Forderung oder Erwartung, solche Theorien sollten sich auf dem Theater gleich auch als gesellschaftliche Arbeit von Kunstproduzenten umsetzen und konkret werden.

In den »Zofen« zum Beispiel erscheint die bürgerliche Welt als ein Blumen-Refugium, die gnädigen Herrschaften schützen sich vor denen, die ihnen dienen und immer weiterdienen, indem sie sich in schöne morbide Grüfte zurückziehen; und die sind unangreifbar vor allem deswegen, weil sie von den Dienenden selbst ausgeschmückt werden. Die Domestiken, fixiert an die Herrschenden, beschleunigen nicht deren Verfall, sondern perpetuieren, umglänzen ihn. Woher aber rührt die Fixierung? Nicht aus dem unentwickelten Bewußtsein von ihrer Klassenlage, wie Marxisten uns sagen würden, sondern aus der Einsicht und der Einübung in die Umkehrbarkeit aller Klassenlagen im Ritual. Diese Art Aufhebung des Bestehenden geht den Weg über das »Theater«, über die Feier der auferlegten Rollen – und das heißt für Genet: über ein Fest, das den Tod begrüßt.

Genet versteht die Bühne als »einen dem Tod benachbarten Ort, wo alle Freiheiten möglich sind«. Die Toten, die Nachlebenden, für die der Autor sich eine Aufführung wünscht – das scheint wie Hohn und ist doch entschiedener Ernst –: wer sind die? Drückt sich in solch pathetisch-mystisch scheinenden Forderungen noch einmal die Asozialität Genets aus; eines, der sich der Verständigung mit dem faulen Lebenden verweigert? Das »asozial« zu benennen, heißt allerdings wohl auch, sich mit dem, was gesellschaftlich herrscht, zu identifizieren. Genet stellt dem seine imaginären Zuschauer, eine imaginäre Kommunikation entgegen: Gespräche mit Nachlebenden, Theater-Feste für die Toten – womit gemeint sind: zum Tode »verurteilte«, mit dem Bewußtsein des Todes umgehende und in diesem Bewußtsein sich Freiheit schaffende Menschen. So wird die Verweigerung, oder was zunächst als solche erscheint, aufgelöst in einem rituellen Umarmungsvorgang, in der Hoffnung auf eine andere Kommunikation als die rationale, gesellschaftlich übliche. Die Bühne ist für Genet nicht zuvörderst als ein ästhetischer Ort, sondern als ein moralischer zu denken, an dem die Beziehungen und das Wesen all derer definiert werden, die benachbart dem Tode eine heilig-ernste Existenz zu leben versuchen.

Gegen solche Radikalitäten sträubt sich natürlich ein Theater-Verstand, der sich in den sechziger Jahren nicht ohne Mühe die brechtsche Parole eingelernt hat, es gelte, ein Theater des »wissenschaftlichen Zeitalters« zu entwickeln. Alle Didaktik, selbst die sinnlich-neugierige, alle aufklärerische Erkenntnislust wird von Genet außer Kurs gesetzt. Der Dramatiker hat abgeschlossen mit jenen Lebenden, die »lediglich« an ihrem vernünftigen Weiterleben und Überleben ausgerichtet sind.

In dem Text »Der Seiltänzer« hat Genet formuliert, was ihn schließlich ins Verstummen geführt hat – eine Sehnsucht nach dem Übermenschlichen, dem Vollkommenen, dem Göttlichen, das, für Augenblicke, dem Artisten, der sich aufs Seil hinausläßt, eigen zu sein scheint. Aber es ist nur eine imaginäre Vollkommenheit, das Göttliche als Spiegelbild des eigenen Tanzes.

Genet, aufs Seil sich hinauslassend – das heißt: Kunst machend –, hat das Leben hinter sich verworfen; er »tanzt« für sein göttliches Spiegelbild, nicht für die Zuschauer. Und doch: indem er sich wünscht, indem er rituell erzwingen will, daß der Zuschauer in dem Spiegelbild auch sich selbst wiederfindet, in die Vollkommenheit sich hineinsehnt, sorgt er sich schließlich auch um Kommunikation. Er wird die Frage, was im Zuschauer geschieht, nicht los – mag er sich noch so von ihm ab- und sich selber zuwenden. Das, was wir uns angewöhnt haben, die gesellschaftliche Funktion der Kunst zu nennen, verfolgt gerade den, der sie ihr zu rauben versucht, besonders hartnäckig. Wer sich im Widerspruch weiß nicht nur zum schlechten Bestehenden, sondern auch zu den gesellschaftlichen Veränderungsmodellen, der hat den Konflikt, den die Trennung von den sanktionierten Wirklichkeitsvorstellungen, die sich im Zuschauer repräsentieren, heraufruft, besonders mühsam auszutragen: er kann sich nicht ideologisch hinausschwindeln.

An diesem Punkt trifft sich Genets monomanische Attitüde mit der zunächst viel rationaler – und entgegengesetzt – klingenden und doch in der Isolierung sich verlaufenden Suche nach Möglichkeiten des humanen Überlebens, die Edward Bond in seinen Stücken betreibt. Anläßlich der Uraufführung seines letzten Stückes, der Shakespeare-Paraphrase »Lear«, schrieb Bond einen Aufsatz mit dem Titel »The Writer's Theatre«:

Ich kann Kunst nicht im Elfenbeinturm produzieren, und ich hoffe, daß sie morgen oder übermorgen auf dem Markt verkauft wird. Ich brauche ein Publikum, und zwar heute, denn über dieses heute lebende Publikum schreibe ich; schon bald vielleicht wird es kein Publikum mehr geben, oder, wenn doch, dann ist es womöglich ein so radikal anderes, daß ich es nicht mehr erreichen kann. Kepler hat gesagt: »Mein Buch mag für meine Zeitgenossen oder für die Nachwelt geschrieben sein. Mir ist beides gleich. Meine Worte können hundert Jahre lang auf einen Leser warten.« Kein heute lebender Autor könnte soviel Vertrauen haben. Ich sehe eine Entwicklung der Technologie, aber keine der Kultur. Könnten meine Stücke verstanden werden von den neuen Menschen, die ihr Leben lang eingesperrt sein werden in Betontürmen? Die nie ein Tier außerhalb eines Käfigs oder ohne eine Leine sehen werden? Deren Erziehung in einer Art Therapie bestehen wird, die ruhige, folgsame Lohnsklaven aus ihnen macht? Und die grausam und unbarmherzig gegen jeden handeln werden, der aus seiner Rolle fällt, sich nicht unterwirft oder einfach zum Staatsfeind erklärt wird? Selbst wenn wir die militärischen Gefahren und die Zerstörung der Umwelt, die wir uns selbst zufügen, überleben – eine Welt, die sich in einen zur Festung hergerichteten Slum verwandelt – in welcher Form werden wir dann überleben, was müssen wir uns selber antun, um zu überleben? . . . Um in den zivilisierten Gesellschaften zu existieren, werden die Menschen sich mehr und mehr brutalisieren müssen. Und dann wird es zu spät sein, noch Stücke zu schreiben.

Bonds Text beschreibt einen erstaunlichen Bogen: Was zunächst noch als der Drang zu gesellschaftlicher Aktivität erscheint, Versuch, die Isolierung des Schreibenden zu sprengen, geht – die Welt um uns düster analysierend – sachte über in Resignation. Die Frage: warum schreibe ich?, beantwortet sich mit dem pessimistischen: weil es morgen zu spät sein wird, weil es morgen schon gar keiner mehr hören, lesen, verstehen, aufnehmen wird. Kommunikation, so die finstere Prognose Bonds, nähert sich dem Ende ihrer Möglichkeiten, die Brutalisierung, die um uns herum aufwächst – die Betonkästen sind nur ein Zeichen dafür –, vernichtet alle Humanität – zu deren entwickelteren Formen unter anderem die Rezeption von Kunst gehört. Der Blick, den Bond auf die Welt richtet, treibt ihn an zu einer letzten moralischen Anstrengung, einem Schreib-Akt, der sich dem Geschauten entgegenbäumt. Und wir werden gewahr, daß diese Haltung nicht mehr so sehr weit entfernt ist von Genets göttlichem Seiltanz-Akt, der sich Schönheit, Vollkommenheit nur deshalb noch leistet, weil er die Welt ohnehin für verloren, in Animalität – Überlebenwollen – versackt glaubt. Noch einmal Bond:

Unser Verhalten gleicht dem eines in die Ecke gedrängten verwundeten Tiers – alle Emotionen werden negativ, grell, aggressiv, reaktionär. Und bei den menschlichen Wesen wirkt sich diese Gefühlshysterie verheerender, zerstörerischer aus als bei anderen Wesen, als bei den Tieren, denn wir benutzen unsern Verstand, um ihr Ausdruck und Macht zu verleihen; und obendrein ist dieser hysterische Zustand, der uns beherrscht, schon dauerhaft geworden.

Überspitzt gesagt: Bond sieht eine Welt, in der die sozialen Systeme zu kannibalischen verkommen. In seinem Stück »Early Morning« wächst aus dieser negativen Utopie die grimassierende Szene im Himmel, einem Himmel viktorianischer Glaubensgewißheit, in dem alle Vorstellungen von einer Erlösung hohnvoll, mit bitterer Phantasie in ihr Gegenteil verdreht werden. »Erlöst« werden die in diesem Himmel wie in einem Irren-Asyl eingefangenen Insassen allein von ihrer Menschlichkeit, oder besser: von den letzten Resten, die ihnen auf Erden davon noch geblieben waren. In Bonds Himmel sind alle Gefühle, ist alles humane Selbstverständnis von ihnen abgefallen, geblieben ist die nackte Animalität: Fressen und Gefressenwerden. Ein überwältigender Hunger treibt jeden gegen jeden, im kannibalischen Chaos knabbern die Himmels-Bewohner nicht nur des Nachbarn, sondern sogar den eigenen Körper an. Und dennoch: so bissig, pessimistisch und ausweglos Bond sein Himmels-Bestiarium entworfen hat – die Erinnerung an humanere Möglichkeiten des Menschen ist einigen der Figuren eingepflanzt, in ihrer Erinnerung lebt Hoffnung – auch für den Zuschauer – fort; ein Vielleicht. Wie es sich allerdings realisieren könnte, bleibt unformuliert.

In der Szene im Himmel, zwischen herumliegenden Knochen und abgerissenen Gliedern, entspinnt sich ein zärtlicher Dialog zwischen dem Prinzen Arthur und Florence Nightingale, ein Gespräch über das »Vielleicht«. Aber die Meute der hungrigen Himmelsinsassen bricht ein, und Arthur wird am eigenen Bart erwürgt und dann gefressen und Florence selber nagt mit an den Knochen. Bonds Größe als Moralist, der in der schauderhaftesten Negation des Humanen die Aufforderung zur Utopie entwickelt, zeigt sich in der kühnen Weiterführung der Szene; im zynisch scheinenden Spiel mit Entsetzendem, einem abgerissenen Menschenkopf, läßt er Hoffnung aufscheinen. Eine Liebesszene mitten im Kannibalismus: Florence hat Arthurs Kopf gerettet, sie hält ihn in ihrem Schoß vor der hungrigen Meute verborgen und spricht liebevoll zu ihm.

Da freilich bricht die kannibalische Horde wieder ein, man entreißt Florence den Kopf, er wird abgenagt bis auf die Schädelknochen: die Möglichkeit eines glücklichen Augenblicks ist demoliert. Nun bleibt nur noch die – höhnische? oder religiöse? – Ausflucht: Arthur wird eine Auferstehung zugebilligt, während alle anderen plaudern und essen, steigt er durch die Luft nach oben – eine Himmelfahrt, die wenigstens den Glauben an eine Möglichkeit der Erlösung, an eine unkannibalische Welt noch aufrechterhält und ihn – mehr ist nicht geblieben – den letzten Worten des Stückes: »Gib mir mal den Schenkel rüber«, entgegentrotzt.

Der pessimistische Moralist findet den Ausweg nur noch im Verweis auf religiöse Erlösungsmuster – nicht unähnlich dem Weg Genets, der den Himmel, den Tod, die Suche nach Identität mit dem Göttlichen längst als den eigenen Fluchtpunkt gewählt und den irdischen Verbrechen – Mord, Verrat, Haß – einen imaginierten Himmel entgegengesetzt hat. Solange in den »Zofen«, die sich den Mord an der Herrin vorspielt – Mord, den sie begehen würde, wenn die Herrschaft nicht so übermächtig wäre, ihr den Mord nicht »stehlen« würde –, Solange gestaltet ihren Hinrichtungszug zu einem Golgatha um, ihr Bewußtsein ruft eine erträumte Welt zwischen Kreuzestod und Auferstehung herbei, und die Unterdrückten, ein endloser Zug von Dienstboten, sie verklären sich zu »Abordnungen des Himmels«. »Versuchen«, heißt es in dem Text »Der Seiltänzer«, »versuchen, sich selbst in seiner Apotheose zu erscheinen.«

Die Zofe Solange macht sich – und in ihr Genet – einen Himmel der Armen, der Asozialen, der Diebe und Mörder zurecht, sie verherrlicht – und mit ihr Genet – das Verbrechen, das nicht als ein individuelles bereits in der Welt ist, sondern dem einzelnen von den faulen Ordnungen der Welt, unter anderm den Herrschaftsverhältnissen, auferlegt wird; indem er es annimmt und *nun* zu einem eigenen macht, das Verbrechen als den einzigen ihm möglichen Besitz begreift und es verherrlicht, hebt er sich heraus aus der Ordnung, hinaus über die Welt – produziert sich selber die Erlösung.

Genets »Himmel« ist so wenig wie der Edward Bonds als blasphemisch zu begreifen. Bond versteht den seinen als Verweis auf einen Endzustand der Welt, in dem die Gefühle, die seelischen Haltungen, die Verständigungen der Menschen so weit abgebaut sind, daß nur noch ein tierisches Weiterleben übrigbleibt, welches man besser als ein Tot-Sein bezeichnete. Sein »Himmel« ist das Warnbild für eine Gesellschaft, die sich von ihren zivilisatorischen Verkümmerungen blindwütig Fortschritte, Erlösungen erhofft. Genets »Himmel« dagegen baut sich zusammen aus den Gesten der Verweigerung der herrschenden Ordnungen und der Verherrlichung des Todes. Dieser Tod stellt sich, theatralisch-sinnlich, in dem Stück »Die Wände« als eine Wand aus Papier

dar, die man aufatmend, »befreit« durchstößt. Das Genetsche
Totenreich, ein Nirwana des Lächelns, der entspannten Heiterkeit, hebt die Realität des Diebstahls, des Krieges, der Prostitu-
tion auf –: und hinter der so privat scheinenden Mythologie des
Autors ist zu ahnen: die gesellschaftliche Utopie, die »Erlösung«
vom Bestehenden.

Ein Einwand liegt nahe: Die Überlegung, es handle sich bei
Genets Theater-Welt um eine elitäre, aus der Realität sich her-
ausschwindelnde Konstruktion, in der alle Moral auf ein ästhe-
tisches Problem heruntergebracht wird, ist immer wieder vorge-
tragen und bis zum Faschismus-Vorwurf ausformuliert worden.
Aber selbst wenn es so wäre, daß die Ästhetisierung der Politik
faschistische Haltungen und Denkweisen anzeigte – Genet ist mit
solchen Formeln nicht beizukommen. Der »Schein«, in den sich
seine Bühnenfiguren zurückziehen, ist nicht ein ästhetischer, sondern ein ausdrücklich politischer: eine Forderung, die dem jeweils herrschenden, sanktionierten Vorstellungs-Bild von einer
Rolle, die einer zu spielen habe – ein Dieb, ein Neger, eine Hure,
Ausgestoßene –, entgegentritt, indem sie im Spiel auf der Bühne
ein Gegenbild dieser Rolle entwirft. Die Sicherheiten über unsere
sozialen Einschätzungen und Einordnungen werden zerstört;
unsre Gewißheiten darüber, was ein Neger, was ein Mörder, was
ein Dienender ist, werden als das eigentlich Scheinhafte, als der
eigentliche Schwindel kenntlich gemacht, demgegenüber der gespielte Schein letztlich zurecht mehr Realität für sich beanspru-
chen kann.

Der französischen Buchausgabe des Stückes »Die Neger«, im
Untertitel als eine »Clownerie« bezeichnet, hat Genet dieses
Motto vorangestellt:

Eines Abends bat mich ein Schauspieler, ein Stück für schwarze Darstel-
ler zu schreiben. Aber was ist ein Schwarzer? Und außerdem, welche Farbe
hat er?

Die Schwarzen in diesem Stück verherrlichen im Zeremoniell
das Bild, das sich die Weißen von ihnen machen. Indem sie es
akzeptieren, arbeiten sie an ihrer Befreiung; an der Identität, die
die Weißen ihnen verweigern: die underdogs, die ihr Ausgesto-

ßensein feiern, die Schwarzen, die sich noch »schwärzer« machen, nähern sich automatisch dem Punkt, wo das im Spiel gesuchte Selbstverständnis sich in der Revolte erfüllt. Daß auch der Aufstand – auf der Bühne – Spiel bleibt, ist ein schwacher Trost für diejenigen im Zuschauerraum, deren Herrschaft sich auf ihre Macht gründet, anderen Menschen die Rollen der Erniedrigung aufzuerlegen; denn Genet demonstriert, daß die reale Revolution nur denselben Weg zu gehen hätte wie die gespielte, daß die Spiel-Realität der Bühne sehr einfach, sehr schnell zu unserer werden könnte, wenn die Ausgestoßenen eines Tages beginnen, die ihnen zugewiesenen Rollen zu spielen; Marxisten würden sagen: sobald sie ihre Klassenlage erkennen und ihr entsprechend handeln.

Das Stück »Die Neger« hat im Grunde bereits 1959 eine Wirklichkeit vorweg-gespielt, die sich erst einige Jahre später in den USA – als Bewegung der Black Panther, als ein Schwärzerwerden der Schwarzen – zu formieren begann. Zur Revolte, zum latenten Bürgerkrieg, zu einem Klassenkampf, der bei Genet als Rollenkampf zu erkennen ist, kam es, als die Schwarzen anfingen, ihre Erniedrigung zu feiern. Und das Dasein des Ausgestoßenen zu verherrlichen, hieß – in der Realität der USA wie bei Genet –: zu den Waffen greifen. Genet, so zeigt sich, stellt also lediglich einen Prozeß, den die Gesellschaftstheoretiker als aufgezwungene »Kriminalisierung« durch gesellschaftliche Verfolgung kennzeichnen würden, als einen positiven Vorgang dar – der er ja, im Bewußtsein der »Kriminalisierten«, notwendigerweise auch ist. In den »Wänden« realisiert das algerische Lumpenproletariat seine Freiheit in einem Ritual, das die Verbrechen, die den Kolonisierten von ihren Beherrschern zugeschrieben werden, grellfarbig an die Wand malt. Sie treten einzeln hervor und zeichnen die Scheußlichkeiten eines imaginierten brutalen Widerstandskampfes auf eine der Wände; Zeichen für Mord, Raub, Vergewaltigung, Brandstiftung, Zerstückelung fügen sich bildhaft zusammen zu einer Collage des als notwendig herbeigeträumten Terrors. Die Zeichen, die mit wütenden Pinselstrichen an die Wand gemalt werden, menetekelhaft – die Blutflecken, die Gewehre, die aufgeschlitzten Gedärme, die abgeschnittenen

Hände – sie zeigen jene Gewalt, jenen Terror an, die die Unterdrückten als notwendig zu ihrer Befreiung erspürt haben.

Wir haben Genet zunächst als einen unkommunikativen, von der Gesellschaft sich ausschließenden Autor bezeichnet. Davon ist nichts zurückzunehmen, auch wenn sich das Bild inzwischen differenziert hat. Für die Welt, in der wir leben, läßt er sich nicht vereinnahmen, und schon gar nicht für eine Ideologie, die an deren Aufhebung arbeitet. Aber er ist, bei aller Monomanie, die noch dem Himmel die Verbrechen stehlen will, doch auch in einem tieferen – vielleicht struktural zu nennenden – Sinne ein »Realist«: Seine Träume verweisen auf die Wirklichkeit, von der sie sich abheben; in seinen Negationen so sehr wie deren quasi-religiösen Aufgipfelungen spiegeln sich schärfer als bei vielen Autoren, die sich als »politische« Künstler verstehen, gesellschaftliche Strukturen, von Ideologien befestigte. Indem Genet schamlos das Gegenteil dieser ideologischen Grundlagen sozialer Ordnungen feiert, zerrt er zugleich auch deren fatalen Charakter hervor: er legt bloß, ganz undemonstrativ, daß sie und auf welche Weise sie faule Herrschaftsverhältnisse befestigen. Die Interessenlage der Moral, die regiert, wird in den Zeremoniellen der Amoral enttarnt. Damit geben Genets Stücke Einsichten preis, die dem Autor, der sich stets in erster Linie als einen Seiltänzer definiert, welcher dem Göttlichen konfrontiert ist, womöglich gar gleichgültig sind. Oder es sein müssen, weil er immer »nur« im Spiel, in Vorschlägen für Rituale, Konsequenzen aus ihnen zu ziehen vermag. Er bleibt auf die Tiefe seiner persönlichen Erfahrung verwiesen, aus der er die Einsichten heraus-spiegelt. An diese Erfahrung ist er gefesselt, er muß immer aufs neue in sie hinabtauchen. Schweigt er seit einigen Jahren, um diesem unaufhebbaren Kreislauf zu entgehen?

Edward Bond, bei allen Ausbrüchen in Bereiche des Mythischen, ist natürlich der konkretere, der eher »anwendbare« Dramatiker. Seine beiden ersten Stücke (»Die Hochzeit des Papstes«, »Gerettet«) liefern noch, wenngleich grelle, zugespitzte, so doch genau analysierte gesellschaftliche Befunde in einem Bereich, der auch der alltäglichen Erfahrung zugänglich ist. Aber: das kanniba-

lische System und die vorherrschende Unmenschlichkeit durchdringen – und zersetzen – bereits in der scheinbar naturalisti-
schen Dramaturgie den gewohnten Realitätszusammenhang
und verderben die alltäglichen Verhaltensweisen, von denen
diese Dramaturgie noch ausgeht. Schon in der »Hochzeit des
Papstes« behaupten sich die Elemente eines herkömmlichen
Realismus – Milieubeschreibung, Arbeitsalltag, Küchenatmo-
sphäre – nur mühsam gegen die Tatsache, daß eine Welt beschrieben wird, die sich wesentlich durch einen Realitätsschwund bestimmt. Und »Gerettet«, das zweite Stück Bonds, demonstriert
ebenso, wie sehr die Reduktionen des Menschlichen, die entfremdeten Beziehungen in den Alltag eingedrungen sind: dem, was
Bonds junge Leute und dem, was deren Eltern tun, fehlen die
Motivierungen, die Figuren sind sprachlos und unfähig, sich
bewußt zu artikulieren, sie sind sich zugleich fremd und doch
aneinander gebunden. Und ihre Abhängigkeit voneinander – die
sich daraus bestimmt, daß nichts sonst da ist, an das einer sich
halten könnte –, sie erzwingt jene Demütigungen, die gegenseitig
sich zuzufügen eine ihrer wesentlichen »Beschäftigungen« ist.

Bond zeigt, wie Menschen mit stetig schrumpfender Hoffnung,
irgendwas noch könne sich ändern, von den Ordnungen verpflichtet werden, weiterzumachen, weiterzuleben, weiterzu-
arbeiten: reduzierte Geschöpfe, aneinander sich festhaltend, einander von sich stoßend, und vergeblich jene Wärme suchend, die
die Ordnungen ihnen verweigern müssen.

In »Gerettet» wird Hoffnung noch krampfhaft aufrechterhalten, indem einer in der Hoffnungslosigkeit, wissend und sehn-
süchtig, aushält: aber was für ein verzweifelter Optimismus ist
das! Und daß dieser Optimismus nur ein Strohhalm ist, nur jene
schmale Illusion, die die entfremdeten Verhältnisse dem einzelnen lassen – darauf hatte im Grunde Bonds erstes Stück bereits
unübersehbar hingewiesen. Der junge Arbeiter Sco in der
»Hochzeit des Papstes« hat, wenn er den alten Einsiedler Alen in
dessen Wellblechbaracke tötet und in dessen Rolle, in den abgetragenen Militärmantel des eremitischen Alten hineinschlüpft,
bereits die Aussichtslosigkeit jener Beziehung erfahren und gewaltsam umgesetzt, die Len (in »Gerettet«) noch einmal fami-

liär, durch eine Beziehung zum Vater, zu retten sucht. Aber da ist nichts mehr zu retten; am ehesten realistisch, vorwärtsweisend angesichts der allgemeinen Regression, ist der Gang in die Asozialität, der Weg, den Alen, der greise Mann ohne gesellschaftliche Rolle, noch zögernd eingeschlagen hat. Zwischen Bergen von alten Zeitungen und Konservenbüchsen hat er sich eingemauert, immer wieder allerdings wirft er noch neugierig-geile Blicke auf die Außenwelt, von der er sich ausgeschlossen hat. Sco jedoch, der seine Beziehung zu ihm nicht anders als im Mord zu lösen versteht, wird des alten Mannes verrückten Lebensraum aus toter Information – den Zeitungen – und abgetöteter Natur – der Konservennahrung – voll akzeptieren. Er ist eingegangen in die Entfremdung, er setzt die soziale Schizophrenie als letzten Widerstand gegen eine Ordnung, die die Menschen für eben diese Schizophrenie bereit macht.

In diesem Bild wird nicht nur aufs neue eine verzweifelte List bemerkbar, die Bond mit Genet teilt: die List, Gemeinheiten der alles Menschliche regulierenden und verkrüppelnden Ordnung in deren Gegenbild, der Asozialität, aufzudecken; mehr noch läßt sich erkennen, daß Bond sehr früh schon auf dem Wege zu einer Erkenntnis war, die Genet sich wohl zubaute, als er den Rollenwechsel, das Spiel mit dem sozialen Anti-Ich ästhetisierte. Bond deutet bereits in der »Hochzeit des Papstes« an und führt in seinem neuesten Stück »Lear« zur endgültigen Erscheinung, daß das Gesunde sich im brutal-kannibalischen System nur dann noch retten kann, wenn es sich hinter der Krankheit, die ihm dieses System ständig androht, verkriecht und versteckt.

Bonds König Lear setzt den Weg des alten Mannes Alen und des jungen Sco energisch fort: in einer sich mit aller Macht zerfressenden, einer delirierenden Welt. Zivilisations-Wüste, in der noch das Prinzip Hoffnung sich als Wahn tarnen muß, um zu überdauern. Dieser Lear flippt eines Tages aus der Welt, an deren Unheil er zuvor partizipiert und in der Form einer das Reich umschließenden Mauer kräftig mitgebaut hat, aus: zunächst unfreiwillig und dann die ihm zugewiesene Rolle annehmend; verstoßen, gejagt, geblendet, zerstört, »asozial«. Wie ein hellsichtig Wahnsinniger geht er durch die Welt von Roheit und Gewalt und Scheußlichkeiten, die seine Töchter um ihn herum aufrichten und die nach deren Hinrichtung durch eine Revolution der verzweifelt Guten immer noch die gleiche bleibt. Die Ordnungs-Ideen ändern sich; aber die Realität, der sie sich zu bemächtigen suchen, verdirbt auch die humaneren zur obszönen Grimasse. Die Repression, die eine einmal in Gang gebrachte sogenannte Zivilisation ausübt, bleibt immer gleich brutal: die sich einmal aufgelehnt haben, werden auch unterm neuen Regime im alten Gefängnis gehalten. Ihr »Wahnsinn« – die Rebellion der Gegen-Möglichkeit, der Utopie gegenüber ideologischer Herrschaft – wird von den alten Ordnungshütern so sehr wie von den neuen verfolgt.

Bond hat das Krankheitsbild der von ihm diagnostizierten Welt in die Begegnung zwischen dem alten blinden Lear und dem Geist eines getöteten jungen Mannes eingebracht: das Gespräch zwischen Alten und Jungen aus den frühen Stücken des Autors setzt sich im Reich des Wahns fort.

Wahnsinnige Paradoxie, die Bond – auf Mittel des elisabethanischen Theaters zurückgreifend – da konstruiert hat, um uns die Zerstörung bildhaft zu machen, der menschlicher Geist und eine Humanität, die sich behaupten möchte, unterworfen sind. Denn wer ist dieser Geist? Er ist das närrische »alter ego« Lears, eines an der Welt verrückt Gewordenen. Narrheit, die in der Narrheit die vergessene Möglichkeit heraufruft und mit der Närrischkeit über die regierende Inhumanität, den gewalttätigen Alltag und die kranke Politik zu triumphieren hofft. Hoffnung. Welche Macht sie hat, zu jubilieren, und welcher Ohnmacht sie zugleich immer unterworfen ist: darüber gibt sich Lear, der am Ende erschossen wird beim Versuch, seine selbsterrichtete, nun anderen nützliche Mauer einzureißen, keiner Täuschung hin. Und in dieser Figur zeigt auch Bond an, in welchem unaufhebbaren Kreislauf er sich eingefangen sieht.

Wo dem »Seiltänzer« Genet nur die Feier des Asozialen sinnvoll zu bleiben scheint, rettet Bond sich in die Feier des Wahnsinns.

Zwei »negative Utopien« für unser heutiges Theater.

(NDR 1971, redigiert in Programmhefte der
Staatlichen Schauspielbühnen Berlins, 1973)

Der Balkon

Szenario zur Aufführung

1

Revolution. Tote, Verwundete, Überlebende, den Sieg Träumende. Ein Fest? Ein Jahrmarkt? »Das Volk muß ernsthaft werden«. – Die Hure Chantal, Barrikadensängerin: gehört sie Roger, dem Revolutionär, oder der Revolution?

2

In Madame Irmas Bordell. Draußen sind die Straßenkämpfe, drinnen steigen Kleinbürger in die Kostüme der Mächtigen. Einer, ein Angestellter vom Gaswerk, träumt sich in die umglänzte Gestalt eines Bischofs.

3

Ein Andrer phantasiert sich in einen Richter hinein. Er verhört, er verurteilt, er läßt foltern. Die Lust zu richten, die Lügen der Diebe: beides befriedigt ihn.

4

Ein Dritter erniedrigt sich, er träumt sich in einen Bettler und in Visionen der Knebelung, des Sterbens hinein.

5

Der Vierte will General sein. Er phantasiert vom Ritt zu Pferde in die Schlacht, vom einsamen Heldentod.

6

Feierabend, Kassensturz. Zugleich Untergangsstimmung. Madame Irma, Bordellbesitzerin, und Carmen, eine ihrer besten Huren. Carmen, zur Buchhalterin befördert, träumt von ihren früheren Rollen. Irma erwartet den Polizeipräsidenten, den Protektor des Hauses. »Jede Bordellmutter spürt eine leichte Zuneigung zu einem ihrer Mädchen.«

Arthur, der abgehalfterte Beschützer, erhält den Laufpaß. Er wird in den Kugelregen der Straßen geschickt. Ihn schützen nur seine Seidenhemden.

Auftritt der Polizeipräsident. Sein unerfüllter Herrschaftstraum. Die Sehnsucht, einzugehen in die Liturgie des Bordells: selber auch von den Besuchern verkörpert zu werden. Macht-

rausch, Liebesleid, Todesphantasien. Irmas Traum, dahinzu-
schmelzen, in Flüssigkeit sich aufzulösen.

Arthurs Rückkehr und Ende. Die Revolution scheint zu sie-
gen. Nun sind sie alle eingefangen im Bordell.

7

Denn Chantal, die über der Revolution Singende, entgleitet dem
Geliebten. Sie wird die Kämpfenden vorwärtstreiben.

8

Explosion des Königspalastes. Auch das Bordell ist in schöne
Trümmer, in verstaubte Kostüme zusammengefallen. Der Ge-
sandte der toten Königin mit einer Mission: eine neue Königin,
neue Herrschafts-Figuren müssen dem Volke vorgezeigt werden.

9

Die Überredung der Kleinbürger: Carmen inszeniert ihren
Rückzug in die Richterrobe, in den Soldatenmantel und unter
die Mitra. Dann ist die Kopie der Mächtigen komplett.

10

Krönung. Die Figuren treten auf den Balkon. Es lebe die Königin. Chantals Rückkehr und Ende.

11

Nach dem Sieg. Die neuen Würdenträger – an der Macht? Sie
werden fotografiert. Werden sie dadurch wirklicher?

Depression und Aufstieg des Polizeipräsidenten. Sein Traum
vom eigenen Denkmal.

12

Das Mausoleum. Der besiegte Revolutionär erfüllt den Traum
des siegreichen Helden. Bis zur letzten Konsequenz: Kastration.

13

Endgültiger Triumph des Präsidenten. Anbetung. Finale: das
Spiel ist aus, ist das Spiel aus?

(Programmheft Münchner Kammerspiele, 1976)

An die Staatsanwaltschaft München

Zum Vorwurf der Religionsbeschimpfung im »Balkon«

1. Absichten der Aufführung:

In die Gedankenwelt des Autors – der sich als ein von der Gesellschaft Ausgestoßener versteht und diese Rolle voll angenommen hat – so weit wie möglich einzusteigen.

Seinen Text möglichst umfassend, möglichst ungestrichen zu zeigen: weder aus dramaturgischer »Logik« (heißt: Vereinfachung) noch aus inhaltlichen Gründen (heißt: Abschwächung der Absichten und Aggressionen des Autors) Kürzungen vorzunehmen. Daher auch die Überlänge von 4 Stunden Aufführungsdauer.

Das Stück so »konkret« wie möglich zu zeigen. Das heißt: vorführen, wo es wirklich spielt, nämlich in einem Bordell bzw. im Alptraum von einem Bordell. Das heißt auch: die Außenwelt, also die Revolution, so deutlich zu machen, wie nur irgend möglich.

Zu versuchen, die Figuren des Stückes aus ihrem Alltag zu begründen: es treten ja nicht ein Bischof, ein General, ein Richter auf – sondern »kleine Leute«, Kleinbürger aus unserem Alltag, die sich in die Rollen der Mächtigen hineinträumen. Erst im dritten Teil des Stückes werden sie in ihren bis dahin nur gespielten Ämtern offiziell bestätigt. Im ersten Teil versucht die Aufführung also zu zeigen, was einfache Menschen in ihrer Not – die auch eine sexuelle ist – sich erträumen: in welche Machträusche, in welche Verkleidungen sie schlüpfen möchten. Im letzten Teil folgt die Aufführung der Absicht Genets, die nun selber mächtig gewordenen, an ihrer Macht sich festkrallenden Kleinbürger zu kritisieren.

2. Der Bischof

Genet zeigt – ausdrücklich als einen neben mehreren anderen möglichen – einen Verkleidungstraum, der sich auf kirchliche Gewänder und Requisiten und religiöse Symbole bezieht. Ein

Durchschnittsbürger, Angestellter beim städtischen Gaswerk, sehnt sich in die Rolle des Bischofs. Genet behauptet nun – wie es auch die herrschende Psychologie der menschlichen Träume und Wunschvorstellungen seit Freud tut –, daß Verkleidungswünsche erotisch bestimmt sind; daß sexuelle Not sich in Vermummungen abreagiert; und daß Machtträume auch – nicht lediglich, aber auch – eine sexuelle Grundlage haben. Deshalb verlegt er diesen und die anderen Träume (General, Richter) in ein Bordell.

Die Aufführung versucht, dieser Vorstellung Genets so genau wie möglich gerecht zu werden.

3. Christus mit dem Kreuz

Genet beschreibt (im Bericht der Bodellbesitzerin Irma), wie ein Kunde, der sich ans Kreuz binden läßt, um zur Erfüllung seiner Wünsche zu kommen, abgeht, das Haus verläßt. Die Tatsache, daß es Christus-Träume gibt, daß sie bis zur Schizophrenie gehen können, wird jeder Psychiater bestätigen; ein Besuch in einer psychiatrischen Anstalt mag diese Tatsache schmerzlich belegen. Ich denke nicht, daß durch den Hinweis darauf, daß es so etwas gibt, die Religion beleidigt sein kann. Der Hinweis darauf, daß Religiosität sich oft auch unbewußt erotisch äußert, ist nicht neu (er ist ein Motiv der Literatur und Malerei seit dem Mittelalter – dort viel ausgeprägter). Er stellt, denke ich, keine Beschimpfung dar – sondern ist der Versuch (bei Genet) den Katalog der sich verirrenden menschlichen Sehnsüchte in seinem Stück vollständig vorzuführen. (Genet geht deshalb folgerichtig in einer späteren Szene so weit, den von der Psychoanalyse als »Kastrationswunsch« analysierten unbewußten Wunsch vorzuführen.)

Bei Genet geht der Bürger mit dem Kreuz ab und ist auf einem Monitor, einer Art Überwachungs-Schirm zu sehen. Die Aufführung der Kammerspiele »übersetzt« dieses technische Mittel in ein theatralisches: er geht in einem diffusen, blauen, unwirklichen Licht hinter einer Plastik-Folie durch den Raum. Die Aufführung versucht, mit den Mitteln Licht und Folie (wie auch an drei anderen Stellen), das Phantastische solcher Traumvorstellungen deutlich zu machen.

Daß in einigen Vorstellungen von einem Teil des Publikums bei diesem Auftritt gelacht wird, hat sicher vor allem damit zu tun, daß viele unter uns unfrei auf christliche Symbole (erstens) reagieren, und daß (zweitens) die Not von Menschen, denen nicht zu helfen ist, oft eine Art hysterischen Entzugs durch Gelächter provoziert. (Es gibt bekanntlich auch ein Gelächter über Krüppel, das genausowenig verletzend gemeint ist, sondern ein Zeichen ist für die Hilflosigkeit gegenüber einem Leiden, das nicht abzuschaffen ist.)

4. Das Kyrie Eleison

Genet schreibt es in seiner ersten und zweiten Fassung des Stückes vor; die Regie hat sich daran gehalten. Genet beschreibt, wie eines der Mädchen im Bordell den Mann vom Gaswerk im politisch entscheidenden Moment – die Herrschenden sind tot, dem Volk sollen verkleidete »Ersatzleute« vorgezeigt werden, auf dem Balkon – wie dieses Mädchen den ängstlichen Mann, der eigentlich gar nicht in die Öffentlichkeit sich getraut, weil er weiß, daß er kein wirklicher Bischof ist, überlistet oder überredet, indem sie ihn zum Singen des Kyrie Eleison anstiftet: das Singen verführt ihn auf sehr sinnliche Weise, die Rolle, die man ihm zugedacht hat, anzunehmen. Wie auch sonst, so in dieser Szene: der Verweis des Autors, daß auch Religiosität eine sinnlich bestimmte Angelegenheit ist. Ich denke, das ist ein Gedanke, der nichts Beleidigendes in sich enthält, sondern viel eher eine Wahrheit, die zu früheren Zeiten auch den Gläubigen noch bewußter war als heute. Eine Wahrheit, die sich zum Beispiel an den Zeremoniellen der synkretistischen Religionen Lateinamerikas – an denen der Katholizismus wesentlich beteiligt ist – gerade heute sehr anschaulich ablesen läßt (siehe zum Beispiel Hubert Fichtes Bericht »Xango«, Fischer Verlag 1976).

5. Die Fotografen-Szene

Sie wird fälschlicherweise als »Abendmahls-Szene« charakterisiert. Was geht wirklich vor? Drei Bürger sind in die Kostüme von Mächtigen geschlüpft, sie fangen an, ihre Macht zu genießen – was eine verbreitete und ziemlich natürliche Sache ist –, sie lassen sich fotografieren. Jeder Mensch, der im öffentlichen Leben steht, weiß, wie sehr »gestellt« diese Situationen sind, wie dabei gemogelt wird – nämlich für das sogenannte attraktive Foto –, und jeder Selbstkritische weiß auch, wie verführbar man beim Gefilmt- oder Fotografiertwerden ist. Genet zeigt ausdrücklich nicht eine Parodie auf das Heilige Sakrament, sondern eine scharfe Kritik an der Eitelkeit derer, die sich in ihren öffentlichen Rollen gern fotografisch bestätigen lassen; und außerdem an dem Zynismus einer Presse, die von diesen menschlichen Schwächen lebt. Die Szene hat deshalb einen fast kabarettistischen Charakter, die Aufführung versucht, ihn zu erfüllen. Religion wird in dieser Szene überhaupt nicht beschimpft, sondern allenfalls menschliche Verführbarkeit und die Sensationsgier von Fotoreportern.

6. Das Vaterunser

Genet beschreibt in seinem Text, wie am Ende der Polizeipräsident sich seinen Traum von endgültiger Herrschaft dadurch erfüllt, daß er sich – bevor er in eine Art Mausoleum sich zurückzieht – von allen im Bordell Versammelten anbeten läßt. Und zwar dadurch, daß er alle Anwesenden zwingt, das Vaterunser zu beten. Ihm zu Ehren. Er, der Polizeipräsident, begeht eine Blasphemie, das ist richtig. Genet will damit – und die Aufführung folgt ihm darin – zeigen, wie ein übertriebener Machtrausch sich aller möglichen, religiöser, sexueller und mystischer Symbole bedient: aus der Geschichte wissen wir, daß das vorkommt (man darf vermuten, daß Genet unter anderem auch auf den General Franco anspielen wollte, als er die Rolle des Polizeipräsidenten entwarf).

In der Aufführung der Kammerspiele zögert im übrigen der, der den Bischof zu spielen gezwungen ist, der verkleidete Gasmann, am längsten, ehe auch er – von der Attacke des Polizeipräsidenten veranlaßt – mitbetet. Das scheint mir ein (wenn auch kleines) realistisches Detail zu sein, das belegt, wie wenig es uns darum ging, eine Religion zu beschimpfen. Die Aufführung versucht vielmehr immer wieder – und das vielleicht manchmal sogar gegen die Absichten Genets – Menschen in Not zu zeigen, überforderte Bürger –: Traum-Fallen, in die jeder von uns hineinlaufen kann, auch die Pharisäer, die sich für gefeit dagegen glauben.

7. *Kreuz / Phallus auf der Fahne*

Genet hat das so nicht ausdrücklich vorgeschrieben. Die Inszenierung meint aber da – an einem eher unwichtigen Detail –, der Vorstellungswelt des Autors zu folgen. Genets Grundgedanke ist nun einmal die Verschmelzung von sexuellen mit Herrschafts-Sehnsüchten. Zu den Herrschafts-Rollen zählt er auch die religiösen. Eine Aufführung kann ihm da nur folgen; muß es, wenn sie ehrlich ist. Die Fahne, die auf der Vorderseite ein Kreuz, auf der Rückseite einen Phallus abbildet, ist ein sicher banales, aber der banalen Phantasie des Präsidenten angemessenes Zeichen für diesen Zusammenhang von politischem, religiösem und erotischem Träumen. Dieser Zusammenhang ist auch, zumindest seit Freud, in der wissenschaftlichen Literatur belegt. Dem Theater sollte es erlaubt sein, solche Einsichten, die durchaus nichts Beleidigendes haben, mit seinen – zeichenhaften, selbstverständlich unwissenschaftlichen und deshalb »primitiveren« oder direkteren – Mitteln vorzuführen.

München, 30. Januar 1977
(Brief, gedruckt in »Theater für München«, 1983)

Beschreibung eines Massakers

Zu Genets »4 Stunden in Chatila«

Was ist das – eine Reportage, ein Alptraum, ein poetisches Fragment, Gesang aus der Hölle oder ein Dokument politischen Wahnsinns? Vier Stunden lang ist der Dichter Jean Genet im September 1982 in den schmalen Gassen des Palästinenserlagers Chatila durch Trümmer und über verwesende Leichen gegangen, gestolpert, gesprungen. Er hat ihren Gestank eingeatmet, ihre mit Scharen von Fliegen bedeckten gefolterten Körper, oftmals eine einzige Wunde, angefaßt, er hat die herumirrenden Überlebenden anzusprechen versucht, er hat geglaubt, er müsse wahnsinnig werden beim Anblick der schwärenden Körper, im stinkenden Staub, unter einer Sonne, die einfach weiterscheint.

Er hat sich über die Toten gebeugt, ihre zerspaltenen Schädel und die abgeschnittenen Finger beäugt, ihre Kleider betastet und die Stricke, mit denen sie gefesselt, an denen sie geschleift wurden. Einem monströsen Schauspiel des Todes hat er beigewohnt, einem Tod, der sich ein Fest gegeben hatte, unter Lachen und Gesang wahrscheinlich, in Trunkenheit. Der Dichter Genet liest aus den Spuren des Massakers, das wer auch immer unter den Augen israelischer Soldaten, nächtens illuminiert von deren Leuchtmunition, angerichtet hat – er liest aus den Spuren im Todes-Lager, im Todes-Bett die Erotik jener Orgie heraus, die in den Nächten vorher stattgefunden hat. Er ist noch vor den Bulldozern des Roten Kreuzes da, er spürt noch die Einsamkeit dieser von der Welt verlassenen Toten.

Genet hat, was er sah und fühlte und mit allen Sinnen einsog, aufgeschrieben, es ist nach Jahren des Schweigens sein erster Text, in der »Revue Palestiennes«, einer Emigrantenzeitung in Paris, ist er erschienen und nun auf deutsch im Merlin Verlag. War es ein Zufall, daß Genet sich zum Zeitpunkt des blutigen Festes gerade in Beirut aufhielt? Wer sein Werk kennt, auch seine erotische Faszination an der palästinensischen Revolution, wird eher glauben, daß ein magischer Sog ihn in die Nähe jener Todesbilder zog, von denen allenfalls ein Dante sich hätte träumen lassen: eine heimliche Sehnsucht, dem Todes-Theater in seiner grausamsten Form nahe zu sein, ihm gleichsam beizuschlafen, in den Leichen jene Menschen liebend zu erahnen, die sie vielleicht – beim Gelingen einer ideal zu träumenden Revolution – hätten sein können. Im Tod nimmt er ihre Unschuld wahr, und vielleicht erfüllt die sich auch nur unter der hitzigen Qual der Folter, im Gemenge aus Lust und Angst eines Gemetzels?

Genet empört sich nicht, er ist und bleibt ein Immoralist, und deshalb sind die Fragen, die er stellt, um so verletzender. Wurde flüsternd oder wurde johlend geschlachtet? Was sahen die Augen jener, die zuguckten und es geschehen ließen? Was fühlten, sich aufbäumend, die Zerstückelten? Was noch geht in den Überlebenden vor, den Frauen, die ihre Männer, ihre Söhne suchen?

Das Entsetzende an Genets Text ist nicht die Beschreibung eines Leichenberges, sondern daß diese auch unsere Phantasie zwingt, über den Klang der Todesschreie der Verfolgten und die Liebesjauchzer der Tötenden nachzudenken; über die Lust in den Augen der einen und den Schrecken in den Augen der anderen; über das kalte Schweigen der israelischen Zuschauer dieses Spektakels; über die schreckliche Macht des Vergessens, nachdem die Bulldozer das letzte Werk getan haben und die mit den weißen Westen ihre Kommuniqués veröffentlichen.

Genet verhält sich poetisch zu dem, was er sieht, auch wenn es das Inferno ist. Er versucht, in sich den Grund für seine so inständig, so erotisch suchenden Augen zu finden. Er nennt sie zwar Schlächter, die da getötet haben, aber man spürt, daß er tief innen auch ihnen sich nahe fühlt, wenn auch nicht so verbunden wie den Kadavern ihrer Opfer. Ein Massaker wie dieses wirft unsre Kategorien von Gut und Böse über den Haufen, sie greifen nicht mehr, es ist dem Ereignis moralisch gar nicht beizukommen – außer man hätte nicht genügend Phantasie, es auszuträumen und sich selber als unter den einen oder als unter den anderen vorzustellen.

Genet wagt das, darin liegt die Zumutung dieses Textes. Er beschreibt, wie nah verwandt die Zeichen des Todes und die der Liebe sind, ihre Verkrampfungen und ihre Entspannungen. Er bemerkt, daß beider Körpersprache obszön sei – aber wir wissen aus Genets Dichtungen, daß er im Obszönen immer auch das einzig uns erreichbare Heilige erkennt. Man spürt das, wenn er mit kaum verhohlenem liebenden Blick die Anmut der jungen Revolutionäre, ihr Lachen und ihre insgeheime Todessehnsucht beschreibt, die Körperbewegungen der in eine andere Zukunft drängenden Söhne und Töchter von Müttern, welchen eine bizarre Heiterkeit jenseits der Leiden zugewachsen ist.

Der Augenblick der Revolte ist so sehr mit Lust gesegnet wie jener ihrer Unterdrückung. Die Vergewaltigung und Verstümmelung der Leiber folgt gleichsam als sexuelle Antwort, die sich in die Form des Tötens kleidet, der erotischen Herausforderung jener aufblühenden Körper, in die die Hoffnung von einer neuen Ordnung sich bereits eingeschrieben hat. Das Massaker diente denn also einer Vernichtung von Schönheit – so sieht Genet das wohl –, einer Vernichtung des Eros, den die etablierte Macht, will sie seiner Verführungskraft nicht unterliegen, obszön vergewaltigen muß – mit der paradoxen Konsequenz, ihn dadurch erst recht zu heiligen.

Genets Haß auf die trunken Tötenden befriedet sich zur Trauer, wenn er den durch die Täter heiliggesprochenen, von der Verwesung geschwärzten Gesichtern ins gebrochene Auge schaut. Dieser poetische Augen-Blick, der mir immer wieder auch als ein im tiefsten Schmerz des Erkennens christlicher erscheinen will, hinterläßt uns mehr als die Berichte der Nachrichtenagenturen, der eiligen zynischen Korrespondenten, mehr als die Fotografien und die Bilder des Fernsehens, in denen auch eine Leiche, weil sie nicht mehr persönlich angeschaut wird, sondern ungeliebt durch ein sogenanntes Objektiv, zur Massenware verkommt.

Dieser sinnliche Blick des Dichters bewahrt ein Ereignis vor dem Vergessen, das wir gerade deshalb doch schon vergessen hatten, weil wir – was immer unsereiner im September 1982 in der Nacht der langen Messer selber gemacht hat – insgeheim dabei waren: als potentielle Opfer, als potentielle Täter, als potentielle Zuschauer, nichteingreifend wie die israelischen Soldaten. Genet hat alle drei Arten, beteiligt zu sein, mit den Händen, den Augen, der Nase, den Ohren in sich aufgenommen und dem im Körper seines Textes Gestalt gegeben.

Nur jene, die sich als die politisch Handelnden wähnen, die waren in keiner Weise beteiligt; sie sind körperlose Wesen, für ihre Verantwortung nur dadurch zu bestrafen, daß man sie zu Abstrakta erklärt, zu Leblosen – verbannt aus der Wirklichkeit der Henker wie der Opfer und der Revolutionäre, selbst der spektakelsüchtigen Zuschauer.

(Bayerischer Rundfunk, 29. 1. 1984)

Der Blick ins Böse

Ein Klassiker schweigt – Jean Genet wird 70

Er hat, in einem Interview mit Hubert Fichte, etwas fürchterlich Schönes gesagt, ich habe es jetzt wiedergelesen und gestehe, daß ich vor Sätzen wie diesen kapituliere:»Wenn ich ehrlich bin, liegt mir gar nichts daran, daß eine Revolution stattfindet. Sie würde mir wahrscheinlich keine individuelle Revolte gestatten. Wenn eine wirkliche Revolution stattfände, könnte ich nicht dagegen sein. Ich würde ein Anhänger dieser Revolution werden. Ein Mann wie ich ist kein Anhänger von irgend etwas. Ich bin ein Mann der Revolte. Mein Standpunkt ist sehr egoistisch. Ich möchte, daß die Welt sich nicht verändert, damit ich mir erlauben kann, gegen die Welt zu sein.«

Ich denke, daß die Schönheit dieser Sätze in ihrer Ehrlichkeit begründet ist: radikaler läßt sich der asoziale Charakter von Literatur, von intellektuellem Treiben wohl nicht formulieren, und so ziemlich jedem anderen als Saint Genet würden wir es als Koketterie auslegen, so zu formulieren. Ist es nicht aber so? War es nicht für Jean Genet, seit er anfing zu schreiben, so und nie anders? Die Revolte ein idealer Lebenszweck, die Drohgebärde ein Gestus, mit dem man sich am eigenen Schopf aus dem Schlamm aller Ungewißheiten zieht? Das Elend der Welt als Sinngebung des eigenen Lebens, eines Heiligen-Lebens. Blasphemisch, aber ehrlich.

Er hat das Verbrechen literarisch gefeiert, den Mord als eine sakrale Handlung beschrieben, das Obszöne geheiligt. In den fünfziger und sechziger Jahren, als seine Bücher und Theaterstücke erschienen, war man darüber erschrocken, nicht selten empört. Heute ist er ein Klassiker geworden, man hat sich an ihn gewöhnt, Bewunderung und Schrecken halten sich die Waage. Und außerdem schweigt er seit vielen Jahren. Ein letztes Mal hat er Skandal gemacht, als er vor drei Jahren in »Le Monde« einen Aufsatz über die Rote Armee Fraktion veröffentlichte, in dem er die These vertrat, der »Brutalität des Systems« könne nur »Gewalt« antworten; ein Verdienst der Baader, Meinhof, Meins sei es, »uns klargemacht zu haben, daß nur die Gewalt die Brutalität der Menschen brechen kann«.

Drei Tage nach dem Erscheinen von Genets provokatorischem Pamphlet geschah die Schleyer-Entführung. Man war, verständlich, empört, zumal Genet auch noch von einem »unmenschlichen Deutschland« sprach. So etwas mochte in jenen Tagen niemand hören. »Deutschland im Herbst« wollte sich von einem verruchten Literaten nichts über seine angebliche Inhumanität erzählen lassen; die Medien fielen einmütig über Genet her, ohne ihn zunächst einmal korrekt zu zitieren. Auch der »Spiegel«, der doch jahrelang eine solche Vermutung eher nahegelegt hatte, bestritt plötzlich vehement, daß sich ein Phänomen wie Baader/Meinhof aus dem Zustand unserer Gesellschaft erklären lasse und tat den Genet gnädig als politischen Naivling ab.

Als ob Politik, Geschichte, Herrschaft jener rationale Prozeß wäre, den wir uns von ihnen erwünschen ... Naiv erscheint es mir vielmehr, der Brutalität in uns und um uns herum, der Allmacht des Terrors, nicht endlich ins Auge zu sehen. Genet hat diesem Blick ins Böse hinein – man darf es wohl so pathetisch sagen – sein Leben und seine Arbeit geweiht. »Ich will den Mord besingen, da ich die Mörder liebe«, hat er einmal geschrieben, und man sollte nicht denken, ein solcher Satz sei nur eine nicht ganz ernst zu nehmende Bizarrerie. Er leistet sich den Mut, etwas zu Ende zu formulieren, was latent in uns allen lauert, gegen alle Vernunft, gegen alle Gebote der Humanität. Er *benennt* das schlafende Tier, das von gesellschaftlichen Anlässen, Geschichtsvorgängen, immer wieder geweckt wird, wohl auch geweckt werden will und deshalb immer nur im Halbschlaf ist.

Genet hat es in sich selber erlebt, er hat Gewalt begangen, er hat sie an sich erlitten, er hat den unauflösbaren Zusammenhang zwischen den Tätern und ihren Opfern sinnlich erfahren. Und deshalb »glaubt« er so sehr wie an die Gefolterten auch an die Folterer, verherrlicht sie. Der real existierenden Brutalität setzt er die *Idee* der Gewalt gegenüber, dem wirklichen Mord die Idee des Mordens, der herrschenden Unterdrückung einen Herrschaftstraum. Und das ist wohl der eigentliche Skandal, das müssen wir ja von uns abweisen, verdrängen, zur Literatur erklären – denn sonst? Wir müßten sonst unsere Verstrickung in die Systeme von Gewalt einbekennen, unsere Träume, deren Erfüllung uns – solange wir es schlau genug anstellen – immer noch von den Außenseitern, den »Kriminellen« abgenommen wird, von Menschen, die wir zu »Negern« machen.

Wir predigen derweil die Vernunft und begehen unter deren Deckmantel zumindest das, was Franco Basaglia die intellektuellen »Befriedungsverbrechen« genannt hat. Genets Ehrlichkeit besteht darin, sich an solcher Lüge nicht zu beteiligen. Freilich, er hat es gut: er ist ein Literat; schreibend erlöst er sich von der Gewalt, deren Apologie er betreibt. Die anderen müssen weiterhin das Böse tun; er leistet sich den Luxus, es zu denken: ein Heiliger. Und seit er zu ahnen scheint, daß er uns doch nicht erlösen kann, schweigt er. Was sonst sollte der Grund sein?

(SZ, 19. 12. 1980)

Was da kommt, was schon ist: Gatti zum Beispiel

Die Zukunft hat bereits stattgefunden.

Vor vier Jahren hat der französische Dramatiker Armand Gatti in den Editions du Seuil zusammen mit zwei anderen Stücken die »Berichte von einem provisorischen Planeten« (Chronique d'une planète provisoire) veröffentlicht; ein Jahr später, 1963, fand im Grenier de Toulouse die Uraufführung, und, im Februar dieses Jahres, in Ulm die erste deutsche Aufführung statt. Zwischen diesen beiden Aufführungen rollte die Woge der dokumentarischen und halbdokumentarischen Stücke, beginnend mit Hochhuths »Stellvertreter«, fortgesetzt mit zwei Stücken Kipphardts, mit Weissens »Ermittlung«, und noch immer nicht endend bei dem peinlichen Wettlauf gleich mehrerer Autoren, die sich dranmachten, einen Mythos vom 20. Juli zu zerstören oder zu untermauern. Inzwischen gibt es auch – darunter allerdings nur ein deutsches – bereits drei Dramen über den Mord von Dallas. Die Geschichte, kaum hat sie stattgefunden, wird »eintheatert«; unsere Bühnen haben einen großen Magen.

Armand Gatti hat das alles: – die Transaktion des Joel Brand, die im Auschwitz-Prozeß ermittelten Greuel, die Gleichgültigkeit der Neutralen und der Kirche, die Entmenschlichung auch der Opfer, die bedrückende Gegenwärtigkeit des Vergangenen in unser aller Gegenwart – er hat dies, vor Kipphardt, vor Weiss, vor Hochhuth, vor Miller und vor Walser für das Theater zusammengefaßt und kühn aus dem Dokumentarischen herausgetrieben, Jahre bevor dieses Dokumentarische zur Mode geriet.

Er war, etwas zynisch gesprochen, freilich im Vorteil: Er konnte es wagen – ein Ausländer, der selber in einem deutschen KZ gesessen hatte – den Nationalsozialismus und die Judenausrottung als bittere, komische Groteske zu sehen, scheinbar so naiv wie Chaplin im »Großen Diktator«. Er befreite sich von der Übermacht des Faktischen, indem er die historischen Ereignisse verwandelte *zur Utopie*. Ein tollkühnes Unternehmen, das natürlich vor allem hierzulande, wo wir doch nachgerade glauben, wir hätten ein Recht darauf, daß uns die Bühne »betroffen« macht und einschüchtert, damit wir nicht zum Denken kommen, Verwundernis erregt. Denn Auschwitz tritt uns nun plötzlich – in Gattis Stück – als ein noch nicht Geschehenes, freilich darum gerade wieder Mögliches gegenüber. Als Utopie, als die Welt von »Alphaville«.

Wie das? Armand Gatti distanziert sich und uns von der Historie, indem er sie mit den Mitteln der Science Fiction gleichsam neu – und in ihrem überzeitlichen Schrecken – »erfindet«. Er verlegt alle Ereignisse, deren entsetzende Maßlosigkeit wir ja – statistisch – kennen, auf einen »provisorischen Planeten«, einen

Stern irgendwo im Weltraum, und er läßt ihn beobachten mit den Fernsehkameras einer Raumsonde. Die Astronauten haben ihren Platz im Zuschauerraum, die Bühne ist der Bildschirm, auf den sie starren; und der Bühnenrahmen hat dementsprechend die Form einer Fernsehmattscheibe.

Wir blicken in den Weltraum. Wir sehen, verfremdet zur Fiktion, ein Geschehen, daß fatale Analogien aufweist zu unserer jüngeren Geschichte. Aber jede Ähnlichkeit mit bekannten Personen und Ereignissen ist sozusagen »rein zufällig«. Auf dem Fernsehschirm der Raumsonde – also auf der Bühne – sehen wir ein Land »Barbarotien«, das mit jedermann Krieg führt, dessen Führer groteske Namen tragen wie Kleine-Ratte, Engelsschüler, Oberst Bonbon und Leutnant Vierzeiler. Der Faschismus wird hier gesehen als das, was er – zumindest auch – war: eine Ansammlung marionettenhaft zappelnder bösartiger Gestalten, die zu gleicher Zeit morden und traulich ein Cello streichen, hysterische Kasperlfiguren, welche wie Operettensoldaten aufgeputzt sind und wie Figuren aus einem bayerischen Bauerntheater; bei Bier und Kegelschieben adressieren sie Vernichtungsbefehle, und wie die Alchimisten aus Grimmschen Märchen ersinnen sie eine großspurige Staatsreligion.

Die Groteske geht so radikal vor, daß sie die Menschen automatisiert: der Oberste Führer des Landes tritt gar nicht erst leibhaftig auf, sondern als ein bellender Roboter, dessen Gejaule die Untergebenen als »erhaben« empfinden und um dessen galoppierende Syphilis sich medizinische Scharlatane und Astrologen in unsinnigen Verrenkungen und unmenschlichen medizinischen Experimenten verzweifelt bemühen. Der »Respekt vor den großen Tötern«, den Peter Weiss in der »Ermittlung« ja vielleicht doch von neuem aufgerichtet hat, wird hier von Armand Gatti mit einer Entschiedenheit demoliert, von der sich auch Brecht, als er am »Aufhaltsamen Aufstieg des Arturo Ui« schrieb, nicht hat träumen lassen. Gatti, der alles andere als ein unpolitischer Dramatiker, nämlich ein französischer Kommunist ist, geht gar nicht erst ein auf die vulgäre, in der »Ermittlung« uns untergeschobene These, Auschwitz sei eigentlich die letzte Ausgeburt eines kapitalistischen Systems: Gatti stellt alles Geschehen von vornherein als entsetzende, wahrhaft »unverständliche« Groteske dar, an der auch – und das beweist nun eine Freiheit, die sich vielleicht nur einer nehmen kann, der selber im Lager war – die Juden beteiligt sind. Juri, die verschlüsselte Figur des Joel Brand, stolpert in der Welt herum, um seinen Handel abzuschließen: bei Gatti soll er eine Million Juden nicht gegen Lastwagen, sondern gegen »fleischfressende Pflanzen«, die als Geheimwaffe gedacht sind, eintauschen. Und bei diesem Geschäft begegnen die Juden dem Unterhändler als zögernde, pseudoprophetische Duckmäuser, die sich bereits in ein operettenhaftes »Gelobtes Land« zurückgezogen haben.

Die Juden also verkörpern keine Gegenwelt, sowenig wie die Besucher, die sich dem Planeten in ihrer Raumkapsel nähern und all dies betrachten: die spielen am Ende ein farcenhaftes, hilfloses Gerichtsspiel von Schuld und Sühne, eine tragikomische »Ermittlung«. Die Gegenwelt wird in die Chronik eingeblendet in der Form von inneren Monologen eines überlebenden Häftlings und seiner Geliebten, denen die Last der Vergangenheit – wie den Liebenden aus »Hiroshima mon amour« – den Weg zueinander verweigert. Sie, die einzigen menschlichen Wesen, treten nicht leibhaftig auf, sondern erscheinen projiziert auf Leinwände zu den Seiten der Bühne, sie unterbrechen die Sendungen vom provisorischen Planeten mit ihren Versen, bitter-traurigen wie aus der Feder von Éluard. Die menschliche Stimme hat sich zurückgezogen aus der Irrsinns-Groteske, aber sie tritt der Fiktion auf der Bühne, gleichsam eingefroren auf diesen Filmleinwänden, als Forderung gegenüber – als Forderung der Gegenwart an Vergangenheit und Zukunft zugleich.

Dieses eine Stück – »Berichte von einem provisorischen Planeten« – könnte allein eine heilsame, vielleicht schmerzende Wirkung tun; es könnte uns befreien von den Scheinwirklichkeiten jener Dokumentarstücke, die – sicher ungewollt – eine Sache bestätigen, indem sie sie lediglich in ihrer Faktizität und als eine vergangene darstellen. Nur Walser hat ja, von all den Dokumentaristen, im »Schwarzen Schwan«, dem wenig gespielten und als unzulänglich beiseitegedrückten, die Verschlingung der Gegenwart mit der Vergangenheit zu zeigen versucht.

Diese Verknüpfung ist nun, seit je schon und in den meisten seiner Stücke, das Thema, an das der Dramatiker Gatti fixiert ist. Das Grauen, das den Lebenden nachwächst. Die Bilder des Gestrigen, die sich vor ihr gegenwärtiges, alltägliches Leben lagern und alles überherrschen. Die schreckliche, vereinende Kraft der Vergangenheit, die die Lebenden an die Toten fesselt. Der Entwurf einer Zukunft andererseits, einer menschlicheren, der kurz aufgaukelt vor den Lebenden, aber immer wieder verweigert und ausgesperrt wird. Gatti verfügt frei über die Zeiten, er webt ein Geflecht aus Erinnertem und Fiktionen. Die Grenzen verschmelzen, Vergangenheit, Gegenwart, Zukunft, alles mischt sich in eins, alles – wann immer es war, wann immer es sein wird, nie vielleicht, gestern oder in tausend Jahren – alles *ist Gegenwart.* Faulkners »mythische Zeit«.

Der Dramatiker Gatti unternimmt es, dem Theater abzufordern, was es bisher verweigert hat: die Verbildlichung von körperlosen, von Vorgängen der Reflexion. Bewußtsein szenisch zu demonstrieren, erinnernde Reflexion an die Stelle der Fabel, der erzählten Handlung zu setzen und ein Bewußtseinskontinuum durch die Anwendung von formalen Möglichkeiten, die im modernen Roman und im neueren Film entwickelt wurden, auf die Bühne zu übertragen: diesem Ziel, das vielleicht ein utopisches ist, weil die Eigentümlichkeiten der Bühne sich ihm (vorerst) verweigern, läuft Gatti unbeirrt nach.

Der Entwurf dessen, was wir etwas großspurig als ein »Theater für morgen« und etwas gelassener als ein »Theater der Unruhe« bezeichnen könnten, liegt dennoch vor: Armand Gattis aufregende Vermischungen von Phantasiebruchstücken und realistischen Details und Alltagsbeschreibungen; seine Montagen von Erinnerungsfetzen und Bewußtseinssplittern und kühn und naiv geträumten Bildern einer menschlicheren Welt. Ein Dramatiker hat der Bühne ihre Zukunft bereitgestellt – sie muß nun zugreifen.

Das freilich fällt ihr schwer, weil sie die schwerfälligste, die beharrlichste der Künste ist und auf der subjektiven Gegenwärtigkeit von Menschen – denen, die spielen – beharrt und wohl beharren muß. Gatti aber sucht nach dem »Überpersonalen«, er greift dafür zurück auf Mittel, die in den zwanziger Jahren für das Theater erfunden wurden: was Brecht damals die »Elektrifizierung« der Bühne nannte, beim Piscator skeptisch beobachtete und dann auf seine Weise benutzte – also Laufbänder, simultane Spielorte, Projektionstafeln, Film –, das wird nun von Gatti, und zwar zum erstenmal seit Brecht, für neue ästhetische Absichten ausgewertet.

Die Erfindungen Piscators erlaubten Gatti, bestimmte »Schreibweisen« des neueren Films auf die Bühne zu übertragen, Bildrhythmisierungen und Montagen auch auf das Theater anzuwenden, »Schnittfolgen« wie im Film. Kein Mißverständnis: Gatti ist weit davon entfernt, die Projektion auf der Bühne oder gar die Filmeinblendungen als plakative, belehrende oder kommentierende Illustration zu verwenden. »Filmische Schreibweise« meint etwas anderes: den Versuch, mit den Mitteln einer Bühne zu leisten, was der Film durch Bildsymbole, durch Schnitte, Blenden und Montagen erreicht: nämlich etwas intellektuell Vorgezeichnetes, Vorgedachtes nun »im Bild« zur Sprache zu bringen, sichtbar, fühlbar, anschaulich und durchschaubar.

In vielen der Stücke Gattis – in »Die zweite Existenz des Lagers Tatenberg«, im »Schwarzen Fisch« zum Beispiel – ist zunächst weder historisch fixierte Handlung, noch sind deutlich gezeichnete, in historischer Realität befestigte Figuren vorgegeben: die sind lediglich Material, das sofort überwunden wird und eingebracht in ein mythisches Bild von der ewig fließenden Zeit. Über Handlung und Figuren (auch über ungeschehene Handlung und über Figuren, wie sie sein könnten) wird nur erinnernd reflektiert. Ein sich undeutlich, ja getrost auch verworren artikulierendes Bewußtsein sucht – etwa in »Das imaginäre Leben des Straßenkehrers Auguste Geai« – seinen Weg durch ein Stück. Ein Verfahren, das sehr ähnlich ist dem des Filmemachers Godard, zum Beispiel in dessen Film »Le petit soldat«.

Gattis Entwurf eines neuen Theaters setzt ganz auf die Imagination des Zuschauers, dem er anheimgibt, Bruchstücke zu einem Ganzen zusammenzufügen – oder sie »offen« zu lassen. In seinem vorletzten Stück – es scheint mir der radikalste Entwurf zu sein, die Begrenzungen des Theaters aufzuheben, dadurch daß einer sich seines Materials von neuem vergewissert – versucht Gatti, das »gespielte« Ereignis selbst ganz aufzuheben und nurmehr Reaktion auf Gespieltes, auf theatralische Handlung zu zeigen. »Öffentlicher Gesang vor zwei elektrischen Stühlen« ist eine Paraphrase des Sacco-und-Vanzetti-Stoffes, bei welcher Gatti dem Publikum nichts als –: ein Publikum gegenübersetzt. Auf der Bühne begibt sich nicht die historische Aktion, sondern nur Reaktion auf imaginäre Handlung. Dem Publikum im Parkett ist auf der Bühne ein anderes Publikum, ein ebenso zusammengewürfeltes und unterschiedlich verfaßtes, konfrontiert. Und dieses Publikum auf der Bühne sieht das imaginäre Stück, den Fall der beiden zum Tode Verurteilten Sacco und Vanzetti. Das »richtige« Publikum dagegen, das im Saal, sieht mit wenigen Ausnahmen keine Figur aus dem gedachten Stück, es hört keinen Satz daraus – es sieht nur und hört, wie andere Leute, Theaterpublikum wie es selber, auf dieses Stück reagieren. Das eigentliche Drama von Sacco und Vanzetti entsteht also erst in der Imagination des Betrachters: aus den verschiedenen Haltungen zu diesem Fall fügt sich ihm ein Bild des Falles selbst. Und dieses Bild wird für jeden anders aussehen, je nachdem, mit welchen Haltungen er sich mehr, mit welchen weniger identifiziert.

Da ist nun einer mit kühn träumendem Pathos am Werk, ausschweifend oft, kämpferisch zum anderen; der geht um mit Raum und Zeit und dem Bewußtsein ihrer Relativität wie die Filmregisseure Resnais und Antonioni. Er möchte geträumte Ängste und vorgelegte Hoffnungen und unaufhebbare Erinnerungen einzelner objektivieren, vereinen und auf der Bühne zusammenfließen lassen, sich verdichten zum Bewußtsein der Menschheit. Ein so pathetisches wie utopisches Ziel; aber ein unruhig tastender Versuch, das Theater zu verändern. Gatti hat erste, vorläufige Antworten gegeben auf die Frage, was da kommt – Entwürfe eines imaginären Theaters. Er hat die Zukunft zu sich herangeholt. Wenn wir uns ihr nähern wollen, müssen wir uns mit *seinen* Stücken einlassen.

(Akzente, 3/1966)

Peter Weiss zwischen den Ideologien

Das hätte sich vor zwei Jahren, als Hochhuths »Stellvertreter« den Bann brach, noch nicht denken lassen: daß wir so bald mindestens vier Dramatiker in diesem Lande haben würden, die das Theater wieder als »politische Anstalt« verstehen und es wieder wesentlich machen innerhalb unsrer Gesellschaft: Hochhuth, Walser, Weiss und Kipphardt.

Das versteht sich durchaus nicht von selbst: Das deutsche Gegenwartstheater ist sonst weitgehend bestimmt von andächtigen Bildungsveranstaltungen oder beflissener literarischer Information. Der Pluralismus des dramatischen Angebots, das den Theatern heute zur Verfügung steht, kommt den meisten unter ihnen gut zuhanden: er gestattet denen, die das Theater machen, jedem Engagement innerhalb unserer Gesellschaft auszuweichen und sich ungefährlich zu arrangieren: innerhalb des jeweiligen politischen Kräftespiels einerseits, mit dem vorhandenen, überkommenen Publikum andererseits. Vor allem dies Arrangement mit dem »bildungsbürgerlichen« Publikum hat unser Theater wie selbstverständlich eingegliedert in die vorherrschenden restaurativen Tendenzen in diesem Lande. Das Arrangement unter dem Mantel des Pluralismus erlaubt fast alles: den Brecht, kulinarisch präsentiert; poetische Zierlichkeiten, mögen sie noch so verrätselt sein; heftige allegorische Bezüglichkeiten, mögen sie auch modisch »absurd« daherkommen; selbst satirische Attacken gehen durch, solange sie sich gegen abgelebte Klischees richten, die durchs häufige Zitieren längst irrelevant geworden sind. Nur für eines ist dieses Arrangement eigentlich schwer durchlässig: für wirkungsmächtiges, zeitträchtiges Theater, das ungemütliche Diagnosen unserer gesellschaftlichen Wirklichkeit stellt und darauf aus ist, die Bühne zum Forum zu machen; zu einem Forum für »politische«, aktivierende theatralische Veranstaltungen.

Diese Sperre durchbrochen zu haben – als erster – bleibt Hochhuths Verdienst. Sein Stück – soviel sich auch gegen dessen ästhetische Mängel einwenden läßt – hat das Publikum hochgeschreckt und gespalten wie lange keins mehr. Da wurde endlich wieder zeitträchtiger Stoff auf die Bühne gehäuft – mitten zwischen trügerische Wolken von Zauber und Entzücken, zwischen ungemein subtile und künstliche Figurenwerke und autonome Märchenlandschaften, zierlich anzusehen –, und da wurden Antworten herausgefordert, politische. Das Stück hat dem Theater wieder ein neues Publikum zugeführt, ein »neugieriges« – neugierig nicht so sehr auf die konventionellen Dienstleistungen der Bühnen, sondern auf anschauliche Erkundungen unserer Zeit, wie sie vielleicht nur das Theater so intensiv vornehmen kann, weil es immer noch die sinnlichste, die »anschaulichste« der Künste ist.

Ein anderer deutscher Dramatiker, Peter Weiss, hat dieses sinnliche Element des Theaters, sein Grundelement, mit genialischem Geschick für die Vermittlung politischer Erfahrungen zu nutzen verstanden: in seinem »Marat«-Stück. Ein ungeheuer »reiches« Stück, wie sich inzwischen in allen Inszenierungen erwiesen hat; reich und vieldeutig allerdings vielleicht nur durch die ihm immanente Unentschiedenheit. Denn Peter Weiss hat die Position eines Dramatikers nach Brecht, eines Dramatikers zwischen den Ideologien zu Ende gedacht und das Ergebnis – die Unentschiedenheit des »dritten Standpunktes« – dem Stück als Grundzug eingegeben.

Max Frisch hat ja vor einiger Zeit – auf dem Frankfurter Dramaturgentag – das witzige Bonmot ausgegeben, Brecht habe heute »die durchschlagende Wirkungslosigkeit eines Klassikers«. Daran ist so viel und so wenig Wahres wie an pointierenden Bonmots nur sein kann. Wahr ist, daß in der gegenwärtigen Situation dieses Landes – eines gespaltenen, in dessen einer Hälfte im Namen der von Brecht poetisierten Ideologie ein totalitäres Regiment errichtet worden ist – seine Modell-Welten nicht annehmbar sind; die Entwürfe menschlicherer Welten – das waren für ihn: marxistische – können nur schwer bestehen vor dem leidvollen, blutigen Hintergrund der Realität dieses geteilten Landes. Wir haben uns geholfen, indem wir den Marxisten Brecht trickreich eliminierten und nur mehr den »Dichter« Brecht übrigließen.

Wir versuchen uns nun vor dem Sprengstoff, der in Weissens Stück bereitliegt, auf ähnliche Weise zu drücken: wir nützen dazu seine Unentschiedenheit in unserm Sinne aus. Wir halten uns an die Spektakellust, an die Entfesselung theatralischer Elemente, an die formale Zauberei. Dem, was darunter verborgen liegt, möchten wir eher ausweichen. Der heftige Jakobinismus Marats muß ja auch auf ein westdeutsches Publikum verstörend, fast exotisch wirken. Nichts nimmt sich doch fremdartiger aus in dieser behaglich restaurativen Gesellschaft als etwa das Wort »Revolution«. Schon der entfesselt einen wütenden Sturm der Empörung, der anzuzweifeln wagt, es herrsche in diesem Lande eitel soziale Harmonie, alle Antagonismen seien eingeebnet – Hochhuths im »Spiegel« abgedruckter Aufsatz (der freilich leider mit unsinnigen Prämissen und unzulänglichem theoretischem Rüstzeug unsre soziale Ordnung attackierte) hat das kürzlich schlagend bewiesen.

Die Herausforderung, die Weissens Stück anbietet, scheint nun – nach den verschiedenen Inszenierungen, die zu sehen waren – gerade in seiner Unentschiedenheit zu liegen: tückisch sind ja die Positionen von Marat und de Sade ausbalanciert. Das Stück ist also, genau besehen – nur der reine Theatercoup am Schluß der Berliner Uraufführung schien das nahezulegen –, es ist also *kein* Lehrstück vom notwendigen Verenden jeglicher Revolution; es bleibt ohne Lehre, es zerstört nur Ideologien, aber es formuliert keine neuen; es gibt die Hoffnung auf mögliche Revolutionen wohl auf, aber es drückt zugleich Trauer aus und Resignation über alle erstickten, verendeten, aufgegebenen und nicht zu Ende gedachten revolutionären Hoffnungen. Und schon diese »Trauer« über die Unmöglichkeit von Revolution« könnte doch eine Zumutung an ein westdeutsches Publikum sein.

Betrachten wir, um zu sehen, wie sich die »reiche Unentschiedenheit« des Stücks auf der Bühne benutzen läßt, einige der Aufführungen, die in der letzten Spielzeit stattgefunden haben und setzen wir sie der Erinnerung an Swinarskis Berliner Inszenierung – die sehr auf ästhetische Valeurs, auf elegante Leichtigkeit, auf formale Strenge hin ausgerichtet war – entgegen. Die Extreme, jenseits von Swinarskis Lösung, boten die Londoner Inszenierung von Peter Brook und eine ostdeutsche Aufführung, die von Hans Anselm Perten am Volkstheater Rostock; in Wiesbaden gab der junge Regisseur Hansgünther Heyme eine bemerkenswerte Variante von Brooks Interpretation.

Peter Brook, derzeit auf den Spuren Antonin Artauds experimentierend und auf eine Erneuerung des »Theaters der Grausamkeit« aus, beförderte die exzessiven Kräfte in Weissens Stück, die Kulisse aus Irrsinn darin. Daß es gelingt, Wahnsinn auf dem Theater ohne Peinlichkeit realistisch und individuell nuancierend vorzuführen, ist die ganz seltene Ausnahme. Swinarski in Berlin hatte sich vor dem Problem durch einen überzeugenden ästhetischen Effekt, das »Chorgestühl«, die Bienenwabe, in die er die Verrückten packte und mit dem Bühnenbild eins werden ließ, gerettet. Brook dagegen ließ sich auf das Äußerste ein: er reduzierte die Zahl der Patienten in Charenton, der Heilanstalt, auf ein gutes Dutzend und individualisierte sie. Jedem wies er eine persönliche Maske zu, je eigensinnige Verrücktheiten und Eigentümlichkeiten, je eine klar herausgearbeitete und über drei Stunden hin entschieden durchgehaltene »Krankheit«, körperlich sichtbare geistige Verzerrung. Ein Dutzend klinischer Fälle, gerade genug Varianten des Wahnsinns, um dem Stück die angstmachende, alpdrückende Folie zu unterlegen.

Der Kontrast der Inszenierungen in Berlin und London läßt sich bezeichnend am Auftakt des Spiels ablesen: In Berlin hob sich der Vorhang über einem »monochromen«, zwischen Weiß und Grau äußerst differenziert abgestuften Bild, dem um den Kreis in der Bühnenmitte angeordneten Arrangement, der Chortribüne im Hintergrund; vorn, für Augenblicke nur, der nackte Hintern eines fetten Mannes, umgeben von den weißen Kitteln der Pfleger und dann eingestäubt, überpudert in Weißgrau wie die ganze Szene. – In London dagegen lag die ganze Bühne offen: man sah einen hochgeschlossenen Baderaum aus grau-roten kleinen Fliesen, an dessen hinterer Wand eine Reihe hölzerner Badebänke stand, in dessen Boden an verschiedenen Stellen Versenkungen, die Wannen, eingelassen waren, in dessen Mitte hölzerne Fußroste zu einem mit Trikolore und Napoleonbild garnierten Tableau hochgestellt waren. Und auf der Vorderbühne lagerte allerlei realistisches Gerät: Eimer und Trittleitern, Wasserrohre und Heizrohre, Schläuche, Ketten.

Noch ehe im Parkett das Licht verlosch, traten Patienten auf, in roh geschnittenen, groben Leinenkitteln, umdüsterte oder verzerrte oder still vor sich hin lächelnde Verrückte, einige mit harmlosen, andere mit drohenden Ticks, sie gingen herum, setzten sich, warteten – wie Publikum im Theater. Das Spiel begann, nachdem die Familie des Anstaltsdirektors Coulmier rechts vorn vor der Proszeniumsloge auf einem Podest Platz genommen hatte – nicht ohne sich vorher deutlich als Teil des Publikums, des im Aldwych Theatre sitzenden, auszuweisen. In den Reaktionen Coulmiers, Vertreter des Establishments – sollte das heißen –, mag das Publikum bestürzt die eigenen erkennen, um sich von ihnen zu distanzieren.

Die Akteure des Spiels auf der Bühne wiesen sich viel deutlicher als in der Berliner Aufführung als Kranke aus. Die Symptome des Klinischen grundierten durchweg die historischen Figuren, die sie spielten. Simonne Evrard strich mit schiefen, zuckenden Haltungen der Arme und Beine, schräggelegtem Kopf, verdrehten Augen und bös vorgeschobener Unterlippe um Marats Wanne; Duperret war ein spinnedürrer, bleicher Erotomane, auf staksigen Beinen, mit aufgeschlagenen Knien, der vor Geilheit nie den Sachverhalt begriff – nämlich daß er hier eine »Rolle« spielen sollte –, sondern nur auf Augenblicke lauerte, unbewachte, in denen er sich bocklüstern an Cordays Brüsten oder Schenkeln vergreifen konnte; schon bei der zweiten Begegnung mit ihr mußten sie ihn an eine schwere Kette fesseln. Und der Kranke, der den Marat spielte, schien wahrhaft gepeinigt von seinem Hautekzem, die Pein preßte ihm die spitzen, hohen Töne ab, hart dran, sich mehr als einmal zu überschlagen.

Brooks Aufführung deckte also die vielfältigen Spiegelungen des Stücks klarer auf als die Berliner. Sade blieb hier immer erkennbar als der Autor eines Stücks, das in der Heilanstalt gezeigt wird, und zugleich als sein eigener Regisseur, der all das arrangiert hat, sich selbst zur insgeheimen Belustigung. Er griff häufig und entschieden ein, er gab Stichworte, arrangierte Auftritte, übergab Requisiten – und er übernahm die Funktionen des Ausrufers, immer wenn dem die Kontrolle über das Spiel zu entgleiten drohte. Er genoß es, wenn das Spiel die Patienten aufreizte und böse und gefährlich machte. Er trieb das Spiel bis an die Grenzen, wo es zu entarten drohte, er zügelte es im letzten Augenblick und lenkte es zurück in ruhige Bahnen. »It's easy«, sagte er im englischen Text, »to make mass mouvements mouving.«

Die hinreißende Gewalt der Aufführung lag nun darin, daß man – als Zuschauer – mehrmals Angst bekommen konnte, dem Sade möchten die Zügel über die Bewegungen, die er arrangiert hatte, entgleiten und der grausige Irrsinn möchte über dem Parkett zusammenschlagen. Diese jammernswerten Gestalten auf der Bühne, so nah, so voll tückischer Einfälle, Bildern Goyas entstiegen, in Hysterie ausbrechend und in rhythmisiertes konvulsivisches Zucken, in obszöne Kopulationsbewegungen und rauschhafte Gewalttätigkeit – die machten wirklich mehr als einmal fürchten. Die Wirkung auf den Zuschauer war – ganz im Artaudschen Sinne – eine aus psychischer und physischer »Verletzung« gemischte; für Augenblicke stockte einem der Atem, zog sich das Herz zusammen: wenn die Irren sich blitzartig in der vordersten der Versenkungen zu einem Schreckbild perverser Selbstguillotinierung formierten, nur noch ihre Köpfe, verzerrte Gesichter mit übergehenden Augen und zitternden Zungen, zu sehen waren, wie grad vom Fallbeil abgetrennte Häupter, die noch für Augenblicke weiterleben. Die Spannung löste sich dann in einem befreiend komischen Einfall: ein Eimer Bluts, roter Farbe, wurde von einem der Spieler durch ein Baderost gegossen.

Es gab andere, ähnlich bedrückende Szenen. Die »Auspeitschung«: Augenblicke höchst perverser Lust mit Schauder gemischt, wenn die Corday, statt mit Peitschenhieben den nackten Körper Sades zu schlagen, sich tief über seinen gekrümmten Rücken beugte und ihm mit den herabfallenden Haaren zu einem unbeschreibbar »weichen«, lüsternen Aufstöhnen der Patienten über die Haut strich. Oder, andere Szene, Cordays letzte Vorbereitung zum Mord; während sie mit angstvoller Gefaßtheit den Augenblick der Guillotinierung zu erfahren sucht (»dieser Augenblick / der Kopf eingespannt in das metallene Joch / hinabblickend in den triefenden Korb . . .«), kauern die Patienten im Hintergrund auf ihren Baderosten, und langsam steigert sich aus ihrer kindhaften Versunkenheit ein bösartiger Rhythmus hervor; mit der flachen Hand, zu einem gemeinen, sausenden Pfeifgeräusch und trockenem Zungenschnalzen, trennen sie imaginäre Köpfe vom Rumpf.

Der Wiesbadener Regisseur Heyme war, wie Brook, gleichfalls darauf aus, die Irrenwelt, den bösen Exzeß entschiedener und andrängender zu entfalten als Swinarski in Berlin das getan hatte – nicht das Kranke zu ästhetisieren wie jener, sondern es aufreizend hochzutreiben zum grausigen Schreckbild. Man spielte in Wiesbaden auf einer schmalen und wenig tiefen Bühne, auf alle verzwickten Aufbauten hatte man verzichtet. Da standen eine Reihe hölzerner Hocker herum, im Hintergrund führten ein paar Stufen zu einer Art Gesims, auf dem, unter einem hell beleuchteten Gitterfenster, die Patienten hockten wie Raubtiere im Zoo. Vom Schnürboden herab hing ein Röhrensystem, Duschanlage, die schlimme Assoziationen nahelegte. Die kleine Bühne war – mit etwa zwanzig Patienten – gerammelt voll, gefährliche Enge bestand, ein Hexenkessel auf kleinstem Raum, verknäultes Gewoge von Menschenleibern, entstellte, grell zum Schrei oder irrem Lachen aufgerissene Münder und derangierte Gesichter. Zwischen die flatternden weißen Kittelhemden der Patienten warfen sich die Pfleger, schlanke, ausdruckslose Knechte in schwarzen Pullovern und lang herabfallenden Schürzen, trieben die Kranken auseinander, drängten sie an die Wände zurück, auf das Gesims hoch – dort hockten, kauerten, lagen sie dann, erschöpft, schlaff, stieren Blicks. Heyme war weniger als Brook auf klinische Einzelstudien, differenzierte Alpfiguren, Goyagesichter aus, sondern er stellte eine kochende, überschwappende, geschlossen reagierende Menge heraus, die furios gegen sich selbst anrannte.

Greller Kontrast zu diesen Interpretationen, die den im Stück angelegten »Aufruhr« herauspräparierten: die Inszenierung der Rostocker, die bei einem Gastspiel in Hamburg auch von einem westdeutschen Publikum zu besichtigen war. Peter Weiss soll sich – so hieß es jedenfalls in der Meldung einer Nachrichtenagentur – zu dieser ersten Aufführung seines Stückes in der DDR zustimmend geäußert haben. In keiner anderen Inszenierung, so habe er gesagt, sei die dem Stück zugedachte politische Beunruhigung so deutlich herausgearbeitet worden. Dem, der die Aufführung beim Hamburger Gastspiel sehen konnte, scheint das noch euphemistisch formuliert: die Aufführung transportierte nicht nur die Thesen Marats nachdrücklicher als alle bisherigen Inszenierungen – sie stellte sie vielmehr so weit heraus, daß die Balance des Stückes, der politisch-philosophische Dialog zwischen Sade und Marat, zerstört wurde bis zur Unkenntlichkeit; und sie verstärkte andrerseits, was bei Weiss als ironische Spiegelung angedeutet ist – die Parallele des Jahres 1808 zum Jahre 1965 – zu demagogischer Polemik.

Das begann beim Schauplatz; daß dieses Stück nun einmal in einer Irrenanstalt spielt, muß die Rostocker schwer angekommen sein. Daß da Patienten einer Heilanstalt den gefährlich brodelnden Hintergrund abgeben, daß auch die historischen Figuren von Kranken »gespielt« werden – al das war nur zage angedeutet. Die Patienten erschienen hier als disziplinierte, geknechtete Volksmenge; Exzesse, körperliche Entstellungen, auch nur Ticks und Eigensinnigkeiten wurden ihnen nicht zugebilligt. Man wunderte sich wirklich, warum sie nicht alle als geheilt längst entlassen waren. An die grausigen Schreckfiguren, die Brook, an das Ineinander von Lust und Schauder, das Heyme auf die Bühne gebracht hatte, durfte man gar nicht denken. Daß Revolution im blutigen Irrsinn zuckend verendet, das konnte, versteht sich, für die DDR nicht sein. Hier wurde drum die blutverschmierte Fratze der Revolution fein saubergewischt. Alles was nicht sein kann, weil es nicht sein darf, hatte man gestrichen oder geeigneten Figuren in den Mund gelegt. Die Masse, bei Weiss ja durchaus schwankend und unbeständig, reagierte hier geschlossen und »positiv«; verschiedene Textstellen der Patienten, einzelne Lieder der vier lumpenproletarischen Sänger hatte man zu diesem Zweck zwei eigens eingeführten Figuren, einem Vertreter des Militärs und einem der Neureichen, sowie der Familie des Direktors Coulmier übertragen. Und auch sämtliche Hinweise auf Entartungen der Revolution – zum Beispiel Cordays »Was ist dies für eine Stadt . . . und wer spricht die Urteile« – waren ausgemerzt.

Marat dagegen wurde heroisiert; seine Revolution erstickt nicht an sich selbst, im Blutrausch – er wird ein Opfer der

Konterrevolution. Sein fanatischer Jakobinismus allerdings – eine mögliche Zumutung an ein hiesiges Publikum – war vom Regisseur und den Bearbeitern wiederum eher verkleinert worden: daß er zu blutigen Mitteln greift, um die Macht zu behaupten, muß verschämt entschuldigt werden. Sätze wie:»Was ist eine Wanne voll Blut / gegen das Blut, das noch fließen wird« waren ihm darum verweigert. Dafür durfte er aber mit schaudernder Entrüstung den Bericht von der Hinrichtung Damiens vortragen, der im Original eigentlich dem de Sade gebührt. Mit dem Abscheu vor den konterrevolutionären Entartungen mußte dieser Rostocker Marat die»Milde« seines eigenen Fallbeils verteidigen. Dem de Sade blieb ein einziger Satz aus der langen, entsetzenden Schilderung von Damiens Folterung: einmal durfte er den Marat kurz unterbrechen mit der Bemerkung, Casanova habe während des blutigen Geschehens oben hinter dem Fenster seiner zuschauenden Dame unter die Röcke gegriffen.

De Sade wurde im übrigen verkleinert, wo es nur ging. Sein grenzenloser, äußerster Individualismus wurde gar nicht erst als Antithese zu Marats aufklärerischer Aktivität ins Spiel gelassen, sondern von vornherein verändert zu schoflem Egoismus und verketzert als asoziale Haltung eines, der in der Revolution nichts anderes als Lustgewinn entdeckt. Sade vergnügte sich denn auch in dieser Aufführung daran, daß er zwei Wärter für ein Trinkgeld sich gegenseitig auspeitschen und während der Ermordung Marats sechs Patientinnen einen Kopulationsreigen um sich aufführen ließ. Er wurde – ein Vertreter des»dritten Weges« – von Beginn an ins Unrecht gesetzt, die Balance des Stückes damit zerstört.

Beim Gastspiel des Theaters in Hamburg ließ sich noch eine zusätzliche Erfahrung machen, an zwei Stellen, an denen die Aufführung zu schierer Agitation vor einem westdeutschen Publikum auswuchs. Zum erstenmal bei Marats Rede vor dem Konvent. Da übersprang die Aufführung alle ausgeklügelten Spiegelungen der verschiedenen Zeitebenen und entglitt ganz in die Gegenwart, in ungebrochene Attacke. Das Spiel wurde statt dessen freilich auf eine neue, eine erschreckende Weise gebrochen: indem nämlich Ostdeutsche vor Westdeutschen spielten, veränderte sich der Text automatisch auch da, wo er nicht bereits gewaltsam verändert worden war, und gewann einen neuen Sinn. Mehr noch: er wurde geradezu denunziert. Denn nun stellte sich die Frage, ob nicht Weissens Gleichsetzung der napoleonischen Restauration mit restaurativen Tendenzen in unserer Gesellschaft politisch einigermaßen naiv ist. Die Rostocker boten ausgerechnet das als die eigentliche, die listig verpackte Wahrheit des Stückes an; der Schauspieler des Marat erhob sich in seiner Wanne und wendete sich direkt ans Hamburger Publikum mit den Worten: »Glaubt ihnen nicht / wenn sie euch freundlich auf die Schulter klopfen / und sagen die Unterschiede wären nicht mehr der Rede wert / . . . Paßt auf / denn so bald es ihnen gefällt / schicken sie euch / daß ihr ihre Haufen verteidigt / in Kriege . . .«

Das wirkte nun ebenso penetrant moralisierend wie die neue Lösung, die man für den Schluß des Stückes gefunden hatte. Die Rostocker Version lehnte sich an die erste Fassung des Stückes und an eine spätere Variation der gedruckten Fassung an, in welcher die Figuren nach Marats Ermordung noch einmal hervortreten, ihre Haltung rekapitulieren. Marat und der agitatorische Priester Roux haben darin beide noch kräftige Schlußworte, in die Zukunft weisend und die Gewißheit formulierend, daß andere nach ihnen die Revolution vollenden werden, »bis einmal jeder im gleichen Maße ein Hüter / sein wird aller gemeinsamen Güter«. Die Rostocker Aufführung endete also nicht im Rasetanz und allgemeiner Kopulation der Irren, nicht in chauvinistischer Einordnung in den Marsch hinter Napoleon – sondern hier wurden die Patienten drangsaliert, zum Marschieren gezwungen (und sie taten's stumm, während nur Coulmier und die Wärter das Napoleon-Lied sangen), und schließlich verendeten sie vor einer großen, auf die Bühne geschobenen Kanone. Dann trat der Priester Roux noch einmal vor, ermunterte erst die auf dem Boden liegenden Patienten: »Lernt zu sehen, zeigt, daß ihr nicht die Geprellten seid«, und als die die sich langsam erhoben, wandte er sich rasch an die Rampe und direkt ans Hamburger Publikum mit der zweimal vorgetragenen Frage: »Wann werdet ihr sehen lernen?« und schließlich der Variation davon: »Wann werdet ihr endlich verstehen?« Ein eindeutig politischer Schluß also, bis an die Grenze unverschämter Belehrung.

Die »Auflösung« des Stückes ist freilich wirklich bisher noch nicht gelöst. Weiss selbst hat mindestens zwei Möglichkeiten vorgeschlagen, die Regisseure der Aufführungen haben neue Modifizierungen versucht. Heyme in Wiesbaden zum Beispiel ließ zum Ende hin die Patienten in überschnappendem Irrsinn nach vorn drängen und die Pfleger überwältigen – aber dann kam vom Schnürboden ein Eisengitter schnell herunter, schloß die Bühne ab. Und die Kranken warfen sich wild dagegen, hängten sich zwischen die Stäbe, wie angefesselt oder unter elektrischem Schlag verendet – in ihrer Mitte der blutende Marat. Äffische und entstellte Gesichter – waren dies noch Menschen? Was hatte man aus ihnen gemacht?

Das war sicher mehr als ein greller Theatercoup und ein überzeugenderer Schluß als der politisch doch wohl etwas simple Napoleon-Marsch der Berliner Aufführung, der dann in die gedruckte Fassung eingegangen ist. Aber beide Lösungen, auch die Heymes – von der Rostocker ganz zu schweigen –, bieten sozusagen eine »Antwort« an – sie lassen das Stück nicht offen, sie zerstören die Balance zwischen Sade und Marat und vernichten damit zugleich die Provokation der Unentschiedenheit. Brook in der Londoner Aufführung hatte die vielleicht treffendste Lösung gefunden: Das Stück Sades ist beendet, der Anstaltsdirektor Coulmier tritt auf den »Autor« zu, gratuliert ihm und unterhält sich mit ihm, läßt seiner Familie die Patientin, die die Corday spielte, vorstellen – und dann, noch aus dem Schwung und Rausch der Szenen vorher, wächst Erregung unter den Patienten, Bewegungen wüster Kopulation gehen über in grölenden Aufruhr, der nun nicht mehr zu zügeln ist. Coulmier flüchtet ins Parkett, Roux, der sich dem Irrsinn entgegenstemmt, wird niedergetrampelt, die Wärter werden überwältigt, und gerade rücken wahnsinnige Gestalten dumpf gegen die Rampe vor . . .: da erscheint aus der Seitenkulisse eine Inspizientin, bricht mit einem schrillen Pfiff aus der Trillerpfeife das Spiel ab. Und ehe das Publikum sich gefaßt hat, treten die Schauspieler aus ihren Rollen, legen Perücken und Requisiten ab und beklatschen das Publikum, klatschen es nieder. Beifall, der aufkommen will, weisen sie mit einer rohen Geste zurück, drehen sich auf dem

Absatz, gehen ab, uns im Parkett allein lassend. Und das scheint bis heute noch die beste, weil offenste Lösung des am Schluß sich in seiner eigenen Kreisbewegung verfangenden Stückes.

Diese dem Stück immanente Unentschiedenheit, die den Regisseuren so vielfältige Interpretationsmöglichkeiten gestattet wie die hier dargelegten, sie bezeugt sehr treffend die schwierige Position eines Schriftstellers, der sich heute anschickt, ein »politisches« Stück zu schreiben. Weissens Haltung ist die eines Autors, dem keine der vorherrschenden Ideologien annehmbar erscheint, dem sich das, wofür er eigentlich plädieren möchte – der Sozialismus –, entzaubert hat, und der als einzige Alternative zur gegebenen Wirklichkeit seine eigenen radikalen Zweifel zu formulieren weiß, hoffend, sie möchten wenigstens für ihn selbst fruchtbar werden. Aus der Unmöglichkeit, sich letzten Endes anders als schreibend engagieren zu können, keine Alternativen aufrichten, keine Gegen-Modelle auf der Bühne entwickeln zu können – also den »naiven« Weg Brechts nachzugehen –, daraus wahrscheinlich resultiert dann der neue Trend in der Dramatik, der Trend zum Dokument, zur szenischen Konzentration von Fakten.

In dem, was Heinar Kipphardt mit der »Sache Oppenheimer« und – für die neue Spielzeit vorgesehen – mit dem »Fall Joel Brand« auf die Bühne bringt, schließlich auch in Weissens neuem Stück »Die Ermittlung«, drückt sich im Grunde die gleiche Hilflosigkeit aus, die schon das Theater am Ende der zwanziger Jahre so sehr aufs Dokumentarische verwies. Die Ausbreitung von »Materialien«, der Versuch, die Bühne – sowohl im »Oppenheimer« wie in der »Ermittlung« – wortwörtlich wieder zum Tribunal zu verwandeln, gestattet es, politisches Theater zu entwerfen, ohne daß man in Verlegenheit kommt, die eigenen Zweifel an den Möglichkeiten einer Veränderung der Welt artikulieren zu müssen. Das Dossier, der gerichtsnotorische Einzelfall gestattet ein scheinbares, von der Wucht der Fakten befördertes Engagement; Gegen-Welt muß hier ja nicht beschworen werden, der Umgang mit einer bereits aktenkundig gewordenen Wirklichkeit ist fast gefahrlos.

(Akzente, 4/1965)

Über Heiner Müllers
Lehrstücke und Endspiele

Heiner Müllers Dramatik kreist – beginnend mit frühen Stücken über Veränderungen der Arbeitsmoral in vergesellschafteten Betrieben – um das utopische, das wünschbare, das zu erarbeitende Verhältnis von Individuum und einer Gemeinschaft, die auf Humanisierung angelegt ist. Müller zeigt: im »Lohndrücker« und im »Bau« das Verharren in den alten, individualistisch bestimmten Haltungen, die Schwerfälligkeit des Neuen, das noch wenig mehr – wenngleich immerhin so viel – anzubieten hat als den Traum, die weitgespannte, vorwärtsweisende Utopie. Er zeigt: im »Prometheus« einen einzelnen, der sein Leid hinausschreit gegen das von Göttern, tyrannischen, ihm zugefügte Unrecht, ihm, der den Sterblichen helfen wollte; er zeigt: im »Ödipus« den auf sich selbst zurückgezogenen »Märtyrer«, der vor den Konsequenzen unbewußter Schuld aus der Gemeinschaft flüchten und sich hineinretten möchte in einen tragischen Entwurf; er zeigt: im »Philoktet« das sinnlose Leiden des einzelnen, der sich – weil ihm Unrecht getan – aus der Welt aussperrt und sich bitter an deren Untergang weiden will; und der sich irrt: denn noch als Toter ist er den Listigen, den Kriegführenden nutzbar – gegen seinen Willen. Und Müller zeigt: in dem Stück »Horatier« einen Helden, der zugleich Verbrecher ist; der gefeiert wird von der Gesellschaft, weil er ihr den Krieg gewann, und doch auch bestraft wird von der Gesellschaft, weil er gegen ihre Gesetze, gegen ihr sittliches Prinzip verstoßen hat. Tötend zunächst für den Staat überkommt ihn, einen Augenblick lang, fatale Lust an der Gewalt, so daß er – nicht für die Gemeinschaft, sondern für sich selber tötend – zum Feind der Gemeinschaft wird und selber getötet werden muß.

Müllers Stücke und Bearbeitungen demonstrieren den Widerspruch zwischen Theorie und Praxis und sie schreiten Möglichkeiten aus, an diesem Widerspruch zu scheitern oder ihn aufzulösen.

Müller hat begonnen mit zwei lehrhaften Beispiel-Stücken, »Der Lohndrücker« und »Die Korrektur«, die sich der von Brecht um 1930 verwendeten und entscheidend geformten Methode bedienten und sie weiterentwickelten. Lehrstücke waren das über die Umwandlungen und Errungenschaften der DDR. Agitation, in Spiel gefaßt, für neue Arbeitsmethoden und Arbeitsmoral plädierend, für ein neues Verhältnis von Vorgesetzten und Untergebenen, für ein neues Verhältnis zur Gemeinschaft, zu den Pflichten, die sie auferlegt, Opfern, die sie dem einzelnen abverlangt. Lehrstücke vom sozialistischen Aufbau, einladend zur Einsicht in die Übermacht der neuen gesellschaftlichen Ordnung und ihrer Vorzüge. Verhalten der noch Ungeübten wird darin gezeigt, Verhalten von Beispielgebenden, von Willigen aber Unerfahrenen, von Störrischen – der Zuschauer sollte daraus, auf vergnügliche Weise, lernen.

Die beiden kleinen Stücke sind als Chronik über den Aufbau des Sozialismus angelegt. Das erste, »Der Lohndrücker«, spielt 1948/49 in einem der ersten Volkseigenen Betriebe, das zweite acht Jahre später auf einer sozialistischen Großbaustelle. Im »Lohndrücker« werden noch scharfe Gegensätze ausgetragen, da sind renitente und uneinsichtige Arbeiter, verfangen in überholtem Denken und noch nicht gewohnt, als Glieder einer neuen Gemeinschaft, in welcher allen alles gehört, zu handeln. Es ist die Zeit, als beispielhaftes Tun von einzelnen, die sich vor den Karren des Fortschritts spannten und neue Arbeitsmethoden und neue Arbeitsmoral entwickelten, vonnöten war. Acht Jahre später – in der »Korrektur« – ist das ausgestanden. Da sind die Verhältnisse konsolidiert, der Sozialismus ist verfestigt, und daß der Partei die »führende Rolle« beim Aufbau gehört, das wird von niemandem mehr in Frage gestellt. Es geht nun nicht mehr um Gegensätze in der Sache, sondern nur noch um solche der Methode; um »Leitungsfragen«.

Die Beschränkung der Stücke auf den Arbeitsalltag gestattet, die Entwicklung von einer »antifaschistisch-demokratischen« zur sozialistischen Republik zu gestalten, ohne daß gleichzeitig erklärt werden muß, wie diese Umwandlung in Wahrheit zustande gekommen ist: nämlich doch nicht ausschließlich – oder nicht einmal in erster Linie – an der Basis, im Volke, bei den »Werktätigen«. Im »Lohndrücker« zum Beispiel wird zwar ein Teil der deutschen Nachkriegswirklichkeit sehr realistisch eingefangen – Trümmerstraßen, Nahrungsmangel –, aber daß die neu sich bildende Ordnung nicht »gewachsen«, nicht wirklich revolutionär entstanden ist, sondern durch die Maßnahmen einer Besatzungsmacht und ihrer deutschen Funktionäre erzwungen wurde, das wird ausgeschaltet.

Müllers Stücke stellen eine Sache spröde zur Verhandlung. Argumente, einbeschlossen in kurze, büchnerisch knappe Szenen, fügen sich zueinander, ergänzen sich gegenseitig, türmen sich auf zu schlagkräftiger Demonstration, zur Agitation für die Sache, die der Autor vertritt. Daß es die des Sozialismus ist, versteht sich.

Zumindest »Der Lohndrücker« bedient sich dabei nicht der herkömmlichen, er entwickelt eine neue Form des Agitationsstücks. Die Figuren und die Vorgänge sind – anders als in einem brechtschen Lehrstück – ganz realistisch, gar nicht fiktiv. Anstelle von Spielfiguren, welche Thesen und Diskussionsbeiträge szenisch arrangieren, stehen hier unverwechselbare Menschenwesen, nicht austauschbar, Figuren, die kräftig in ihrer Zeit leben, aber auch »Schicksal«, Vergangenheit haben.

Balke zum Beispiel, zupackender Aktivist in einem volkseigenen Betrieb, war schuld, daß unter den Nazis ein Arbeitskollege ins Zuchthaus kam. Ein Konflikt entsteht, als er ausgerechnet dann, als er dem Kollegen seine Redlichkeit beweisen möchte, wieder jemanden »denunzieren« muß: einen Arbeiter, der die Reparatur eines Ringofens sabotiert. Es braucht Zeit, es braucht Überwindung und die Hilfe und das Verständnis der Kollegen, damit der Arbeiter Balke nun »klassenbewußt« handelt und ungeniert den, der beim Aufbau einer neuen Ordnung Sabotage treibt, beim Parteisekretär anzeigt. Relikte der Vergangenheit, will Müller hier zeigen, erschweren das neue Verhältnis zur Arbeit und zur Gemeinschaft. Daß die Produktionsmittel vergesellschaftet sind und darum nun jeder sein Verhältnis zu ihnen ändern muß – das ist nicht leicht zu lernen. Das Stück demonstriert einen solchen Fall des Lernens. Es zeigt vor, wie dem einen Neuerer – der selber auch noch »sucht«, noch lernt und zögernd begreift –, wie diesem langsam andere folgen, wie sein Beispiel wirksam wird. Denn die zu Beginn sich weigerten, Balkes mutiges Beispiel anzunehmen, weil durch seine Arbeitsmethoden die Löhne gedrückt wurden, sie werden im Lauf des Stückes vor Entscheidungen gestellt, sie müssen ihre Einstellung finden zu den veränderten Bedingungen, indem sie lernen aus den eigenen und den Fehlern anderer. Auch Balke, obwohl er bereits ein neues Bewußtsein hat – auch er macht doch Fehler, wendet die richtigen Erkenntnisse falsch auf die Wirklichkeit an. Mit dem, der ihn gestern noch zusammengeschlagen hat, mit dem Arbeiter Karras, will er – selbst als Zusammenarbeit unbedingt erforderlich ist – nichts mehr zu tun haben. Schorn, der Parteisekretär, jener, den er damals denunziert hat, überwindet durch das eigne Beispiel – »Wer hat mich gefragt, ob ich mit dir arbeiten kann?« – die privaten Widerstände und unterstreicht damit nun die führende Rolle der Partei. Das Stück endet daraufhin mit einer ganz kurzen spröden Szene:

> *(Fabriktor: Morgen. Karras kommt, hinter ihm Balke)*
> BALKE: *Ich brauch dich, Karras. Ich frag dich nicht aus Freundschaft. Du mußt mir helfen.*
> KARRAS *(bleibt stehn)*: *Ich dachte, du willst den Sozialismus allein machen. Wann fangen wir an?*
> BALKE: *Am besten gleich. Wir haben nicht viel Zeit. (Sie gehn durch das Fabriktor.)*

In der »Korrektur« tritt an die Stelle einer Spirale aus knappen, auf den Kern einer Situation, einer Entscheidung verkürzten Szenen wieder mehr das Element des Lehrhaften. Kommentar und direkte Anrede sowie Selbstinterpretation der Figuren, in denen eine Lehre zusammengefaßt ist, werden eingeschaltet in einen linearen Ablauf: in gegeneinandergesetzten Thesen wird gezeigt, wie der Brigadier Bremer, eingesetzt an verantwortlicher Stelle auf einem Großbauplatz, die richtige Einstellung findet zur Arbeit und vor allem zu den ihm Untergebenen. Er ist – wie

Balke – einer, der auch mit dem Kopf durch die Wand gehen, den Sozialismus allein aufbauen möchte; er muß lernen – und wie er's lernt wird demonstriert –, daß da andere sind neben ihm, deren Fähigkeiten es zu aktivieren gilt, die man überzeugen muß.

Die Qualitäten des Stücks erweisen sich in der Kraft der Verkürzung. Jede Szene ist gleichsam aus dem Stand entwickelt, sprunghaft folgt die nächste, eingeschoben sind Szenen unmittelbarer Agitation, in denen einzelne Figuren sich erläutern und knapp einen Standpunkt darlegen. Sie »erzählen« einen Vorgang, ruhig und sachlich, auf sein Wesentliches verkürzt. Kommentar wird nicht beigegeben, die Folgerungen aus solchen gelassenen Berichten sollen im Zuschauer evoziert werden. Agitation also nicht durch ein Bombardement aufklärerischer und polemischer Argumentation, sondern Agitation durch Gelassenheit, ruhige Überredung.

»Der Bau«

Im »Bau« schreibt Müller Szenen auf einer Großbaustelle, dem gigantischen Projekt eines Kraftwerks. Die riesenhafte Baustelle, die alle, die daran arbeiten, an sich kettet, die ihre Reflexionen und ihr Tun bestimmt, auch ihre Gefühle – dieser »Bau« überherrscht monströs die Szene: Sinnbild jenes monströsen gesellschaftlichen Bauwerks, das sich DDR nennt? Die Menschen auf diesem Bau, Menschen aus der DDR: Arbeiter, Ingenieure, Bauleiter und Parteisekretäre, entwickeln die unterschiedlichen Formen der Zustimmung und der Aktivität in diesem Staat, der Einfügung oder Anpassung, gleichgültiger oder zynischer Distanz. Das gesellschaftliche Verhalten einzelner wird demonstriert – in loser Fügung der Szenen, ohne eine strikt durchgehaltene Fabel, und zumeist unter der sich wiederholenden lakonischen Szenenangabe »Baustelle« –, es wird ablesbar gemacht in diesem Modell des Baus. Sie alle arbeiten nicht mehr nur *auf* ihm, sondern *für* ihn; er ist die zuhandene Welt, die greifbare und die bestimmende Realität. Ein gesellschaftlicher Mikrokosmos, der alle in sich einbeschließt. Um ihn zu komplettieren, bringt Müller denn auch zwei Personen ins Spiel, die man gemeinhin zwischen Baugruben, Betonfundamenten und Schreitbaggern nicht vermuten würde: einen Maler, der den Horizont abklatscht und den Himmel schminkt – »Malerei für Blinde« –, und einen Dichter. Der stolpert am Ende buchstäblich ins Stück hinein, »grast die Baustelle ab nach Konflikten«. Er findet keine. Man kann nichts tun für ihn, der herumläuft mit einem »Nichts-Neues-unter-der-Sonne-Gesicht«, denn: »Die Sonne selber ist in jedem Augenblick neu, ein Gebilde, das aus seiner eignen Explosion besteht . . . Das Blut ist getrocknet, die Tragödie ist gelaufen, unsern Schatten rennen wir uns an den Sohlen ab, lange genug haben wir euch« – sagt der Parteisekretär Donat – »mit Katastrophen beliefert. Aus Raum und Zeit wird unser Brot gebacken, Orpheus.« Müller hat also auch ein Stückchen »Künstler-Drama« eingelassen in den »Bau«, Anmerkungen über eine Wirklichkeit in der DDR, die sich dem Schriftsteller nicht mehr eindeutig zu erkennen gibt, sondern molluskenhaft erscheint.

Der Bau – die DDR – ist ein Gebilde, das aus nichts als seinen eigenen Veränderungen besteht und zwischen Alt und Neu unsicher schwebt. Die Veränderung verselbständigt sich, der Globus dreht sich, »du mußt sein Tempo halten, wenn du stehnbleibst, rollt er dich ins Leere . . . Warum lebst du . . . Ein Schritt ins Leere, von mir selber frei bin ich, warum halt ich mich fest mit allen vieren an der letzten Sprosse, letzter Ausleger der Erde, einmal schlingt sie uns doch, sie scheißt auf vorn und hinten, morgen ist ihr gestern heute schon . . .« Die Utopie wäre immer schon vorbei? Dem Brigadier Barka erscheint es so, aber nur, wenn er säuft, drei Tage lang. Ein Neuerer, der seinem eignen Beispiel nicht gewachsen ist, ein erfindungsreicher Wühler, der selbst Befehle der Bauleitung ignoriert und zum wilden Streik aufstachelt – der »Beton« hält ihn fest im Genick. Aber sie brauchen ihn, und der Sekretär Donat, neu auf dem Bau, ist von seinem eigensinnigen Geist; nämlich auch einer, der nicht warten will und kann, während die Revolution auf Knien marschiert, der hineintaucht in die »schmutzige Praxis«, vertrauend, daß die Veränderungen von der Basis ausgehen und er allemal noch imstand sein wird, seine »Fehler« rechtzeitig in Beschlüsse zu verwandeln. Die Parteistrafe nimmt er fast gelassen hin. Er weiß, er wird sich halten neben Belfert, dem opportunistischen Karrieristen, den man »nicht allein regieren lassen« kann. Die Praxis, das weiß er, frißt die Utopien, aber: »Nehmen Sie die Erde, Dunst und flüssiges Wasser am Anfang. Verbrennt sie uns die Sohlen? Kalt und fest rotiert sie unter den Schuhn. Sie ist beinahe schon bewohnbar.« Sie bewohnbar zu machen, an ihr zu »bauen« und sich auf ihr festzuhalten: das ist sein unpathetischer, nüchterner Pragmatismus, der sich hinter endlos langen, scheinbar zynischen Reflexionen – Selbstgesprächen auch wenn er mit anderen redet – tarnt. Er zitiert Majakowski: «Für euch / hab ich den Schwindsuchtspeichel aufgeleckt / Mit der gerauhten Zunge der Plakate.« Die Steine, die er aufgerichtet hat in den Jahren, nimmt er nicht zurück; »die Steine lügen nicht«. So kann im Stück auch die Gebärde des Agitatorischen abgelegt werden, der Lehr-Charakter – denn zu lernen ist nicht mehr das Problem.

Schrecklich-gelassene Nüchternheit bestimmt am Ende die Haltung der Figuren. Sie schleppen alle ihren »eigenen Leichnam durch die Zeit, der Rest ist Arbeit«. Sie wissen, sie leben in einer Zeit des Übergangs. Barka, der Brigadier, fühlt sich als »Fähre zwischen Eiszeit und Kommune«, und er sieht »die Städte, die wir morgen bauen«. Verbrämender Optimismus? Die Utopie, besser: die utopische Forderung, wird mit poetischen Mitteln wirksam gemacht, wird anschauliches, dringliches Beispiel.

Ödipus, Prometheus, Philoktet – und Beckett

In seinen Bearbeitungen antiker Stoffe während der sechziger Jahre zieht sich Müller aus der konkreten gesellschaftlichen Gegenwart seines Landes zurück und exemplifiziert den großen Widerspruch zwischen dem in Einsamkeit verbohrten einzelnen und einer auf »Einverständnis« drängenden Gemeinschaft an drei – von Müller verschärft gesehenen – Figuren des Sophokles und des Äschylos: Ödipus, Prometheus, Philoktet.

Ödipus, ein Außenseiter. Müller nennt ihn in verdeutlichender Übersetzung, welche die sinnbildliche Kraft des Namens hervorhebt, »Schwellfuß«. Ödipus spricht auch von sich selbst, nicht ohne Arroganz, als Schwellfuß, die Verkrüppelung wie eine Auszeichnung vor der Gesellschaft mit sich tragend. Müller zeigt ihn als einen, der aus der Distanz zur Gemeinschaft Macht gewinnt, weil er den Widerspruch zwischen seinem intellektuelleren und dem naiven Denken seiner Umgebung in eine Art von »Personenkult« überführt. Er scheitert, als er – wenngleich aufgeklärter als seine Umgebung – ein falsches gesellschaftliches Bewußtsein kultiviert und dadurch plötzlich nutzlos wird. Er hat sich in die Selbstverwirklichung, in eine absolute, erhoben –: nun bringt ihn eben die äußerste Bewußtheit, der er seine Macht verdankt, zu Fall. Noch in der Pose des auf sich selbst zurückgezogenen leidenden Märtyrers versucht er, doppelt blind, Befriedigung zu finden: Arroganz eines, der sich seine Sinne – die Augen, den Blick auf andere – abgetötet hat und die Gemeinschaft trotzig-individualistisch verlassen will; denn: »Süß ist wohnen / Wo der Gedanke wohnt, entfernt von allen.« Aber die Gemeinschaft verweigert ihm, darin seine letzte Erfüllung zu finden: der Chor läßt ihn kalt, mitleidlos, als Stilisierung seiner selbst, als nutzloses Standbild stehen und kommentiert den Fall in nicht mehr als zwei lakonischen Versen:

Ihr im Lande Thebe Bürger, sehet diesen Ödipus,
Der berühmte Rätsel löste, der vor allen mächtig war.

Kein Mitleid also für den »süßen« Rückzug, für jenes Einsinken in Leid und Leere, für die beinah lustvolle Verwirklichung im Verfall, in der mählichen Auflösung und Verkrüppelung. Müller spitzt die alte Fabel des Sophokles zu und treibt den Ödipus in eine Beckett-Welt – um ihn dann schnöde stehn zu lassen, sein Verhältnis zur Welt kritisierend. Nähe zu Beckett – und Gegenentwurf:

Der blinde Herrscher Hamm aus dem »Endspiel«, im Rollstuhl dahinwesend, mit einem übers Gesicht gebreiteten großen, blutbefleckten Taschentuch, blind hinter seiner schwarzen Brille: wäre er nicht denkbar als der altgewordene, ins süße Wohnen eingesessene Ödipus, den Heiner Müllers Chor hat auf der Bühne stehen lassen? Ein Schuldiger, der sich von der Verantwortung dadurch dispensiert hat, daß er sich in die Leere einwühlt und Vergangenheit – das heißt: historische Verantwortung – leugnet?

Heiner Müller liefert Beckett Stück für Stück den Kommentar – über den Ödipus, den Philoktet und den Prometheus, lauter Ausgesetzte und sich Aussetzende. Er zeigt die gleichen Verzweiflungen wie Beckett, aber er weigert sich, sie im Spiel zu neuen, modernen Mythen umzuschaffen; im Gegenteil: den alten Mythen trotzt er Vernunft entgegen, den Verzweiflungen die Verweigerung. Er zeigt uns einzelne, die (dem Hamm, dem Clov, dem Wladimir und dem Estragon Becketts gleich) im Elend und in der Verzweiflung hausen, die sich im Nichts einrichten und gleichsam mit den Geiern über ihren Köpfen leben – wie der auf einer Insel ausgesetzte Philoktet. Aber er fordert uns auf – und mit uns sich selbst, den der Augen hat, ins Nichts zu schauen – *nicht* mit den Figuren Becketts zu hausen, sondern an der Aufhebung des Leidens, das heißt seiner Ursachen, zu arbeiten; der Insel des Philoktet, dem Felsen des Prometheus, dem toten grauen Bunker des Hamm, der kahlen Landstraße derer, die auf Godot warten, entgegenzusetzen: jenes Einverständnis, welches vom einzelnen gefordert wird, wenn er zurücktreten muß vor den historischen, zukunftweisenden Kräften. Im »Ödipus« ist das in der Auseinandersetzung zwischen Kreon und dem blinden König auf die knappste denkbare Formel gebracht; Ödipus verabschiedet sich von den Kindern, die man ihm wegnimmt; Kreon verweigert ihm Leid und Herrschaft:

ÖDIPUS:
Euch, Kinder, wenn ihr schon die Sinne hättet,
Möcht ich noch vieles raten. Daß ihr leichter
Mögt leben, als der euch gezeugt, der Vater.

KREON:
Genug, wohin gerätst du weinend?
Gehe nun hinein ins Haus.

ÖDIPUS:
Folgen muß man, freut es auch nicht.

KREON:
Alles ist zur rechten Zeit schön.

Bei Beckett die Wendung der Endsituation ins Spiel, ins Spiel mit dem Ende – bei Müller der verzweifelte Versuch, die Endsituation in dialektischen Zusammenhang mit einer Gesellschaft, die zu ihr hinführte, zu zwingen – wenngleich die Einblicke in einen Finalzustand der Welt bei Müller eher pessimistischer sind als in den von Clownselementen immer wieder in komische Befreiung überführten Spielen Becketts. Dieser gibt seinen Figuren, die er selber einmal »Schmerzleider« genannt hat, die Möglichkeit der lachenden Erhebung mit auf den Weg, und solches über die Ausweglosigkeiten Hinweg-Lachen stellt er sich auch für die Rezeption seiner Stücke vor. So jedenfalls in einer Anmerkung an die Schauspieler während einer der Proben zu »Endspiel«, wo er selber Regie führte:

Wir sollten soviel Lacher wie möglich aus diesem furchtbaren Zeug herauslocken.

Das »furchtbare Zeug«, über das wir lachen sollen, ist Hamms trostlose, in nichts als Wüste und Versteinerung sich öffnende Lebens-Landschaft, Ort nur mehr rituellen, an wenige Verrichtungen fixierten Weiterlebens. Die Schmerzleider Becketts sind Clowns, die uns das Ende vorspielen und im Spiel ihren Schmerz – und stellvertretend den unseren – sublimieren; sie philosophieren sich lachend aus dem Elend der Welt heraus. Ist das ein Schwindel? Müllers Schmerzleider, denen kein Lachen mehr zugebilligt ist, werden jeweils zu Warn-Figuren hochgerissen, Müller verweigert ihnen jenes mal zarte, mal höhnische Glück im Unglück, das Becketts Spielfiguren ihr Ende besingen läßt – wie in »Glückliche Tage« – oder sentimental memorieren läßt – wie in »Das letzte Band«. In einem sogenannten »Kommentar« zum Ödipus, einer interpretierenden Fabelerzählung in Versen, heißt es:

Länger als Glück ist Zeit, und länger als Unglück.

Ein Satz, in dem die ganze Dialektik von Müllers Welteinsicht aufbewahrt ist, denn »Zeit« ist für ihn, anders als für Beckett, historisch bestimmte und bestimmbare Zeit. Die Veränderungen, die den »Schmerzleider« in seine ausweglos scheinende Situation bringen, werden von neuen Veränderungen, kommender Zeit, abgelöst, und in ihnen wird der Schmerz aufgelöst werden. Die

Welt ist nicht »heillos«, darum muß mit ihrem Ende auch nicht gespielt werden. Das zu tun, wäre, wenn nicht Indiz von Verinnerlichung, dann ein Beleg für poetisierten Zynismus. Die scheiternden, die ausgesetzten, die qualvoll aufschreienden und klagenden großen einzelnen, Philoktet, Prometheus, Ödipus, sind nicht dazu da, um durch ihren tragischen Gestus alles Leid der Welt stellvertretend auf sich zu nehmen und vom Gedanken an Veränderbarkeit dadurch abzulenken. Im Gegenteil: Müller versteht ihr Schicksal als Warnung für den Zuschauer, er versucht es als ein eigentlich unnötiges Schicksal zu zeigen; als ein vermeidbares in einer wie weit auch immer noch entfernten veränderten Welt.

Heiner Müller versucht sich am Schopf der Dialektik aus dem Leidens-Sumpf, den er schaut und schildert und düster imaginiert, herauszuziehen. Er will, Marxist, die Welt nicht so, wie sie die Götter der Griechen hinterlassen und wie die Menschen, in Klassen gezwungen, sie zugerichtet haben. Auch er zitiert, wie Beckett, in diese Welt den Clown hinein, freilich nicht um das elende Warten zu zeremonialisieren, in Slapstick- oder Music-Hall-Formen zu strukturieren – wie Beckett im »Godot« –, sondern um es zu kritisieren.

Becketts Gogo und Didi, die beiden Landstreicher, die auf den Herrn Godot warten, vertreiben sich die Zeit mit banalen Verrichtungen und clownischen Späßen, mit Geschichtenerzählen und pseudophilosophischen Tiraden und dem Lied vom Hund, der in die Küche kam. Sie treiben Scherz mit den Stunden und Tagen, vor denen es – wie Beckett einmal sagt – »kein Entrinnen« gibt. *Ihr* »Zirkus« *ist* die Welt, ist eins mit einem Bild von der Welt, das sich hermetisch abschließt gegen denkbare andere: nichts anderes ist mehr vorstellbar als der Zustand *nach* der Katastrophe. Die in Theater aufgegangene Sinnlosigkeit; Clowns, die den Zirkus feiern.

Bei Heiner Müller tun sie das Gegenteil: sie zeigen den Zirkus nicht als auferlegten Lebens-Raum, sondern als Modell einer historischen Situation. Sie sind »tragische Clowns« nicht in dem Sinne, daß sie menschliche Existenz als tragisch-komisch bestimmt ausweisen, sondern indem sie das tragische Selbstver-

ständnis als Bestandteil des gesellschaftlichen Überbaus vorzeigen. Zu seinem Stück »Philoktet« schrieb Heiner Müller in einem Brief an den Regisseur der Uraufführung Hans Lietzau:
Der Ablauf ist zwangsläufig nur, wenn das System nicht in Frage gestellt wird. Komik in der Darstellung provoziert die Diskussion seiner Voraussetzungen. Nur der Clown stellt den Zirkus in Frage. Philoktet, Odysseus, Neoptolemos: drei Clowns und Gladiatoren ihrer Weltanschauung.

Philoktet, ausgesetzt auf der Insel Lemnos mit verfaulendem wunden Bein und nichts bei sich als dem Bogen, der Waffe, mit der er die Geier über seinem Kopf zu eigener Nahrung herunterschießen kann: ist er, der zur Rückkehr vor die Mauern Trojas überredet werden soll, um die Schlacht dort zu entscheiden, eine tragische Gestalt – nur deshalb, weil seine Weigerung, übergroßem Haß entspringend, ihn vernichtet? Müller hat der alten Fabel des Sophokles eine Wendung gegeben, die eine Deus-ex-machina-Lösung ausschließt, die das harmonisierende Eingreifen der Götter beiseite läßt – eine Lösung, die aber zugleich noch über die dadurch eintretende, notwendig eintretende, Katastrophe kühn satirisch – oder eher zynisch – hinausschießt: er läßt noch den toten Philoktet, den in den Rücken geschossenen, nützlich werden, brauchbar für den Krieg vor Troja.

Das zeigt: Philoktet verbohrte sich ganz umsonst in die Haltung eines Mannes hinein, der an innerer Notwendigkeit auch zu zerbrechen, zu scheitern, zu sterben bereit ist; denn sein Tod gibt ihm nicht einmal nachträglich recht: da er tot noch um so besser dem dient, dem er sich verweigern wollte, hätte er gleich auch ein Einverständnis suchen können. Sein Tod ist nicht tragisch, sondern unnütz; wenn nicht gar schädlich. Aber Vereinzelung machte ihn blind, sein Haß auf die Welt und sein Mißtrauen, wie sehr auch immer berechtigt, machten ihn unfähig, mit den Lügen der andern, mit der verhaßten Welt fertig zu werden. Der selber nicht listig mehr sein konnte, wurde noch im Tode überlistet. Gladiator – aber eben auch Clown seiner Weltanschauung.

Heiner Müller führt den Philoktet, der bedrängt wird vom listenreichen, lügnerischen Odysseus und dem jungen, anfangs noch reinen, dann sich korrumpierenden Neoptolemos, auf die Höhe eines Menschenhasses, der über einen historischen Vorgang einerseits und dessen Ursachen andrerseits nicht mehr zu reflektieren fähig ist und lieber allgemeinen Untergang und Vernichtung aller herbeisehnt als Veränderung, Aufhebung der falschen Zustände. Philoktet lernt aus der Geschichte nichts als den Haß auf Menschen; kein Wunder drum, daß sie über ihn kurzentschlossen und listig hinweggeht – so wie sie über Hamm und Wladimir und Estragon und Krapp, die ihre End-Spiele spielen, hinweggeht; ein Faktum, das nur deshalb keine Rolle spielt, weil Becketts Welt geschichtslos ist und nicht vor Troja spielt, sondern nach dem Ende aller Geschichte, und weil sie Zeit überhaupt nur als die Stunden vor dem Vergehen, vor der Auflösung, vorm Verstummen, vorm Tod begreifen mag. Philoktet könnte deshalb – aber auch nur deshalb – direkt dem »Endspiel« entstiegen sein, an jener Stelle nämlich, als er den Odysseus höhnt und die Leichenberge herbeiwünscht, die sich auftürmen, wenn er, Philoktet, nur »Zeit« verstreichen läßt, nicht in den Krieg eingreifend, dessen Ende nicht herbeizwingend. Er hat plötzlich – und das ist der Augenblick seines Triumphes im Stück – eben jenes Bewußtsein von Zeit, das sich in Becketts Satz: »Es gibt kein Entrinnen vor den Stunden und Tagen« ausdrückt. Was sich dort noch als die romantische Seite einer Vergänglichkeits-Ideologie herzeigt, schlägt in des Philoktet Worten nun ins zynische Gegenteil um:

> So will ich säumen, bis der letzte Grieche
> Auf Leichenbergen, griechischen, gehäuft
> Auf was eine Stadt war, Troja mit Namen oder
> Genannt mit anderm Namen, griechischem
> Dem Sitz des Donners näher als dem Boden
> Sein Schwert zerbrochen und sein Schild zerhaun
> Sein Helm verbeult von Umgang der Gestirne
> Geschlachtet wird den letzten Troer schlachtend
> Vom letzten Troer auf troischem Leichenberg
> Und nur die Toten noch unter der Schlacht
> Sich schlagen, faulend, um den Platz zum Faulen.
> Der Augenblick ist billig, Preis ein Grieche.
> Was ist ein Grieche? Teurer Augenblick

Behalt den Bogen, beßre Waffe ist
Die Zeit mir. Keine Hand beweg ich und
Ein Grieche stirbt. Und wieder stirbt ein Grieche
Und keine Hand. Zeit, Mörderin, alternslose
Zehn Jahre lang deinen Gang verflucht ich, der
Mir keinen Schritt auslieβ und beugte tiefer
Mit jedem Schritt mich auf den Stein, und nicht
Genug zu preisen jetzt dein Ablauf, der
Kein Loch hat für Lebendiges durchzugehn
Das Fleisch herauszuhalten keine Grenze.
Dein Gang ist mein Gang, dein Schritt ist mein Schritt.

Philoktet ist nicht mehr zu »retten«, nur als Toter wird er –
scheußlicher Zynismus der anderen – noch einmal mit der Gesellschaft kommunizieren. Hockend auf seiner Insel hört er in sich
hinein, ruft Vergangenes in sich hoch, ist beschäftigt mit seinem
sich zersetzenden Körper, konfrontiert dem Tod. Wenn er, wie
Becketts einsamer bananenmümmelnder alter Mann Krapp ein
Tonband bei sich hätte –: er würde sich die Spulen auflegen und
die Tage zurückbeschwören, wo Glück, Hoffnung, Zärtlichkeit
noch möglich oder wenigstens träumbar waren.

Krapp – Philoktet: zwei Männer, die in die Vergangenheit
starren, der eine erinnert sich an ein Boot, ein Mädchen darin,
Schilf, Augenblicke der Sanftheit; der andre erinnert sich an das
Grün bewohnter Inseln, an Augenblicke des Kampfes, des Sprechens, der Lust. Erinnerungs-Glück, mehr war nicht; Vergänglichkeit: Bananen in den Taschen eines verkommenen Anzugs
und Spulen in den Schubladen eines alten tristen Tisches; Fische
und Geier und ein Bogen, noch Pfeile im Köcher, faulender Fuß
auf trockenem Stein –: mehr ist nicht geblieben, und daran
krallen beide, Philoktet und Krapp, sich fest. Krapp lauscht,
bewegungslos vor sich hin starrend, auf sein Tonband mit den
reproduzierten Erinnerungen – Philoktet sieht dem Inselbesu-
cher Neoptolemos in die Augen, dem ersten Menschen seit Jahren, und erinnert sich in ihnen der Vergangenheit.

Krapps Tonband-Reflexion und des Philoktet Erinnerung
beim ersten Blick ins Auge eines seine Insel-Einsamkeit aufstören-

den Menschen: beide fixieren den Augenblick, wo einer sich seiner fragwürdig gewordenen Identität gegenübersteht. Beide, Becketts und Heiner Müllers Figur, suchen sich eines bereits aufgezehrten, verlorengegangenen Ichs zu erinnern, den Moment noch einmal nachzuschmecken und nachzulauschen, wo die Zeit, verrinnende, gewalttätig herrschende Zeit, übermächtig wurde über die letzten Möglichkeiten individuellen Glücks. Glück scheint in beiden Fällen nur als Möglichkeitsform, aber als längst vergebene, denkbar; beide Figuren haben sich selbst verloren, Krapp hält sein Ohr an die von ihm gelebte Zeit, die ihm fremd geworden ist; Philoktet zweifelt, ob, was er in den Augen seines Gegenüber sieht, noch übereinstimmt mit dem, was er von sich selber erinnert.

Und Krapp verstummt endgültig über dem nicht mehr Einholbaren, vor dem nicht gelebten Leben, er taucht ins Dunkel, versinkt in der Stille, in der nur das leere Tonband weiterläuft. Und Philoktet wendet das Erschrecken vor sich selbst um in ein Erschrecken vor den Menschen, er sucht – verzweifelt, vergebens – Identität, indem er sich zu einer kaum mehr menschenähnlichen Haßmaschine umstülpt. Zwei Clowns: der eine versöhnt mit dem gelebten Elend, aus dem sich mühsam die Spuren von ein wenig Eros herauskratzen lassen, fast lächerliche Spuren, die kaum die ganze Mühe eines Lebens lohnten; und der andre bohrt sich, fast ebenso lächerlich, in ein Mißtrauen zur Welt, das ihn schließlich mit den Ursachen der Misere versöhnt.

Der Unterschied ist: Müller zeigt ein Modell, aus dem zu lernen ist: zu lernen über eine denkbare, uns zur Aufgabe gegebene Gegen-Welt. Beckett zeigt ein Modell, aus dem – pointiert gesagt – fürs Leben nichts, fürs Sterben viel zu lernen ist. Seine Welt ist so final, daß kein Gegen-Entwurf zu ihr mehr denkbar ist, sie schüchtert uns ein, sie fordert ein Maß an Einverständnis mit den Riten des Alterns, Vergehens, Verstummens, der biologischen Auflösung, welches die Glücksmöglichkeiten schon zu der Zeit verdrängt, wo sie – wenn das Leiden auf seine Ursachen stieße – noch zu realisieren wären. Wladimir und Estragon – in »Godot« – haben Momente der Solidarität miteinander, sie halten sich immer wieder, zärtlich, glücksuchend, einsamkeitfliehend, aneinander fest –: aber dem »Tyrannen« Pozzo, einem Monster an Herrschlust und verkörpertem Unterdrückungsmodell, sind sie völlig hilflos gegenüber. Ihre Solidarität findet nicht zur Reflexion über die mögliche Praxis, darum spielen sie »Leben«; denn sie haben keinen Begriff vom Leben.

Beckett freilich hat einen: nämlich den, daß wir armselig und ohne Begriff von der Welt herumwesen und langsam einsinken, verwesen. Er spielt mit der Existenz derer, die – ihrer täglichen Existenz entfremdet – nicht imstande sind, an ihr zu rütteln. Dies Spiel freilich fordert nicht auf, Entfremdung aufzuheben, sondern gibt Anleitungen, sich in ihr einzurichten. Anleitungen zum Einverständnis mit der herrschenden Entfremdung.

Müller, dessen Pessimismus und Mißtrauen in die Welt sicher eher tiefer sind als die Becketts, zieht gleichwohl ganz andre Konsequenzen. Er sucht ein anderes Einverständnis, mindestens so schwer erreichbar, aber ihm zukunftweisender scheinend: Einverständnis mit der historischen Zeit, mit dem Gang der Geschichte, mit den Kräften, die das Geschäft der Zukunft besorgen. Wie schwer dieser Weg ist, wie steinig, verschlungen und oft in die Irre führend und vielmals auch auf den, der ihn geht, zurückweisend – das hat Müller in dem Stück »Der Bau« an einem realistischen, gegenwärtigen Exempel aus dem Alltag der DDR gezeigt. Die Zeit, die nicht eine des Einsinkens ist, sondern »neue« Zeit, Weg in die konkret gemachte Utopie, führt über Fehler, die die einzelnen, noch ungeübt und ohne neues Bewußtsein, machen. Und sie schafft neue »Schmerzleider«, Menschen, die nicht verstehen können, was mit Menschen noch alles geschehen muß, bis – eines Tages, hoffentlich – Menschen mit Menschen menschlich zusammensein können.

In Müllers letztem fürs Theater geschriebenen Text »Mauser« beschreibt er aufs neue einen solchen »Schmerzleider« der Revolution, der als notwendig erkannten rohen Veränderungen, die zunächst getan werden müssen, um den Schmerz und die Leiden in der Welt geringer zu machen.

Der Revolutionär, der zum Feind der Revolution wird; der Kriegs-Held, der Volks-Held, der zum Feind des Volkes wird: darum kreisen Müllers in den letzten Jahren geschriebene Lehrstücke »Horatier« und »Mauser«, Spiele, in denen Beispiele aufgestellt werden über die grausamen Widersprüche, in denen ein einzelner, für die Gesellschaft arbeitend, aber sich selber nicht aufgebend, umkommt. In dem Stück »Horatier« wird eine »Maßnahme« durchgespielt – die gleichzeitige Ehrung und Bestrafung des Mannes, der in einer Person Held und Mörder ist. Der Horatier, dessen Schwert den Feind besiegt hat, aber auch: einen Menschen ohne Notwendigkeit getötet – er wird gefeiert und verurteilt, sein Haupt wird bekränzt und abgeschlagen. Verdienst und Schuld wohnen in einem Manne beieinander. Die Wahrheit, die Realität – sie sind unrein. Und die Wahrheit gebietet, beides zu gleicher Zeit zu sehen und zu nennen: Verdienst und Schuld; nicht eines zu verschweigen, oder zu verschiedener Zeit das eine und das andere zu nennen. Müller zeigt: als ein einzelner, als einer, der sich selbst noch immer als »Eigentum« begreift, in einem Gesellschaftsverband zu existieren, welcher begonnen hat, sich human zu organisieren –: das ist mit Leiden verbunden und – notwendig – mit gesellschaftlichen Sanktionen.

Der Horatier wird von dieser Dialektik zerrissen: im Triumphgefühl, für die Gesellschaft das Richtige und Nötige getan zu haben, rennt er über das Ziel hinaus, nicht merkend, daß er nun nur noch sich selber verwirklicht. Er hat begonnen zu töten – und tötet nun weiter. Er glaubt seine Bereitschaft, für die Gesellschaft zu töten, endgültig beweisen zu müssen – und tut gerade damit das Falsche. Seine Aufgabe hat er gelöst – aber er kann nicht aufhören, er gewinnt Lust an dem, was lediglich eine Notwendigkeit war, eine kalt und sachlich auszuführende.

Der Horatier, Einzelkämpfer zunächst für die Gesellschaft, ist zu ihrem Feind geworden, als er ohne ihr Einverständnis weiterkämpfte. Sie nennt das: zu seinem eigenen Feind. Das Einverständnis ist – grausame Dialektik – nur im Tod wiederherzustellen, nur durch Zustimmung zur eigenen Liquidation. Sich feiern lassen, den Kranz entgegennehmen für das Verdienst – aber zugleich auch sich selbst ganz aufgeben, sich töten lassen für die Schuld, die nicht wiedergutzumachende, und damit den anderen, den vielen, der Gemeinschaft, den nicht mehr einzelnen, ein Beispiel geben. Ende eines Schmerzleiders, Ende, dem dieser selber zustimmt. Einverständnis mit einer neuen Zeit. Ist es nicht auf eine andere Art so clownisch wie das lächerliche Ende eines Krapp, eines Beckett-Individuums, das auch im herrschenden Unglück noch Glück sich zusammenkratzt und auf Spulen verewigt? Sich einsinken lassen in die Zeit, in die Vergänglichkeit – oder sich aufgeben für die Wahrheiten und Notwendigkeiten der Gesellschaft, der Geschichte: Müllers Spiele vom Ende des einzelnen sind so tragigrotesk wie Becketts Endspiele, über die sich im Sand, im Müll, in Erinnerungen festkrallenden Individuen.

Aber der Weg, den sie ausschreiten, erscheint als der einzig mögliche dem Autor, der die Welt als veränderbar begreift und der ins Nichts zu starren sinnlos findet. Trotzig stellt der dem Nichts entgegen: ein anderes Nichts. Dem existentiell empfundenen ein mit Rationalität verkleidetes. Dem Ende Hamms und Krapps das Ende des erst bekränzten, dann hingerichteten Horatiers.

(NDR 1971, redigiert in Programmhefte der
Staatlichen Schauspielbühnen Berlins, 1974)

Ewiger deutscher Bürgerkrieg
Heiner Müllers Texte 1-6

»Der Terror, von dem ich schreibe, kommt aus Deutschland.« Das steht als Motto im fünften Band der Werkausgabe von Heiner Müller. Lapidarer läßt sich der Anspruch, die wichtigsten Traditionen deutscher »Nationalliteratur« fortzusetzen, nicht anmelden.

Müller bekennt sich als ein Schreckens-Beschreiber. Als Chronist aus einem Schlacht-Totenhaus, als Reporter der deutschen Bruderkämpfe, der gegenseitigen und der Selbstzerfleischungen.

Seine Szenen aus Deutschland – die Stücke »Die Schlacht« und »Germania Tod in Berlin« sowie eine Reihe von Prosatexten – sind polemische Selbsterforschungen, die voller Wut herauszukriegen versuchen: wer wir sind; woher wir kommen; in was wir verstrickt sind; was wir versäumt haben oder schon wieder zu verspielen uns aufmachen.

Müller höhnt darin alle Tugenden, die von den Nationalideologen als der deutschen schönste und ureigenste gefeiert worden sind: Treue, Gehorsam, Pflichterfüllung, Mannesmut und Ritterlichkeit. Er entblößt denen, die so gern als Nibelungen sich spiegeln, die wahre Fratze: Es ist das Gesicht von Bluthunden. Den Hitler vermag er nur als ein Operetten-Phänomen zu begreifen, als den Schmierendarsteller eines größenwahnsinnigen Bewußtseins. Dem Terror, den dieser Mensch verbreitet hat, ist nur mehr in der Posse beizukommen, als grotesker Reigen scheusäliger Veitstänze.

Müller scheut da – in einer Hitler-Szene des Stückes »Germania Tod in Berlin« – vor keiner sogenannten Geschmacklosigkeit zurück. Was zu »bewältigen« ist, war ja auch alles andere als geschmackvoll. Es war unfaßbar, es ist – meint Müller – mit rationalen Mitteln gar nicht zu reflektieren. So scherzt er den Terror, der aus vielen deutschen Seelen vorgekrochen kam, mit makabren Witzen weg und benutzt selbst noch den szenischen Kalauer als Waffe des Ohnmächtigen, der mitten im blutigsten Chaos nur mehr lachen kann.

Mag sein, es ist ein hysterisches Lachen – aber kann es eine Schande sein, vom scheußlichsten Schrecken sich hysterisieren zu lassen? Eines jedenfalls ist Müllers Untergangslachen nicht: Ausdruck von Zynismus. Obwohl es sich als solcher mißverstehen läßt; beliebtes Mittel ja, jenen Ausdruck von Schmerz, der nach den Tränen raus will, als zynisch zu diffamieren: weil es ein Schmerz ist, der sich nicht öffentlich organisieren läßt, der nichts Beschönigendes mitbringt und der deshalb auch für keine der positivistischen Lügen in den Dienst zu stellen ist.

»Aus einem Guß« gelingt einem Autor mit solcher Haltung freilich nichts mehr. Der in den Trümmern, unter Geistes- und Körperverkrüppelung hohnlachend herumsteigt, kann die

Trümmer zwar neu montieren, zersprungenes Bewußtsein wie Glasscherben zur Karikatur eines Spiegels zusammensetzen – mehr schafft er dabei nicht, als das Disharmonische in gespenstischer Montage neu und wahnsinnig zum Klingen zu bringen. Die Form, in der sich solche »Not« ausdrückt, ist das Fragment, die Collage, die Mischung des Unvereinbaren und des Unvollendeten. Aus einer Konkursmasse, wie es die deutsche Geschichte in Müllers Augen ist, lassen sich nur »verrückte« Mischgebilde heraushauen: tragische Possen, Operetten-Agitation, die Krüppel-Revue, der Haß-Gesang, ein Clowns-Spuk.

»Das Gefühl des Scheiterns, das Bewußtsein der Niederlage beim Wiederlesen der alten Texte ist gründlich«, steht im Kommentar zu den Fragment gebliebenen Szenen »Traktor«. Müller bekennt sich zu dem, was nicht gelingen und nicht zusammenkommen will; er veröffentlicht – immer wieder in den sechs Bänden der Werkausgabe –, wie ein Wirklichkeitsmaterial sich gegen die widerspruchslose Szenenfolge, wie es sich gegen das »ordentliche« Stück sperrt.

Es sind Lehrbücher über die Schwierigkeiten, Realität heutzutage anders als spießig abbilden zu können. Gerade in ihrer Schutzlosigkeit polemisieren Müllers »scheiternde« Texte gegen einen kleinbürgerlichen Wirklichkeitsbegriff, der so utopie- wie angstlos ist und in der Literatur noch immer einen Schutz unter dem Dach geschlossener Formen sucht und in seiner schlimmstmöglichen Wendung – wenn nämlich Erkenntnis dämmert, daß der Welt mit authentischer Abbildung nicht mehr beizukommen ist – in den Mikrokosmos der eigenen Innerlichkeit sich verkriecht.

Müllers Anthropologie ist zu radikal, als daß er sich mit der Beschreibung privaten Wehleids aufhalten würde. Er geht immer gleich aufs »Ganze«: Er denkt die menschlichen Möglichkeiten bis dorthin zu Ende, wo sie das Menschliche vernichten, wo der Mensch sich gegenseitig wortwörtlich auffrißt.

Aber er verweist zugleich störrisch auf eine Lebensmöglichkeit, die jenseits des Schreckens liegt: hinter dem Berg von Terror. Und eines Tages wird der Stein des Sisyphos in diese Kommune gerollt werden.

Müllers Arbeiten aus mehr als 25 Jahren, in den Rotbuchbänden vorbildlich ediert, sind nur als dialektisch aufeinander bezogene zu begreifen. Den Schreckensträumen von Brudermord und Kannibalismus, den Travestien des Terrors und der Umnachtung, stehen immer wieder andere Szenenversuche, manchmal im gleichen Stück, gegenüber, die das utopische, das zu wünschende und erst zu erarbeitende Verhältnis von Individuum und einer Gesellschaft, die auf Humanisierung angelegt wäre, umkreisen.

Da gelingen dem so »pessimistischen« Heiner Müller immer wieder »positive Helden«, welche den Mißbrauch, der auf einem solchen ideologisch ausgebeuteten Begriff lastet, vergessen machen: der Traktorist auf den minenverseuchten Äckern der Mark Brandenburg zum Beispiel – in dem Stück »Traktor« –, ein Davongekommener, der nach dem Kriege wütend gegen sich selbst anarbeitet, gegen die fortwirkende Heldenlust in sich, und dabei zum Helden wider Willen wird, als eine Mine ihm das Bein abreißt.

Er wird zum ewig pflügenden Traktoristen. Ein Sisyphos, der die Zukunft, in der das Land, dem er sein eigenes Bein untergepflügt hat, »anders verteilt« wird, nur als eine mythische Zukunft erlebt. Nicht als reale; so wie der Maurer Hilse in »Germania«, der seinen Kommunismus erst im Koma auf der Krebsstation erlebt, als Vision, die sich in seinen Händen verkörpert, Händen, die nun keine Kelle mehr halten können.

Müller nimmt in solchen Figuren, die vor der gesellschaftlichen Verwirklichung ihrer Träume untergehen oder sterben – manchmal auch fürs Träumen eingesperrt oder erschossen werden –, eine Zukunft poetisch vorweg, von der er wissen wird, daß auch er sie nicht anders als allenfalls im Kunstwerk erleben wird. Mag sein, daß Müller solche Entwürfe von Hoffnung und Idealität – selbst um den Preis, daß sie vielleicht das Kitschige streifen – immer wieder sich abtrotzt, um den blutigen Schoß, in den er hineinstarrt, noch aushalten zu können. Abwehr gegen den Ekel, der einen umarmt: Auch das kann ja das Motiv für die Sehnsucht nach einer heileren Kommune sein, ein Antrieb zum Sozialismus.

Müller möchte ganz gewiß die Welt, die sich nicht in eine

aufatmende, unblutige verwandeln will, mit seinem Schreiben vernichten, unmöglich machen. Wissend, daß das nicht von »oben herab« geht, kriecht er in ihre Eingeweide hinein: »Ich nehme Platz in meiner Scheiße, meinem Blut«, sagt der Hamletdarsteller in Müllers letztem Theatertext »Die Hamletmaschine«.

Während er das sagt, wird freilich – Szenenanweisung – »die Photographie des Autors zerrissen«. Ein Bild für die Unmöglichkeit eines Schriftstellers, schreibend zu irgendeiner Übereinkunft zu kommen, und sei es die der totalen Negation.

Müller nimmt, was er in einem Satz sagt, im nächsten zurück; den Sisyphosfiguren stellt er einen Hamlet gegenüber, der bewegt sich »stolpernd von Loch zu Loch aufs letzte Loch zu lustlos«. Zerrissenheit eines Autors, der im gleichen Stück, in der »Hamletmaschine«, formuliert:

> In der Einsamkeit der Flughäfen
> Atme ich auf Ich bin
> Ein Privilegierter Mein Ekel
> Ist ein Privileg
> Beschirmt mit Mauer
> Stacheldraht Gefängnis.

Müller trägt sie in sich selber, das heißt in seinem Werk aus: die deutsche Zerrissenheit. Seine Stücke handeln von den Menschen, die zu keiner Identität finden – außer in den Träumen und in der Selbstvernichtung, beide Male außerhalb der Welt. Es sind die deutschen Menschen; Brüder, die sich umbringen, obwohl sie aus einer Mutter kommen; deutscher Idealismus, der sein Heil um jeden Preis im noch nicht Vorhandenen sucht und entweder dafür stirbt oder dafür sterben läßt.

Der ewige deutsche Bürgerkrieg: Nur in der Angst vor den Hunnen tun die Nibelungen sich zusammen, denn in der Abwehr des Bolschewismus ist der Deutsche stark, aber denen, die er zum »Russenknecht« stempelt, reserviert er gern auch einen Baum (»Es gibt noch Bäume, Äste dran, in Deutschland«, heißt einer der auf makabre Weise poetischsten Sätze in »Germania Tod in Berlin«). Oder er kippt den Feind im eigenen Staat in den

Landwehrkanal: ein in Müllers Werk, das von Toten und den Formen ihres Krepierens wimmelt, mehr als einmal anklingendes Totengemälde.

In Rosa Luxemburgs verwester Leiche – »haben sie dir zugesetzt, die Ratten im Landwehrkanal«, fragt der Maurer Hilse auf der Krebsstation – symbolisiert sich für Heiner Müller der Untergang einer Hoffnung, in der die Deutschen die Freiheit, verschieden zu denken und dennoch miteinander zu leben, hätten realisieren können.

Sein Haß und seine Trauer berufen sich auf diesen Tod in Berlin.

(Der Spiegel, 16/1978)

Zwischen Eiszeit und Kommune

Der Geschichtsschreiber Heiner Müller – Muster einer Werkausgabe

Auf dem Umschlag des ersten dieser spröde aufgemachten, unaufwendigen kartonierten Bände mit dem roten Rand ist das Photo zweier Stahlwerker vor einem Hochofen; auf dem des zweiten ein Traktorist auf seinem Fahrzeug; auf dem des dritten sieht man ein paar Leute vom Lande. Zwei der Bände tragen den Titel »Geschichten aus der Produktion«, der dritte heißt: »Das Leben auf dem Lande«. Hinter so alltäglichen Signets und den ins scheinbar Dokumentarische untertreibenden Titeln verbirgt sich eine der wichtigsten literarischen Editionen der letzten Jahre, die auf Fortsetzung angelegte Werkausgabe von Heiner Müller im Rotbuch-Verlag, Berlin.

Die Bände enthalten Prosa, Gedichte, Diskussionsprotokolle und vor allem Theaterstücke: »Der Lohndrücker«, »Die Korrektur«, »Der Bau«, »Herakles 5«, »Prometheus«, »Traktor«, »Zement«, »Die Schlacht« und »Die Bauern«. Die Texte und Stücke sind in einem Zeitraum von rund fünfundzwanzig Jahren entstanden. Der kurze, so nüchtern wie eine kleistische Anekdote erzählte »Bericht vom Großvater« ist 1950 geschrieben, die jüngste Arbeit scheint eine surrealistisch anmutende wortlose Szene zu sein, die sich »Medeaspiel« nennt und eine Reihe weiblicher und männlicher »Totenmasken« zu einem makabren Kopulations-, Geburts- und Todestanz zusammenführt. Die Szenenfolge »Die Schlacht« trägt den Vermerk »1951 und 1974«; »Die Bauern« sind ausgewiesen als »Neufassung 1964 der Komödie Die Umsiedlerin oder Das Leben auf dem Lande (1956 bis 1961)«.

Daran läßt sich ablesen, wie sehr Müllers Arbeiten sich als Fortschreibungen verstehen: Texte bleiben unvollendet liegen, werden Jahre später wieder aufgenommen, zu Ende geführt oder in einen neuen Zusammenhang collagiert, manches bleibt auch Fragment, anderes wird radikal umgearbeitet. »Szenen aus Deutschland« finden im Laufe der Jahre zu einem Stück zusammen, das eine geschlossene Dramaturgie gar nicht erst vorgibt, sondern auf der Bühne sich suchen wird; Prosatexte (»Herakles 2 oder Die Hydra« und »Die Befreiung des Prometheus«) setzen sich fest als stachliges mythisches Material innerhalb einer Szenenfolge aus den Jahren nach der russischen Revolution (»Zement«); eine Reihe grandios, aber vielleicht allzu kühn skizzierter Szenen, die in den fünfziger Jahren zu einem Stück nicht zusammenkommen wollten, werden zwanzig Jahre später mit der Hilfe eines poetischen Kommentars und einiger Zitate von Wertow, Lenin, den Vorsokratikern, dem Chinesen Pu Sung Lin und Ernst Thälmann – Texten, die dem Gestus der Müllerschen Sprache merkwürdig korrespondieren – zu einer Szenenfolge unter dem Titel »Traktor« montiert, an der sich nun ein Theater die Zähne ausbeißen mag.

In dem Kommentar zu dem Fragment »Traktor« steht aber auch der Satz: *»Das Gefühl des Scheiterns, das Bewußtsein der Niederlage beim Wiederlesen der alten Texte ist gründlich.«*

Und in einer Anmerkung im dritten der Bände heißt es: *»Ich lese, was ich vor drei, fünf, zwanzig Jahren geschrieben habe, wie den Text eines toten Autors, aus einer Zeit, als ein Tod noch in den Vers paßte.«* Das deutet an: der Autor Müller legt hier auch sein Scheitern offen, er führt nachträglich vor, wie ein Stoff sich nicht bezwingen ließ – weil vielleicht die ästhetischen Mittel und die politische Perspektive auseinanderdrängten. Er zeigt an, wie ein Material sich verselbständigt und gegen die widerspruchslose Szenenfolge, gegen das »ordentliche« Stück sperrt. Und er führt auch vor – etwa an Hand zweier Fassungen des Stückes »Die Korrektur« und eines Diskussionsprotokolls –, wie gesellschaftliche Instanzen und die Auseinandersetzung mit den politisch sanktionierten Sehweisen die szenische Strategie eines Stoffes veränderten.

Indem sie mit solcher Vollständigkeit auch das Unvollständige, auch die Phasen des Scheiterns, auch die Arbeitsetappen vorführt, die durch äußere Einwirkungen bestimmt wurden, erzielt diese Ausgabe in den bisher erschienenen Bänden eine bei einem lebenden Autor erstaunlich unfeierliche, ja geradezu spannende Selbstdarstellung. Müller hat in diesen ersten Bänden seine womöglich geschlossenste Arbeit, den »Philoktet«, ausgespart, auch die groß gelungenen sprachmächtigen Fassungen des »Ödipus«, des »Macbeth« und »Wie es euch gefällt«. Er hat die Widersprüche und das Unvollkommene und Unfertige ausgestellt, jenen Teil seiner Arbeiten, der die heftigsten Widersprüche zu jener Zeit enthält, die mit dem Müllerschen Schreiben einherging: der Entwicklung der DDR. Wenn man die Stücke aus diesen drei Bänden entsprechend ordnete, würden sie über weite Strecken die gesellschaftlichen Entwicklungen der DDR von 1945 bis etwa hin zum Bau der Mauer spiegeln. Müller weist sich da als ein Geschichtsschreiber aus, der die Zeit des Unvollendeten, die – noch nicht beendeten – Jahre *»zwischen Eiszeit und Kommune«*, die Konflikte einer Gesellschaft, welche mit ihrer Utopie noch längst nicht übereinkommt, mit Sprach-Lust und Sprach-Mächtigkeit poetisch fixiert.

In den Szenen der »Schlacht« wirft Heiner Müller grelle Schlaglichter auf die Jahre des nationalsozialistischen Untergangs. Es sind Bilder aus einem Schlacht- und Totenhaus, ihr szenischer Verlauf wird bestimmt von einem schrecklich radikalen Überlebensdrang, ihre »Pointe« ist mal der Selbstmord, mal der Mord, und immer ein Kampf ums Brot bis hin zum Kannibalismus. Die Angst vorm Russen einerseits, der nackte Hunger und ein elementarer Wille weiterzuleben andererseits verzerren, verkrüppeln Müllers deutsche Menschen zu einer makabren Gespensterparade.

Das Fragment »Traktor« schließt unmittelbar an die Schlacht, die verlorene, an und führt vor, wie sie sich in der Brust der Davongekommenen fortsetzt: *»Und wurde mancher noch zu Fall gebracht / Sich selber Waffe und sich selber Feind.«* Auf den minenverseuchten Äckern der Mark Brandenburg geht ein Traktorist wütend gegen sich selbst an, gegen die fortwirkende Heldenlust in sich, er wird zum Helden wider Willen, als eine Mine ihm das Bein abreißt. Aber wofür, für ihn sind's bloß die Würmer, sein Bein gesellt sich zu dem Aas des Krieges, die Zukunft, in der das Land *»anders verteilt«* ist, vermag er nicht zu sehen, er fühlt sich als der ewige, pflügende Traktorist, ein Sisyphos. Immer wieder kreist Müllers Dramatik um das utopische, das zu wünschende und erst zu erarbeitende Verhältnis von Individuum und einer Gemeinschaft, die auf Humanisierung angelegt ist.

»Der Lohndrücker«, »Die Korrektur« und »Der Bau« führen die Widersprüche beim Aufbau der DDR vor, sie zeigen einen Arbeitsalltag, in dem neue Formen der Zusammenarbeit, neue Formen der Leitung und eine neue Ethik erst gefunden werden müssen. Müller treibt die Konflikte, die da in einem volkseigenen Betrieb oder auf einer Großbaustelle entstehen, radikal heraus, er kleistert sie nicht beschönigend zu mit Hilfe eines sanktionierten optimistischen »Realismus«, sondern spannt seine Figuren – so sehr, daß es sie fast zerreißt – zwischen nüchterner Gegenwart und einer schwer zu erarbeitenden Zukunft aus. Der Stein rollt immer wieder runter, und jedesmal wird er schwerer: Daß solche mythische Ausweitung der konkreten Probleme beim Ausbau einer sozialistischen Gesellschaft wenig unmittelbaren Gebrauchswert hat, liegt auf der Hand. Müller ist in dem Staat, dessen Entwicklung er poetisch kommentiert hat – als ein Chronist, der nicht der Gegenwart, sondern der Utopie hinterherläuft –, lange Zeit kaum oder gar nicht gespielt worden. Allmählich scheint sich das zu ändern. Die Konflikte in Müllers Stücken sind zu einem Teil inzwischen schon Geschichte geworden, man wird sie darum in der DDR heute wohl unbefangener als dramatische Chroniken lesen und ansehen können.

Und bei uns? Ich denke, auch in der Bundesrepublik ist die Haltung zu Heiner Müller noch nicht recht über ein respektvolles Befremden hinweggekommen. Natürlich sind die Inhalte, die in »Traktor«, im »Bau« oder in der »Umsiedlerin« verhandelt werden, einem westdeutschen Publikum fremd und als ein komplizierter gesellschaftlicher Prozeß, der sich ja entgegen unserem Wunschglauben nicht lediglich durch diktatorische Anordnungen vollzieht, kaum plausibel. Unsre auf den bürgerlichen Freiheiten beharrende Perspektive vermag die von einer ganz anderen, utopischeren Freiheitsvorstellung evozierten Konflikte nicht einmal als solche zu erkennen und anzuerkennen. Sie bleiben bestenfalls exotisch.

So wird an Heiner Müllers Texten eher als am Beispiel einer leicht von uns zu weisenden und zu verachtenden DDR-Gebrauchsliteratur deutlich, wie weit es mit einer »kulturellen Einheit« noch her ist. Müller beglaubigte die mit der gesellschaftlichen einhergehende geistige Trennung beider Staaten: Sie wird in seinen Stücken poetisch wirksam wie sonst nirgends, und das schiebt diesem Autor eine fast fatale Bedeutung zu. Ein westdeutscher Betrachter mag sich eine Weile noch an Müllers pessimistisch erscheinendem Menschenbild aufrichten; bis er drauf kommt, daß es sich da zwar um eine radikale Anthropologie handelt, welche die menschlichen Möglichkeiten bis zum Kannibalismus hin zeigt, daß diese aber zugleich störrisch auf eine Gesellschaft verweist, die hinter dem Berg liegt und in die der gesellschaftliche Arbeiter Sisyphos oder Herakles eines Tages seinen Stein rollen wird.

Das utopische Element kann sich in Müllers Stücken vorerst nur in der Sprache abbilden: Da reden die Leute wie in der dreckigen Gegenwart keiner, und wie auch auf einem Theater, das sich der Wirklichkeitsabbildung gewiß glaubt, kein Mensch reden würde. Solcher utopielosen Wirklichkeits-Sucht, sei sie auch noch so authentisch abgesichert, lacht jeder Satz Heiner Müllers, lacht seine Sprache höhnisch selbstbewußt entgegen. Sie demonstriert, manchmal plakativ, eine trotzige Verachtung alles ästhetisch Ungebundenen. Wahrscheinlich kommen uns auch deshalb Müllers Texte oft exotisch vor. Denn wo in der neueren

Dramatik des Westens wird schon in Versen oder in einer streng gebundenen Prosa gesprochen? Und gar aus dem Munde von Arbeitern? Ich denke, Müllers Stücke machen auch darauf aufmerksam, daß wir uns hierzuland von der literarischen Tradition recht weit entfernt haben. Sie verweigern sich dem muffigen Alltag und seiner verspießerten und verluderten Sprache. Dem Medien-Deutsch stemmen sie eine büchnerische Form des Sprechens entgegen, in der jeder Satz die Summe eines psychischen Vorgangs zieht oder eine äußere Situation zum »Ende« hin denkt. Müllers Sprache und die Haltungen seiner Figuren streben allemal ins Antikische, ins groß sich reckende Endgültige. Auf die Gefahr hin, zu scheitern; aber in der Hoffnung des Sisyphos.

(Die Zeit, 40/1975)

»Ich werde mir selbst applaudieren müssen«
Neues von und über Heiner Müller

Wir sollten ihn nicht heiligen. Natürlich drängt er sich danach – wie jeder Revolutionär. Mehr und mehr gewinnt er sich ja, man sieht es auf den Photos noch genauer als im Leben, einen Gesichtsschnitt der versagungsvollen Kargheit und außerirdischen Heiterkeit hinzu, den früher vielleicht die Mönche, wenn es denn ein genügend esoterischer Orden war, gehabt haben mögen. Die Photos von Heiner Müller, freilich wurden die meisten von ihnen »im Westen«, in seiner Fremde, aufgenommen, sie zeigen ihn mit den Jahren tatsächlich mehr und mehr entdunkelt: Je älter er wird, und er ist jetzt über die fünfzig hinaus, desto verschmitzter, dem irdischen Kram entrückter, schaut er uns an. Das Gesicht, das er uns zeigt, scheint mir die Antwort auf jene Frage auszubilden, die eine kluge Kritikerin vor einigen Jahren gestellt hat: Was es denn bedeute, als Schriftsteller in einer politischen Umgebung, der DDR, zu leben und zu arbeiten, die seine, Müllers, Wirklichkeitserfahrung prinzipiell leugne. Heiner Müllers Gesicht, so lese ich es aus den Photographien, erklärt uns bereits, daß das natür-

141

lich nicht sein Problem, sondern das jener blinden Seher ist, die sich schon mal nicht vorstellen können, daß ein Sozialist überhaupt lächeln mag. Er tut's aber. Freilich mit der Haltung des ausgestoßenen Philoktet, des verletzt und spöttisch sich zurückziehenden Inselbewohners.

Denn Griechen warfen auf den Stein im Salz mich so Verwundeten in ihren Dienst. Und nicht mehr Dienlichen mit solcher Wunde. Und Griechen sahn's und rührten keine Hand.

Der ganze Schmerz dessen, der sich in einer gesellschaftlichen Ordnung, die er durchschaut und zynisch begrinst, doch – wo denn sonst? – zu Hause fühlt, ist ja in solchen Zeilen aufbewahrt. Sicher ist es richtig, zu vermuten, die Realität der DDR, in der Heiner Müller lebt, sei seiner Erfahrung kontrovers. Viel zu sehr will dieser Dichter ja hinter jeder Erscheinung auch deren Fratze sehen – eine Lust, für deren Erfüllung sicher der Kapitalismus zunächst einmal die lustigeren Angebote macht als der Sozialismus. Eben deshalb aber grast die Kuh auf unserer Weide: Heiner Müller kann sich natürlich, indem er zum Beispiel dem subkulturellen »tip«-Magazin ein Interview gibt, dem hiesigen Elend gegenüber wohler fühlen als gegenüber dem seiner Landsleute, von denen ja nur wir, *er* nicht, behaupten, daß es auch die unseren seien. Er meint das nicht mehr. Er hält uns für ewig schon getrennt. Seine Stücke handeln vom langwährenden Bruderkrieg der Deutschen, zurückreichend bis zu den Nibelungen, und die vulgäre Interviewantwort, es lebe sich natürlich schon deshalb leichter in der DDR, weil dort die Lohnsteuererklärung einfacher auszufüllen sei, ist nur die bösartige Pointe auf die Behauptung, die deutsche Teilung habe nicht erst 1945 eingesetzt, sondern sei eine uns eingepflanzte. Eine nationale Identität, so Heiner Müller, habe es nie gegeben, nur den Bruderverkrampf unter sich liebend Zerstörenden, die ohne historisches Bewußtsein leben und ohne die Möglichkeit, Geschichte aktiv mitzugestalten. Noch immer, wie beim Tacitus schon beschrieben, würden die Deutschen ihre Geschichte eher vernichten, indem sie sie bestenfalls als etwas Benutzbares, als Instrument der Verdrängung, aber nicht der Analyse wahrnähmen. So sei es auch im Streit der beiden deutschen Staaten um Preußen.

*Das Interesse für Preußen und die preußische Geschichte im Westen ist
nur ein Versuch, es dem Osten wegzunehmen. Das ist das Hauptmotiv hinter
der Preußenwiederbelebung, und das Gegenmotiv hier ist, es festzuhalten, es
für unsere eigenen Zwecke am Leben zu erhalten. Das ist wieder der alte
deutsche Bruderkonflikt. Der Krieg zwischen Brüdern, zwischen Verwandten, ist ein Hauptthema der deutschen Literatur. Das fängt bei Tacitus an,
wo Arminius auf dem einen Ufer des Flusses steht und sein Bruder auf dem
andern zusammen mit den Römern. Der Bruder versucht Arminius zu
überzeugen, daß die Römer die beste Chance für Germanien und Zivilisation
sind. Warum sie bekämpfen? Aber Arminius schimpft ihn einen Römersklaven. Sie fangen an, sich zu streiten und werfen Speere gegeneinander. So fing
alles an. Eine altdeutsche Situation. . . . Ich habe mehrere Stücke über
deutsche Geschichte geschrieben. Das polemischste handelt von preußischer
Geschichte. Es ist nicht leicht, es hier aufführen zu lassen, weil es preußischen oder deutschen Traditionen gegenüber zu kritisch ist. Ich möchte nicht
sagen, daß es unbedingt eine schlechte Sache ist, die preußische Geschichte
wiederzubeleben oder sogar Denkmäler wieder aufzustellen, die weggestellt
worden waren. Leute müssen zu ihrem eigenen historischen Hintergrund
Zugang haben. Das Gedächtnis der Nation sollte nicht ausgelöscht werden.
Man tötet eine Nation am gründlichsten, wenn man ihr Gedächtnis und ihre
Geschichte auslöscht. . . . Um den Alptraum der Geschichte loszuwerden,
muß man zuerst die Existenz der Geschichte anerkennen. Man muß die
Geschichte kennen. Sie könnte sonst auf die altmodische Weise wiedererstehen als ein Alptraum, Hamlets Geist. Man muß sie erst analysieren, dann
kann man sie denunzieren, sie loswerden. Sehr wichtige Aspekte unserer
Geschichte sind (im Osten) zu lange unterdrückt worden. Im Westen ist ein
anderer Teil der Geschichte unterdrückt worden und wird noch unterdrückt.
Durch Unterdrückungen kann man sie nicht loswerden.*
Müller sagt das in einem 1981 in New York geführten Gespräch mit Germaine Lotringer, dem gründlichsten und grundsätzlichsten Interview, das er gegeben hat. Es ist abgedruckt in
einem äußerst verdienstvollen Band des Merve-Verlages, der
unter dem Titel »Rotwelsch« Müllersche Gelegenheitsarbeiten –
Interviews und Zeitungsartikel – sammelt. Müller weiß, daß er in
dem derzeitigen deutschen Bruderkampf eine privilegierte Stellung einnimmt; und die Haltung dessen kultivieren darf, der
gleichzeitig beide Seiten der Mauer sehen kann:

Ich stehe gern mit je einem Bein auf den zwei Seiten der Mauer. Das ist vielleicht eine schizophrene Position, aber mir scheint keine andere real genug.

Im Scherz hat man ihn, den von der deutschen Teilung wohl auch Besessenen, der alle historische Schuld am liebsten *seinem* Werk einverleiben möchte, einmal »Müller-Deutschland« genannt. Und es wird ihm das auch geschmeichelt haben.

Das ist ein sehr privater Witz. Aber es mag etwas Wahres daran sein. Ich glaube wirklich, daß die Deutschlandfrage für beide Seiten eine Frage von Leben und Tod ist. Ich glaube nicht, daß die Aufrechterhaltung eines amerikanischen und eines russischen Teils eine dauernde Lösung für Deutschland sein kann.

Aber er wäre nicht »Müller-Deutschland«, wenn er nicht in Paradoxien und dialektischen Kurven dächte. Die deutsche Frage sei ja nicht dadurch schon gelöst, daß das Wünschbare, die Einheit, erzwungen werde. Wie denn auch? Noch liege, so meint er, die Chance der Deutschen, zu sich selbst zu finden, eben in der Trennung, denn:

Die »schweigende Mehrheit« hier (in der DDR) ist sehr an westlichen Standards interessiert, während jüngere Leute im Westen sich in unserer Richtung bezogen. Eines Tages werden sich die Alternativen beider Seiten treffen. Bei den Oberflächenbewegungen, den schweigenden Mehrheiten, wird das nie geschehen.

Aber natürlich ist es unbequem und auf die Dauer kaum auszuhalten, wenn die Mauer fortwährend als die Versteinerung der eigenen Phantasie herumsteht: Dokument jenes illusionären Umgangs der Deutschen mit ihrer Geschichte, den Müller in Stücken wie »Germania Tod in Berlin«, im »Gundling« und in der »Schlacht« beschrieben hat. Deshalb mag es genauso wahr und nicht ein bloßer Zynismus sein, wenn Heiner Müller dem »tip«-Magazin ein Jahr später sagt:

Deutschland, dieses Thema läßt mich derzeit völlig kalt. »Deutschland als Kulturnation«, das sind so katalaunische Redeschlachten. Gerüchte über Wiedervereinigung, das sind Erfindungen von Nachrichtendiensten.

Ich erinnere mich, wie Heiner Müller mir einmal begeistert von einem Science-fiction-Roman erzählt hat, der die ganze Geschichte der Menschheit als eine von Geheimbünden und

Geheimdiensten in Gang gesetzte Maschine beschreibt, also auch die Mächtigen an den sogenannten Schalthebeln als die Opfer, als gelenkte Marionetten, denen man zum Spielen ein Räderwerk hinstellt, das gar nicht das wirklich bewegende ist. Der von der Geschichte Besessene flüchtet sich immer wieder auch in schizophrene Utopien. Diese Art des Müllerschen Träumens wird der Zerstörung der Obsessionen dienen, sie ist der Versuch, die Gewalt der Ideen, die sich auch in unsere, der Nachlebenden Körper eingeschrieben hat, zu bannen. Man kann sich ja die Organisation des Augenblicks, in dem wir heute leben, durchaus bereits als ein Kapitel aus einem Science-fiction-Szenario vorstellen. Neuere französische Philosophen wie etwa Jean Baudrillard, an dessen phantastische Denkbewegungen mich die müllerschen oft erinnern, tun das bereits. Die Angst, wir seien verstrickt in eine Verschwörung, freilich in eine Verschwörung der von uns selber ausgedachten Zeichensysteme, ist nicht mehr so irreal wie sie noch scheinen mochte zu der Zeit, als man sich über den Medientheoretiker Marshall McLuhan lustig gemacht hat. Seine auf den Satz »Das Medium ist die Botschaft« verkürzte Theorie ist längst Praxis geworden. Im Netz der Zeichen, das sich selber strickte, als die Ideen machbar wurden, sind auch die herrschend sich Glaubenden eingefangen. Sie nennen das, in grotesker Verkehrung der Realität, die »Sachzwänge«, es sind aber die *Ideen*, die ihnen entglitten sind und nun ihre Selbständigkeit auch in den Körper der Macht einschreiben und *ihn* somit in eine theatralische Landschaft zwingen.

Macht wird immer spektakulärer und unwirklicher. Sie wird zu einem Machtspiel. Ihre theatralischen Elemente werden immer klarer. Im Grunde hat keiner mehr Macht . . . Sie wird mehr und mehr zum leeren Rahmen. Sie führt keinen Inhalt mehr. Sie wird zum Tennis-Match.

Die Mächtigen kämen aus dieser Schizophrenie nur dann heraus, wenn auch sie begriffen, daß den Ordnungen, die sie meinen verteidigen zu müssen – weil sie sich bisher nichts anderes vorstellen können, als sich in den ihnen jeweils zugewachsenen Ordnungen zu bewegen –, längst ein zweites Ordnungssystem gegenübersteht, oder besser gesagt: überlagert ist. Nämlich das Schaltsystem jener Szenarios, die in den Zentralen der Militärstrategie, der Warenstrategie und der Informationsstrategie entworfen werden – und dort nicht etwa, da liegt ja der historische Witz, von bösen Buben, sondern von Ohnmächtigen, deren einzige Kraft darin besteht, daß *sie's* verstehen, die Ideen in Signale umzusetzen, nach denen sich dann die Wirklichkeit ausrichtet.

Die totale Information wird zum Stabilitätsfaktor und zementiert den Status quo, wenn sie nicht in eine Praxis übersetzt werden kann. Die Warenwelt schwappt über und beißt Lücken in die Zukunft wie in eine Beute, bis die Löcher als das Bild erscheinen.

Das Verhältnis von Subtext und Praxis hat sich umgekehrt. Jener verwundet uns, brennt uns seine Stempel ein, während diese uns die Beruhigungsmittel verabreicht. Artaud, das von Müller immer wieder beschworene Vorbild, hat diesen Vorgang vielleicht nicht analysieren können, aber als Schriftsteller, als Theatermann sehr frühzeitig ahnungsvoll ausgetragen. Er ist denn auch, weil er dieser Ahnungen nicht Herr wurde, das geworden, was man verrückt nennt, und war doch ein Wahrsager, Prophet jener Verletzungen, die inzwischen auf uns alle gekommen sind:

Artaud, die Sprache der Qual, Schreiben aus der Erfahrung, daß die Meisterwerke Komplicen der Macht sind. Denken am Ende der Aufklärung, das mit dem Tod Gottes begonnen hat, sie der Sarg, in dem er begraben wurde, faulend mit dem Leichnam. Leben, eingesperrt in diesen Sarg. Das Denken gehört zu den größten Vergnügungen der menschlichen Rasse, läßt Brecht Galilei sagen, bevor man ihm die Instrumente zeigt. Der Blitz, der das Bewußtsein Artauds gespalten hat, war Nietzsches Erfahrung, es könnte die letzte sein. Artaud ist der Ernstfall. Er hat die Literatur der Polizei entrissen, das Theater der Medizin. Unter der Sonne der Folter, die alle Kontinente dieses Planeten gleichzeitig bescheint, blühen seine Texte. Auf den Trümmern Europas gelesen, werden sie klassisch sein.

Was Artaud das »Theater der Grausamkeit« nannte, ist ja nach wie vor kaum ins allgemeine Bewußtsein gekommen. Zu schnell wurde es von den Eklektikern, die es im Gewerbe des Theaters vielleicht mehr als andernorts gibt, auf das Niveau von dummen Jungenstreichen – ein bißchen Blut, ein bißchen Samen und dazu die Peitsche – heruntergebracht. Artaud meinte aber mehr als das Austollen einer pubertären Sexualphantasie und eines mit Theaterblut arbeitenden Theatersadismus. Er meinte, wenn ich ihn recht verstanden habe, die Ängste, die entstehen, wenn die Welt, wenn die Ideen uns verwundet haben; die Aggressionen, mit denen wir uns bereits davor wehren, überhaupt verletzt zu werden; und die Phantasien, die wir entwickeln können, wenn wir die Obsessionen abarbeiten wollen.

Die schlingernde Welt jener »negativen« Träume, die wir haben, weil sie nach Verwirklichung drängen und die, wenn wir das Medium fänden, sie auszuphantasieren, uns ersparten, gerade ihretwegen pausenlos ruhiggestellt werden zu müssen. Diese Art von Phantasie ist eine der Buße. Denn sie entzündet sich an dem Gefühl, »Schuld« abtragen zu müssen, den *möglichen* eigenen Mord abzuarbeiten, damit er denn nicht geschehen möge, aber freilich auch dem immer lauernden Mord der anderen zuvorzukommen. Daß es einen Zusammenhang gibt zwischen unseren gesellschaftlichen Behauptungen und unseren erotischen Phantasien, der zunächst einmal als Schuldgefühl sich ausdrückt, daß es einen unauflöslichen Schuldzusammenhang geben könnte zwischen den Ängsten und Wunden der anderen und *meinem* Begehren und dasselbe auch umgekehrt, das alles ist uns sicher im Laufe des 19. und endgültig in diesem Jahrhundert aus dem Blick geraten. Artaud hat mit einer manischen Geste noch einmal darauf aufmerksam gemacht: indem er sich die Zerrüttung verschaffte, von der er meinte, wir müßten sie abträumen. Peter Weiss, weil er noch am eigenen Leib erfuhr und ausschrieb, was der Spannungsreiz zwischen einer tatsächlichen und einer dagegen angearbeiteten, *imaginären* Biographie sein kann, hat Artauds Aufforderungen weiterverfolgt. Aber er ist nun tot. Genet, der es im Gefängnis erfahren hat, was ein »begehrtes«, ein den Obsessionen in träumendem Widerstand abgerungenes Leben ist, er schweigt. Edward Bond hat sich vom Pathos, das den Phantasien natürlich immer dann eigen ist, wenn sie außer der eigenen Person auch noch den Rest der Menschheit erlösen wollen, überrollen lassen. So bleibt denn Müller. Vielleicht der kühlste von diesen, ein Dokumentarist der Phantasien eher als ein wütend Wünschender. Wie sehr aber sein Schreiben immer auch als ein Akt der Buße und auch ein stellvertretender zu verstehen ist, das hat er in dem New Yorker Interview in einigen längeren Passagen sehr eindringlich beschrieben:

Das erste Bild, das ich von meiner Kindheit habe, stammt aus dem Jahre 1933. Ich schlief. Dann hörte ich Lärm aus dem nächsten Zimmer und sah durch das Schlüsselloch, daß Männer meinen Vater schlugen. Sie verhafteten ihn. Die SA, die Nazis haben ihn verhaftet. Ich ging wieder ins Bett und stellte mich schlafend. Dann ging die Tür auf. Mein Vater stand in der Tür. Die beiden Männer neben ihm waren viel größer als er. Er war ein sehr kleiner Mann. Dann schaute er herein und sagte: »Er schläft.« Dann nahmen sie ihn mit. Das ist meine Schuld. Ich habe mich schlafend gestellt. Das ist eigentlich die erste Szene meines Theaters . . . Ja, meine nächste Erinnerung hat auch mit meinem Vater zu tun. Ich besuchte ihn mit meiner Mutter im KZ. Das war 1934 oder 35. Wir standen vor dem Tor. Er wurde von zwei Wachen ans Tor gebracht. Er sah wieder sehr klein aus. Seine Kleidung war ihm zu groß. Meine Mutter sprach durch den Draht mit ihm. Ich konnte nicht sprechen. Dann wurde er weggebracht. Einer der Wachmänner sagte: »Keine Angst, dein Vater wird bald zu Hause sein.« Er hatte ein sehr rosiges Gesicht. Er trug eine Uniform. Ich habe immer noch ein Problem mit Uniformen. Wir gingen nach Hause, und später erzählte mir meine Mutter, daß ich tage- oder wochenlang im Schlaf redete. Ich konnte nicht verstehen, warum er nicht über den Zaun gesprungen war. Die dritte Erinnerung ist, wie er die DDR verließ. Er hatte Schwierigkeiten mit dem Stalinismus hier . . . Er verließ die DDR im Jahre 1951, und ich traf ihn in West-Berlin. Man hatte ihn in ein Lager gesteckt, während er von den Alliierten verhört wurde. Sie wollten ihn nicht als politischen Flüchtling anerkennen, weil er in der DDR Funktionär der Sozialdemokraten gewesen war. Er war auch ihnen verdächtig. Dann entdeckten sie, daß er Bazillenträger war. Man steckte ihn also in ein Krankenhaus und isolierte ihn. Wir sprachen durch eine Glastür miteinander. Er stand auf der einen Seite der Glastür und ich stand auf der anderen. Das war das nächste Bild.

Dann kommt eine kurze, dem Müller so eigentümliche, schnöde Bemerkung, die, glaube ich, sehr viel darüber verrät, wie sehr das Gefühl von Schuld nicht ein unmittelbares ist; sondern erst einsetzt, wenn der geschichtliche Zusammenhang realisiert wird:

Ich habe damals eigentlich nicht darüber nachgedacht . . . Im Grunde wollte ich allein sein. Ich denke, es war eine gute Art, seine Eltern loszuwerden.

Der Vorgang der Buße spielt sich ab in der Auftrennung von sich selbst, in der Dramatisierung der eigenen Widersprüche. Die Grausamkeit des Ichs findet in der Form des Theaters zu ihrer äußersten Explosion und zur möglichen Entspannung:

Der Zwischenraum zwischen »Ich« und »Ich« ist so riesig ... Beim Stückeschreiben hat man immer Rollen, und man kann durch sie sprechen. Deshalb ziehe ich das Drama vor – wegen der Masken. Ich kann das eine sagen, und ich kann das Gegenteil sagen.

Wie sehr dieser Wunsch des phantasierenden Ichs, dem von den Phantasien fliehenden Ich zu begegnen, es einzufangen, es zu umarmen, eine mörderische Sehnsucht ist, das hat Müller im gleichen Interview mit einer großen Ehrlichkeit beschrieben:

Ich möchte Widersprüche loswerden, und das ist mit dem Drama leichter zu machen. Ich machte eine sehr merkwürdige Erfahrung, als ich einen kurzen Prosatext schrieb, der vom Selbstmord meiner ehemaligen Frau handelte. Zuerst schrieb ich in der dritten Person: »Er kam nach Hause und sah.« Dann wurde mir klar, daß das die Haltung eines Feiglings war. Also ging ich zur Ich-Form über: »Ich kam nach Hause und sah sie.« Ein anderer Teil des Textes ist eine Erinnerung am Ende des Krieges. Ich war Kriegsgefangener in einem amerikanischen Lager in Schwerin. Ich war nur zwei Tage da. Es gelang mir, für meine Fleischration über den Zaun eine Ziviljacke einzutauschen. Ich zog sie an und ging zum Tor. Ich unterhielt mich mit dem amerikanischen Wachsoldaten und er zeigte mir Photos von seiner Familie und seinen Kindern. Ich unterhielt mich eine Weile mit ihm. Bald stand ich auf der anderen Seite des Tores, ich schüttelte ihm die Hand und ging weg. Damit war der Krieg für mich vorbei. Dann war ich eine lange Zeit allein. Ich ging so über die Felder, als ich einen jungen deutschen Soldaten traf. Er war so alt wie ich, sechzehn. Ich werde sein Gesicht nie vergessen. Er sah wie ein Huhn aus, er hatte ein Hühnergesicht. Er hängte sich an mich. Er brauchte Gesellschaft. Er brauchte einen Führer. Es war schrecklich. Ich versuchte tagelang, ihn loszuwerden. Ich habe ihn sehr schlecht behandelt. Das war das erste Mal, daß ich jemanden töten wollte, nur um ihn loszuwerden. Er war so schwach, er schaute mich an wie ein Sklave. In dem Text über den Selbstmord meiner Frau versuchte ich, auch über diese Erfahrung zu schreiben. Ich beschrieb den Mord an diesem Jungen. Ich habe den Mord nicht wirklich begangen, aber in diesem Text tötete ich ihn dreimal. Es war ein sehr merkwürdiges Gefühl,

einfach zu schreiben: »*Ich nahm den Spaten und spaltete seinen Schädel;*
ich sah, wie das Blut spritzte.« *Das ist eine ganz andere Art von Schreib-*
erfahrung, als wenn man in einem Stück zehn Morde hat. Das ist viel
persönlicher.

In seinem vorerst letzten Stück »Quartett« hat Müller dieses
»Maskenspiel« am weitesten getrieben. Der Ort der Handlung,
sagt die Vorbemerkung, ist ein Salon während der Französischen
Revolution, zugleich aber ein Bunker während des Dritten Welt-
krieges. Man hat das, in den Rezensionen des Textes, als eine
wenig durchdachte kokette Anmerkung bespöttelt. Doch Müllers Szenenhinweise, so sehr sie sich einer glatten Theaterausfer-
tigung verweigern mögen, so sehr sie mit dem Unsichtbaren
spielen, sie enttarnen immer zugleich auch einen politischen
Zusammenhang. Salon/Bunker: das muß wohl ein maskierter
Raum sein. Und hinter der Maske grinst uns der quälende Gedanke entgegen, die Revolution sei womöglich jene Nachgeburt
gewesen, die uns im Atombunker den letzten Totentanz aufführen läßt, aber vielleicht auch jener erotische Glücksmoment, der,
hätten die Toten der Revolution sich zu ihm bekennen können,
den heute Lebenden die Last jener Erfindungen ersparte, die das
bürgerlich-aufklärerische Denken ihnen beschert hat. Müller hat
das auf die sarkastische Pointe gebracht:

*Wenn die Französische Revolution nicht stattgefunden hätte, gäb's auch
keine FAZ . . . Das Faszinierende ist, daß, wenn ich über längere Zeit hier
(im Westen) bin und die FAZ lese über Wochen, daß in mir richtiggehend
DDR-patriotische Gefühle hochsteigen . . .*

Das ist eine jener Pointen, mit denen Müller immer wieder von
der Ernsthaftigkeit seines Blicks abzulenken sucht. Er entlastet
sich und uns – mit einem bitteren Witz. Die Authentizität seines
Sprechens und Schreibens wäre sonst nicht auszuhalten. Vor das,
was uns sehend machen würde, nämlich, wie er sagt, »der Geschichte ins Weiße im Auge zu sehen«, baut er, vielleicht um auch
sich selbst noch ein letztes Mal zu betrügen, immer mal wieder
einen Scherz, wissend jedoch:

*Nur der zunehmende Druck authentischer Erfahrungen, vorausgesetzt,
daß er »die Massen ergreift«, entwickelt die Fähigkeit, der Geschichte ins
Weiße im Auge zu sehen, die das Ende der Politik und der Beginn einer*

Geschichte des Menschen sein kann. Der Autor ist klüger als die Allegorie,
die Metapher klüger als der Autor.

Gertrude Stein, in einem Text über die elisabethanische Literatur, erklärt
ihre Gewalt mit dem Tempo des Bedeutungswandels in der Sprache. »Es
bewegt sich alles so sehr.« Der Bedeutungswandel ist das Barometer des
Erfahrungsdrucks in der Morgenröte des Kapitalismus, der die Welt als
Markt zu entdecken beginnt. Das Tempo des Bedeutungswandels konstitu-
iert das Primat der Metapher, die als Sichtblende gegen das Bombardement
der Bilder dient. »Der Druck der Erfahrung treibt die Sprache in die
Dichtung«, sagt Eliot. Die Angst vor der Metapher ist die Angst vor der
Eigenbewegung des Materials. Die Angst vor der Tragödie ist die Angst
vor der Permanenz der Revolution.

Ein solcher Text macht wieder einmal darauf aufmerksam, wie
sehr Müllers Sprache, auch wenn sie sich theoretisch äußert, eine
der Montage und des bewußt Fragmentarischen ist. Die Genauigkeit und Unmittelbarkeit unserer Erfahrungen würde eben
auch darin zu bestehen haben, daß wir das Leben bereits als die
maschinisierte Wirklichkeit begreifen, die den Begriff Geschichte
selbst fragwürdig macht und zu zersetzen beginnt. Müllers zitie-
rende, montierende, die unmittelbare poetische Wendung scheu-
ende Sprache bildet wohl jenes Phänomen ab, das man die
Niederlage der menschlichen gegen die der technischen Einbildungskraft nennen könnte. Wenn die Imagination sich auf die
Seite der Reaktoren, Brüter, Computer und Mikroprozessoren
geschlagen hat, dann ist der Dichter, der Künstler, der das noch
früher wahrnimmt als jene, die es blindlings betreiben, gezwungen, die Raum- und Zeitverhältnisse und damit natürlich den
Gestus unserer gesamten Verständigungsmittel zu verändern. Er
wird erkennen, wie Müller, daß schon einmal die Zeitkoordina-
ten nicht mehr stimmen. Da hinkt er, wenn er den Weg von Ost-
nach West-Berlin beschreibt, jedem avancierten Science-fiction-
Autor auch eher noch nach:

Wenn ich vom Übergang Friedrichstraße zum Bahnhof Zoo in West-
Berlin fahre, fühle ich einen großen Unterschied von Zivilisationen, von
Epochen, von Zeit. Es gibt da verschiedene Zeitebenen, verschiedene Zeit-
räume. Man fährt da wirklich durch eine Zeitmauer.

Was Müller mit diesem ihm vertrauten Ost-West-Beispiel beschreibt, läßt sich auch auf Nord-Süd-Erfahrungen übertragen. Die Erfahrung, daß wir auf diesem Globus nicht in einer Zeitebene leben, wird durch die wütende Flut der Information nicht nur erst offenbar, sondern zugleich zum Krieg zwischen den Zeiten angeheizt. Nur dieser Effekt ist neu. Das Fremde hat es immer gegeben. Aber erst die Ideen, mit denen die Kolonisatoren das Fremde infizieren, verschieben auch unser eigenes Raumgefühl. Der Apparat, der schon die Heimat der Eroberer zu verschlucken droht, dehnt sich nun global aus, und es ist das eine Entwicklung, die kaum mehr rückgängig zu machen ist. Es ist schon, was wir auf Erden treiben, in der Gefahr, der Krieg der Sterne zu sein. Metaphysische Systeme wie der Islam, wie die asiatische Produktionsweise, die aus Not eine metaphysische ist, kämpfen dagegen, von einer Gesamtmaschine aufgeschlungen zu werden. Auch die Lethargie der Ausgepowerten in der Dritten Welt, ihr einziger Besitz ist dieses Gefühl, wird ihnen weggenommen. Müller zeigt das alles in einer Metapherncollage, im Stück »Der Auftrag«, die wiederum den Bogen von der manisch besetzten historischen Stunde, der Französischen, der blutigen, schreienden Revolution schlägt zu jener Welt, von der Müller sich den letzten Schrei erhofft: der Dritten. Und er hat, denke ich, die geschichtliche Entwicklung erotisch genug besetzt, als daß er wünschen muß, es möge das noch, als der Orgasmus einer neuen Weltordnung, zu seinen Lebzeiten passieren.

Die Änderungen oder Reformen, die in unseren Ländern nötig sind, hängen sehr von der Entwicklung in der Dritten Welt ab. Das ist wie ein großer Wartesaal, in dem alles auf Geschichte wartet. Und Geschichte ist jetzt die Geschichte der Dritten Welt mit all den Problemen von Hunger und Überbevölkerung.

So erkennen wir, daß Müller sich immer mehr – vom Leidenden an Deutschland – herauskatapultiert zum Bewohner einer Landschaft, eines Raum-Zeit-Systems, das er bereits auf der Schiene wähnt, wie unordentlich auch immer es ihm noch begegnet. Ist das nun der Traum des Sozialisten, der auch von seinem »Oktobertag« enttäuscht sein muß und die nächste Morgenröte sich nach dem Endkampf jenes Konfliktes vorbereiten sieht, den die Unbelehrbaren, die angeblich nicht Aussterbenden anzetteln? Nach dem Gespensterkampf der »ersten«, der kapitalistischen Welt untereinander, den sie ja heimlich immer noch weiterführt? Müller meint immer wieder auch, der Zukunft sicher sein zu sollen. Die Realität, denkt er, spiele sich eh schon in einem anderen Kosmos ab als in dem, den die in ihr Agierenden wahrnehmen. Sie trieben's unbewußt, während die Funktionalisierung sie überfällt, längst mit einem anderen Stern, meint er. Aufklärung heute würde dann, folgt man Müller, darin bestehen, ihnen den Schrecken darüber einzujagen, daß sie bereits in einer Zukunft herumtappen, die noch nicht einmal die ihre ist: jedenfalls nicht die der Lebenden, vielleicht schon die der Toten. Was immer er schreibt, gerinnt ihm zu Stücken vom Ende, besser: zu Stücken wie nach dem Ende. In der »Hamletmaschine« schieben sich Räume und Zeiten zu einer Vision vom letztmöglichen aller Untergänge zusammen, der Autor tötet seine eigene Obsession, Hamlet zu sein, indem er gleich das ganze Weltgebäude einreißt. In »Quartett« vernichtet er seine sexuellen Obsessionen, indem er die Leiber zu »Leibern des Todes« aufschminkt und nur das Sterben als mögliche Erfüllung behauptet. Die letzten Worte des Stückes lauten:

Jetzt sind wir allein, Krebs, mein Geliebter.

Solchem Bewußtsein gegenüber wird die Rezeption seiner Stücke immer schwieriger, auch ihre Umsetzung auf der Bühne. Denn längst ist der Rest eigentlich Schweigen. Verbissen aber versucht Müller, einen Text zu artikulieren, der das Verstummen herausschreit. Er gibt sich nur noch mit dem Unmöglichen ab, und er weiß auch warum:

Was bleibt: einsame Texte, die auf Geschichte warten.

Da ist sie wieder, die brennende Hoffnung, der verzweifelte Versuch, Spuren in die Zukunft einzugraben. Und wenn sie nicht gelesen werden, so hat Heiner Müller auch dafür eine Antwort bereit:

Ich werde mir selbst applaudieren müssen.

(Sender Freies Berlin, 17. 11. 1982)

Theater und Krankheit, Theater und Tod

Über das Werk von Thomas Bernhard

Der Blick, den Thomas Bernhard auf Menschen richtet, ist voller Distanz zu ihnen, er hält den Abstand, der ein Beschreiben ermöglicht; aber er ist nie ein denunzierender, häufig jedoch ein angstvoller, immer ein die Ursache der Kraftlosigkeit, der Krankheit, des Verbrechens aufsuchender. Menschen sind ihm die Meßgeräte von Erschütterungen, die in der Landschaft ihren Ursprung haben. Klima, Landschaft, Umwelt weisen sich auf diesen Meßgeräten als mörderisch aus, die Gesellschaft und ihre einzelnen Mitglieder verkrüppelnd, vielfache Gewalttätigkeiten, körperliche und geistige Defekte provozierend. Eine sich selbst vernichtende Welt völlig grundlos vernichteter Existenzen: wie ungeheuerliche Gewitter entlädt sich ein verstörtes Verhältnis der Menschen zu ihrer Landschaft, ein Ungleichgewicht, läßt einzelne plötzlich ohne Grund in Brutalität ausbrechen, andere erschlagen, sich selbst morden, in Perversität verfallen und treibt sie in Irrenhäuser und in Refugien. An den Körpern schreitet die Vernichtung in katastrophalen Veränderungen, frühem Vergreisen, Verkrüppelungen fort, greift durch Epilepsien, Geistesverstörungen, Wahnsinn auf das Bewußtsein über, bringt alle Lebensäußerungen, die Sprache selbst, in unauflösbaren Zusammenhang mit den Körpermißbildungen.

Wo der Verfall latent vorhanden ist, wo alles, selbst wenn äußere Zeichen es noch nicht ankündigen, von schleichender Todeskrankheit besetzt ist, bleibt einzelnen, die sich ein Bewußtsein davon verschaffen und erhalten, noch die Flucht in eine geistige Isolation, die Aufschub suggeriert, früher oder später aber gleichfalls sich als eine Flucht zum Tode erweist. Denn in dieser sich selbst vernichtenden Welt bewegt sich nichts auf das Leben, alles auf den Tod zu. Und in ihr noch existieren können, heißt: in einer die äußeren Anforderungen an den Verstand stellenden Konzentration denken; sich in diesem Denken, da es sich nicht darstellen kann, nicht Leben werden kann, immer weiter von anderen Menschen entfernen, sich in der Anstrengung einer unerträglichen Isolierung erschöpfen. Der Versuch, das eigene Denken darzustellen, zur Sprache zu bringen, verzehrt: die Unmöglichkeit, sich verständlich zu machen mittels der vorgegebenen Sprache, treibt dazu, daß selbst die dem Menschen eingegebenen Wörter zu Werkzeugen der Zerstörung werden. Denn »die Wörter, mit denen wir reden«, heißt es in dem Roman »Verstörung«, »existieren eigentlich gar nicht mehr, das ganze Wortinstrumentarium, das wir gebrauchen, existiert gar nicht mehr. Aber es ist auch nicht möglich, vollkommen zu verstummen.« Unaufhörliches Denken vernichtet sich selbst, zerredet mit den unzulänglichen Wörtern das Vor-Gedachte: absurder, verzweifelter Widerstandskampf der Innenwelt gegen die andrängende Außenwelt, Versuch, Ordnung zu machen, der – weil er mit hoffnungslos unzulänglichem Instrumentarium auskommen muß – die Unordnung nur bekräftigt.

Die Krankheitserreger, die er »philosophische Spitzfindigkeiten des Todes« nennt, haben in der Welt von Thomas Bernhard, in der Natur als ein Betrug am Menschen und die Existenz in ihr als eine tragische Komödie erscheint, etwa die gleiche Bedeutung wie die Pest in der Theatertheorie Artauds. Ihre katastrophalen Auswirkungen auf das Bewußtsein finden sich bei Bernhard so präzise beschrieben wie bei Artaud, das Zitat aus »Le Théâtre et son Double« könnte aus einer Prosaarbeit Thomas Bernhards stammen:

»Der geöffnete Leichnam des Pestkranken weist keine Schädigungen auf. Der Körper ist steinhart, aber es gibt keine stoffliche Einbuße oder Zerstörung. Die beiden einzigen wirklich von der Pest befallenen und von ihr geschädigten Organe, das Hirn und die Lunge, stehen in direkter Abhängigkeit von Bewußtsein und Willen . . . Man kann sich daran hindern zu atmen . . . Auch das eigene Denken kann man beschleunigen, verlangsamen und rhythmisch gliedern . . . Die Pest scheint daher in Gegenden aufzutreten, sie scheint eine Vorliebe für Körpergegenden, für alle Stellen im physischen Raum zu haben, wo der menschliche Wille, das Bewußtsein, das Denken nah sind und im Begriff, in Erscheinung zu treten.«

Den Verfall von Tradition, das Verfaulenlassen riesiger hochgezüchteter Land- und Forstwirtschaften (in dem Roman »Verstörung« wie der Erzählung »Ungenach«), den Selbstmord alter Familien (in der Erzählung »Amras«), die unablässige Bemühung einzelner, in der Isolierung und Konzentration des Verstandes sich dem tödlichen Chaos zu entziehen (zuletzt wieder demonstriert in dem 1969 erschienenen Band »Watten«), all diese Vorgänge der Auflösung, der Aushöhlung, des Rückzugs, der Abschließung führt Thomas Bernhard auf eine Krankhaftigkeit zurück, die dieselben Merkmale und Auswirkungen aufweist wie die Pest, die Antonin Artaud beschreibt.

Thomas Bernhard zitiert in seinen Prosaschriften häufig das Theater. Meist verknüpft er Vorstellungen vom Theater und Haltungen zu ihm in Situationen, die unter einer Todesbedrohung stehen:

In der Erzählung »Ist es eine Komödie? Ist es eine Tragödie?« zum Beispiel spielt er den Widerspruch zwischen einer tödlichen Wirklichkeit und dem Theater mit Genuß an diesem Widerspruch aus.

Theater und Krankheit, Theater und Verbrechen, Theater und Tod, Rollenspiel als eine mögliche, groteske Haltung zu einer Wirklichkeit, die auf den Verfall zutreibt, als eine Einübung in den Tod, als ein Mittel der äußersten Konzentration der Sinne. Ein Haß auf das Theater, wie es ist, und eine Vorstellung von einem Theater, das, wie die Pest, Kräfte mobilisiert, die sich dem Verfall entgegenstemmen könnten. Will Thomas Bernhard die Theatervorstellung Artauds, indem er ihren utopischen, vergeblichen Ansatz erkennt, erhalten, indem er sie ins Groteske weitertreibt? Indem er sie umfunktioniert und ihr jenes Element zurückerobert, das Artaud tendenziell eliminieren wollte –: Sprache als ihrer Ohnmacht bewußte Widerstandswaffe?

»Dort, wo die Bilder der Pest in Verbindung mit einem ausgeprägten körperlichen Verfallszustand gleichsam die letzten Ausbrüche einer erlöschenden geistigen Kraft sind, sind die Bilder der Poesie auf dem Theater eine geistige Kraft, die ihre Flugbahn zwar im sinnlich Erfaßbaren beginnt, aber auf die Wirklichkeit verzichten kann ... Wie die Pest ist also auch das Theater ein mächtiger Anruf von Kräften, die den Geist durch das Exempel wieder an den Ursprung seiner eigenen Konflikte zurückführen« (Artaud). Das Theater, das Artaud sich als eine heilsame Epidemie, als die Anwendung eines Naturgesetzes denken wollte, wo jede Gebärde durch eine andere Gebärde und jede Wirkung durch eine andere Wirkung aufgehoben wird, ist bei Thomas Bernhard auf einen Endzustand reduziert, auf das Leiden, die durch Zerstörung erreichte Darstellung einer Krise, die mit dem Tod endet, weil es »Erlösung«, Aufhebung der Schmerzen, die die Wirklichkeit dem einzelnen zufügt, nur im Tod gibt.

Die »Grausamkeit« seines Theaters ist die von einer Landschaft – wie bei Artaud von einer Pest – evozierte Grausamkeit, zu betrachten ist allerdings nur noch deren Wirkung in den Menschen, der Zustand ihrer endgültigen Verkrüppelung. Thomas Bernhards Stück »Ein Fest für Boris« zeigt sie an ihre Rollstühle gefesselt, sie sind zu beinahe unbeweglichen Gegenständen einer Szenerie geworden, sie haben außer ihrer verfallenden und an den Verfall mahnenden Körperlichkeit nichts mehr als die Sprache. Die erinnert sie an Bewegung, an Leben.

Alle Personen des Stücks sind Krüppel, Absterbende, die zurückschauen in die Vergangenheit, weil es eine Entwicklung, eine Zukunft für sie nicht mehr gibt. Das Fest für Boris, sein Geburtstagsfest, ist das Fest seines Todes, die Erlösung aus einer einzigen Geschichte der Verkrüppelung. Das Fest, das die Krüppel singend ankünden – »Jetzt kommt die Düsternis, jetzt kommt die Finsternis« –, spielt auf den Tod zu, in dem das Böse aufgehoben wird. Der Tod hebt die Rollen auf, zerstört die Inszenierung der Guten, für die das Fest für Boris ein eigennütziges Spiel war, um die eigene Verkrüppelung zu vergessen; in dem darum alle sich gleichen mußten, in dem selbst die noch unbeschädigte Johanna – Projektion des Wunsches nach »Gesundheit« und Konzentrationspunkt allen Hasses, der aus dem Leid kommt – eine Beinlose zu spielen hatte. In Artauds Vorstellung vom Theater wird das Böse »erst im letzten und höchsten Augenblick, wenn alles, was Form war, wieder ins Chaos zurückkehren will«, aufgehoben. Thomas Bernhard setzt für das Chaos den Tod: den Augenblick von Wahrheit, in dem einzelne ihre Rollen aufgeben und sich zeigen können, wie sie wirklich sind, und gleichzeitig – in ihrem Abtreten – die Existenz der anderen bloßlegen.

(Aus: Ernst Wendt / Elke Kummer, Die Schauspieler in den Schauspielern der Schauspieler, in: Theater heute, 1/1970)

Krankheit als musikalisches Problem
Fragmentarisches zu Thomas Bernhard

Thomas Bernhard ist eine Ausnahmeerscheinung in der gegenwärtigen deutschsprachigen Literatur: keiner »Richtung« verpflichtet, nirgendwo einzuordnen, beharrlich fixiert an die Beschreibung von Landschafts-Zuständen, kranken, österreichischen, die sich in Seelen-Zuständen, kranken, todessüchtigen, spiegeln. Seine Romane sind Monologe über Krankheit, Tod, Verbrechen, Verfall, Wahnsinn, Verkrüppelung; spekulatives Philosophieren über Auflösungs-, Zersetzungs-Vorgänge; eine Welt beobachtend, der die zur Kommunikation taugliche Sprache wegstirbt, in der jedoch gegen das Verstummen monomanisch angeredet wird. Bernhard beobachtet mit lustvoll scheinendem Grimm, wie der Verlust von Identität mit dem von Sprache einhergeht, und er häuft, was immer sich auf einem Lebensweg zum Tode hin über diesen denken läßt, wie zu einem Schutzwall auf. Lebens-Zustände erscheinen ihm nur noch als die Negativform des Todes. Bernhard trägt einen Widerspruch, der bei den meisten seiner schreibenden Zeitgenossen nur mehr als ein »literarischer« sich darstellt, existentiell aus: die Entfremdung zwischen Innenwelt und Außenwelt versucht er, schreibend, nicht lediglich darzustellen, abzuschreiben und in Formen und auf Formulierungen zu bringen, sondern – gewiß: ein aussichtslos-masochistisches Unternehmen – schreibend für sich auszutragen und aufzuheben. Ein Ordnungs-Versuch, der immer aufs neue scheitern muß. Daß er – Forderung des Literaturmarkts – zugleich immer auch »neu«, neuartig-interessant scheitern muß, bezeichnet die für Bernhard größte Gefährdung: gibt er ihr nach, werden seine Widerstands-Gesten unglaubwürdig; entzieht er sich ihr durch Radikalisierung dieser Gesten, kann er leichter noch als bisher von den »Konservativen« vereinnahmt und von den anderen als »reaktionär« verdächtigt werden.

Darum sind die beiden bisherigen Theaterstücke für Bernhards Weg als Autor besonders wichtig: das andere Medium zwingt seiner Phantasie neue Schauplätze, neue Figurenkonstellationen und modifizierte Schreibweisen ab; er erobert sich ein zusätzliches Feld, auf dem er die Isolierung des Denkenden und dennoch unaufhörlich weiter Redenden, den Verzehr an Innenwelt und die selbst-mörderische Verstandes-Konzentration darstellen kann.

»Ein Fest für Boris« zeigt Krüppel, Rollstuhl-Gefesselte, die außer ihrer an den Verfall gemahnenden Körperlichkeit nichts mehr zueigen haben als die Sprache; eine leerlaufende freilich: die birgt, als erinnerte Geschichte, Anekdote, Lüge, Spintisieren, noch Reste von Bewegung und Leben, welche körperlich-sinnlich ihnen selbst nicht mehr erfahrbar sind. Bernhards Krüppel-Asyl ergänzt die Reihe seiner in den Prosaschriften entwickelten visionären Schauplätze, aber es ist – mag sein, das Medium Theater provozierte das – ein leichter zu konkretisierendes Modell, herausgelöst aus Bernhards privater Landschafts-Mythologie. Die Krüppel-Welt bezeichnet einen End-Zustand gesellschaftlicher Existenz, in dem Gut-Sein und individuelle Sozial-Moral, welche dem von dieser Welt verkrüppelten Einzelnen helfen wollen, sich zu sozialen Täuschungs-Manövern auswachsen: die wohltätige »Gute«, selber auch verkrüppelt, gibt das Fest für Boris, um vom allgemeinen Elend so sehr wie von ihrem eigenen abzulenken.

»Der Ignorant und der Wahnsinnige« ist zugleich privater bernhardscher Todestanz und, darüber hinausweisend, ein auf wenige Theaterfiguren konzentriertes soziales Modell. Ein Doktor in der Garderobe der »Königin der Nacht«: Kunst und Wissenschaft, zwei esoterische menschliche Äußerungs- und Erkenntnisformen, miteinander verkuppelt. Die Theatralik entzündet sich an der Radikalität zweier isolierter Existenzen: der kalt demonstrierende Wissenschaftler, der unaufhörlich darüber monologisiert, wie der Mensch aus nichts als Knochen, Muskeln, Fleisch und Sehnen besteht und wie man ihn auseinandernimmt;

und ihm gegenüber die exzentrische Sängerin aus Mozarts »Zauberflöte«, ein absolutes Kunst-Geschöpf, das ganz auf ihr Instrument, die Stimme, und auf deren Vervollkommnung ausgerichtet ist. Zwei Opfer der Spezialisierung, welche die Menschen zu Erkenntnissen und Höchstleistungen und zur perfekten Darstellung von schönem Schein antreibt, aber gleichzeitig auch: sie ihrer Humanität beraubt und in den Irrsinn einer Selbst-Verwirklichung führt, bei der eben dieses »Selbst« zugunsten immer vollkommenerer Reproduktion aufgezehrt wird.

Vernichtungs-Vorgänge in einer auf Selbstvernichtung angelegten Gesellschaft, welche noch aus den Entfremdungs-Zuständen künstlerische Funken schlägt: Thomas Bernhard stellt sie dar und trägt sie in seinem eigenen Werk aus.

»Das Märchen ist ganz musikalisch.« Thomas Bernhard hat seinem neuen Stück einen Satz des Novalis vorangestellt und damit eine Affinität zur deutschen Frühromantik bestätigt, die seinem gesamten bisherigen Werk bereits eigentümlich war. Vieles von dem, was in Thomas Bernhards Prosa selbstzerstörerisch wieder und wieder umkreist wird, findet sich in den Fragmenten des Novalis auf eine ähnliche mit sich selbst monologisierende Weise vorformuliert: das entfremdete Verhältnis von Außenwelt und Innenwelt; Krankheit als Lust und als Motor des Poetischen; der Tod als Antrieb eines Lebens, das sich im »Märchen« – in Kunstgebilden – erfüllt.

Thomas Bernhard hat das frühromantische Menschen-, Wissenschafts- und Kunstverständnis in eine durch und durch negative Anthropologie weitergetrieben, in welcher Natur, eine verbrecherische, zerstörerische, die Menschen unterdrückt und reduziert. Dieses Menschen-Bild, nurmehr ein schwarzer Spiegel, wäre unerträglich und nur als Anstiftung zum Suizid »brauchbar«, wenn es nicht gleichzeitig sein Gegen-Bild, das »Märchen«, Traum und Poesie und Musik, provozieren würde. Hinter dem Erkenntnis-Schock, den die Negation auslöst, liegt Zukunft bereit; die selbstmörderische Poesie antizipiert noch im Akt des Weiter-Schreibens Hoffnung und ändert damit bereits ihre Qualität – denn: »Nichts ist poetischer als Erinnerung und Ahndung oder Vorstellung der Zukunft« (Novalis).

Die Natur ist für Thomas Bernhard der einzig objektive Zugang zu Welt und Gesellschaft: Landschaft ein Brennspiegel der Erkenntnis. Natur stellt sich dar als ein Herd der Krankheiten, als Außenwelt, welche die Innenwelt verstört und dann zersetzt und schließlich in den Wahnsinn treibt und in die Todeskrankheit. Die Balance, die Novalis, wenngleich als eine aufs äußerste angespannte, noch wahrnahm, ist bei Thomas Bernhard endgültig aufgehoben: die »Seele«, von Novalis als jener Punkt definiert, wo Innenwelt und Außenwelt einander berühren und im glücklichen Falle durchdringen, hat diesen ihren Ort verloren. Das Verhältnis der Lebenden zur Natur ist endgültig verrückt geworden und die »Seele« höchstens als Mißbildung noch wahrzunehmen.

Mit dieser Verschärfung tritt aber zugleich eine Dialektik um so entschiedener – und aussichtsreicher – in Kraft, die gleichfalls von Novalis vorgewußt wurde: Dialektik des Märchens, welches Natur überwindet und einen Qualitätssprung provoziert: »Könnte Krankheit nicht ein Mittel höherer Synthesis sein? . . . Fängt nicht überall das Beste mit Krankheit an?«

Indem sie sich ins Traumbild und ins musikalische Halluzinieren vorantreibt, beherbergt auch Bernhards Dichtung zweifellos noch ein utopisches Element. Die negative Anthropologie überwindet sich selbst durch das Bewußtsein, zunächst überhaupt nur als Märchen und als Musik zur Formulierung gelangen zu können. In der unablässigen lustvollen Reflexion des Bösen und Kranken und Üblen wird dieses vernichtet; der Monolog über die Krankheit hebt den Schmerz auf, die Krankheit wird zum Mittel des Philosophierens und Poetisierens. »Durch Annihilation des Bösen usw. wird das Gute realisiert – introduziert, verbreitet« (Novalis).

So verwirklicht sich hinter Thomas Bernhards unnachsichtig »negativem« Blick ein Unmögliches, von dem Novalis träumte: »Bedeutender Zug in vielen Märchen, daß, wenn *ein* Unmögliches möglich wird – zugleich ein andres Unmögliches unerwartet möglich wird – daß wenn der Mensch sich selbst überwindet, er auch die Natur zugleich überwindet – und ein Wunder vorgeht, das ihm das entgegengesetzte Unangenehme gewährt, in dem

Augenblicke, als ihm das entgegengesetzte Unangenehme angenehm ward . . . Vielleicht geschähe eine ähnliche Verwandlung, wenn der Mensch das Übel in der Welt liebgewönne – in dem Augenblicke, als ein Mensch die Krankheit oder den Schmerz zu lieben anfinge, läge die reizendste Wollust in seinen Armen – die höchste positive Lust durchdränge ihn.«

Jede Krankheit, formulierte Novalis konsequent, sei ein musikalisches Problem und ihre Heilung eine musikalische Auflösung. Wie nun, wenn eine philosophische Kunst wie die Thomas Bernhards alle Verstörungen des Menschlichen in einem gleichsam musikalischen Denken »notiert« –: bringt diese nicht zugleich auch, in Marxens Sinne, »die Verhältnisse zum Tanzen«? Denn was sich in Bernhards Werk an individuell empfundener Zerstörung abbildet – als schreckhafte Flucht einzelner in die Lust, eigenes Denken in Isolation unablässig zu reproduzieren –, das bezeugt ja wohl zugleich, über das jeweilige subjektive »Märchen« hinaus, eine gesellschaftliche Verstörung, die in der technischen Reproduzierbarkeit von Natur und der damit einhergehenden Entfremdung ihren eigentlichen Grund hat. Novalis, der diese Entfremdung aufkommen fühlte, nannte »ein musikalisches Problem«, was Marx wenig später auf seine ökonomischen Füße stellte und auf den materialistischen Begriff brachte. In des Novalis Sehnsucht nach Harmonie spiegelt sich bereits deren objektiver Verlust. Und die fragmentarische Struktur seiner Schriften bezeugt nicht zuletzt, wie wenig das Märchen auch nur subjektiv sich noch realisieren kann: eine durch unversöhnliche Gegensätze bestimmte Zeit zerreißt jede erträumte musikalische Auflösung zu Dissonanzen.

Und so, nur um vieles verschärfter, im Werk von Thomas Bernhard, welcher gleichfalls Bruchstücke eines fortlaufenden Selbstgesprächs, abgerissene Gedanken, nicht-systematisierte Gedankenfolgen aufhäuft; und zur Musik nicht findet, nicht finden kann. Denn inzwischen hat noch die Sprache sich verdächtig gemacht; sie ist mitbetroffen vom allgemeinen Prozeß der Verdinglichung und als nun selber verdinglichte nicht mehr glaubwürdig. In der Romantik, bei Kleist oder Hölderlin etwa, noch letzter – scheinhafter – Garant von Harmonie, beginnt sie wenig später, um die Jahrhundertwende, sich ihrer eigentlichen Bestimmung, Mittel der Kommunikation zu sein, zu entziehen. Die Worte, heißt es in Hofmannsthals berühmten Chandos-Brief, »zerfielen mir im Munde wie modrige Pilze . . . Wirbel sind sie, in die hinabzusehen mich schwindelt, die sich unaufhaltsam drehen und durch die hindurch man ins Leere kommt.« Bei Thomas Bernhard ist der Bruch zwischen den Wörtern und denen, die sie benutzen, endgültig vollzogen: »Die Wörter, mit welchen wir sprechen, existieren eigentlich gar nicht mehr. Das ganze Wortinstrumentarium, das wir gebrauchen, existiert gar nicht mehr.« Der Gedanke an das Märchen, an eine musikalische Auflösung zur Humanität, wird gleichwohl noch im Scheitern festgehalten: im Augenblick höchster Irritation durch die Wörter »unterläuft« Thomas Bernhard die Formulierung, sie ordneten sich zu einer »Notenschrift der Angst«.

Musik als die noch mögliche Sprache, in die Utopie sich flüchtet: daran hält Thomas Bernhard selbst dort fest, wo auch sie durch die Zwänge der Reproduktion und die damit einhergehende Entfremdung des Künstlers vom Geist seines Materials gefährdet und eigentlich bereits zusammengebrochen ist. Das neue Stück »Der Ignorant und der Wahnsinnige« beschreibt den Prozeß der Zerstörung eines »Märchens«, der Verdinglichung noch jener Kunst, die darauf angelegt scheint, diesem Prozeß am nachdrücklichsten Widerstand zu leisten: »Die Zauberflöte«, humanes musikalisches Märchen, Notation einer gesellschaftlichen Utopie, wird reproduziert auf eine Weise, die nichts von jener Humanität mehr birgt, welche in der Notenschrift aufbewahrt ist. Auch diese ist zu einer Notenschrift der Angst geworden: die Szene in der Garderobe der Königin der Nacht demonstriert das.

Und die Wissenschaft vom Menschen – der monologisierende Doktor bezeugt es – kennt nurmehr »Außenwelt«, Körperteile, Eingeweide, Knochen, Muskeln, Sehnen; wenn alles mit dem Messer zerlegt ist, bleibt –: nichts Nennenswertes. Wissenschaft hat sich so sehr ihrem Objekt entfremdet – dem beobachteten Menschen, der Natur – wie Kunst ihrem Subjekt – dem sie hervorbringenden Menschen, und damit gleichfalls der Natur. Der Wiederholungszwang, begleitet von einem Perfektionszwang, macht beide irre: den Wissenschaftler, den Künstler. Zwischen ihrem Selbst und ihren Mitteln klafft ein immer größer werdender Abgrund, den sie nur dadurch überwinden, daß sie – zwanghaft auf ihr Material starrend – sich selbst und ihre humanen Möglichkeiten schließlich aus dem Blick verlieren. Kaum je ist, was der Ausdruck »Fachidiot« bezeichnen will, anschaulicher formuliert worden als in Bernhards Stück: Schizophrenie einer Kultur, die sich von aller Natur abgenabelt hat.

Und dennoch: in der Beziehung des Doktors zur Sängerin wird, wie fragmentarisch auch immer, ein Rest jener Sehnsucht aufrechterhalten, die im Zeitalter technischer Reproduzierbarkeit – vorläufig? – unterdrückt ist: Sehnsucht, daß die Krankheit ihre musikalische Auflösung finden möchte.

(Programmhefte der Staatlichen Schauspielbühnen Berlins, 1972)

Über »Die Macht der Gewohnheit«

In dem Stück »Die Macht der Gewohnheit« sagt der Zirkusdirektor Caribaldi zu einem der bei ihm angestellten Artisten: »Mein lieber Herr Jongleur, Sie jonglieren mit Ihren Tellern ja auch lebenslänglich gegen die Gesellschaft.« Dieses Stück ist selber auch eine solche Teller-Nummer: die artistische Tollwut, das Spiel mit Sottisen und Sentenzen, die philosophischen Scherze darin, der Sprachfanatismus, mit dem unser Autor seine Figuren ausrüstet –: das alles ist ein Jongleurs-Spaß, der sich gerade durch seine monomanische Beschäftigung mit der Lust und der Last von Kunstausübung gegen eine Gesellschaft richtet, die die Künstler gern unter einem Zirkuszelt, will sagen: in einem kulturellen Getto, zusammentreiben möchte, wo sie nichts weiteres sein sollen als: Jongleure, Spaßmacher, Seiltänzer, Dompteure.

Das Stück von Thomas Bernhard handelt von der Schwierigkeit, die Teller in die Luft zu werfen und sie wieder aufzufangen; es handelt davon, wie man und ob man unter Bedingungen, die nicht entwürdigend sind, heutzutage Kunst produzieren kann.

Wie man das fertigbringen soll unter Verhältnissen der äußersten nervlichen und materiellen Anstrengung; wie man denn elegant und subtil und sensibel sein kann beim langen Marsch durch die Provinz, die ja überall uns umgibt, nicht nur »morgen in Augsburg«. Der Zirkuswagen in Thomas Bernhards Stück, die Manege, der Clown, der Jongleur, der Tierbändiger und der Zirkusdirektor: die stehen ja nur zeichenhaft für alle, die heute unter – wenn ich das recht sehe – immer schwierigeren Bedingungen Kunst machen. Das heißt: für alle, die ihren Formverstand einerseits und ihre private Existenz andererseits; ihre Intelligenz einerseits, ihre Verrücktheit andererseits; ihre Selbstzucht einerseits und ihre Selbstsucht und ihre Launen andererseits; ihre Weltneugier einerseits, ihre Weltangst andererseits »zu Markte tragen«. Mitten hinein in den Kulturbetrieb; unter die Zirkusscheinwerfer, vor ein Publikum und: immer auch an die Kasse.

Thomas Bernhard hat diese Schwierigkeiten in der Form einer Komödie abgehandelt, und das bedeutet: weder die Artisten noch ihr Direktor geben dabei besonders imposante Erscheinungen ab; es sind Kunst-Krüppel: ihr Perfektionszwang einerseits, ihre materielle Abhängigkeit andererseits lassen sie als lächerlich erscheinen. Noch lächerlicher werden sie dadurch, daß sie ihre Abhängigkeit als eine materielle gar nicht zu begreifen vermögen: der Direktor, der Arbeitgeber terrorisiert sie mit einer Utopie von Kunst, der perfekten Darbietung des Forellenquintetts, dem Überbau der täglichen Misere und Abhängigkeit und Unvollkommenheit. Die Lächerlichkeit von Künstlern, die in entfremdeten Verhältnissen arbeiten: Thomas Bernhard hat sie in seiner Komödie, die natürlich eher eine Tragödie ist, exemplarisch ausgearbeitet. Der Titel, so erkennt man, lautet nicht zufällig: Die Macht der Gewohnheit. Lebenslänglich auf das Material starren, das einem in die Hand gegeben ist: ein Teller oder eine Geige, das ist gleichviel. Und der Versuch, diese beispielhafte Situation zu sublimieren, also Kultur herzustellen, ist notwendigerweise ein lebenslänglicher Kampf gegen die Gesellschaft und er endet in der Lächerlichkeit oder in der Schizophrenie, und wenn nicht da – dann »morgen in Augsburg«.

Das Stück »Die Macht der Gewohnheit« ist so komisch, weil es diesen tragischen Kampf als einen lächerlich anzuschauenden darstellt; und so komisch wiederum auch nicht, weil es sich selbst nicht und weil sein Autor sich selbst von diesem Kampf nicht ausschließt. Im Gegenteil: Thomas Bernhard trägt den Widerspruch einer künstlerischen Existenz, die bis zum Äußersten auf ihre Mittel starrt und an deren Vervollkommnung arbeitet und darüber sowohl ihre humanen Möglichkeiten einerseits, wie eine gesellschaftliche Wirkung andererseits aus dem Blick verliert – er trägt diesen Widerspruch radikal-komisch aus.

(Rede zur Verleihung des Hannoverschen Dramatikerpreises
an Thomas Bernhard, 1974)

Stichworte während der Proben
zum »Präsidenten«

Die Angst der Präsidentin ist eine ganz ernsthafte, noch ihre hysterischen Ausfälle sind nicht denunzierbar. Es ist die Angst von Leuten, die monomanisch ihr eigenes Spiegelbild begucken und noch die eigne Grimasse, ihren Untergang, die Verzerrung und die belegte Zunge, die verschatteten Augen nur selbstverliebt, selbstverloren anstarren mögen. Und die so die Wirklichkeit aus den Augen verlieren; die mit den Dienenden redend durch sie hindurchsehen (und dabei deren Fortschritte zu einem Bewußtsein übersehen) und, die Dienenden peinigend, letztlich nur sich selber quälen. Die Präsidentin, die durch Frau Frölich hindurchsieht, erkennt ein »graues Gesicht«: die Farbe dessen, an was sie sich gewöhnt hat. Ein tödlicher Sehfehler. *Die Präsidentin – Frau Frölich*: eine Beziehung, deren Dauerhaftigkeit jenen Haß gebiert, der sich in fast rituellen, dabei auch banalen Formen der Gemeinheit äußert. Zwei aneinandergekettete Frauen, Mütter. Was sie trennt, jenseits von Herrschen und Beherrschtwerden, ist eher die Haltung zur Zukunft, zu den Söhnen: nur die Herrschenden müssen Angst vor ihren Söhnen haben; Frau Frölich muß es nicht. Die Frölich – die Gegenwelt versinnlichend – als unscheinbar lauerndes, noch angekettetes, aber nicht mehr bewußtloses Wesen. Bedrohlich durch eine impertinente Form der Ruhe, durch dezente Gewißheit. *Ist es eine Komödie, ist es eine Tragödie?* Die äußere Situation, der angstmachende Terrorismus, zwingt komische, zumindest befremdliche, den Alltag übersteigende Verhaltensweisen herbei. Die Angst gebiert eine Komödie; die Not der Präsidentin wirkt, unfreiwillig, immer dann komisch, wenn sie zu keiner humanen, menschlicher Not angemessenen Ausdrucksform findet. Aber echt ist sie schon: die Terroristen sprengen in der Tat Gebäude in die Luft, die Alpträume realisieren sich zunehmend, die Herrschenden ahnen es: sie haben ihre eigenen Mörder geboren. *Die Präsidentin träumt es, der Präsident weiß es.* Hat er nicht eine insgeheime Lust zum eigenen Tod, sehnt er sich die tödliche Ablösung durch den Sohn nicht herbei? In unaufhebbarem Haß an die Präsidentin gekettet, träumt er in zwei Richtungen: von einer allerletzten Liebesgeschichte, einer Flucht ins Romantische, Liebe in atlantischer Küstenluft, einerseits; vom Gang in die Bewußtlosigkeit – ein Selbstmordtraum – andererseits. Beides freilich entbehrt der Größe, da ist nurmehr eine Sehnsucht nach Größe, sie kann sich aber nicht mehr verwirklichen. Kein Napoleon, auch kein Metternich. Zum wirklichen Diktator, zum Liquidator von Menschenleben so sehr wie zum politischen Theoretiker langt es nicht mehr, wo wäre denn auch die historische Basis? – eine Existenz aus Zitaten, politisch wohl eher ein Zauderer, ein mehr zur Ohnmacht als zur Macht gekommener Parteikassierer, der von Ordnungsmächten träumt. Ein Vergangenheitsgefangener, er sinniert sich zu Tode, redend bringt er sich um die Tat, so bleibt selbst die Liebesgeschichte eine armselige, der Kleinbürgertraum, mit einer Künstlerin zu schlafen. Und während es dazu kaum kommt, verschläft er den Gang der Geschichte. *Ist es ein politisches Stück?* Jedenfalls wird es täglich aktueller, kaum wagt man vor der Uraufführung noch die Zeitung aufzuschlagen, da grinsen einen Überschriften an und Kommentatorensätze und Politikersprüche, die Thomas Bernhard längst in seinen Text eingebracht hat. Die Vorgänge in Stockholm etwa werden denen, die das Stück probieren, gespenstischer als sie es ohnehin sind; vielleicht aber auch weniger schnell erklärbar, weniger schnell politisch katalogisierbar. So einfach macht es uns der Bernhard nicht, er ist nicht verwertbar für die politischen Tageskämpfe. Die ihn seiner ironischen Haltung wegen einen »Sympathisanten« des Anarchismus nennen könnten, wissen freilich nicht, daß ihre zappeligen Überlebensanstrengungen ihn vielleicht amüsieren, aber eigentlich eher schmerzen: diese Leute, die – wie der Präsident, die Präsidentin – schon bei Lebzeiten ihre eigene Gruft bewohnen, und erst ihr Abgang, ihre Aufbahrung konfrontiert sie, da ist es allerdings zu spät, mit denen, die sie zuvor als das Volksgesindel verachtet haben. Andererseits: was ist das für ein »Volk«, das da auf die Beerdigung des Präsidenten latscht? Kann man es lieben, seine Verkrüppelungen heilen, Hoffnung in seine Zukunft setzen? Nur Revolutionäre, Wahlredner und Leitartikler haben darauf eindeutige Antworten parat. Bernhard sieht Politik als einen Vorgang zwischen Eltern und Kindern (am besten also, es würden keine mehr geboren). Die Herrschenden verachten da das Volk, aus dem sie sich herausgehoben haben; und kann man es ihnen verargen – wozu sonst war die Anstrengung gut? Und die Anarchisten verachten die Herrschenden, deren Söhne sie sind, man kann es auch ihnen nicht verargen, wozu sonst die Anstrengung »wegzugehen«, sich abzunabeln von den Eltern, selbst um den Preis der eigenen Vernichtung; daß sie nun auch das Volk so sehr verachten wie die Väter – wen wundert das. *Ist das alles bloß Thomas Bernhardsche Privat-Mythologie* oder nicht eher eine zur Zeit wenigstens zu denkende politische Diagnose, die vor dem grassierenden hysterischen Mediengeplapper und dem angstverzerrten Auftrumpfen der Apparate den Vorzug der Gelassenheit und Einfühlsamkeit hat? Denn da schreibt ein Autor, dessen konservative Sehnsüchte sich auf oft anarchistische Weise verbalisieren; der mit den untergehenden Eltern und zugleich mit den sich selbst vernichtenden Söhnen heimlich sympathisiert. Und der still daneben zwei beredte Porträts stummer Gegen-Welt entworfen hat: den anrührenden romantischen Aufstieg aus der Armut in die Kunst, eine freilich von vornherein nur noch ironisierbare Utopie; und jene überbewußt dienende und in der Erniedrigung die Herrschaft unterlaufende utopische Kraft der Frau Frölich. Wer sich mit der Kraft dieser Bernhardschen Weltsicht nicht auseinandersetzen mag, mag sich weiter im allzu simplen Kreislauf von Gewalt und Gegen-Gewalt, von eskalierender Angst und sich steigerndem Terror zu Tode oder zur Ordnung strudeln.

(Programmheft Akademietheater Wien, 1975)

Sie feiern den Zerfall
Über Thomas Bernhards Theaterfiguren

»Das Unheil kommt«, sagt der Schriftsteller in Thomas Bernhards neuem Stück, »wie wir wissen / aus allen menschlichen Naturen / und die ganze Geschichte / ist nichts als ein Unheil / Und wenn wir in die Zukunft hineinschauen / sehen wir nichts anderes.« Da ist sie wieder: die Finsternis, die Düsternis, in die Thomas Bernhard seine Theaterfiguren, Ausgeburten einer pessimistischen Geschichtsphilosophie, kaltlächelnd hineinschiebt. Da tappen sie herum im Dunkeln, ausgeliefert einem wahnsinnigen Philosophierzwang, oder nur mehr stumme Ohren-Zeugen dieser der Selbstzernichtung zutreibenden Reflexions- und Formuliersüchtigkeit. Das Theater wird zum Verhandlungsort von Bernhards Ängsten, seiner Manien, seiner Abneigungen, seiner individuellen Mythologie; er spinnt, noch einmal, alle die ihn bedrängenden Themen aus: gesellschaftlicher Verfall; Sucht zum Tode; künstlerische Existenz, die mit ihrer eigenen Perfektionierung ringt; politisches Leben als groteske Fiktion; Landschaft als eine verschlingende Kraft; menschliche Verkrüppelung als Todes-Zeichen. Die Szene ist das Jagdhaus eines Generals; der hat einen Arm in Stalingrad gelassen; die Macht entgleitet ihm, seine »Landschaft«, sein Waldbesitz, wird vom Borkenkäfer zerfressen, er bringt sich zu Tode, ehe der Wald gefällt wird. Im Jagdhaus hocken die Generalin und der Schriftsteller, ein genüßlicher Beobachter des Zerfalls; er trinkt mit ihr und spielt Siebzehn und Vier, ein perfides Kartenspiel, und sie sind lustig inmitten der sich selbst vernichtenden Natur.

»Die Jagdgesellschaft« beschreibt den Finalzustand eines Mannes, dem Natur noch »gehörte« – im doppelten Sinne des

Wortes: Besitzer eines Waldes und Bewohner dieses Waldes zugleich; mit ihm lebend, mit ihm zerfallend; und den Zerfall nicht wahrnehmend: der graue Star, die eigne Todeskrankheit, nimmt ihm den Blick auf die der Natur. Und auch die Infamien der ihm nachwachsenden gesellschaftlichen Kräfte bleiben ihm verborgen: seine sprachlos wie Apparate funktionierende politische Umgebung wartet hinter seinem Rücken auf sein Ende. Erst als der Schriftsteller, in einer langen Nacht philosophischer und ästhetischer Gedankenspiele, ihn mit dem Entwurf einer Komödie konfrontiert, die seine eigne Tragödie aufarbeitet, erkennt er seine Situation. Und entzieht sich der nichtsnutzigen Zukunft, dem Abtransport zur sinnlosen Operation in der Klinik, durch einen Schuß in den Kopf. In der Außenwelt bestätigt sich sein Ende unmittelbar: kaum ist er tot, fangen Hacken und Sägen an, den Wald niederzulegen: »Die Holzfäller / Wie gut sie arbeiten«.

Die Anspielung auf den Schluß von Tschechows »Kirschgarten« ist unverkennbar. Das Fällen der Bäume beidemal als Bild vom Untergang; im »Kirschgarten« besiegelt es den Auszug einer historisch überholten Gesellschaft, der verfallende Adel wird, grob gesagt, von der kapitalistischen Spekulation verdrängt; in der »Jagdgesellschaft« ist das Bild zugleich radikaler und weniger konkret: nicht mehr »schöne«, blühende Natur wie bei Tschechow wird beseitigt, sondern Natur zerstört sich selbst, die den Menschen umgebende Landschaft wird weggefressen, das Geräusch der Sägen und Äxte besiegelt nur die Todeskrankheit, von der die Welt als Ganzes – Mensch und Natur – befallen scheint. Landschaft stellt sich dar als der Herd aller Krankheit, das Verhältnis von Natur und Gesellschaft scheint in unheimliche Unordnung geraten zu sein, die Außenwelt verstört die Innenwelt und treibt sie ins manische Reflektieren, in die Lust am Krankheitsbild, oder in den Tod.

Dieser durch und durch negativen Anthropologie Bernhards steht nurmehr gegenüber, als einzige Utopie: die Aufhebung der Zersetzungsvorgänge in der Kunst. Die verbrecherische Wirklichkeit wird gleichsam illusioniert, die Krankheit spekulativ »zerredet«, der Tod theatralisiert. Illumination des Wahnsinns, Selbstverwirklichung auf dem Weg durch die Düsternis, der Tod als Antrieb eines Lebens, das sich in Kunstgebilden erfüllt. Bernhards Schriftsteller umkreist in seinem endlos-monomanischen Redestrom den immer gleichen Zustand: das entfremdete Verhältnis von Außenwelt und Innenwelt, Natur, die – selber krank – den Menschen mit in die Krankheit hineinzwingt; Zustand seit dem Ende der Romantik, seit dem Beginn der Industrialisierung. Bernhards Schauplätze, die Lebensorte seiner Figuren sind die Asyle inmitten dieser entfremdeten Welt: ein Krüppelheim im »Fest für Boris«, eine Künstlergarderobe in »Der Ignorant und der Wahnsinnige«, das Jagdhaus mit seinen Fauteuils und Trophäen in der »Jagdgesellschaft«, der fahrende Zirkuswagen in »Die Macht der Gewohnheit«. Und in diesen Asylen Überlebende: Krüppel. Beinlose oder Sprachlose; Kunstgeschöpfe, die sich dem Wahnsinn entgegensingen; Artisten, die im Forellenquintett ihre Identität zu finden glauben; ein Schriftsteller, der denkend, monologisierend sich und seine Umgebung so sehr zerfrißt wie der Borkenkäfer den Wald. Weil ihre Entfremdung so sehr weit fortgeschritten ist und deren Aufhebung ihnen schon deshalb nicht mehr denkbar ist, feiern sie den Zerfall ringsum und ihren eigenen und verklären ihn: singend, cellospielend, philosophierend. Die Kunst-Krüppel sind den Beinlosen nicht darin voraus, daß sie laufen können, sondern darin, daß sie ihrem Zustand Lust abgewinnen können oder wenigstens Wahnsinn.

(Programmhefte der Staatlichen Schauspielbühnen Berlins, 1974)

Der Behringer der Beat-Generation
Die Person und die Sache:
Über Peter Handke und sein neues Stück

Wer prominent ist in Deutschland, geht in die »Abendzeitung« ein. Das linkskritische Münchner Boulevardblatt nimmt auch Theatermenschen, die sonst in Boulevardzeitungen nur vorkommen, wenn sie Selbstmord begehen oder Bundesfilmpreise kriegen, in seine Klatschspalte auf. Peter Handke hat sich eine Notiz aus der »Abendzeitung« an die Wand geheftet, darin wird registriert, wie er während des Berliner Theatertreffens in den Osten gegangen sei – »mit Freundin« – und Benno Bessons »Tartüff« am Deutschen Theater gesehen habe. Ich erinnere mich, wie er nach jener Vorstellung in einem kleinen italienischen Restaurant in der Uhlandstraße ein wohlabgewogenes Beat-Programm aus der Musicbox herausdrückte und abwechselnd vom »Tartüff« und von »Blow up« sprach. An dem einen faszinierten ihn die Formen, die artifiziellen ausgezirkelten Gesten und Gänge, die Sprachmanier, am andern die Farben, der grüne Antonioni-Rasen, die Haltungen des Photographen, der formalisierte »touch« einer Stadt, zu Bildern gebrachtes narzißtisches Bewußt-sein.

Ich erinnere mich, daß es ihn tags drauf am Nachmittag zu einem Auftritt von Jimi Hendrix in ein Beat-Lokal drängte, daß er am Abend mit einer frisch gekauften LP unterm Arm zu einer Garten-Party kam und sie dem Hausherrn, nach längerem Verhandeln, unter dessen ausführliches Verdi- und Haydn-Repertoire schob.

Die Schallplatte ist ein beständiges Handke-Attribut, tägliche selbstverständlich getragene Ausrüstung auch bei den Aufführungen der Frankfurter Experimenta Anfang Juni. Was hat er heute gekauft, man fragte sich das, die Stones, The Troggs, oder Hendrix? Auf irgendeiner Party nach den Vorstellungen war's dann zu hören.

»Wollen wir Musik hören?«: kaum daß man als Handkes Besucher im Schaukelstuhl Platz genommen hat, zieht er aus einem Plattenstapel »Freak out!« hervor, den Kommunen-Beat der »Mothers of Invention«: monotone anarchistische musikalische Befreiungsversuche einer amerikanischen Gruppe, die von sich behauptet, sie sei »already emancipated from our national social slavery« und aufruft, sich »creatively« auszudrücken, um den Zwängen des gesellschaftlich normierten Denkens und Verhaltens zu »enttanzen«. Handke ist etwas irritiert, als man einwendet, man besitze diese Platte selber auch, aber er kann kontern mit Lennon und McCartneys »All you need is love«, der wenige Tage zuvor während einer Fernseh-Live-Sendung in alle Welt gesetzten neuen Beatles-Nummer.

Ich wollte die Wirkung des Beat an mir – und die war eine umstürzlerische – anderen mitteilen, indem ich mit Wörtern und Sätzen eine strukturell ähnliche Wirkung erzeugte; vor allem wollte ich also Theater machen.
(Handke in »Brief über das Theater« – »Theater heute«, Februar 1967.)

Handke, man erinnert sich, hat sich mit einem Eklat ins Literaturleben – was man so nennt – eingeführt, und die sich sonst darin so gut auskennen, aber auf distinguiertere Weise auf sich aufmerksam machen, waren irritiert, als einer eine kollektive publicity-show durch seinen privaten Reklame-Auftritt übergipfelte. Das war, als die Gruppe 47 sich nach Princeton begeben hatte, um sich dort Gedichte von Höllerer vorlesen zu lassen und Grass übers Engagement und über die Hofnarren in unserer Gesellschaft reden zu hören, da stand irgendwann – vor den Augen von Erich Kuby, der für den »Spiegel« alles notieren würde – ein junger Mann auf, schmal gewachsen, etwas linkisch, schwarzer Cordanzug, mädchenhaftes Gesicht, Beatlefrisur, und er gab bekannt, unhöflich und respektlos, daß er all das, was da an Lyrik und Prosa dem Gruppen-Spiel ausgesetzt worden sei, doch ein bißchen sehr altmodisch und außer der Welt finde. Und setzte sich wieder. Das war, eher zufällig wohl, nach einem Auftritt Höllerers, dessen Theorien freilich immer »zeitadäquater« waren als seine Poesie.

Handke, der das heute kokett zu einer mehr spielerischen Arabeske während einer etwas schläfrigen Dichtertagung herunterspielt, hat damals mit seiner ungeniert jugendlich respektlosen Attacke nicht nur entschieden auf sich selbst, den Schriftsteller Peter Handke, sondern zum erstenmal ganz deutlich auch auf einen neuen Unterschied zwischen den Generationen aufmerksam gemacht: das ist nicht mehr jener ewig wiederkehrende zwischen Vätern und Söhnen, der ist abgeschafft, sondern jener, welcher sich aus der von der Gesellschaft zu ihrem Nutzen bewerkstelligten Inthronisation von Jugendlichkeit ergibt: die geschäftstüchtige Erfindung von »Twens« schlägt auf die Erfinder als Vorwurf der Vergreisung zurück, die Jugend geht hindurch durch die Welt, die nicht sie selber aufgebaut, die nicht sie selber zu verantworten hat, und sie nimmt auf, was ihr brauchbar darin erscheint – und ignoriert die Alten.

Oder »beschimpft« spielerisch die Generation, die nach dem Krieg als die »junge« galt, inzwischen aber als etabliert, gesättigt empfunden wird, Konventionen verhaftet und fremd gegenüber der Wirklichkeit der Jugend. Ist mit Handke nicht tatsächlich eine neue Generation zum erstenmal bewußt aufgetreten, haben wir durch sein Spektakulum nicht erst bemerkt, daß die Schreibenden in diesem Lande fast alle schon »alt« sind, um die fünfzig herum?

Das Bewußtsein von etwas wirkt zuweilen schon wie die Revolution, ersetzt sie wohl auch. Handke trägt nun, neben Martin Sperr, für das deutsche Theater die ganze Last der Jugendlichkeit. Die er nicht verschreckt, die nicht gleich ein barbarisches Zeitalter des Beat-Theaters heraufdämmern sehen, fühlen sich durch den Habitus der Jugendlichkeit, den sich einer stilisiert hat, gleich auch entlastet und befreit von der Anstrengung, sich selber zu verjüngen. Haben sie ihn schon eingemeindet, erdrückend umarmt? Wen diese Gesellschaft einmal in ihre Arme genommen hat, den läßt sie nicht wieder los. Ist auch die »Publikumsbeschimpfung« bald institutionalisiert, aufgesogen vom Establishment? Die Oberhausener Bühne reist mit Handkes Sprechstücken über deutsche Bühnen und dispensiert die von der Verantwortung, sich selber den Stücken zu stellen. Wird es Handke ergehen wie Ionesco, dessen »Kahle Sängerin« im Huchette nun bald seit zwanzig Jahren läuft und zur Touristenattraktion heraufgekommen ist?

Handke hat, Indiz für »revolutionären« Impetus, als allererstes und ihm Wichtigstes sein Material reflektiert, das Theater selbst zum Thema genommen. Die »Publikumsbeschimpfung« vergewissert sich dessen, was auf dem Theater, auf einer Bühne möglich ist, und dessen, was dort nötig wäre, und dessen, was dort – ist; was sich eingenistet hat. Es ist so sehr »Anti-Theater«, wie die »Kahle Sängerin« es war: gerichtet nicht gegen das Theater, sondern gegen ein falsches Bewußtsein vom Theater.

Es ist die hohnvolle Abrechnung mit der gedankenlosen »Benutzung« des Theaters, Tirade gegen die Konventionen der Bühne, gegen die Feierlichkeit des Theaterbetriebs, gegen die sogenannten Geheimnisse des Bühnenspiels und – vor allem – gegen die konventionelle Rezeption des Theaters: also gegen seine Interpreten und Kritiker, gegen sein Publikum. Sämtliche Theatertheorien, die in den letzten Jahren – auch in dieser Zeitschrift – propagiert wurden, werden durch die enervierende Reihung ihrer Schlagworte zerstört, und aller Jargon, dem wir Kritiker stets zu erliegen drohen, wird uns nun von der Bühne herab zurückgereicht. Das Publikum, üblicherweise kommend, um ein Theatererlebnis zu haben, weil man ihm das als den Sinn des Theaters eingeredet und vorgespielt hat, es wird nicht nur in seinen Erwartungen enttäuscht, sondern ob dieser Erwartungen obendrein gefoppt, verhöhnt, attackiert, beschimpft, beleidigt. Der Kontakt zwischen Bühne und Parkett, der mit soviel Geheimnis umnebelte, verkehrt sich in sein Gegenteil: nicht mehr haben sich die Schauspieler vor ihren Zuschauern zu bewähren, sondern die im Parkett vor denen auf der Bühne.

Handke hat gezeigt, wie die Erfahrungen, die einer machen kann im Umgang mit seinem Medium – wenn er sie nur zu formulieren versteht –, wichtiger sind als die beliebte Selbstbestätigung, die noch einmal irgendeine Spießerwelt entlarvt und dabei doch nicht mehr tut, als die landläufigen Klischees zu repetieren und eine zuvor präparierte, nach den eigenen Vorurteilen zusammengebaute sogenannte Wirklichkeit zu denunzieren. Handke hat versucht, das formale Material einer Vulgärkultur, der er nicht spießerhaft feindlich gegenübersteht, durch die er vielmehr reflektierend hindurchgeht, dem Theater anzuverwandeln, mit seiner Hilfe auf der Bühne ein zeitadäquates Bewußtsein zu formulieren, die eigenen Mittel, den Formenvorrat des Theaters zu überdenken und selbst zum Gegenstand der Darstellung zu machen.

Ist das ein Formalismus, die zur Manier erhobene Not der Jungen, die – mit Jakov Lind, dem menschenfresserisch Engagierten – »nichts zu sagen« haben? Handke, kein Zweifel, engagiert sich nicht auf die herkömmliche Art, er gibt nicht vor, zu sagen *was ist*, indem er insgeheim postuliert und seinen Aussagen unterlegt, *was sein sollte*: seine »Kritik«, wenn solch ein Wort denn nötig ist, funktioniert – noch einmal der Vergleich, der nicht von ungefähr kommt – auf eine ähnliche Weise wie die von Ionescos »Kahler Sängerin«: nicht indem er ihr als ein Engagierter gegenübertritt, entlarvt er uns eine Gesellschaft, sondern indem er sie in der theaterhaften Darstellung ihrer Rituale, im Nach-Spielen ihrer Konventionen aufsucht. Keine Argumentation, keine Diskussion mit der Gesellschaft – sondern Reduktion dieser Gesellschaft auf ihre Sprachstrukturen, ihre Verhaltensstrukturen; der Versuch, deren Verlaufsform szenisch nachzubilden; der Versuch, kollektives Bewußtsein theatralisch zu verkörpern.

Ich selber bin nicht engagiert, wenn ich schreibe. Ich interessiere mich für die sogenannte Wirklichkeit nicht, wenn ich schreibe. Sie stört mich. Wenn ich schreibe, interessiere ich mich nur für die Sprache; wenn ich nicht schreibe, ist das eine andere Sache. Beim Schreiben lenkt mich die Wirklichkeit nur ab und macht alles unrein.

Bewußtsein sichtbar machen in Strukturen, Sprachstrukturen – Handke verläßt sich darauf, daß alles, was gezeigt und gesagt werden kann, in den Formen, in verfestigter Sprache, im Bodensatz der »Aussagen« und in den klischierten Redensarten, Sprichwörtern aufgehoben ist. »Weissagung« ist eine beat-rhythmisierte musikalische Reihung von Sprichwörtern, Gemeinplätzen, Tautologien und Platitüden, Wortbewegung aus der Konfrontation »allgemeiner Wahrheiten«. Und die »Selbstbezichtigung« entfesselt eine Orgie von Selbstaussagen, Hauptsatz an Hauptsatz gereiht, und jeder beginnt mit den Worten: »Ich habe . . .« Das Ich des Stücks hat »Regeln« durchbrochen, gegen Ordnungen, Gewohnheiten, Vorschriften, Verabredungen verstoßen, es beichtet, es gesteht. Die übernommene, dem Text unterlegte und zugleich radikal bloßgelegte Form einer Beichte, einer Konfession, einer Selbstanklage erweist hier das ihr immanente Maß an Wirklichkeit. Was da gespielt, durchgespielt wird, ist die zu sprachlichen Hohlformen herabgekommene Existenz der Zuschauer, Sprache liquidiert sich selbst und mit sich die Sprechenden.

Handke ist – sein »Pamphlet« »Die Literatur ist romantisch«, darin er sich mit dem Begriff von »engagierter Literatur« auseinandersetzt, bezeugt es – allergisch gegen das, was so als Engagement literarisch im Umlauf ist und, seiner Überzeugung nach, die Wirklichkeit nur verdirbt: *Es wäre mir widerlich, meine Kritik an einer Gesellschaftsordnung in eine Geschichte zu verdrehen oder in ein Gedicht zu ästhetisieren. Das finde ich die scheußlichste Verlogenheit: sein Engagement zu einem Gedicht zu verarbeiten, Literatur daraus zu machen, statt es gerade heraus zu sagen. Das ist Ästhetizismus, und diese Art von Literatur hängt mir zum Halse heraus.*

Handkes Stücke richten sich auf gegenüber einer weitgehend von Dokumentarspielen beherrschten Situation, sie verweisen darauf, daß die bloße Anhäufung protokollarisch versicherter Fakten und die bloße Abschilderei von dem, was der Betrachter zuvor als die Realität deklariert hat, auch nur zu bloßen Lügen führt. Denn wer verfügte schon über die »Realität«? – Aber über die Formen können wir verfügen, die Formen sind in der Welt, greifbar und zu handhaben.

Die Gesellschaft aufzusuchen in ihrem Material und in ihren Begründungen, in dem Formenvorrat, den sie täglich vor uns ausschüttet – das führt zu bestürzenderen Ergebnissen als jene herkömmliche »kritische« Betrachtungsweise, die – ohne es zu merken – von der Gesellschaft längst zu einem Bestandteil dessen gemacht worden ist, was sie aufheben möchte und die darum in der Regel auch nichts anderes demonstriert als ihre eigene Ohnmacht. Der Versuch dagegen, gesellschaftliches Bewußtsein in seinen »Veräußerlichungen« spielend zu repetieren, schafft, so zeigt sich, gültigere Einsichten in die Gesellschaft als jenes der Gesellschaft als Negation gegenübertretende Engagement, das sich, ihre Oberflächenerscheinungen »aufdeckend« und bekämpfend, statt souverän auf ihnen reitend, in Wahrheit an die Basis des von ihm Bekämpften klammert. Handke sucht die Wirklichkeit in ihrer Sprache auf. Denn ist nicht die Gesellschaft verantwortlich für das, was mit ihrer Sprache geschieht? Und haften nicht die Worte – als mündlich oder schriftlich fixierte »Verlängerungen« des Menschen – für die Verfassung der Gesellschaft?

Sprechend die Welt erfahren, aus Worten, Sprachfeldern Wirklichkeit zusammensetzen: das ist Handkes neuer Realismus. Die

Worte sind wirksam, sie sind nicht nur ohnmächtiges Material, sie greifen selbst ein, sie verändern. Handke demonstriert das in seinem neuesten Sprechstück »Hilferufe«, das Günter Büch in Oberhausen aufführen wird:

Einige Sprechende – sagt er –, *zu denen im Laufe der Zeit noch mehr stoßen, sind auf der Suche nach dem Wort »Hilfe«. Sie fangen mit langen, ordentlich gebauten Sätzen aus Verlautbarungen an, nähern sich aber allmählich immer mehr dem Bedeutungsfeld »Hilfe« (auch dem akustischen Feld). Schließlich, in einem letzten, »verzweifelten« Anlauf, kommen sie auf das gesuchte Wort. Sie bringen dem gesuchten Wort eine Ovation, ein Ständchen, sie singen einen Hymnus darauf. Vorher haben sie, während sie nach dem Wort »Hilfe« suchten, um Hilfe gerufen, wenn auch mit ungeeigneten Worten, jetzt rufen sie das Wort »Hilfe«, ohne freilich noch Hilfe zu brauchen.*

In seinem ersten »großen«, gerade abgeschlossenen Stück – das bisher als eines über Kaspar Hauser angekündigt wurde und den vorläufigen Titel »sprechen« trägt – führt Handke die Linie seiner Sprechstücke weiter, er erprobt Worte, sie in Bewegung setzend, auf ihre Wirklichkeit, er verändert sie, er bringt sie zum »Sprechen« – aber die Worte bringen hier auch eine Figur zum Sprechen, Kaspar, einen jungen Mann, der mählich – in der Form von Requisiten auf der Bühne – die Welt erfahren lernt, bis daß er – so der »Prozeß« des Stückes – sich einordnet in die Konventionen, bis daß er so spricht, wie andre »vor ihm« sprechen: sogenannte »Einsager«, Sprechstimmen, welche während des ganzen Spiels auf ihn einreden, bringen ihm die Worte bei, sagen ihm seine Verhaltensweisen vor, ziehen ihn in ihren Sprechrhythmus und prägen ihm ihren Wortverstand ein.

Handke hat zwar schon in der »Selbstbezichtigung« ein Ich sprechen lassen – aber hier hat er zum erstenmal eine Figur individualisiert, einen Typus geschaffen, einen Jedermann der Beat-Generation. Ist Handke auf dem Wege, die Anti-Stücke hinter sich zu lassen und – ähnlich Ionesco – zu seinem »Behringer« zu finden? *Ich schreibe von mir selber*, hat er, Jakov Lind antwortend, gesagt.

Sich selber zur Sprache bringen: die mögliche Form, sich zu engagieren.

(Theater heute, 8/1967)

Wie die Kunst überwintert

Einiges über Hartmut Lange

1. Lange und der Kulturbetrieb

Für die Rezeption Hartmut Langes in der Bundesrepublik ist bezeichnend, daß man ihn – wo immer er rubriziert wird – am liebsten noch einem Dreigestirn Hacks–Müller–Lange zuschreibt; nach wie vor nennt man ihn, der vor acht Jahren nach Berlin West umsiedelte, in einem Atemzug mit den beiden wichtigsten DDR-Dramatikern und versteht ihn als einen sozusagen eher versehentlich im Westen lebenden Autor. Themen und Formen seiner Stücke, von der »Gräfin von Rathenow« vielleicht abgesehen, haben ihn den literarischen Ordnungswächtern seit Jahren eher als eine exotische Figur erscheinen lassen, mit dessen hegelisch geschultem Verstand und dessen oft scharf polemisch zuspitzender Formulierungslust man sich besser nur auf Distanz beschäftigt – so als wär er noch im andern Staat.

Diese merkwürdig verhaltene Auseinandersetzung westdeutscher Literaturkritik und westdeutscher Theater mit der neben Thomas Bernhard doch wohl eigentümlichsten, formbewußtesten dramatischen Begabung, die wir zur Zeit haben – sie belegt wahrscheinlich zunächst einmal beispielhaft die Misere einer gespaltenen Nationalliteratur und das unterschiedliche Bewußtsein, das in den beiden deutschen Staaten von der literarischen Tradition und den Funktionen von Literatur herrscht. Lange hat mit beiden, mit einer drüben von der Kulturpolitik und hüben vom Kulturbetrieb verordneten Ästhetik, nichts zu schaffen: die spießigen Häkeldecken eines sozialistischen Realismus und die ihm genauso spießig erscheinenden einer hemmungslos sensibilisierenden Innenwelt-Schau sind ihm gleichermaßen ein Greuel. Über beide hat er – nachzulesen in der Aufsatzsammlung »Die Revolution als Geisterschiff« – in den letzten Jahren seinen kalt formulierten Hohn ausgeschüttet.

In der DDR freilich hat Lange etwas gelernt – und im Gepäck mit herübergerettet –, was die Dramatiker in der BRD leichtfertig verworfen haben oder glaubten eines Marktes wegen, der nach den Gesetzen pausenloser Neuerungen funktioniert, allenfalls noch ironisch handhaben zu dürfen: den selbstverständlichen Umgang mit der Tradition, die Auswertung der Alten, der Klassiker, die dialektische Anverwandlung historischer ästhetischer Formen. Kennzeichnend, daß Lange in einer Anmerkung zum »Aias« glaubt, die Verwendung archetypischer gesellschaftlicher Situationen, die neue Zurichtung von überlieferten dramatischen Mustern verteidigen zu müssen gegen die Ansinnen einer permanent sich revolutionierenden bürgerlichen Ästhetik und gegen deren Verkaufsstrategen. Daß Lange sich einem kapitalistisch orientierten Kulturmarkt gegenüber in der Position des Einzelgängers sieht, ist keine Pose: seine Haltungen zu den Gebrauchswerten, die am Kulturmarkt gehandelt werden, sind höchst luxuriös, denn seine ästhetischen Mittel entziehen sich als überlieferte der pausenlosen Revolutionierung. Sein scheinbarer »Eklektizismus« trotzt jenem Formverschleiß, an dem sich der Warencharakter unseres Kunst-Fortschritts aufs trostloseste und in immer kürzeren Abständen beweist.

So ist Lange in ständigem Widerspruch zu dem, was er die »kulturelle Distribution« und zu denen, die er die »Zirkulationsagenten« nennt. Er entzieht sich dem Kreislauf von Avantgardismen und Moden und den Kursnotierungen dieser oder jener zum Stil hochgepumpten ästhetischen Ohnmacht: »Der Schriftsteller muß gegen diesen Strom schwimmen und, wenn nötig, für einige Jahre aus der kulturellen Distribution überhaupt verschwinden, da er die Bedingung zur Literatur nur außerhalb der kulturellen Distribution studieren kann.« Die herrschenden Verhältnisse attackierend, sie als kultur-ignorant begreifend, stellt er den Zusammenhang mit der Vergangenheit wieder her: Der Schriftsteller »muß Wissen akkumulieren«, er kann erst zu einem »freien« werden, wenn er sich der Tradition bemächtigt und vergewissert hat; nur die wird ihm auch die Möglichkeit geben, sich dem Sog des ästhetischen Fortschrittsglaubens zu entziehen. Denn: »das Verständnis von Literatur ist Vorbedingung jeder Literatur« – und das läßt sich nur studieren an den Erfindungen der Alten.

Er hat, auf der letztjährigen Dramaturgentagung in Berlin, die Parole ausgegeben vom »Überwintern« bestimmter kultureller Errungenschaften des Bürgertums. Das will heißen: den emanzipatorischen Bestrebungen der Linken, die für ihn in der Kunst zunächst auf eine Periode der »Barbarei«, der Bilderstürmerei, hinauslaufen, setzt er entgegen die Forderung, daß die sich Emanzipierenden sich gefälligst auch »zur Höhe der Beispiele aufarbeiten« müssen: eine strenge, zur Zeit sehr leicht als elitär abzuqualifizierende Forderung, deren konservativer Kern jedoch zugleich explosiv ist: denn einher damit geht die Behauptung, daß den Massen die Beispiele durch einen Kulturmarkt, der an ihrem ständigen Zerfall arbeitet, vorenthalten werden – so sehr, daß keiner sich wundern darf, wenn plötzlich »der Durchschnitt die Beispiele frißt«.

Lange benutzt die Vergangenheit, deren Formerfindungen, deren Metaphern, deren Fabeln, für pausenlose Offensiven; darin ist er allen Konservativen, für die eine Tradition stets eine Angelegenheit ohne Perspektiven bleibt, auf listige Weise überlegen: er restauriert – ohne daß diese noch imstande wäre, daraus Kapital zu schlagen – den diskreten Charme der Bourgeoisie; er räumt der bürgerlichen Kultur, weil die noch gebraucht werden wird, seinen Keller zum »Überwintern« ein.

Darum bezeugt er, mit einer eher widerwilligen Realismus-Definition, den Autoren, die einen fortschreitenden Kulturzerfall beschreiben – Bernhard, Beckett, Bond, Genet –, eher seinen Respekt als jedem noch so progressiv sich dünkenden dramatischen Oberlehrer oder gar einem im Nebel der Innenwelten tastenden Sensibilissimus. Er hat seine Beschreibung eines spätbürgerlichen Realismus am entschiedensten in einem Aufsatz über den Filmregisseur Buñuel formuliert: Bei Buñuel, so sagt Lange, könne man lernen, »wie absurd die Mittel der Kunst sein können, ja sein müssen, wenn ein Höchstmaß an sozialer Aufklärung erreicht werden soll«. Was versteht er unter »Aufklärung«? Natürlich deren dialektische Form: nicht die zur Volkshochschule verkommene Literatur, sondern ein Maß an Erkenntnis, das imstande und frei genug ist, sich zur Poesie zu erheben. Wobei für Lange das Poetische erst ganz zu sich selbst kommt, wenn es sich mit dem Philosophischen verbindet: an Buñuel zum Beispiel rühmt er, daß dessen »Milchstraße« eine Dramaturgie zur Geschichtsphilosophie verdichte und Geschichte aus ihrer toten Distanz zu uns herüber hole; ein Vorgang, der um so wichtiger sei, »weil uns für die historisch abgeschlossene Form der Shakespeareschen Dramen jede Voraussetzung fehlt«.

Lange bewundert, gerade weil er der Meinung ist, die »Poesiefähigkeit der Geschichte« nehme mit zunehmender Vernunft in der Geschichte ab, jede große poetische Metapher, die eine erkenntnisunfähige Bourgeoisie ihrem eigenen Niedergang noch abringt. Die Poesie überwintert in den illusionslosen Beschreibungen bürgerlicher Lebensschwäche: von Tschechow bis Buñuel. Freilich provoziert solcher Realismus zugleich auch die Gefahr der insgeheimen ästhetischen Verherrlichung dessen, was er mit seinen Metaphern ans Licht bringt: Dialektik einer Aufklärung, die den Sachverhalt in ihrer Form wieder verschwinden läßt und ihn damit notwendig auch dem Genuß anheimgibt.

3. Lange und das Idealische

Nun ist auch Lange, sonst eher nur ein widerborstiger Brecht-Verehrer, der Meinung des Meisters, daß Kunstverstand und realistische Weltbeobachtung und ein gehöriges Maß an Genußfähigkeit sich tunlichst verbinden sollten; wie aber die Kunst noch dem denkenden Genießen zugänglich machen, wenn sie offenbar nichts weiter mehr tun kann, als die barbarischen Zustände möglichst genau abzubilden oder bestenfalls noch einmal ihren eigenen Verfall in neue Formen zu bringen? So muß nun das Idealische wieder her, die Möglichkeitsform, die über den spätbürgerlichen Realismus hinausweist.

Freilich weiß Lange auch, daß ein neues Arkadien nicht als konkrete soziale Utopie zu formulieren ist, sondern – mindestens vorerst – nur als Zauber einer Gegen-Welt, »in der kein anderes Gesetz zu herrschen scheint als das der Kunst«. Lange bietet auch hier ein großes, ihm vorbildhaftes Beispiel an: Picasso – den, der »die Auflösung aller Form längst hinter sich« gebracht hat, der aus den Scherben der Zerstörung seine Welten neuer Idealität zusammenfügt. Und wieder zeigt sich: Lange ist so etwas wie ein progressiver Konservativer, oder doch einer, der mit den Widersprüchen zwischen Tradition und Verfall, zwischen Realismus und Idealität spielerisch umzugehen weiß.

Denn ist in der Dialektik, mit der Lange diese Widersprüche jongliert, nicht auch ein Maß an Eulenspiegelei, an subtil geformtem Selbstbetrug enthalten? Ist das Arkadien, das Lange von genialischen Händen zusammengesetzt sieht, eher eines voller »faulem« Zauber? Picasso, sagt er, tue, »was jeder Künstler seit der Menschwerdung des Affen tun muß: Er sublimiert den Mangel der sozialen Welt durch die Fülle seiner Phantasie«. Woraus besteht nun diese Phantasie? Indem er definiert, was von Picasso zu lernen sei, verrät Lange, daß das zu wünschende neue Bewußtsein von idealischer Darstellung sich nicht zuletzt einer Technik der Verwischung verdankt: »Was man an Picassos Bildern vor allem lernen kann, ist: Unschärfe. Picassos Arbeiten sind nie eindeutig ... Parodiert er die Antike? Ist es ein naives Zitat? Sind die Kunstmittel primitiv, sind sie raffiniert philosophisch eingesetzt? In den Graphiken von 1968 vermischen sich Sujets aus der Zirkuswelt, dem Maleratelier, dem spanischen Rokoko, der Antike usw. ununterscheidbar miteinander zu einer neuen Synthese. Nimmt man die einzelnen Teile, wird die Sache undeutlich, aber nur so gewinnt das Ganze an Deutlichkeit.« Heißt das nun nicht doch, sich beim Schopf aus dem Sumpf der Widersprüche herauszuziehen? Oder ist das einfach nur eine sorgfältige Beschreibung jenes Phantasiepotentials, das uns durch allzuviele sich verschleißende Kunstdoktrinen auch schon verdächtig geworden ist?

4. Lange und die Realität

Das Kunst-Schöne ist doch wohl wirklich nur mehr durch Tricks, durch dialektische Eiertänze noch mit einem Sozial-Schönen, konkreter Utopie, in Deckung zu bringen. Lange überspielt da behende, und manchmal euphorisch an Goethe zurückdenkend, seine eigene Illusionslosigkeit, die ihn längst hat erkennen lassen, daß die Poesie nicht mehr tagtäglich gebraucht wird und daß sie andererseits fatalerweise die einzige »Ordnung« darstellt, in der ein realistischer, das heißt: ein eher pessimistischer Kopf sich Utopie vorstellen kann. Wenn das so sein sollte, dann freilich gibt Lange sich doch einer Illusion hin: ein Arkadien, die kunst-gebaute Gegenwelt wäre dann nicht lediglich, wie Lange meint, mit dem Blick zurück auf alte Muster, und vornehmlich solche der Antike, herzustellen, sondern auch mit den Gebrauchswerten unseres barbarischen Alltags. Denn immer wieder – und eben *nicht* zum letztenmal beim Picasso – ließe sich aus der Häßlichkeit, aus zivilisatorischem Abfall neue Schönheit komponieren: in der bildenden Kunst unserer Tage wird dieser Versuch auch ständig gemacht.

Lange steht allerdings allem, was sich auf keine historische Kontinuität berufen kann, höchst reserviert gegenüber, er vertraut der Geschichte auch im Bereich des Ästhetischen so sehr, daß ihm das Alltägliche, die Realität des Tages, stets eher als etwas Tautologisches erscheinen mag: ist dies eine Scheu, eine schmutzige Wirklichkeit endgültig als solche zu akzeptieren? Fast alle seine Stücke jedenfalls verkleiden den Sachverhalt, den sie beschreiben, in Metaphern, die ihn jeweils nicht nur kunst-voll auflösen, sondern sich auch in der historischen Form möglichst weit von ihm abstoßen. Nur in solch äußerst groß gehaltenem Abstand könnten sich, meint Lange, der Gegenstand und die ihm angemessene Metapher zu einer Umarmung finden.

Es ist das die Umarmung in einer Kunst-Welt. Ob durch die Phantasie, mit der diese entworfen ist, der soziale Mangel, den sie verkleidet, vergessen gemacht oder aber – sozusagen als dialektische Beule – besonders deutlich sichtbar wird: das wird erst jene Zukunft beantworten, auf die hin ein Autor wie Lange seine Arbeiten entwirft. Im Augenblick helfen sie – alle Kunst darauf verwendend, daß die Allegorien die beschriebenen Wirklichkeiten idealisch übersteigen – zumindest der Kunst selber beim »Überwintern«.

Kann es sein, daß der recht sehr zynische Umgang mit einer Realität, die vorläufig zu nichts Besserem mehr tauglich scheint als zu ihrer eigenen Poetisierung, im Widerspruch zu sich selbst auch Trauer bereithält über diesen pausenlosen Sublimierungszwang, dem sie den Autor unterwirft? Ein Widerspruch, den der Autor Lange – als einen in ihn selbst eingepflanzten – endlich einmal nicht zu lösen verstünde – es sei denn auf die raffinierte Weise, daß er ihn auf uns, seine Leser, sein Publikum, abwälzt.

(Programmhefte der Staatlichen Schauspielbühnen Berlins, 1974)

Kroetz, ein Realist

Immer mehr Dramatiker lassen in ihren Stücken verkorksten Jargon oder stilisierten Dialekt reden. Randgruppen der Gesellschaft – das heißt: unfreiwillig an den Rand Gedrängte, Abgeschobene – artikulieren sich, meist mühevoll vergeblich, in der widerhakigen Grammatik und Wortverlorenheit bayrischer oder österreichischer Mundart oder in »kaputter« Alltagssprache. Martin Sperrs Querschnitte durch bayerische Dorf- und Kleinstadtgesellschaften bedienten sich zuerst der heimatlich verdorbenen Sprache, um damit aggressiv-blödsinnige Vorurteile und gefühlsrohe, unsolidarische Verhaltensweisen bloßzustellen. Wolfgang Bauers »Magic afternoon« war ein Sittengemälde unter Randexistenzen: aus der bürgerlichen Wohlanständigkeit ausgeflippte Jugendliche demonstrieren scheinhafte Befreiung aus kleinstädtischem Mief und ihre ohnmächtigen sprachlichen Klischees. Bei Rainer Werner Fassbinder, in dem Stück »Katzelmacher« etwa, reproduzierten Vorstadt-Geschädigte in lakonischen Sätzen und sprichwortartigen Sentenzen die Abhängigkeiten, in denen sie leben, von denen sie nichts mehr wissen. Harald Mueller baute, in dem Stück »Halbdeutsch«, aus Szenen in einem Obdachlosenasyl ein Modell der sozialen Aggressionen und ihrer schlimmen Verläufe. Seine Figuren sprechen eine Sprache, die bereit ist, zuzuschlagen.

Schließlich Kroetz. Er benutzt das Mittel des stilisierten Mundartlichen zur Darstellung von Ohnmacht, Schweigen und Verschweigen. In der Sprache seiner Figuren drückt sich deren

Hilflosigkeit aus, Unterdrücktheit, die keinen anderen Ausweg mehr weiß als die armselige Flucht in eine grobe Triebhaftigkeit. Ihre materielle Not produziert eine geistige; und deren Ausdruck ist die Sprach-Not, die Erbärmlichkeit von Sätzen, die hilflose, verquere Grammatik. Sie schweigen viel; nicht weil sie einander nichts zu sagen hätten, sondern weil sie nicht wissen, wie sie es sagen sollen. Und wo Worte versagen, setzt dann die Tat an: dumpfes, brutales, liebloses Verhalten zum Nächsten, zum Nachbarn; Zerstörung der Gefühle, Verlust an Sensibilität. Schon der Satzbau verrät, daß eine Liebe zwischen den Menschen, die am Grunde unserer Gesellschaft leben, nicht mehr möglich ist. Zu reden ist ihnen nur noch möglich als Reproduktion von beschwichtigenden Kalendersprüchen, die dazu dienen, daß die Unterdrückten ihre ausweglose Lage verinnerlichen. Der Begriff der Redensart bekommt da einen neuen, schlimmen Sinn: er bezeichnet die *Art*, in der den bewußtlos Gehaltenen noch erlaubt wird, zu »reden«.

Die Aufmerksamkeit für die Sprache der armen Leute, der Ausgestoßenen, der Randexistenzen, die Diagnose der *sozialen* Verkrüppelungen, die sich in den *sprachlichen* manifestieren, ging einher mit der Wiederentdeckung der Stücke Ödön von Horváths in den letzten Jahren. Dessen Sprachgenauigkeit, dessen verbale Fundstücke, in denen sich das beschädigte Leben der Sprechenden »ausspricht«, hat offensichtlich anregend auf viele Stückeschreiber gewirkt, denen das Vorbild Brechts zunehmend suspekt wurde. Denn immer deutlicher war zu durchschauen, daß dessen naivischer Sprachgestus, weil er statt einer Ohnmacht der Sprechenden deren Überlegenheit behauptet, zumeist auch eine Lüge enthält. Die Hoffnung auf die Gewitztheit und die insgeheime, eines Tages auch siegreiche Überlegenheit der einfachen Leute: die findet ja kaum noch Begründungen in der Realität vor. Schon Horváth hatte den Glauben, diese Gewitztheit könne – wann auch immer, eines schönen Tages wenigstens – eingelöst werden, nicht mehr; er war pessimistischer, und damit wohl realistischer, als Brecht. Horváth zeigte einen fast immer aussichtslosen Wettlauf: Wettlauf der Worte, die einzelne Leute zu einem Sinn zusammenfügen möchten und die aus ihnen herausdrängen, mit der herrschenden Sprache, die man ihnen vorgesagt hat. Und den jungen Stückeschreibern wie Kroetz scheint es heute offenbar wichtiger und realistischer, die Abhängigkeiten der gesellschaftlich Unterdrückten aufzuzeichnen, als immer noch einmal die proletarische List, auf die Brecht setzte und hoffte, zu Komödien zu verarbeiten. Denn ist diese Waffe nicht stumpf geworden? Gegenüber den immer subtileren Mechanismen von Herrschaft scheint sie keine andere Chance mehr zu haben als die, den Überlegenen obendrein noch eine Belustigung, eine theatralische, auf Kosten der Unterlegenen zu verschaffen.

Kroetzens Realismus führt in die Düsternis, in bittere Sozialpsychogramme ohne Hoffnung, in die monomanische Fixierung an immer wiederkehrende Motive. So sehr schon gewöhnt, immer noch einmal kleinbürgerliche Misere »entlarvt« zu sehen – vom Witz der überlegenen Schreiber, die dem Milieu ihrer Väter entkommen sind –, wirkt die pure, freilich kenntnisreiche und übergenaue Beschreibung einer Wirklichkeit, die sich an ihrem jeweiligen Ende nur zu oft in den Polizeiberichten niederschlägt, auf uns zunächst als Schock. Nicht daß beharrlich Abtreibungen vorgeführt werden, nicht daß ein debiler alter Mann ein Kind schwängert oder ein junger Arbeiter und eine Minderjährige den Vater erschießen, der ihre Beziehungen stört –: nicht diese kolportagehaft dünkenden Grellheiten sind der Grund unserer Irritation, sondern die nicht abzuweisende Erkenntnis, daß es sich da eben nicht um Fiktionen und Theaterfabeln handelt – vielmehr dagegen um scharf belichtete Sozialpsychogramme. Was am Rande der Gesellschaft zu spielen scheint, erweist sich durch Kroetzens beharrliche Beschreibungswut und seine protokollarische Genauigkeit als ein repräsentativer Querschnitt, den wir eigentlich nicht so gerne wahrhaben möchten. Denn so sehr am Rande, daß sie uns exotisch vorkommen dürften, existieren Kroetzens Figuren gar nicht: sie leben mitten unter uns, und ihre Sprachnot, ihre Triebnot, ihre Liebesnot, ihre soziale Not, ihre Verhaltens- und Arbeitszwänge sind unser aller. Die Aggressiven, die Debilen, die Lieblosen und die Ungeliebten, die Triebtäter, die Abtreibenden, die Zuschlagenden und die Armseligen und Stotternden – sie sind, so die Erkenntnis aus den Stücken von

Kroetz, die wahren Jedermänner unsrer Gesellschaft. Das ist von jenen, die das in diesen Stücken Beschriebene letzten Endes zu verantworten haben, erfahrungsgemäß nicht leicht einzusehen; die neigen nach wie vor dazu, jede Beschreibung der Zustände als die Schweinerei zu diffamieren, die diese Zustände selber sind.

Kroetzens Ausgepowerte – die weder ihrer sozialen noch ihrer damit verwickelten psychischen Lage Herr sind, auch nicht zu werden vermögen und keine Chance mehr dazu kriegen werden – sie sprechen kaum noch: zwischen langen Pausen versickern ihre kurzen Sätze; wenn sie schweigen, vor sich hinsinnieren, in ihre Isoliertheit sich einpressen, beweisen sie sich noch am ehesten als lebend; redend zeigen sie vornehmlich die ihnen zugefügten Risse und Beulen vor, die sozialen Defekte, das traurige Unvermögen, sich zu befreien – und sei es in Hoffnung. Die Augenblicke des Schweigens bei Kroetz, die Pausen zwischen den Satzbrocken seiner underdogs, seiner Armen, Debilen, Verkrüppelten, Schwachen sind schäbigbrutale; sie sind ohne Geheimnis, sie verraten die ausweglose Tristesse, aus der nur Gewalt herausführen könnte. Darum erscheinen die Handlungsverläufe in den Stücken von Kroetz so abrupt, so zugespitzt auf den drastischen Knalleffekt –: wer vorher nicht bemerkt und aus den vielen Sekunden der Sprachlosigkeit herausgehört hat, was sich in und zwischen den Figuren auflädt, dem wird ein szenischer Ablauf wie etwa der in dem Stück »Wildwechsel« wie eine Reportage aus dem Groschenblatt erscheinen: In diesem Stück verführt ein junger Arbeiter ein minderjähriges Mädchen und läßt auch nicht davon ab, als er aus dem Gefängnis heraus ist. Das Kind, die Dreizehnjährige, freilich auch nicht. Dem Widerstand des Vaters, der immer wieder droht, den Jungen anzuzeigen, setzen beide entgegen: das »einfachste« Mittel, seine Beseitigung. Sie lauern ihm auf einsamem Feld auf und erschießen den, der ihre Liebe – oder was sie dafür halten müssen: hastigen Geschlechtsverkehr in Unterschlupfen – stört.

Erst wenn man hinter die Aussichtslosigkeit kommt, mit der hier in einer völlig kaputten Sprache, die längst zu nichts mehr taugt, noch weitergeredet wird, dann erschließt sich, wie sehr der kolportagehafte Verlauf Notwendigkeit ist: Explosion ungelöster

Probleme, unbewältigten Lebens. Sätze rufen nicht Antworten herauf, sondern einfach andere Sätze, isoliert dagegengesprochen. Jeder sagt was, repetiert vorgefundenen Sprachschutt, aber keiner kommt mit seinen Worten an die eigenen Nöte heran, an die der anderen schon lange nicht. Der unauflösbare Klumpen aus Wortnot und Ausdrucksarmut, den Kroetz durch seine Stücke schleppen läßt, vergrößert sich, schneeballartig, bis er die Figuren selber zu erdrücken droht. Da ist kein andres Herauskommen mehr als ein gewaltsames, diese Not kann nicht anders sich »frei« machen als in aggressiver Sexualität und körperlicher Roheit und in Nothandlungen wie Abtreibungen, Masturbationen, Totschlag, Vergewaltigung. Und Kroetzens Realismus beweist sich darin, daß er zeigt, wie die von Verzweiflung heraufgerufene Gewaltsamkeit der Unterdrückten sich nicht einmal mehr gegen ihre Unterdrücker, sondern nur noch gegeneinander, gegen die eigenen Kinder, gegen die eigene Liebe, gegen die letzten, schwachen menschlichen Bindungen richten kann. Selbstzerstörung der Ärmsten in einer dem Menschlichen, der Solidarität feindlichen Ordnung.

(Programmhefte der Staatlichen Schauspielbühnen Berlins, 1974)

IV

Das Geschäft, das nicht zum Lachen ist
Die »Sonny-Boys« als eine
unterhaltsame Mischung aus Erkenntnis und Interesse

Da ist eine Pointe in Neil Simons »Sonny-Boys«, die bringt den Beruf des Entertainers und das Gewerbe der Unterhaltung in einem Satz auf den Begriff: er glaube nicht, sagt der Komiker Al zu seinem Partner Willie, daß der sich während all der Jahre, in denen sie gemeinsam auf der Bühne Späße trieben, auch nur ein einziges Mal amüsiert habe. Darauf Willie, lakonisch: »Wenn ich mich hätte amüsieren wollen, dann hätt' ich mir 'ne Karte gekauft«.

Das Geschäft, die Leute mit Späßen zum Lachen zu kitzeln, war für die beiden, die die Späße machen mußten, nicht zum Lachen; sondern Schinderei, Qual, Nervenkrieg. Show-Business, das Unterhaltungsgewerbe entfremdete die Spaß-Produzenten ihrer eigenen Arbeit, ihrem eigenen Produkt; den Verkäufern von Freude blieb, sie verkaufend, selber keine; sondern nurmehr Sarkasmus, Zynismus, Bissigkeit und Griesgram. Und Erinnerung: aufblitzende Namen, die für »Erfolg« einstehen, Reminiszenzen an goldene Zeiten, der Schatten der eigenen großen »Nummern« – verinnerlichtes Leiden an einem erbarmungslosen Geschäft, in dem man weder krank noch alt werden darf, sondern fortwährend in der Mode und im Gerede bleiben muß.

Wer nicht mehr »in« ist, der ist »out«: die einsilbige Schnödigkeit der beiden Begriffe bezeichnet die Radikalität der Vorgänge. Die beiden, Al und Willie, waren lange Zeit »in«, ein berühmtes Komikerpaar; aber um welchen Preis? Sie haben den Erfolg mit sich selbst bezahlt, und sie haben die Qual, ihn Abend für Abend und jahrelang neu herzustellen, sublimiert zu einem kalten Stolz auf sich selbst und umgebogen in gegenseitige Quälerei.

Aber vielleicht waren sie nur deshalb so gut und so erfolgreich, weil sie auf immer raffiniertere Weise versuchten, einander die Show zu stehlen? Ein Komiker-Paar, das komisch in dem Maße war, wie es sich produktiv miteinander verfeindet hatte? Den Spaß, den ihnen ihre komische Phantasie – als eine vermarktete – selber nicht mehr bereiten konnte, den holten sie sich »hintenherum«, indem sie Teile dieser Phantasie dafür abzweigten, den Partner zu konkurrenzieren – seinen Witz kaltzustellen, ihn öffentlich auszutricksen, ihn zu verwirren und zu ärgern; eine ziemlich fatale Methode allerdings, sich gegenseitig vor der Routine zu bewahren: die Konkurrenz-Wirtschaft der Clowns.

Wer freilich sich selbst als Ware anbieten und für sich selbst Reklame machen muß, wie der Schauspieler auf dem Markt des kommerziellen Theaters – wie soll der auch unbeschädigt davonkommen? Denn die eigene Person zugleich als einen Markenartikel begreifen zu lernen, das fordert: professionellen Umgang mit dem, was dann wohl nicht mehr lange als Individualität sich bezeichnen oder doch nur noch als neurotische sich aufrechterhalten läßt.

Der amerikanische Ratgeber »How to Get into Show Business« gibt dank seiner Naivität einen auf den ersten Blick vielleicht nur ulkigen, bei näherem Betrachten aber doch eher traurigen Einblick in die Waren-Welt der Unterhaltungskunst. Mit einer Einfalt, hinter der man raffiniert getarnten Zynismus vermuten könnte, die aber wohl eher als Ausdruck totaler Selbstentfremdung zu erklären ist, beschreibt so ein »Ratgeber« den Weg in die psychische Verelendung: wie man um seine eigene Person herum die Verpackung zu schnüren habe und wie man auf sich selbst, mit eigener Spucke sozusagen, noch das werbende Etikett draufkleben soll. Dem ratgebenden Künstler, den sein Erfolg daran gehindert hat, ein Bewußtsein über den Markt-Mechanismus, durch den er ihn erst hat, zu gewinnen, ihm erscheint dieser Markt als eine völlig heile Welt. Darin ähnelt er dem Agenten Ben Silverman in Neil Simons Stück, der nicht so ganz begreifen kann, warum es mit den Sonny-Boys vorbei ist. Er vertraut auf den Markt – als Agent muß er das, denn davon lebt er –, die Einsicht in die Dialektik dieses Marktes dagegen ist ihm verwehrt: daß der zugleich ruiniert, was er befördert, ist freilich für den, der daran ökonomisch teilhat, nicht ohne heftige Selbstzweifel, die wiederum dieser Tätigkeit hinderlich wären, zu begreifen.

In Theaterstücken, die selber vom Theater handeln, erscheint dieses zumeist als eine heile, wenn auch manchmal kurios oder geheimnisvoll verklärte Welt; eine Art Zoo, in der der Mime als ein merkwürdiges Exemplar der Gattung Mensch zum Ansehen freigegeben ist. Die wahre Realität des Theaters wird da in der Regel nur verschleiert – am subtilsten in den rosa Piècen über das Theater, die Jean Anouilh empfunden hat. Ich kenne nur zwei Fälle, wo Theater auf äußerst wirkungsvolle Weise sich selbst zum Gegenstand nimmt und doch zugleich die Verknüpfung mit seiner es heute bestimmenden Realität – der Realität einer Waren-Kultur – aufzeigt: Stücke, die voneinander meilenweit entfernt scheinen und es von ihrem formalen und intellektuellen Zuschnitt her auch sind, die sich aber doch in der Genauigkeit, mit der sie Theater als einen Jahrmarkt der Schizophrenien vorführen, merkwürdig nahekommen: Neil Simons »Sonny-Boys« spiegeln den Markt des kommerziellen Theaters in der diesem zugehörigen Form, dem komischen Boulevard-Stück; und Thomas Bernhards Stücke »Der Ignorant und der Wahnsinnige« und »Die Macht der Gewohnheit« spiegeln einen introvertierten bürgerlichen Kunstbetrieb in der diesem zugehörigen Form, dem introvertierten Kunstwerk.

Beidemale ist faszinierend zu beobachten, wie die Verfallenheit an den Gegenstand nicht dessen Romantisierung oder Illusionierung, sondern – innerhalb der jeweiligen Form – die Reflexion seiner Gegebenheiten gebiert. Bernhards Kunst-Süchtigkeit ermöglicht ihm die fatal präzise, zugleich komische Beschreibung von Kunst-Süchtigen und deren Abhängigkeit von einer Kultur, welche die pathologische Vereinsamung des Künstlers nur zu gerne befördert, um ihn desto leichter von der gesellschaftlichen Wirklichkeit, die sich seiner bedient, fernhalten zu können. Und Neil Simons Erfolgs-Süchtigkeit, seine Cleverness im Broadway-Geschäft, ermöglicht ihm die ebenso fatal komische, zugleich präzise Beschreibung von Erfolgs-Süchtigen und deren Abhängigkeit von einer Unterhaltungs-Industrie, welche den legitimen Wunsch nach Erfolgserlebnissen so sehr von der einzelnen Person isoliert, daß diese sich umso leichter vermarkten läßt.

Neil Simon hat, das Unterhaltungs-Gewerbe bedienend, zugleich auch ein Stück über dieses Gewerbe geschrieben. Er befriedigt ein öffentliches Interesse an Unterhaltung und zeigt zugleich, was es bedeutet, wenn dieses zunächst noch sinnliche Interesse sich am Markt mit einem kommerziellen trifft. Indem er diesen Vorgang sozusagen »nostalgisch« beschreibt, aus der Perspektive des Alterns, braucht er ihn nicht als Konflikt darzustellen: der alternde Künstler ist bereits jenseits aller Gefahr, durch den Markt korrumpiert zu werden; er muß froh sein, wenn seine vergilbte Aktie überhaupt noch notiert wird.

Der Witz bei Neil Simon ist, daß er immer dort, wo ein Kunst-Schriftsteller wie Thomas Bernhard eine Kulturkritik liefert, »nicht mehr« macht als: einen Witz. Das hat etwas Geniales: jede Erkenntnis durch eine Pointe vor ihren Folgen abzusichern. Wenigstens ist es eine geniale Art, zu überleben und sich die materielle Möglichkeit zu weiteren Erkenntnissen zu erhalten. Wie denn auch sonst sollte einer in den Formen, in denen und von denen er lebt, weiterarbeiten, wenn nicht auf die Weise, daß er all das, was nicht zum Lachen ist, so sehr zum Lachen zubereitet, daß andere, ein Publikum, es dann auch zum Lachen finden? Und das solange, bis der Widerspruch von Erkenntnis und Interesse ihn verrückt macht – dann kann er immer noch vom Markt-Künstler zum Kunst-Künstler avancieren –, oder bis Krankheit, Alter, schließlich Tod ihn der Qual entheben, diesen Widerspruch für sich allein zu einem Ende auszutragen.

(Programmhefte der Staatlichen Schauspielbühnen Berlins, 1973)

Als der Wahnsinn laufen lernte

Über den Dramatiker Georges Feydeau

Als sie abgeht, steht Camille links von ihm. Sie bewegt sich in einem langsamen Halbkreis um ihn herum, die Augen fest auf ihn gerichtet. Dann, als sie mit dem Rücken zum Publikum steht, kneift sie ihn mit Daumen und Zeigefinger der linken Hand kräftig in den linken Oberschenkel und geht ruhig und unschuldsvoll ab.

Diese Szenenanweisung aus dem ersten Akt der Komödie »Der Floh im Ohr« hat ziemlich alles in sich aufgenommen, was in dem umfangreichen Werk der vierzig Stücke, Komödien, Farcen, Schwänke von Georges Feydeau hinter einer mechanistischen Organisation von Situationen und Bewegungsabläufen verschleiert liegt: unterdrückte Erotik, die sich im Witz der Situationen ihr Ventil sucht; verdinglichte Beziehungen zwischen Mann und Frau, über die die spielerische Konfrontation stabilisierten Rollenverhaltens hinwegtäuscht; und bürgerliche Scheinheiligkeit, die die Tabus nur dann verletzt, wenn niemand es sehen kann.

Der so penibel beschriebene, wie mit dem Zirkel ausgemessene Vorgang enthält – konzentriert in einer einzigen banalen Geste – eine für Feydeaus Kosmos ungeheure Kühnheit, eine Entgleisung, die plötzlich, nur sekundenlang, auf das verweist, was ein bürgerlicher Farcenschreiber – wie sehr er in den Mittelakten seiner Stücke auch Betten und Bordells mobilisiert – im allgemeinen nicht so direkt »in den Griff« zwischen Daumen und Zeigefinger nehmen darf.

Daß eine Frau so einfach einen Mann anfaßt, lustvoll kneift, das ist zwar nicht für die in Feydeaus Stücken regierenden Lüste, aber für das Maß ihrer auch in der Farce noch beibehaltenen – literarischen – Unterdrückung eine ziemlich ungeheuerliche Sache. Nur erlaubt, weil die Situation, in der das passiert, sozial so ausgepegelt ist, daß die bürgerlichen Tabuinteressen davon nicht angegriffen werden: die da kneift, ist ein Dienstmädchen, und der da gekniffen wird, ist einer aus der Galerie der feydeauschen »Unansehnlichen«, ein Krüppel, ein Mensch mit einem fatal komischen Sprachfehler. Die »underdogs«, die sozial oder gesundheitlich Beschädigten dürfen sich – zum Gaudium derer, die das nur heimlich dürfen: der Bürger im Publikum – betatschen, Lust darf sich da handgreiflich äußern; allerdings auch nur »mit dem Rücken zum Publikum«. Daß es sich dabei gleich auch noch um eine ziemlich perverse Lust handelt – eine Unterdrückte verwirrt mit ihrem Kniff den noch Hilfloseren, den artikulationsunfähigen, sprachgestörten Mann, der aus jeder sozialen Beziehung herausgelacht wird –, das erhöht nur das VoyeursEmpfinden von Zuschauern, die sich im Theater einmal öffentlich schadlos halten können an Verhaltensweisen, die öffentlich zu bekennen ihnen selber unmöglich ist; die einzig ihr Lachen haben, um zu verraten, daß sie nur zu geil darauf wären, sich selber zuzubilligen, was sie an anderen – Bühnenfiguren – komisch finden.

Die Ängste des Bürgers

Georges Feydeau, 1862 geboren, 1921 an den Folgen einer Gehirnblutung gestorben, hat zwischen zwei Kriegen – 1871 und 1914 – pausenlos und immer erfolgreicher Theaterfarcen produziert und damit einer Epoche ihre lachhaften Bestätigungen geliefert und die spaßhaften Ventile für ernstlich unterdrückte sexuelle Bedürfnisse. Die Existenzform des Bürgers – die Ehe –, die dieser auch da, wo sie längst schon entleert ist, immer noch verstockt mit den Zähnen verteidigt, darf in der Gegen-Wirklichkeit des feydeauschen Komödientheaters infrage gestellt, wenn auch nicht aufgehoben, werden. Feydeau zeigt die Ängste des Bürgers, der die einzig legitimierte erotische Verkehrsform hintergangen hat; und er zeigt, wie eben diese Ängste die zweifelhaft gewordene Sexualinstitution Ehe immer weiter aufrechterhalten, immer neu festigen.

Seine Helden sind Getriebene, von einer einmal etablierten Unwahrheit zu immer aberwitzigeren Flucht- und Versteckungsmanövern gehetzt. Ihre Angst, daß die Regelverletzung entdeckt werden könnte, begründet jenen für Feydeau charakteristischen »irrsinnigen« Farcen-Mechanismus, die absurden Versteckspiele der Geschlechter, die komischen Manöver zwischen Eheleuten und Nicht-Eheleuten. Das Tempo der Ereignisse stabilisiert die Ordnung, gegen die sie sich vergangen haben – oder erst vergehen möchten: weil sie permanent auf neue Situationen reagieren, neue Ausreden und Lügen erfinden, neu sich verstecken müssen, kommen sie nie in die Versuchung, über die Ordnung und die Moral, vor deren Bannfluch sie flüchten, einmal nachzudenken. Noch ehe sie dazu kommen, Tabus nicht mehr zu verletzen, sondern auch als fragwürdig zu reflektieren, hat der Autor ihnen bereits ein Komödien-Finale aufgezwungen, und das heißt: Versöhnung mit der nicht zu gefährdenden Ordnung.

Erzählen lassen sich die Stücke kaum; ihr Inhalt ist so sehr mit der Mechanik seines Verlaufs identisch, daß er sich erst im Spiel preisgibt. Das Handlungsmuster ist fast auch immer das gleiche: ein bürgerlicher Ehemann hat eine Untreue eingefädelt, oft mit der Frau eines Freundes, und irgendein lächerlicher Zufall droht die unerlaubte Beziehung zu verraten. Dieser Zufall setzt das Stück in Gang: eine Eskalation von Verabredungen, Lügen, Versteckspielen, an denen immer mehr Leute beteiligt werden. Zunächst die Freunde des Ehemannes – das sind: andere Ehemänner, aber auch lüsterne Junggesellen –, die natürlich die Frau des Hauses, wovon der Gatte wiederum nichts ahnt und nichts erfahren darf, verführen wollen. Im zweiten Akt spitzen sich die Ereignisse jeweilen zu an einem Verabredungsort, das ist häufig ein Hotel, eine Absteige, ein besseres Bordell, oder auch eine feine Gesellschaft, ein Ballsaal, ein Hochzeitsgelage. An solch einem entweder niederen oder gesellschaftlich exklusiven Ort treffen sich dann, zufällig und unfreiwillig, alle Beteiligten und stolpern wie in einem gigantischen dramatischen Kreisverkehr hintereinander her, sei es durch Zimmertüren und geheime Wandtüren der Absteige oder durch die Ballsäle. Die Komik entzündet sich in beiden Fällen nicht nur an der auf den Gipfel getriebenen Verwirrung, sondern auch am sozialen Gegensatz, den der Ort der Verknotungen konstituiert: denn sei es in der Absteige, sei es in feinster Gesellschaft – beide Male wird der Zwang, die erotischen Antriebe zu verstecken, gesteigert; weder dort, wo es getrieben wird, noch dort, wo man nicht einmal davon sprechen darf, kann man sich ohne Skandal erwischen lassen. Die niedere paktiert da mit der vornehmen Öffentlichkeit, indem sie dem in der Mitte stehenden armseligen Bürger die je gleichen Lügen und Verrenkungen aufzwingt. Im Schlußakt kommt die Hetzjagd zumeist wieder am Ausgangspunkt an, in der bürgerlichen Wohnung; die Lügen lösen sich auf, werden vergeben oder verewigen sich – der Effekt ist allemal der gleiche: die Verhältnisse sind stabiler als zu Beginn des Stückes, und außer in der Phantasie der Beteiligten – auch der beteiligten Zuschauer – ist in der Regel nichts von dem wirklich passiert, was die komischen Ängste provoziert hat. Feydeaus Helden haben sich von nichts anderem als ihrer eigenen Phantasie hetzen lassen – und die Zuschauer haben über nichts anderes als ihre eigene Phantasie gelacht. Die Welt ist wieder in Ordnung.

Wie kreuz und quer und feingesponnen die Beziehungen der Figuren sind, mag ein Beispiel zeigen. In der Farce »Le Dindon«, die bei uns unter dem Titel »Einer muß der Dumme sein« gespielt wird, gibt es drei Ehepaare; die Vatelins, die Pontagnacs, die Soldignacs; den Junggesellen Redillon; die freiberufliche Kokotte Armandine. Die erotischen Verschlingungen zwischen diesen acht Figuren, denen sich im Stück natürlich noch komplizierende Chargen zugesellen, stellen sich so dar:

Monsieur Vatelin hatte vor Jahren, als sie noch unverheiratet war, und er noch Junggeselle, ein Verhältnis mit Maggy Soldignac; das darf nicht ans Licht kommen, zumal da sie es wieder anzuheizen unternimmt.

Lucienne Vatelin spielt mit dem Gedanken, ihren Mann mit dessen Freund Pontagnac oder mit dem um sie werbenden Redillon zu betrügen, falls – was sie fürchtet – ihr Mann sie mit Armandine betrügen sollte. Pontagnac, seiner eigenen Frau überdrüssig, versucht mit allen Mitteln, die seines Freundes zu verführen.

Clotilde, seine Frau, will ihn mit Redillon betrügen, falls er sie – mit wem auch immer – je betrügen sollte und sie ihm auf die Spur kommt.

Monsieur Soldignac will mit Hilfe von Vatelin versuchen, seine Frau Maggy beim Ehebruch zu erwischen.

Maggy aber versucht gerade verzweifelt, eben denjenigen, den ihr Mann sich zu seinem Vertrauten ausgewählt hat, Vatelin, zu verführen – welcher darauf gar nicht so scharf ist.

Redillon schließlich ist durch ein Verhältnis mit Armandine so entkräftet, daß er einem Angebot von Lucienne Vatelin – im dritten Akt – nicht nachkommen kann.

So kommt es, als es zu etwas kommen könnte, ordnungsgemäß zu nichts. Und weil der Autor dafür eine komische, obendrein schadenfrohe Begründung gefunden hat, wird die doch eigentlich traurige Tatsache, daß die Eheleute des Stücks im Käfig der Regeln eingesperrt bleiben, lachend übersehen. Wie diese Entfaltung von Trieben einem Höhepunkt verwickelter Lust zugeführt wird, ohne daß es jedoch zum Orgasmus kommt; wie die sozialen Rollen an den Rand ihrer Aufhebung getrieben, aber dann doch wieder auf sich zurückgebogen werden; wie das wahre Interesse von Männern und Frauen entschleiert wird und sich dennoch alle am Ende im falschen, gesellschaftlich sanktionierten Interesse beruhigen: das alles bildet den Stand einer Gesellschaft ab, die sich noch sicher glaubt und als Belle Epoque sich definiert, während sie in Wahrheit mit einem Bein noch auf den Gräbern einer niedergeschlagenen Revolution, den Gräbern der Kommunarden steht, und mit dem andern Bein schon vorausschlittert in einen Weltkrieg, der ihre Interessen zur Explosion bringt.

Stücke wie Maschinen

Feydeau freilich, wie durchsichtig er die Misere einer Gesellschaft auch abbildet, weiß doch von all dem, was er hinter der Oberfläche der Farce und in der Perfektionierung ihres Verlaufs zusammenrafft, nichts. Er verhält sich als Ingenieur, seine Stücke sind Maschinen: hermetisch abgeschlossen gegen alles, was nicht zu ihrer Funktion gehört, ganz konzentriert und zugerichtet für den einen Ablauf, den Mahlgang, in dem ein paar Mitglieder einer bürgerlichen Gesellschaft einmal durchgeschüttelt, durchgedreht und von einer mechanistischen Dramaturgie wieder zurechtgebogen werden, um am Ende dieses Prozesses wie zuvor als Rollenträger – als Eheleute und solche, die es werden sollen –, nun aber unwiderruflich abgepackt, dazu-stehen.

Diese »Maschine« produziert nichts anderes als was am An-fang in sie hineingetragen wurde. Die verwirrenden Räder, die sich in ihr in Gang setzen, verbergen nur – und die Geräusche, die sie machen, übertönen nur –, daß hier nichts weiter geschieht als ein Verpackungsvorgang: Ideologisierung. Die Lust, welche die sich drehenden Räder bewirken, täuscht darüber hinweg, daß in diesen Rädern das Bestehende noch dort sich feiert, wo es schein-haft seiner Auflösung zutreibt. Die Schönheit dieser Maschinen, die klare, sachliche Gestalt des Funktionellen, die durchsichtige, berechenbare Ordnung, die in ihnen waltet, ist denn auch Sym-bol eines gesellschaftlichen Prozesses, der sich Zierat und Schnör-kel nicht leisten kann und will und Abschweifungen nicht zuläßt. Die Logik, mit der Feydeau seine Maschinen-Komödien voran-treibt und an ein stets versöhnendes Ende führt, spiegelt nur die Logik der herrschenden Verhältnisse, die insoweit immer »lo-gisch« sind, als sie sich auf unangetastete Regeln berufen. Und der Funktionalismus, mit dem Feydeau Menschenpuppen hin-und herbewegt, ihnen Triebbefriedigungen zubilligt oder verwei-gert, ihre Sehnsüchte anstachelt und dann wieder kappt, spiegelt nur, wie funktional die gesellschaftlichen Beziehungen längst geworden sind, wie sehr die Antriebe und Sehnsüchte innerhalb mechanischer Ordnungen ablaufen – verenden oder ans Ziel gelangen, auf keinen Fall aber human sich und frei entfalten dürfen.

Die Stücke enthalten keinerlei Reflexion, lediglich »action«, und die will nichts beweisen als ihre eigene Mechanik. Sie nimmt sich nichts vor – sie erfüllt sich darin, gleichmäßig schnell und gleichmäßig schön und gleichmäßig sicher, perfekt abzulaufen: Poesie der Präzision, die eine Sache in ihrer Verlaufsform abbil-det. Aber welches ist die »Sache« – für uns, die wir von heute, distanziert zu Feydeaus Zeit, darauf gucken? Die »Sache« ist der Prozeß der Enthumanisierung in einer auf Triebunterdrückung gebauten Gesellschaft.

Bevor das glaubhaft gemacht werden kann, müssen die Mittel, mit denen Feydeau arbeitet, die Konstruktionselemente seiner

Maschinen, noch näher bezeichnet werden. Das läßt sich am ehesten tun durch die Betrachtung von Feydeaus ausgeklügelten Szenenanweisungen, Musterbeispielen dramaturgischer Kalkulation. Keine Tür, kein Möbelstück, kein Accessoire, das nicht im Verlauf der Aktion seinen Sinn zugewiesen bekäme – die Räume Feydeaus scheinen am Reißbrett entworfen, ihre Architektur ist mathematisch berechnet. Die Genauigkeit freilich bringt zugleich Erkenntnis über die soziale Wirklichkeit ein, über das Einkommen, den Geschmack, die Träume, das Bewußtsein der Menschen, die – zum Beispiel – einen Salon wie den der Familie Chandebise in dem Stück »Der Floh im Ohr« bewohnen:

Englischer Stil. Im Hintergrund ein großer runder Erker, in dessen Mitte eine Flügeltür, die von außen zu verschließen und zu verriegeln ist. Rechts und links vom Erker Türen. Links vorn ein Fenster. Rechts vorn eine Tür. Etwas weiter nach hinten ein ziemlich hoher Kamin. Vorhänge aus chinesischer Seide. Mahagonimöbel im englischen Stil. Im Hintergrund rechts, zwischen Erker und Tür, ein ziemlich hoher Schreibsekretär. Als Gegenstück links eine kleine Etagere. Links zwischen Fenster und Hintergrund eine kleine Kommode mit drei Schubladen. Vor dem Fenster in der Fensternische eine Polsterbank ohne Rückenlehne. Neben der Bank einer der großen englischen Papierständer, mit x-förmigen Beinen, die geschlossen nicht größer sind als ein großer Karton und geöffnet einen Tisch bilden, in dessen Innern man alles zum Schreiben Nötige findet. Dieses Möbelstück ist zunächst geschlossen. Links in der Mitte ein kleines Sofa mit Lehne aus durchbrochenem Mahagoniholz. Dieses Sofa steht schräg mit dem Rücken zum Publikum. Vor dem Sofa ein kleiner Tisch, zu beiden Seiten von dem Tisch je ein Stuhl. Rechts ein großer Tisch, auf jeder Seite davon ein Stuhl. Spiegel über dem Kamin. Gerahmte englische Stiche an den Wänden. Nippsachen nach Belieben.

Darin ist nichts Überflüssiges. Der Regisseur, der eine andere Raumordnung finden sollte, würde schon nach wenigen Szenen von Feydeaus Text zur Kapitulation gezwungen, das Spiel könnte in einer anderen Architektur gar nicht funktionieren. In Feydeaus Beschreibung bildet sich bereits – wie in der Konstruktionszeichnung für eine Maschine – der Verlauf des Spiels ab. Denn die Möbel wirken mit, sie sind Funktionsträger innerhalb des Spiels, sie dienen der Einfädelung von Verwechslungen und

Vertauschungen von Briefen, Parfümflaschen, Kleidungsstükken. Und die Türen – wie in allen Stücken Feydeaus – werden zu Folterinstrumenten und Fluchtpunkten gleichzeitig: sie bieten dem Geängsteten, dem verfolgten Bürger immer noch eine Rückzugsmöglichkeit – und notfalls tut's auch ein Sprung aus dem Fenster –, aber sie erweisen sich zugleich als latente Bedrohung für all die Getriebenen, die ständig von anderen, die durch eine der vielen Türen hereinkommen könnten, gesehen, erwischt, überrascht zu werden drohen. So zwingt, beliebtester Mechanismus Feydeaus, die Ankündigung eines Gastes durch einen Diener oder ein Mädchen, jeweils eine Figur in den Salon hinein und gleichzeitig eine andere, die Grund hat, vor jener sich zu verstecken, aus dem Salon hinaus: bis daß die Vor- und Nebenzimmer mit sich Entziehenden verstopft sind. Dann läuft der Vorgang, diesmal rückwärts, noch einmal ab, die Räume wieder entleerend.

Die Farce als Gespenstersonate

Wenn eine Tür so schnell nicht zur Hand, wenn kein räumlicher Ausweg mehr ist, wird geistesgegenwärtig stammelnd ein verbaler erfunden: eine List, eine falsche Personenbenennung, eine Täuschung, eine Lüge. Nirgendwo auf dem Theater ist je so ausführlich, so dreist und pausenlos gelogen worden wie in den Stücken Georges Feydeaus. Der Farcenschreiber zeigt damit nur die Kehrseite jener bürgerlichen Dramatik vor – der Stücke Ibsens oder Strindbergs –, in denen der dramatische Prozeß darin besteht, die Lügen des Stückpersonals abzubauen, ihren Selbstbetrug und den gegenseitigen zu entschleiern. Die »Lebenslügen«, die Ibsen aufdeckt, den Menschen so heftig die Masken vom Gesicht reißend, daß Haut mitgeht –: Feydeau zeigt, wie sie begründet werden, wie sie sich entwickeln, verwirren; und wie die Gelegenheit Dauer schafft, wie die einmalige, noch ganz »kleine«, belanglose Lüge immer neue herbeizwingt und damit weit mehr festigt als die erste, nur sekundenlange Angst vor der Wahrheit: in den Farcen ist zu beobachten, daß die Perpetuierung des einen »zufälligen« Augenblicks jenes stabile

Angstgebäude zementiert, in dem die Gesellschaft die von ihr unterdrückten Wünsche und Triebe einkerkert. Im Augenblick ihrer Entfaltung sind die Lügen natürlich noch in einem Maße komisch, wie sie es bei ihrer Entlarvung in einem Stück von Ibsen schwerlich noch sein können. Aber die trügerischen Finales, die Feydeau baut, weisen schon – recht betrachtet – über die Harmonisierung, welche von der Konvention des Genres und der bürgerlichen Ideologie erzwungen wird, hinaus in die Düsternis eines vierten, fünften und sechsten Aktes, den dann Ibsen oder Strindberg geschrieben haben. Denn daß die Ehe, die sich am Ende der Stücke »Der Floh im Ohr« oder »Le Dindon« oder »Die Dame vom Maxim« oder »Der Damenschneider« jeweils als ungefährdet, als stabilisierend darstellt, doch so verenden wird wie in den Stücken »Hedda Gabler« oder »Ein Totentanz« oder »Gespenstersonate« –: das ist ja wohl aus unserer Erfahrung nicht mehr herauszunehmen; diesen Schatten hat die gleichzeitig geschriebene Dramengeschichte über Feydeaus Happy-Ends geworfen.

Die heile Welt, in der Feydeaus Figuren leben – in die sie doch zumindest immer noch zurückfinden –, verdanken sie ja recht eigentlich nur dem Zweck, zu dem sie entworfen sind: nämlich als Gegenstände einer theatralischen Unterhaltungsindustrie ein auch ökonomisch verwertbares, an der Kasse sich auszahlendes Einverständnis herzustellen mit einem Publikum, das sich noch nicht so sehen mag, wie es auf dem Theater der Realisten gleichzeitig bereits dargestellt wird. Das zur Unterhaltung verfertigte Produkt verbirgt – und oft sogar seinem Produzenten selber –, daß die verlachten Existenzformen meist wirklicher und gespenstisch drohender sind als die komische Darstellungsform, wenn sie zu ihrem Ziel: dem Lachen, kommen will, wahrhaben darf. Darum ist vielleicht die Farce, die immer auf ein Über-Lachen, auf geradezu hektisches Einverständnis aus ist, eine im Grunde grausame Form; die Schamlosigkeit der Vermittlung unterschlägt deren Inhalt; nicht einmal der Autor der bürgerlichen Farce merkt – das darf er freilich auch nicht, sonst könnte er so nicht weiterschreiben –, wie er die Hinrichtung des Bürgers und seiner Institutionen vollzieht. Die Farce Feydeaus ist eine unsichtbare, schmerzlose Guillotine: die von ihr Exekutierten – das Personal der Stücke so sehr wie die Konsumenten der Stücke – merken gar nicht, daß sie – guillotiniert, kopflos – nur mehr in der Existenzform des »bourgeois revenant« fortwesen, als komische, aber latent unheildrohende Gespenster. Der fadenscheinige Charakter einer entleerten Existenzform, die sich in den Fetischen Familie und Eigentum manifestiert, wird freilich nicht sichtbar, solange ein Unterhaltungs-Genie uns zum pausenlosen Lachen zwingt. Aber das macht nichts: ein Stück wie Strindbergs »Gespenstersonate«, zur gleichen Zeit wie einige der erfolgreichen Farcen Feydeaus geschrieben, spiegelt das wahnsinnige Ende bürgerlichen Gespenster-Lebens auf jene Lustspiel-Welt zurück, die sich noch im Besitz einer Vitalität glaubt, welche sie längst nur noch auf dem Theater hat.

Und läßt, im nachhinein, erkennen: die Strindbergschen plappernden Gespensterwesen, maskiert und verpuppt auf ihren Lügen, den toten Beziehungen und auf ihren Verbrechen hockend, sind nichts anderes als die »gespenstischen« Schatten von Feydeaus Farcen-Personal. Das wird immer dann ganz unabweisbar deutlich, wenn Alte, Debile, Verkrüppelte, Kranke mitten unter denjenigen, die auf Lustgewinn aus sind, an der Nase herumgeführt werden. Solche Figuren tauchen in fast jedem Stück Feydeaus auf; das schadenfrohe Gelächter der Gesunden – gesund sich noch Glaubenden – über anderer Leute geistige und körperliche Unzulänglichkeiten und Gebrechen, das sich die Komödie immer schon zunutze machte, wird da bis fast an jenes bittere Ende geführt, wo das Lachen vergeht. Dort schlägt Spott um in Erschrecken; die Erkenntnis, daß er gemeinhin dazu dient, unsre Angst vor dem Kranken und Gebrechlichen, vorm Alter und Tod wegzulachen, zu verdrängen, überzieht den Spott mit Verstummen. Zu solchen Momenten finden die Stücke Feydeaus immer wieder:

In »Le Dindon« gibt es eine Szene – zweiter Akt, der Schauplatz ist ein Zimmer im »Hotel Ultimus«, eine Absteige –, da verirren sich zwei alte Leute, ein pensionierter Militärarzt und seine taube Frau, unter den erotischen Ringelreihen, der im Laufe einer Nacht durch dieses Zimmer zieht, weil irgend jemand in der Reservation die Zimmernummern verwechselt hat. Einer der liebesseligen Galane steigt irrend zu der alten Frau ins Bett; eine Frau versteckt sich im Badezimmer, läßt ihre Kleider im Zimmer zurück; Koffer werden vertauscht; Freunde, die einander nicht gerade dort vermuteten, stoßen aufeinander; und die Musik zu all dem heillosen Tohuwabohu spielt eine Klingelglocke, welche jemand unter der Matratze versteckt hat und die nun schrill läutet, sobald einer der beiden Alten sich zu Bette legt. Auf dem Höhepunkt der Wirrnis laufen sämtliche Bediensteten des Hotels, angelockt vom Lärm der Glocke, in diesem Zimmer zusammen. Die Alte, taub, nimmt all das nur optisch wahr, ohne irgendwas davon zu begreifen.

Der Spaß, den Feydeau seinem Publikum macht, indem er die aktiven Figuren des Stückes über zwei funktionslose Alte und Kranke hinwegstolpern läßt, geht natürlich auf deren Kosten. Das liegt aber an uns, den Lachenden: denn dem der will, wird bemerkbar, daß Feydeau dort, wo er seine Mittel geradezu geschmacklos einsetzt, unbewußt zugleich das Monströse, Gespenstische seines Kosmos verrät. Die Alten sind an sich nicht komisch, sie werden erst in eine Lage gezwungen, die sie als komisch ausstellt, damit andere, wahrhaft gespenstisch Komische, Triebund Angstgehetzte, entlastet werden können. Krankheit, Alter und Defekte erscheinen plötzlich als sozusagen »redliche« Gebrechen gegenüber den sozialen – nämlich: gesellschaftlicher Lüge, Triebunterdrückung, Ausbeutung der Frauen –, von denen alle andern Figuren beherrscht sind. Deren Deformationen freilich werden von der Geschwindigkeit der Aktion überspielt, am Schluß der Stücke auch glatt verleugnet, mit dramaturgischer Kosmetik weggeschminkt.

Die Grausamkeit der Unterhaltungsproduktion

Aber in den Mitteln, deren sich eine Sache bedient, verrät sich doch meistens, was ihr Inhalt verschweigt: Der Stotterer oder der Sprachunfähige, die das Lachen auf sich ziehen, dokumentieren zunächst einmal die Grausamkeit einer Unterhaltungsproduktion, die von den Defekten derer, die sich an den Defekten anderer delektieren, profitiert. Aber mehr noch: Feydeaus degoutante Einfälle – sie reichen in anderen Stücken von Schwerhörigen bis zu einem Mann, der gräßlich aus dem Munde riecht – verweisen auf die Brüchigkeit einer Form, die immer neue Reize hervorbringen muß, um die alten Muster noch einmal in Gang zu setzen; auch Ausländer, radebrechende Mexikaner oder Engländer, müssen immer wieder dazu herhalten, einem mit sich selbst zufriedenen Publikum neue Lachreize anzubieten.

Dieser Vorgang bezeugt aber nicht nur die schamlose Phantasie und Verwertungswut Feydeaus; vor allem lenken die sich selbst übertrumpfenden Mittel noch einmal darauf, daß die jeweils realistischen Fortsetzungen dieser Stücke, die Beschreibungen vom Elend und der Erstarrung der hier noch so munter aktiven Gesellschaft, gleichzeitig schon geschrieben sind. Die Gesellschaft, die in den Stücken von Ibsen und Strindberg beschrieben ist, hat sich von der Gesellschaft der Farcen zur Wahrheit hin entfernt. Nur als Negativbild ist in der Komödienform, die sich verkaufen muß, noch erfahrbar, wie es um die Figuren wirklich bestellt ist. Da allerdings zeigt sich eklatant, was alles versteckt werden muß, wenn es gilt, die verdorbenen Ordnungen noch aufrechtzuerhalten, und was alles erfunden werden muß, um die schon ziemlich verstopften Ventile für das Verdrängte zu öffnen. Die Hypertrophie der Mittel zeigt bei Feydeau auch schon den Tod einer Form an, die in immer groteskeren Gegensatz zu den herrschenden Zuständen kommt und nach Feydeau auch nur noch guillotiniert, als Gespenst ihrer selbst, als »farce revenant« existiert. Erfindungen wie die des zweiten Akts von »Der Floh im Ohr« sind eben Endzeit-Produkte, unüberbietbar, die Grenze eines Genres bezeichnend; es handelt sich da um das berühmte, von Zimmer zu Zimmer drehbare Bett, dessen Mechanismus Feydeau in seiner Szenenanweisung selber am besten beschrieben hat:

Im Zimmer rechts hinten – es ist eingebaut in eine ausgeklügelte Simultankonstruktion von mehreren Zimmern um eine Hotelhalle und ein Treppenhaus – *ein Himmelbett, das auf einem erhöhten Tritt steht. Zu beiden Seiten des Bettes in der hinteren Umrahmung in*

Augenhöhe ein elektrischer Klingelknopf. Der Knopf ist groß und schwarz. Seine Umrahmung ist aus weißlackiertem Holz, mit aufgemalten schwarzen Ringen, so daß das Ganze einer Schießscheibe ähnelt. Wenn man auf diesen Knopf drückt, löst er die Klingeln hinter den Kulissen aus, durch die die Bühnenarbeiter jedesmal benachrichtigt werden, wenn sie die Maschinerie des Bettes in Bewegung setzen müssen. Diese Maschinerie ist folgendermaßen eingerichtet: Auf dem Tritt, auf dem das Bett steht (auf der Estrade), befinden sich zwei Scheiben, von denen die eine fest und waagerecht ist, um die Abschrägung der Bühne auszugleichen, während die zweite darüber liegende Scheibe beweglich ist. Wenn die Bühnenarbeiter durch eine Winde diese Scheibe in Bewegung setzen, dreht sich das Bett geräuschlos und auch die Wand dahinter, so daß das Bett des Nachbarzimmers erscheint.

Feydeaus Konstruktionsplan geht noch in technische Details über, er beschreibt mit fanatischer Ausführlichkeit selbst die Gummiverschlüsse, die die Fugen verdecken und gleichzeitig den Stoß abfangen sollen: ein wahrer Technologe des Theaters. Diese drehbare Wand mit den zwei Betten, in deren einem ein rheumatischer Greis liegt, während das andere für eine Verführung herhalten soll, ist wahrscheinlich der verrückteste technische Einfall, den je einer für das Theater gehabt hat. Und Feydeau beutet ihn hemmungslos aus: da wird auf den vermeintlichen Klingelknopf gedrückt, bis die Betten schließlich wie ein Karussell zu kreisen beginnen:

Erste Drehung: Der Verführer Tournel hat es fertiggebracht, die eher unwillige Raymonde aufs Bett zu drängen, sie drückt in ihrer Not den Klingelknopf und dreht sich mitsamt dem Bett weg, während er das Zimmer verriegelt. Als er sich wie wahnsinnig aufs Bett stürzt, hat sich das andere mit dem schlafenden alten Mann schon hereingedreht, er erkennt zu spät, wen er da euphorisch küßt.

Zweite Drehung: Tournel, als er den Mechanismus begreift, dreht den Alten in sein Zimmer zurück, aber hereingefahren kommt: auf dem anderen Bett sitzend, betrunken, der Hausdiener, zum Verwechseln ähnlicher Doppelgänger von Raymondes Ehemann. Hochkomische Erklärungsversuche des sich ertappt glaubenden Paares.

Dritte Drehung: Der Alte wird wieder hereingefahren und klärt das Mißverständnis auf.

Vierte Drehung: Als die Verführung endlich ihrer Erfüllung nahe kommt, der Mann die Frau sanft aufs Bett drängt, haben beide vergessen, daß es sich noch nicht zurückgedreht hat. Sie fallen auf den zeitunglesenden Alten – Eklat, Ende der Verführungsszene. Der Alte wird herausgedreht, und es erscheint: der Neffe Raymondes, der zur gleichen Zeit im gleichen Hotel amourösen Angelegenheiten nachgeht.

Letzte Drehung: Auf dem Höhepunkt eines personellen Chaos, bei dem jeder vor jedem sich versteckt und der Ehemann fortgesetzt mit dem Hausdiener verwechselt wird – oder dieser mit ihm –, greift ein eifersüchtiger Mexikaner zum Revolver und schießt auf den Klingelknopf. Herein dreht sich: seine Frau, die sich vor den Nachstellungen eines maßlos erotisierten Amerikaners in die Arme des Hausdieners gerettet hat, den sie für den Mann ihrer Freundin Raymonde hält. Der Akt stürzt auf diesem Höhepunkt in sich zusammen, als der Mexikaner wütend eifersüchtig pausenlos in die Luft ballert und alle ihn umringen und ihm die Waffe aus der Hand zu winden suchen.

Ein Wahnsinns-Tableau: die Erfindung ist über sich selbst hinausgeschnellt, die Szene explodiert an der Rationalität, mit der die Figuren, die sich nicht sehen wollen, einander konfrontiert, einander zugetrieben werden, Spielpuppen auf Feydeaus szenischem Meßtischblatt. Die Logik, die da an ihrer eigenen Aufhebung arbeitet, wird damit schließlich Teil jener allgemeinen Verrücktheit, deren szenische Organisation sie betreibt. Die kaltschnäuzig grausame, unbedenkliche Ausbeutung der unterdrückten menschlichen Lust und Gier wird albald – meist im Laufe des zweiten Aktes – von dieser auch verschlungen. Die sogenannt »technischen« Mittel entlarven sich wieder einmal als nicht so neutral, wie man ihnen gern zutrauen möchte: ihrer Perfektionierung wohnt genau jenes Maß an Enthemmung inne, das mit ihrer Hilfe aus den Figuren des Stückes herausgekitzelt wird. Dort wo die Mittel die Schamgrenze überschreiten, darf man sicher sein, daß es geschieht, um einer Gesellschaft, die sich solchen Grenzübertritt inhaltlich und öffentlich nicht zubilligt, eine formale Ersatzhandlung zu ermöglichen. So wie der obszöne Witz von einem nichtsanktionierten Sexualverlangen aggressiv ablenken soll, so auch die »szenische Zote« der Schlafzimmer-Farce; der komische Tanz ums Bett in dem Stück »Der Floh im Ohr«, bei dem der alte rheumatische Greis den Katalysator abzugeben hat, offenbart – je taumeliger die Aktion wird –, daß eben nur dem Alten, der nichts weiter darin sucht als Schlaf, die Benutzung des Bettes zugebilligt ist. Die andern, Männlein und Weiblein, dürfen es nur in ihrer und unserer Phantasie besteigen – die Realität, die sie sich auch im Leben heimlich holen müssen, kann ihnen im Stück nicht plötzlich öffentlich überlassen werden.

Das Bett, dem Feydeau eine phantastische Karussellkonstruktion anerfindet, wird auf solche Weise auch dämonisiert. Gerade der Witz, dem dieses Möbel ausgesetzt wird – ähnliche Funktion hat die unter der Matratze versteckte Klingel in »Le Dindon« – ist ein Indiz jener Angst, die seiner Benutzung als Sexualgelegenheit vorausgeht.

Angstträume über Ehe und Sexualität

Sind die Mittelakte von Feydeaus Stücken, die artistischen Versteckspiele ums Bett herum, vielleicht in erster Linie Angstträume, Ausgeburten bürgerlicher Phantasien, vor denen zu erschrecken wäre, würden sie nicht vom Farceur Feydeau rechtzeitig in den Witz umgebogen? Offenbaren sich darin – geträumt, ins Komische abgedrängt – die Wünsche und Begierden von Menschen, die kein Recht finden, sich vernehmbar zu machen, weil sie einer Ordnung unterliegen, welche die eigennützige Erfindung von wenigen Mächtigen und Reichen ist, die sich ihre Wünsche ohne Kontrolle jederzeit befriedigen können? Freuds Beschreibung des »zynischen Ehe-Witzes« mag einigen Aufschluß geben über diese eine Funktion, die Feydeaus Stücke unter anderen zu erfüllen haben:

Unter den Institutionen, die der zynische Witz anzugreifen pflegt, ist keine wichtiger, eindringlicher durch Moralvorschriften geschützt, aber dennoch zum Angriff einladender als das Institut der Ehe, dem also auch die meisten zynischen Witze gelten. Kein Anspruch ist ja persönlicher als der

auf sexuelle Freiheit, und nirgends hat die Kultur eine stärkere Unter-
drückung zu üben versucht, als auf dem Gebiete der Sexualität.

Dem zynischen Witz, fährt Freud fort, liege folgende Erkenntnis zugrunde: man heirate, um sich gegen die Anfechtungen der
Sinnlichkeit zu sichern, und dann stelle sich doch heraus, daß die
Ehe keine Befriedigung eines etwas stärkeren Bedürfnisses ge-
statte. Daß die Ehe nicht die Veranstaltung sei, die Sexualität des
Mannes zu befriedigen, getraue man sich jedoch nicht laut und
öffentlich zu sagen, wenn nicht gerade außergewöhnlicher Re-
formeifer einen dazu dränge. Die Stärke des zynischen Witzes
nun sei, daß er dies – auf allerlei Umwegen – doch zu formulieren
fertigbringe.

Die Farcen Feydeaus getrauen sich, auf dem Umweg ihrer
zweiten Akte, auszusprechen, »daß die Ehe nicht die Veranstaltung ist, die Sexualität des Mannes zu befriedigen«. Aber sie
müßten das Genre sprengen und die Rezeptionsbedingungen,
denen sie unterliegen, aufheben, wollten sie ihren subversiven
Ansatz auch öffentlich behaupten. Denn ein Witz wird unöffent-
lich erzählt, im kleinen Kreise, unter Männern, seine Öffentlichkeit ist auf jeden Fall eine heimliche. Das Theaterstück jedoch,
obendrein Ware auf einem Markt, ist auf jeden Fall öffentlich; so
muß das auf Umwegen Ausgesprochene auf ebenso komplizierte
Weise wieder zurückgenommen werden: im dritten Akt, im Komödien-Finale. Noch einmal bestätigt sich also die letzten Endes
doch wieder harmonisierende Funktion der Stücke. Das Unterdrückte wird nur scheinhaft freigegeben, um nachträglich um so
kräftiger befestigt zu werden. Der zweite Akt verharrt nicht
zufällig zumeist wie ein coitus interruptus: die Scheinbefriedi-
gung fesselt die unterdrückte Sexualität endgültig.

Man könnte sagen: was Besseres haben die Männer, die nur an
die Umgehung ihrer eigenen Unterdrückung denken, auch nicht
verdient. Denn die szenischen Witze Feydeaus sind zumeist auch
Männerwitze. Sie sind Belege der männlich-liberalen Konkurrenzwirtschaft, welche die Frau weiterhin verdinglicht hält. Die
Frauen in Feydeaus Stücken – soweit sie nicht der Gattung der
Kokotten und der Dienstmädchen zuzurechnen sind, an denen
sich das Emanzipatorische als frivol und asozial sozusagen von

selber denunziert – sind scheu, vorsichtig, sanft, nachsichtig, wissend: sie beweisen damit jenen weiblichen Charakter, den die männliche Gesellschaft sich modelliert hat, um Herrschaft aufrechtzuerhalten. Denn die Nachsicht, die hier der Frau angedingt wird, trägt nur dazu bei, jene männlichen Wehleidigkeiten weiterhin zu behaupten, die die Verkleidung patriarchalischer Herrschaft sind. Wenn am Schluß der Stücke Feydeaus die Männer als die Unterlegenen dastehn, als arme Frustierte, dann ist das nur ein besonders fauler Trick der Männer: Verstellung, die darauf spekuliert, daß die fatale Ideologie von der männlichen Überlegenheit unbemerkt weiter herrschen kann. Denn die Stücke verschweigen ja, daß die Männer sich jene Rechte, die ihnen der Farcenmechanismus auf dem Theater verweigert, in der Wirklichkeit täglich heimlich nehmen. Und die Darstellung der Ängste täuscht darüber hinweg, daß die bürgerliche Gesellschaft gleichzeitig an der Verfeinerung eines Systems arbeitet, das die Regelverletzungen immer mehr kanalisiert.

Feydeau – auch ein Getriebener

Der Mann, der vierzig Stücke produzierte und auf so vertrackte Weise, mehr unbewußt als bewußt, mehr unfreiwillig als bedachtsam, Offenbarungen über das sexuelle Träumen seiner Zeit geschrieben hat, hat selber nie auch nur einen einzigen Gedanken darüber formuliert. Nachdenken war sein Metier nicht, auch geistreiche Sottisen hätten den unbarmherzigen Lauf seiner Stücke nur aufgehalten. Die Motorik der Handlung, die Selbstfeier der formalen Mittel, die Perfektionierung eines einzigen Schemas: nichts andres als dieses gebiert die Philosophie der Stücke. Mit nichts als der Vollendung seiner Technik und deren immer wahnsinnigerer Anwendung hat Feydeau es erreicht, daß Jean Anouilh den Satz formulierte: »Niemand hat so viel über die menschliche Existenz gesagt wie Feydeau! – Nur noch Pascal.«

Dabei war er, im Grunde, ein entsetzlich fauler Mensch. Marcel Achard hat berichtet, wie es dazu kam:

Als er sechs oder sieben Jahre alt war, wurde er eines Abends mit ins Theater genommen. Am andern Morgen setzte der Junge sich hin und schrieb ein Stück. Sein Vater, Ernest Feydeau, selber ein eher mittelmäßiger Schriftsteller, der sich jedoch auf seine Freundschaft mit Flaubert und Gautier viel zugute hielt, war entzückt und wies die Gouvernante an, für diesen Tag den Unterricht zu streichen, denn: »Der Junge hat genug gearbeitet für heute. Er hat ein Stück geschrieben.« – Von dem Tag an benutzte Feydeau das Schreiben, um sich dem Lernen zu entziehen.

Er schrieb aus Faulheit. Er war so träge, daß er sich nicht einmal umdrehte, als ein Freund in einem Restaurant ihm sagte: *»Dreh dich um! Da kommt grad die schönste Frau herein, die ich je gesehen habe.«* Feydeaus lakonische Antwort: *»Beschreib sie mir.«*

Er war auch unpünktlich, eine weitere Untugend, die er sorgfältig pflegte. Achard hat auch in diesem Fall beschrieben, wie es dazu kam:

1883, als Georges gerade einundzwanzig Jahre alt war, wurde seine erste Komödie, »Amour et Piano«, im Athenée inszeniert. Sie hatte einen Achtungserfolg, der noch nichts weiter bedeutete. Denn zu dem Zeitpunkt hätte der Meister des Lachens gut und gern auch – statt ein Stückeschreiber – ein Schauspieler werden können; in Amateuraufführungen hatte er sich bemerkenswert talentiert gezeigt. Deslandes, damals Direktor des »Vaudeville«, wollte ihn engagieren und gab ihm einen Termin zur Unterzeichnung des Vertrages. Deslandes verspätete sich, Feydeau wartete ein paar Minuten, dann ging er. Und auf diese Weise brach er seine kurze schauspielerische Karriere ab. »An dem Tag habe ich begriffen«, sagte er später, »welche Vorteile die Unpünktlichkeit einbringt. Und sofort habe ich mir geschworen, auch für den Rest meines Lebens unpünktlich zu sein. Bis heute habe ich den Schwur gehalten.«

Davon, daß er Wort hielt, konnten die Theaterdirektoren, die später auf seine jeweils neuesten Stücke warteten, ein Lied singen. Er schrieb überhaupt nur unter Zwang – wenngleich pausenlos, weil seine Schulden immer größer waren, als seine größten Erfolge ihm Geld einbrachten. Er saß in einem Café in der Rue Vivienne und gab von da aus Aufträge an die Börse; er spekulierte wild und ließ sich auf die verrücktesten Investitions-Abenteuer ein; und verlor natürlich sein Geld dabei. Innerhalb der Kunst- und Unterhaltungsindustrie, die er zu beliefern hatte, wuchsen sich seine Untugenden – Faulheit, Unpünktlichkeit und Schulden – zu Tugenden aus, zum wichtigsten Stimulans der rund vierzig Stücke. Die werden wie in einem um seine Existenz täglich ringenden Manufakturbetrieb hergestellt, und sie spiegeln bereits in der Weise ihrer Entstehung – Feydeau schrieb nur deshalb unaufhörlich, weil er unaufhörlich kein Geld hatte – einen für bestimmte ökonomische Zersetzungserscheinungen der Zeit kennzeichnenden Prozeß: die Umsatzakkumulation, die nur noch dazu dient, die Liquidität aufrechtzuerhalten. Feydeau blieb gar nichts anderes übrig, als fortgesetzt neue Stücke zu schreiben; er hatte keine Zeit, in ihnen etwas anderes als pure Aktion unterzubringen, Nachdenklichkeiten etwa, weil er sowieso immer unpünktlich und mit der Ablieferung im Verzug war; er konnte sich nicht leisten, das Schema seiner Stücke zu modifizieren oder gar radikal von ihm abzuweichen, er mußte – von seinen Schulden in einen ewigen Erfolgszwang gedrängt – das einmal erfolgreiche Muster ängstlich immer mehr perfektionieren.

Ein Getriebener wie die komischsten seiner Helden: die Angst, die seine Geschöpfe vorantreibt zur pausenlosen Vervollkommnung einer einmal in die Welt gesetzten Lüge, hetzt auch ihn; er muß das einmal in die Welt gesetzte lügnerische Schema der Farce pausenlos und zwanghaft verfeinern, verbessern und mit jedem neuen Stück das vorangegangene übertreffen. So perfektioniert er die Angst seiner Figuren durch die Erfahrung der eigenen und ihren Zwang, sich herauszureden, vor den Verfolgern sich zu winden, durch die Erfahrung mit den eigenen Verfolgern. Die Lügen der bürgerlichen Geschöpfe kamen den eigenen nahe; daß auch die erotischen nur materielle Interessen sind, wurde bei dieser gleichen Verlaufsform, in der sie zu überleben suchten, besonders deutlich. Das muß Feydeau, irgendwann, empfunden haben; die Tatsache, daß die Verhältnisse sich selbst noch – oder gerade – in seinen monströsesten Fiktionen niederschlugen und daß vor allem seine eigenen Verhältnisse die zunehmend immer irrsinnigeren theatralischen Erfindungen bestimmten: das kann auch ihm auf die Dauer nicht ganz verborgen geblieben sein.

Feydeau hat alle Widersprüche zwischen dem Unterhaltungsproduzenten und den Unterhaltungskonsumenten in seinen

Stücken aufzulösen verstanden; freilich nur um den Preis, daß er die Erwartungen, die das Publikum an den Produzierenden herantrug, immer entschiedener, immer kaltschnäuziger bestätigte. Er hat diesen Mechanismus, der den Erfolg hervorbringt, bis an den Punkt getrieben, wo die Lügen der Wahrheit nahekommen, weil ihre Schamlosigkeit die Zustände verrät, die mit ihrer Hilfe verewigt werden sollen.

Würde Feydeau, wenn er die Rolle des besinnungslos Produzierenden verweigert hätte, sich auch den Konventionen seiner Zeit und denen des Genres, das er bediente, entzogen haben? Jedermann weiß, daß jedermann in diesen Stücken die Regeln verletzen möchte. Würde nun Feydeau, wenn nichts ihn daran gehindert hätte, mehr gezeigt haben als nur den lächerlich scheiternden Versuch nach der Verletzung der Regeln – nämlich: diese Verletzung selber? Eine müßige Frage für den, der fatalistisch darauf verweist, daß die Wünsche nach Regelverletzungen ja nicht nur auf dem Theater, sondern auch in der Realität dazu verdammt sind, meist lächerlich zu scheitern; daß die Dramaturgie des Lebens auf erschreckende Weise der perfekten Dramaturgie des Theaters entspricht.

Aber Feydeau scheint über diesen Fatalismus nicht froh geworden zu sein: er hat sich der Dramaturgie des Lebens, so weit es ging, immer mehr entzogen. Was er durch die Art seines Produzierens ohnehin schon fatal bestätigte, weil er die Rolle des Unterhaltungslieferanten einmal – aus Faulheit – angenommen hatte, das wollte er wohl nicht auch noch miterleben. So zog er sich tagsüber, voller Angst vorm Tageslicht, vor der Wirklichkeit, zurück in sein kleines Appartement, um zu schlafen oder zu arbeiten. Er lebte nur nachts, erst in der Dämmerung verließ er die Wohnung und ging in ein Café, um Freunde zu treffen und später im »Maxim« zu speisen, wo ständig ein Tisch für ihn reserviert war. Nur um den Ruf des Hauses zu wahren, stellte der Oberkellner jeden Abend eine Flasche Champagner auf den Tisch – Feydeau trank nie etwas anderes als Mineralwasser. Erst gegen sieben Uhr morgens kehrte Feydeau in der Regel nach Hause zurück. Dem Zwang, immer kühner komisch zu sein, den Unterhaltungsbedürfnissen immer gerissener und genialer nachzukommen, entsprach eine zunehmende Verdüsterung, Melancholie. Als er seine Sammlung ausgesuchter Gemälde der Zeitgenossen – Corot, Renoir, Cézanne, van Gogh – verkaufen mußte, um die Gläubiger zu befriedigen, legte er sich eine neue Sammlung zu: er füllte die Wohnung mit Katzen und Hunden. Als seine Frau im Jahre 1909 in eine größere Wohnung umziehen wollte, zog er – »für eine Woche«, wie er sagte – in ein Hotel, weil er den Aufwand des Umzugs nicht ertragen konnte. Er blieb dort – Zimmer 189 im Hotel Terminus, gegenüber dem Bahnhof Saint-Lazare – zehn Jahre lang. Bis zu der Gehirnblutung, die seinen Tod herbeiführte.

Die Düsternis auf dem Grunde der bürgerlichen Gesellschaft, die zu überlachen sein Metier war, hüllte auch ihn ein. Der Wahnsinn, den er auf seinem Theater laufen lehrte, holte ihn – schließlich – ein.

(Bayerischer Rundfunk, 1971)

PS zu Feydeau
»Champignol wider Willen«

Das Stück »Champignol malgré lui« bezeichnet – wenn ich das fast unübersehbare Werk Georges Feydeaus recht überblicke – einen einsam-geschmacklosen Höhepunkt seiner Kunst; die Farce, die sich sonst so gern in der Nähe des Bettes aufhält, geht auf den Kasernenhof: Champignol rückt ein. »Geschmack-los« – was heißt das? Die Mittel werden hypertroph, die Unterhaltungswut scheut vor nichts mehr zurück, sie sieht ihren Gegenstand nur noch unter einem einzigen Gesichtspunkt: der Maximierung des Lachens. Ist das besonders unmenschlich, bezeichnet es den Punkt, wo der Erfolgszwang des Genres ins Inhumane überkippt?

Oder offenbart sich vielmehr grad dort, wo einer so schamlos Menschlichkeiten ausbeutet, eine große humane Kraft? Wieviel Zerstörungslust einerseits, wieviel befreiender anarchischer Spaß andererseits verbergen sich hinter dem »degoutanten« Einfall, mit dem Soldaten-Drill Scherz zu treiben? Da läßt sich sehr leicht denunzieren, in solchen Stücken – bis hin zu den Militär-»Klamotten« von Lester oder Lewis – werde der Zuschauer mit dem Militarismus versöhnt. Aber es läßt sich auch das Gegenteil behaupten: dem Wahnsinn des Militarismus kommt überhaupt nur der Wahnsinn der Farce bei; nur der Anarchismus, mit dem eine auf einen gräßlichen Zweck abgerichtete Maschine wie ein Kasernenhof in der Farce durcheinandergebracht und umgebogen wird für einen ganz und gar lächerlichen privaten Zweck, ist vielleicht in der Lage, die Unmenschlichkeit einer solch zweckgerichteten, zu fatalen Zwecken unterdrückenden Organisation bloßzulegen. Oder schafft die Farce durch die Fiktion der Unordnung, die sie stiftet, die Illusion, die grausame Ordnung sei auch in der Realität derart einfach aufhebbar, zu unterlaufen?

Fragen, die weniger an dieses Stück, sondern an eine ganze Gattung zu richten wären. Das Bedürfnis, sich die inhumanen Bedingungen vom Halse zu lachen, wird so lange bestehen bleiben, wie diese sich auch in Gesellschaften, die zu ihrer Abschaffung angetreten waren, immer wieder regenerieren. Darum hat die Farce eine große und lange Zukunft: wie die Traum-Arbeit Entlastungen verschafft, die das Weiterexistieren »möglicher« machen, so produziert die Lach-Arbeit beim Anblick einer Farce – wenn sie vom Autor nur gültig genug vorgeträumt ist – Entlastungen, die den Schmerz des täglich nicht so Lachhaften erträglicher machen. Lenken sie ab von den Bedingungen dieser Schmerzen? Sie scheren sich nicht um die Bedingungen; aber sie geben, indem sie den Spaß als überlebensnotwendig behaupten, auch die Kraft zurück, an der Überwindung dieser Bedingungen zu arbeiten. Mache Gebrauch davon, wer wahnsinnig lachend wieder zu Verstand kommt.

(Theater heute, 9/1971)

Mit dem Feuer spielen,
sich verbrennen
Über den Dramatiker August Strindberg

Das photographische Auge

Man muß sich nur einmal die Photos ansehen, die etwa dreißig erhaltenen Selbstporträts und Familienbildnisse, die August Strindberg mit selbstgebastelten Kameras gemacht hat: tote Natur, durch lange Belichtungszeiten vor die starren Hintergründe gebannte Gesichter, ins Leere gerichtete, angestrengte, wie schlaflose Augen, die Lippen aufeinanderliegend, in äußerster Konzentration, der Atem scheint angehalten. Ein Gefühl größter Stille, eines sprachlosen Erschreckens geht von diesen Photos aus, als sähe der Photographierte sich in der Linse des Apparates als einen Toten.

Zwar weiß man, daß die technischen Bedingungen des neuen Mediums Photographie, von dem Strindberg überaus fasziniert war, zunächst zu einer Starre der Bilder verpflichteten. Belichtungszeiten von dreißig und mehr Sekunden mögen wohl immer so etwas wie eine Zeit des »Sterbens« gewesen sein, der Entmaterialisierung des lebenden Objekts auf eine schwarzweiße Fläche hin. Aber Strindberg hat zweifellos diese ihm gesetzten technischen Begrenzungen des Mediums ästhetisch reflektiert und bewußt eingesetzt. Wieviel Trauer, sie zu verlieren, ist in den Bildern der Kinder, die er zur Zeit der Scheidung von Siri von Essen machte, fixiert, wenn sie auf zu großen Stühlen vor zu großem hellen Wandausschnitt und einer angeschnittenen Tür verloren und ernst dasitzen, Ausgesetzten gleich. Oder wenn sie mit ihm zusammen hinter seinem Schreibtisch, vor einer Bücherwand, hilflos und stumm wie scheue Tiere, kauern.

Es sind Bilder der Trennung auch dort, wo er den Selbstauslöser bedient hat und zusammen mit den drei Kindern Greta, Hans und Karin »vereint« auf einem Photo ist. Die Leblosigkeit dieser Bilder vermittelt das Gefühl eines sanften, man möchte fast sagen: friedlichen Schmerzes. Bannt er ihn, indem er den photographischen Apparat bedient, oder will er ihn festhalten? Es scheint, als sei ihm jenes stille Weh eine kostbare Erfahrung, die durch den photographischen Abzug gleichsam gerahmt und unverlierbar wird. So wie jene stolze Einsamkeit, die uns aus den Selbstporträts anblickt, den immer leicht herrischen Posen, den tiefliegenden, oft wie überreizt dreinschauenden Augen unter der klaren Stirn. Auf vielen Photos – auch denen von Berufsphotographen – wirkt der Mund leicht verkniffen, als verurteile er sich bewußt zur Stummheit. Ein Lächeln ist auf keinem der vorhandenen Porträts zu finden. Es ist, als sei dieser Mann Strindberg immerzu nur todes-ernst gewesen, besessen von dem leidenschaftlichen Gedanken, ernst genommen zu werden, und als habe dieser zähe Kampf mit einer Welt, die ihn zeitweise verhöhnte, verfolgte, beleidigte, sich eingegerbt in Stirn, Augen und Mund.

Auf manchen Photos erscheint diese Bitterkeit fast monumental überhöht, als wäre er dem Leben mit anderen bereits entrückt. Die mit dem Selbstauslöser gemachten Porträts sind noch wie mit einem weichen Schleier überzogen, ein melancholischer Zug, ob sich's denn verlohne, so einsam zu sein, ist unverkennbar. Er ist aber notwendigerweise nur die Bestätigung eben dieser Einsamkeit und mit Selbstironie – der letzten Rettung eines halbwegs lebenstüchtigen Schriftstellers – nicht mehr aufzufangen.

Es ist ihm einfach bitterernst, und er gibt das zu erkennen – er bekennt sich dazu, indem er das Einfrieren seines Gesichts selber photographiert. Das ist, wie jedes ausdrücklich formulierte und veröffentlichte Bekenntnis, auch als narzißtisch kritisierbar. Und zweifellos war Strindberg ein in sich selbst vernarrter, dem eigenen Eros immer wieder verfallender Mann. Ein Beobachter des eigenen Schmerzes, ausprobierend, wie weh es einem tun kann und wann denn der merkwürdige Verwandlungsprozeß einsetzt, der den Schmerz »schön« macht und auf eine andere Ebene des Fühlens hebt. Sobald er dem nahe war, hat er auf den Selbstauslöser gedrückt: das gilt sinnbildlich für seine literarische Arbeit genauso. Deshalb ist noch auf den Bildern der äußersten Starre und Verlassenheit der Widerschein eines ungreifbaren Glücks zu ahnen: das Gefühl, der Realität, so sehr sie einen verfolgt, schweigend in ein anderes, ihr unerreichbares Land entfliehen zu können. Verwundert sehr, aber nie vergrämt schaut er uns an: Souveränität eines, der wenigstens sich selbst noch zu lieben weiß.

Das wird man auch in der Praxis seines dramatischen Werkes bemerken: Seine Unerbittlichkeit, sein photographischer Blick reichen immer so weit, die Seele der Menschen sichtbar werden zu lassen, aber nie so weit, sie zu vernichten, zu verurteilen. Das macht: jene Identität, die seine Figuren heimlich mit ihm teilen, läßt er unzerstört. Das eigene Bild verbrennt er nicht, schaut vielmehr suchend in es hinein.

Die Auflösung der Gegenstände

Daß August Strindberg sich in Abständen immer wieder, meist in Phasen der Schreibhemmung, der literarischen Niederlagen, mit einer erstaunlichen Leidenschaft und mit verblüffenden Resultaten der Malerei zugewandt hat, ist erst in den letzten Jahren durch einige Ausstellungen seiner Bilder in unser Bewußtsein getreten. »Die Sonne geht im Meer unter«, 1903 in Stockholm gemalt, ist eines der exemplarischen Werke: noch ahnt man die Dreiteilung des Bildes in eine hügelige Küstenlandschaft, das dahinter liegende Meer und, fast zwei Drittel des Bildes einnehmend, den gelbgefärbten Abendhimmel am Horizont. Aber eigentlich ist es schon eine abstrakte Komposition, die Gefühlsempfindungen, die die Staffelung von Land, Meer, Himmel hervorrufen, sind in expressive Valeurs eingebracht – nicht mehr die Natur selbst, sondern der Reflex, den sie auf dem Auge und im Gemüt des Betrachters hervorruft, sind das Thema der Darstellung.

Wiederum, wenn man so will, eine durchaus narzißtische Aneignung des Gegenstandes, beziehungsweise dessen, was einmal einer war. Die Befindlichkeit des Malenden bestimmt die Ordnung dieses Naturausschnitts; die heftige Erregung über jenen Moment, da ein Tag zur Neige geht, ballt sich als Wut des Auges und demgemäß des Farbauftrags zusammen mit der naturgemäßen Farbenblüte des Horizonts im Augenblick des Sonnenuntergangs. Der Maler steigert den Ausdruck des Himmels, der gelb sich verfärbt, in ein Bild bedrohlichster Schönheit: es scheint, als habe die Angst, die Sonne könne anderntags nie wieder aufgehen, den Duktus des Malens und die Intensität der Farbe bestimmt.

Angst-Bilder sind sie alle. See-Stücke zumeist mit herandrohenden, sich überschlagenden Wogen, manchmal stürzen sie sich gegen spitze, dunkelschreckende Farbgebilde, die grade noch als Klippen zu erkennen sind, das Meer wütet, einmal kommt noch ein Schneesturm hinzu, die Farben auf den meisten dieser Bilder vermischen sich grünlich-blau ineinander, das Weiß der Gischt schwimmt in dem heftig bewegten Chaos herum wie ein Hoffnungsrest, letzter Widerstand gegen eine alles verschlingende Nacht.

Immer wieder kristallisieren sich bedrückende Höhlen-Motive heraus, eines von ihnen, 1901 gemalt, heißt »Inferno-Bild« und ist ein Schlag ins Gesicht sämtlicher romantisierenden Höhlen-Ausblicke aufs Meer, die die Malerei des 19. Jahrhunderts geliefert hat. Strindbergs Phantasie bemächtigt sich der Natur und kehrt deren Schrecken gegen sich; läßt sich von ihnen reizen zu »wilden« malerischen Gesten, bis er sich vom Schrecken über das, was er in ihr sieht, nur durch ihre Auflösung retten kann. Eine Höhle, vorher ganz offensichtlich mit mancherlei sexuellen Ängsten besetzt, kann dann auf einem anderen Bild sogar als blumenbesetztes »Wunderland« wieder auftauchen.

Selten ist Ruhe in diesen Gemälden. Es ist als habe sich Strindberg, so wie man es von William Turner berichtet, mitten im Meeressturm an einen Mast binden lassen, um den Kampf der Elemente gleichsam von innen und in der emotionalen Wirkung auf sich selbst wahrnehmen zu können. Zweifellos hat er die Bilder Turners auch gekannt, er muß erregt gewesen sein von dessen Faszination an Schiffs-Havarien, Feuersbrünsten auf offenem Meer und jenen Spiralformen, zu denen das Chaos sich ordnet, ohne daß man weiß, ob es in ihnen einen alles verschlingenden Abgrund oder den Blick auf einen Hoffnungs-Stern öffnet.

Einmal gibt es ein Bild merkwürdiger Stille, es ist wohl eines der spätesten, es zeigt einen »Garten«: bewegte Kronen auf hohen, kahlen Stämmen, eingetaucht in das Licht einer Feuersbrunst, die vielleicht nur ein Sonnenuntergang ist. Ist es schon ein

Endzeit-Bild oder eines voller Hoffnung? Man mag es angesichts der verstörenden Ruhe, die von diesem »Brand« ausgeht, nicht entscheiden. Kann es sein, daß er – Strindberg – in der Vorstellung, sich so weit zu entflammen, daß er damit die Welt hätte entzünden können, seine äußerste Verwirklichung träumte?

Der Traum, sich zu verbrennen, muß jedenfalls mächtig in ihm gearbeitet haben. Man wird das Motiv in seinen Dramen immer wieder finden. Halb ist es die Angst, »mit dem Feuer zu spielen«, und halb auch der Reiz, von der Glut einer Liebe bis ins Verderben entzündet zu werden. Flammender Dornbusch und Scheiterhaufen, religiöses Mahnmal und die Sehnsucht nach einem Märtyrertum, das einem die höhere, befriedete Erlösung verschafft – das geht ihm alles durcheinander. Von der fixen pyromanischen Idee, mit Hilfe einer Brandstiftung und des Versicherungsbetrugs endlich einmal zu Geld zu kommen – so wie es im Stil der Zeit lag –, einmal ganz zu schweigen; auch das aber ein Motiv, das den Dichter nie wieder losgelassen hat.

Auf dem späten Gemälde des orangegefärbten Flammengartens scheinen all diese Obsessionen Einkehr in ein befriedetes Bild ungreifbar toter Natur zu halten. Es ist wie eine heilige Vermählung, eine, der kein Totentanz der Eheleute mehr folgen muß. Also doch eher ein Bild der erlösenden Aussicht? Oder schließt sich nur der Kreis zu einem der ganz frühen Bilder, jenem »Seestück im Mondschein« von 1874, auf dem ein gelb zerfranster, neblig auslaufender Mond aus betörend totem blauen Himmel niederscheint auf etwas, das selber wie eine Mondlandschaft aussieht, abgestorbene, hoffnungslose Erde, und sich bei näherem Hinsehen als nächtlich-grünes Meer erweist?

Wohnen kann man jedenfalls nirgend auf diesen Bildern, der Mensch ist außerhalb seiner selbst, seiner Unordnung, seiner Verstrickungen, gar nicht vorgesehen. Die Bilder wohnen vielmehr in ihm. Es sind die Psychogramme von Strindbergs Kampf mit den Gläubigern, den Frauen, der Herkunft, dem Theater, der Kritik und dem Publikum, den Freunden und Feinden, den sexuellen und ökonomischen und religiösen Ängsten. In den Metaphern von See, Mond, Sonne, Strand und Steinen hat er all das exemplarisch aus sich herausgemalt. Anrührend zu sehen, wenn ihm auf einem Bild, das er in Berlin, wohl mitten in einer der Krisen gemalt hat, ein »einsamer Giftpilz« vor einer Strand- und Wolkenlandschaft stehengeblieben ist oder wenn ihm ein Leuchtturm unterläuft, dessen phallischer Charakter beim besten Willen nicht zu übersehen ist.

Der Handfestigkeit des Theaters, die es notwendigerweise noch hat, selbst wenn der Dramatiker sich in Traumspiele vorwagt, der Fixierung an leibhaftige Figuren, die immer noch dazu tendieren, »sich auszusprechen«, Seelisches zu verbalisieren und dadurch immer davon bedroht sind, in Begrifflichkeiten sich zu verlieren – dem hat Strindberg in seinen Bildern eine Utopie entgegengesetzt, die so nur im Medium der Malerei zu realisieren war. Aber die Vorstellung, das Theater möge sich immaterialisieren, der Seelenstoff möge zum eigentlichen Subjekt der Vorgänge auf der Bühne sich emanzipieren, und die Traumbewegungen und die Erscheinungen des Unbewußten möchten die wirkliche »Dramatik« eines Theatergeschehens ausmachen, hat sich als Wunsch-Vorstellung in all seine dramatischen Versuche eingefressen, sie sind ohne dieses immer wieder an der Leibhaftigkeit des Schauspielers und der Realität seiner Gesten und seiner Sprache sich reibende Verlangen gar nicht zu verstehen. Schon gar nicht dort, wo sie – scheinbar – scheitern.

Die Flucht in die Zeichen-Maschine

Man hat zum Beispiel dem langen Einakter »Fräulein Julie« (1888), den Strindberg wie zum Hohn auf die Schwierigkeiten dessen, was er vom Theater sich erträumte, ein »naturalistisches Trauerspiel« nannte, lange Zeit vorgeworfen, es scheitre an eben jenem Zeichen-System, das Strindberg sich ausgedacht hat, um den Widerspruch, der der Gattungsbezeichnung innewohnt, als das eigentliche Thema zu instrumentieren.

Es ist eine Zeichen-Maschine: Der Herd. Der Topf, die Pfanne und das Messer. Das Fleisch. Der Hackklotz. Der Kühlschrank. Der Eßtisch. Das Telefon, über das der Graf, der Herr, sich meldet. Allesamt magische Dinge innerhalb einer Küche, die – in Strindbergs Bühnenbildanmerkungen ist das durchaus ablesbar – nicht als naturalistisches Ambiente gemeint sind, sondern als Zeichen innerhalb eines Vollzugs-Raumes für den rituellen Ablauf einer »besonderen«, einer Ausnahme-Nacht.

Wir würden sie nicht »Symbole« nennen; jedenfalls nicht in dem abschätzigen, vulgären Sprachsinne, sondern eine Dingwelt von eigener Kraft, welche die Menschen, die in ihr agieren, »besetzt« und beherrscht. Denn die Dinge inszenieren die Figuren, nicht umgekehrt. Das gilt auch, vor allem, für den »Zauberbesen«: das Rasiermesser. Die Welt der Küche ist chiffriert und es gelingt den Figuren nicht, sie zu dechiffrieren; sie werden vielmehr von den Dingen noch enger eingeschlossen, gar vernichtet: Julie, die sich in ein Zeichen-System hineinbegibt, das nicht das ihr sozial zugehörige ist, auf eine exemplarische Weise. Sie ist ja eingesperrt in ein soziales System, das man wohl degeneriert nennen darf und das sich am ehesten in die sensibelsten seiner Bewohner (oder Gefangenen) eingefressen hat. Deshalb kann der Ausbruch aus einem solchen System nur ein »irrer« oder ein selbstmörderischer sein: sie muß das Messer zwanghaft annehmen.

In ein Gefängnis gebannt hat Strindberg aber auch die beiden anderen Figuren: Jean, fixiert an Livree, Klingel und Stiefel als sein soziales, an die Mahlzeiten als sein sinnliches Gefängnis. Darin spielt so einer und läßt mit sich spielen, bis er müde wird und sich in die Einsamkeit seiner Unterdrückung zurückbegibt. Und Kristin, die er »diese Teufelin« nennt, findet ihren Halt, ihren Käfig, indem sie sich rücksichtslos zu dem sozialen Ort bekennt, an den sie – wir wissen nicht wie – geraten ist. Gott, würde sie sagen, hat sie dort hingestellt. »Die Letzten werden die Ersten sein«: das ist ihre Sublimation allen Schmerzes, den sie im ewiggleichen, von ihr stellvertretend ausgetragenen Kampf zwischen dem Mann und dem Weib erleidet.

Sie leben alle vier in ein und demselben Wahn-System. Alle *vier?* Ja, denn Strindberg wohnt unsichtbar mitten unter ihnen im Räderwerk der von ihm selbst ausgedachten Maschine; er objektiviert seine Figuren nicht, wie es ein anständiger Naturalist täte, er schlägt sich mal auf des einen, mal auf des anderen Seite, er lebt in allen dreien und bepackt sie mit seinen Obsessionen, die zumeist allerdings verschärfte Wahrnehmungen der Wirklichkeit sind. Er treibt sämtliche Sinne seiner Figuren auf die Spitze: das Sehen bis zur Hypnose; das Schmecken bis zur Wollust; das Hören bis ins Belauschen und in die Subordination unter akustische Zeichen; das Fühlen bis in die Verführung und in den Narzißmus; das Riechen bis in die Betäubung und den Ekel.

Das erotische System des Stückes besteht aus nichts anderem als daraus. »Liebe« ist da nur ein Wort, nicht einmal als Sexualität festzumachen, denn die wird gleich als »Sodomie« empfunden, als illegitimer Rausch, dessen Folgen – die Wiederholung – eher vermieden werden müssen. Das heißt aber nur: die äußerste Verfügung über die eigenen menschlichen Sinne kann nicht funktionieren innerhalb einer Struktur, die noch denjenigen, der sie beschreibt – das ist hier: August Strindberg –, als ihr Opfer festhält.

Es ist der verzweifelte Versuch Strindbergs erkennbar, zu so etwas wie einer objektiven Versuchsanordnung zu kommen: wie zwischen dem Sturm und den Wellen, dem Hügel und der Sonne, der Klippe und dem Malstrom – so auch zwischen Mann und Weib. Man kann es lächerlich nennen, wenn Jean sagt: »Denn es ist ein Unterschied zwischen uns!« und das Fräulein ihm entgegnet: »Weil Sie ein Mann sind und ich ein Weib bin? Was ist das für ein Unterschied?« Darauf Jean: »Derselbe Unterschied – wie – zwischen Mann und Weib!« Genauer weiß es auch der in seine eigene Versuchsanordnung eingeschraubte Strindberg nicht. Er versucht sich die Unterschiede auf dem Theater herbeizuinszenieren: seine Ängste, das Weib ziehe den Mann, der auf dem Wege aufwärts ist, hinab; seinen heimlichen Wunschtraum, den er zugleich hegt: es sei das so. Aber weil er, Strindberg, in allen Figuren wechselweise anwesend ist, immerhin doch Gehirn der Maschine, mißlingt ihm der Beweis.

Soviel übers »Scheitern«. Der Theaterautor scheitert, das ist die Logik seines Mediums, das sich der Objektivität verschließt, an den von ihm entworfenen Figuren. Aber spielend versucht er, sich beim Schopf aus dem Sumpf zu ziehen: er macht sich einen Spaß daraus, auch seine Figuren als Inszenatoren zu erleben, die einander Ängste und Träume übertragen, sich verzaubern, verhexen, hypnotisieren, sich etwas anverwünschen – und sie tun es so lange, bis alle Ängste und Träume zwischen Mann und Weib einmal durchgespielt sind. Jean und Julie erreichen dabei den jeweils tiefsten Punkt ihrer Existenz. Den wohl einzigen Ausweg: Absprung in einen Mystizismus, wie ihn Strindbergs spätere Dramengestalten vorschlagen, verpassen sie, beziehungsweise: er verweigert sie ihnen noch. Noch bleibt die »Wanderung«, von der Julie immerhin schon einmal spricht, eine in den Tod oder in die Subordination.

Sie stirbt wie der Zeisig: diesem schlägt Jean den Kopf ab, ihr suggeriert er das Rasiermesser. Man nennt das noch heute in Kritiken ein »aufdringliches« Symbol. Es ist aber jene Metapher, mit der Strindberg für einen Ausweg, den er nicht mehr naturalistisch zu bezeichnen weiß, persönlich einsteht.

Der Terror der Seelen

Er weiß, daß sich die gesellschaftlichen Verhältnisse, zu denen vornehmlich die zwischen Mann und Weib, zwischen Herren und Knechten, zwischen Gläubigern und Schuldigern gehören, in die Menschen hineingefressen haben und sie an ihrer Individuation hindern. Der Terror, der in den Menschen wohnt und den sie gegeneinander projizieren, wird zum zentralen Thema Strindbergs. Dem aber ist keine naturalistische, keine realistische Darstellungsweise mehr gewachsen: »Ich habe meine Figuren als moderne Charaktere entworfen, in all ihrer Unsicherheit und Zerrissenheit, zusammengesetzt aus Altem und Neuem, als Figuren einer Übergangszeit, die rascher und hysterischer dahinlebt als die vorhergegangene ... Meine Seelen (Charaktere) sind Konglomerate vergangener und gegenwärtiger Kulturstufen, Stücke aus Büchern und Zeitungen, Teile von Menschen, Fetzen und Lumpen von abgetragenen Festkleidern – so wie eben die Seele zusammengeflickt ist.« (1888)

Man erkennt: bemerkenswert früh macht Strindberg auf einen Grundzug moderner Kunst aufmerksam – den der Collage. Wo die Welt nicht mehr als Ganzes greifbar erscheint, die geschlossenen Systeme ihre Fragwürdigkeit offenbart haben, bleibt nur der

Versuch, die »Fetzen« und »Lumpen« zu einer neuen Feier zu collagieren, der Feier eines »hysterischen« Zeitalters. Strindbergs Gesellschaftsanalyse ist alles andere als genau; viel zu sehr ist er in erster Linie von allem, was in Disharmonie zur Wirklichkeit steht, fasziniert. Er beobachtet »die unregelmäßig arbeitenden Gehirne«; wie sie im Dialog einander verfehlen, wie ihr Kämpfen sinnlos wird, ein Schlagabtausch unter Verwundeten, die – etwa im »Vater« – ihren Schmerz blind weiterzugeben versuchen.

Laura und der Rittmeister, das Fräulein Julie und der Bediente Jean, Alice und Edgar, eingesperrt in ihrem Leuchtturm: sie alle reden ja nicht mehr miteinander, ihr Sprechen bewegt sich vielmehr in diskontinuierlichen Abläufen. Ihre Dialoge verdienen diesen Namen nicht mehr, denn in der Regel handelt es sich um isolierte, voneinander unabhängig sich machende Sprechakte, die sich allenfalls einmal kreuzen, auch einmal kollidieren. Ein Austausch von Gedanken und Argumenten scheint nicht mehr möglich, die Sprache beginnt bereits, sich zu verselbständigen, vom Sprechenden sich abzulösen, als reagierte sie hysterisch auf andere Sprachsplitter, die auf diesem Schlachtfeld umherirren.

Strindberg hat das – neben Anton Tschechow, aber ungleich wütender als jener – als einer der ersten beobachtet und festgehalten: wie die Charaktere die Verfügungsmacht über die Sprache zu verlieren beginnen, als sauge ein kranker sozialer Organismus sie gleich einem Vampir aus ihnen heraus und stelle sie in den Dienst eines Terrors zwischen den Menschen, der von seiner eigenen Hinfälligkeit ablenkt. Der marode soziale Körper scheint Besitz zu nehmen von den Seelen der einzelnen – der Raub der Sprache ist das eine Mittel, die Übertragung der sozialen Ängste in die Psyche von einzelnen, die der Sprachgebrauch vormals zu Recht »Charaktere« nannte, ist das andere.

Wenn Strindberg formuliert, seine Zeit lebe »hysterischer« dahin als vormalige Zeiten, und das müsse doch Folgen haben für die Figurenzeichnung im Drama, dann meint er damit: die Neurosen, unter denen seine Figuren sich und die anderen quälen, sind nicht ihr Privateigentum, sondern gleichsam eine Hypothek einer neurotischen Außenwelt. Die politische Ökonomie hat den je einzelnen hypnotisiert – Strindberg formuliert das so nicht, aber er stellt es in immer neuen Varianten dar –, sie nimmt noch die Bewegungen seines, des sogenannten »bürgerlichen« Alltags in den Dienst ihrer Zwangsverhältnisse, ihrer chaotischen Zuordnungen von Gewinn und Verlust, Kredit und Konkurs. Strindberg bestreitet in allen Stücken, in denen das Geld eine Rolle spielt – und das sind die meisten –, die Rationalität der politischen Ökonomie; er erklärt sie als einen irrationalen, dem einzelnen Charakter nicht begreif- und nicht verfügbaren Zusammenhang, in den er schuldhaft eingebunden oder aus dem er entlassen wird, ohne selber mitwirken zu können. Die Ökonomie ist an die Stelle der alten Götter getreten. Nun entscheidet sie darüber, ob es eine Komödie oder eine Tragödie ist, und meist ist es das letztere.

Die Übertragung der Schulden

Das hat er wohl geahnt: daß die Form des realistischen Dramas darauf angelegt ist, dem bürgerlichen Alltag, der längst ein Scherbenhaufen ist, noch einmal zur Illusionierung zu verhelfen und ihm die Möglichkeit eines Glücks innerhalb des kleinen Kosmos »Familie« zuzuspielen. Es ist das aber ein Glück, welches die bürgerlichen Individuen paradoxerweise in eben jenem Augenblick, da sie sich gesellschaftlich emanzipierten und ökonomisch organisierten, bereits verwirkt zu haben scheinen.

Strindbergs Figuren wissen davon nichts, aber sie ahnen es. Immer wieder gelangen sie zu Augenblicken des Verharrens, in denen sie stumm noch einmal den anderen, das Gegenüber zu begreifen und womöglich auch zärtlich zu ergreifen suchen – und werden dann doch darauf zurückverwiesen, daß jener nur im Besitz oder in der Vergewaltigung, sei es der Seele oder des Körpers, zu haben ist. Noch gelingt es ihnen zuweilen, ihre Geschichte zu erzählen, den Wert von Erinnerungen gegen die zersetzende Kraft des dahinreißenden Gegenwärtigen zu stemmen. Für Augenblicke wenigstens, kostbare Minuten, in denen ein anderer einem zuhört. Oder sie offenbaren einander ihre Träume, ein Vorgang äußerster Intimität, voll einer neuen, durch keine Abhängigkeiten besetzten erotischen Spannung. Aber dann folgt unweigerlich der Moment des Erschreckens: es ist ihnen, als hätten sie voreinander ein Schuld-Buch aufgeschlagen. Die zersetzende Kraft der Außenwelt hat sich bereits so sehr in ihren Seelen eingenistet, daß eine un-schuldige Begegnung zwischen zwei Menschen kaum mehr denkbar ist. Wenn sie nicht voreinander zurückweichen, um sich jeder für sich im Spiegel seiner Obsessionen zu verlieren, dann versuchen sie einander zu verschlingen, zu vernichten in einem sinnlosen Überlebens-Kampf, der den ökonomischen Wettbewerb in einen der Geschlechter, der Freunde, der Generationen, der Liebenden überträgt.

Weil sie, zwar ahnungsvoll, dennoch blind diesem Prozeß gegenüber bleiben, empfinden sie ihr eigenes Scheitern als Folge einer Schuld, die abzutragen ihnen aufgegeben ist. Doch wo ist der Gott geblieben, dem gegenüber man sich zu stellen hätte? Die »hysterische Zeit« hat ihn aufgefressen, er hat sich in der Ökonomie verflüchtigt. Der »Schuldige«, der das ahnt oder zu erkennen beginnt, gerät noch einige Spiralen tiefer in den Strudel, ihm bleibt nur der Wahnsinn, der Selbstmord, ein süchtiges Leben auf den Tod hin. Viele der Figuren Strindbergs versuchen es mit einer Art von Autosuggestion, sich selbst aus der als heillos empfundenen Wirklichkeit hinauszueskamotieren. Oder sie schieben, in verzweifelt geistesgegenwärtigem Spiel, dem andern den entscheidenden »Zug« zu, der einen selbst aus der Misere hinausbefördert – so die Schuld im letzten Moment auf eine andere Seele übertragend.

Nur so gelingt es ihnen auch, die Sprache, die ihnen die erkrankte Realität absprechen will, noch einmal zu »binden«: indem man sie selber gleichsam hypnotisch einsetzt, um den Mitmenschen, den Geliebten, den Gläubiger, die Konkurrentin in einem Akt gewalttätigen, bezwingenden Sprechens ganz auf sich hin zu orientieren und das schuldige Ich auf ihn zu übertragen. Die Selbstbefreiung ist die Vergewaltigung des anderen: der psychische Vorgang, den Strindberg da – exemplarisch in dem Einakter »Die Stärkere« – vorführt, läuft parallel zu den Mechanismen der Konkurrenzwirtschaft. Man kann sich nur auf

Kosten der anderen »entschulden«. Die Kontobücher sprechen da verräterischerweise die gleiche Sprache wie die Seelen-Dramen.

Wenn man bedenkt, daß Strindberg in Paris Vorlesungen von Freuds Lehrer Charcot hörte, also gleichsam in den Entste-hungs-Zusammenhang einer sich vortastenden neuen Wissen-schaft von der Seele des Menschen eingebunden war, dann wird einem seine Manie für Suggestionsvorgänge, hypnotische Situa-tionen in den Dramen, hysterische Selbsteinreden seiner Figuren, die Vorliebe für Traum-Offenbarungen ganz einleuchtend. Zu-gleich aber wird man sich der Erkenntnis nicht entziehen kön-nen, wie sehr diese neue Wissenschaft von Anfang an eingefangen war in den Kerker einer Anthropologie des bürgerlichen Men-schen.

Nicht den Alltag, nicht die potentiellen Glücksbeziehungen, nicht den Charme der sich verfehlenden Lieben, nicht jene Kon-flikte, die an sich nur komische sind, weil sie darin beruhen, daß scheue Menschen, fehlbare, unbedacht sich erfühlende, ihr ge-meinsames Glück wehmütig verfehlen – nicht dieses will Strind-berg zeigen. Er zielt – noch einmal, und es scheint das schon vermessen – auf die Tragödie. Das ist gegen eine Gesellschaft gerichtet, die den exemplarischen Menschen, sei er ein Lieben-der, ein politisch Handelnder, ein Denker, ein Intrigant, ein Verbrecher, ein armer Wurm, aus dem Verkehr gezogen hat: um ihre »Menschlichkeit« zu beweisen, muß sie darauf beharren, daß alle Konflikte nur vorübergehende Störungen sind, Fehlver-halten von Schwachen, lösbare Krisen. Das ist die Stunde des Realismus, der alles und jedes mit einer Psychologie des alltägli-chen Verhaltens begründen kann. Das monströse, erschreckende Gebilde, das man die Seele nennt, wird aufs Erklärbare reduziert: wie er sich verhält, und er verhält sich immer plausibel und in weichen Übergängen, so ist der Mensch.

Die Abschaffung der Tragödie durch eine gesellschaftliche Ordnung, die allerdings von sich behauptet, mit Hilfe ihrer Vernunft dem Unausweichlichen, der sittlich verordneten Not-wendigkeit eines Untergangs das Wasser abgegraben zu haben. Die aber darin blamiert wurde, daß sie schon bei den ersten großen Krisen des Kapitals, inmitten der Konkursmassen, auch den neuen, den »untragischen« Menschen wieder zum Revolver greifen ließ.

Dem setzt Strindberg in einer großen persönlich verzehrenden Anstrengung noch einmal die Behauptung entgegen, es sei der Mensch entweder doch ein gottgebundenes oder aber ein verlorenes Wesen. So sehr er – wie auch nicht – von der nervösen Struktur der sich entfaltenden modernen Gesellschaft entzündet ist, so sehr spürt er fiebernd deren fataler Neigung zu Ausgrenzungen nach: Ausgrenzungen der Frauen von der Männerwirtschaft, der Kinder von den sich bekriegenden Eltern, der Eltern wiederum durch den windigen Aufschwung sogenannter neuer Generationen, der vielen Kranken von den wenigen Gesunden.

Die »neue« Tragödie Strindbergs ist eine Ausgrenzungs-Maschine. Die Erde sei eine Strafkolonie, hat er einmal gesagt. Aber er wußte auch, daß dem Inferno auf Erden immer eine konkrete Ordnung, mag sie noch so höllisch sich artikulieren, zugrunde liegt. Es mag Verbrechen geben, an deren Schuld wir tragen, auch wenn sie vor unserer Existenz verübt worden sein mögen. Aber es gibt auch leibhaftige, namhaft zu machende Verursacher. Man muß sie freilich suchen, aufspüren im Dickicht der Transaktionen – wie etwa in der »Gespenstersonate«. Ein Debet auf dem Konto kettet dann die Generationen aneinander, die erotischen und die finanziellen Kuppeleien sind nicht mehr auseinanderzuhalten, die nie eingestandene, die nie verwirkte Schuld nagt noch – oder besser: schon – in den Gemütern einer kommenden Generation. Liebe zwischen den Jungen scheint, wie in der antiken Tragödie, nicht mehr möglich, weil die Last des Hauses, die Hypothek, die Schuldsumme, all das Verschwiegene die Seelen der noch Liebesfähigen ausbleicht und ihre Körper lähmt.

Das Bürger-Gespenst grinst bereits aus den Wanduhren der Salons und fällt einem aus den Tapetentüren entgegen. Strindberg hat das hellsichtig, wohl weil er sich von diesen Spukgestalten einer Gesellschaft, der er selber pausenlos Geld schuldete, verfolgt glaubte, erkannt. In der »Gespenstersonate« hat er nicht die – wie Marx das nannte – »versteinerten«, sondern die bereits entgeisterten Verhältnisse zum Tanzen gebracht. Ein Lemuren-Reigen, dem die betroffene Gesellschaft sich noch mit ästhetischen Vermutungen, es sei womöglich alles nur ein Traumgebilde, poetische Täuschung, entziehen konnte, obwohl den Hellsichtigen, die es ja auch in der Bourgeoisie gab, der Schrecken vor dem Weltenbrand, auf den diese Gespenstersonate hinmusizierte, bereits die Sprache verschlug.

Die Gläubiger in Strindbergs Stücken, die Kaufleute, Bankdirektoren, Konsuln, scheinen bereits angeknackst von der Brüchigkeit einer Ordnung, die noch zum Souper einlädt, ohne zu wissen, ob auch nur genügend Geschirr auf die Tische zu bringen ist. Die Ahnung einer bevorstehenden Tragödie steckt ihnen in den morschen Knochen, der Ruin hat sie ja schon gestreift, sie wehren sich eigentlich nur noch dagegen, die Konsequenzen zu ziehen: zwischen Irrsinn und Tod zu wählen. Strindberg straft sie damit, daß er ihre Häuser zu Asylen erklärt. Es muß nicht immer, wie beim Rittmeister, eine Zwangsjacke sein, schon der Salon, schon der immerwährende Ausblick auf einen Sonnenuntergang, die Fixierung an einen Morseapparat kann Kerker genug sein. Oft sind es »Apparate«, durch deren Anblick Strindberg sie fesselt, ja foltert. Doch selbst eine Uhr, das Vergehen der Zeit, selbst der verordnete Blick aus dem immergleichen Fenster auf die immergleichen Naturabläufe kann da zur Maschine in einer Strafkolonie werden.

Hat er sie gehaßt, diese Gefühl und Sprache und Liebe und Freundlichkeiten zerstörenden, meist schwarzbefrackten Geier? Er war kein Satiriker, er schrieb keine Karikaturen: auch in ihnen, die Leben zu zerstören schienen, sah er den eigenen Vater und sich als einen möglichen, gleichermaßen verletzenden, zerstörerischen Vater. Wenn er sie einsperrt, schließt er sich zum verzweifelten Dialog mit ihnen ein. Wenn er sie stürzen läßt, hat er so viel Mitleid mit ihnen, wie er auch für sich aufbringen muß, wenn er selber in seinen maßlosen Schwächen weiterexistieren will. Daß er ihnen die Möglichkeit der Tragödie einräumt, verrät den Wunsch, auch das absehbare oder doch immer androhende eigene Scheitern möchte sich nicht schmählich verkleckern, sondern – wenn es denn nötig wird – zum Ausmaß einer Tragödie fähig sein.

Man kann das auch komisch finden. Denn die Bestrafung, die er seinen Theaterfiguren zufügt, verrät sich als Selbstbestrafung, das Mitleid, mit dem er sie, vorm Sturz, noch einmal abfängt und wehklagen läßt, ist leicht als der Ausdruck seines eigenen Weh-Leids denunzierbar.

Zweifellos ist der Vorgang, daß dem Dramatiker beim Entwurf seiner Figuren immer wieder der eigene Schmerz auch in solche hineinrutscht, die er strafen möchte, ein eigentlich komischer Vorgang. Noch den Tanzfiguren einer von ihm bitter verachteten Gesellschaft billigt er plötzlich ein Pathos zu, ein Räsonnement, das dieser gar nicht zukommt, sondern Produkt jener Depressionen Strindbergs zu sein scheint, die keinen anderen Ausweg mehr wissen, als sich dort zu verankern, wo ihr Entstehungsgrund liegt.

Er kann sich ja nicht distanzieren; deshalb zahlt er noch für die Schulden jener mit, von denen er weiß, daß nicht er bei ihnen, sondern sie bei ihm in der Kreide stehen. Da deutet sich die Wendung, die das Spätwerk nehmen wird, schon zaghaft an: der bohrende Ernst, die geradezu wahr-sagerische Wollust, der neuen Zeit ihre Beschädigungen abzulesen, in ihre Kräche sich hineinzuhorchen und mit ihren Verirrungen auch des eigenen Weges unsicher zu werden –: das mag vielleicht eines Tages diesen Mann bedrängen, seine Zweifel und Leiden, seine Skepsis, seine unerfüllte Glaubenswut als Passion begreifen zu wollen und sich selbst, weil mit den Jahren immer mehr zerfallen mit der Welt, als Hiob zu erleben: großer Leidender, großer Gerechter. Einer, der alle Schulden der Welt auf sich nimmt.

Gerechte und Gerichtete

Ein großer Gerechter: es ist einleuchtend, daß Strindberg sich im Laufe eines Lebens, das ihn fortwährend mit den Gerichten in Hader brachte, immer mehr in eine solche Rolle hineingesteigert hat. Ein Offenbarungseid, häufige Pfändungen, mehrere Rechtsstreitereien mit den Verlegern, drei Scheidungsprozesse, zwei Beschlagnahmungen und Verhandlungen gegen seine Werke: die Justiz schien ihn auf eine geradezu tragikomische Weise zu verfolgen. Oftmals dienten ja wohl auch seine unsteten Kreuz- und

Querbewegungen durch Europa dem Versuch, sich androhenden Prozessen, der Zustellung von Urkunden, den Forderungen der Gläubiger oder den Versorgungsansprüchen der Ehefrauen für eine Weile zu entziehen. Es hat ihn aber immer eingeholt; er muß diese Fluchtversuche, so lächerlich sie erscheinen wollen, in tiefer Angst vor Einkerkerung und öffentlicher Schande unternommen haben; ein genialischer Verdränger wohl auch, der sich vormachte, die hektischen Ortswechsel könnten den jeweiligen Rechtsgrund auslöschen: was er sich selbst gegenüber als real existierend bestreite, das sei tatsächlich ungeschehen.

In seinem Werk hat er die Summe des Verdrängten wieder abgearbeitet. Eigentlich ist in allen Stücken Gerichtstag, so wie in den meisten ja auch Mordtag ist, Verbrechen geplant, geheckt, enthüllt, tatsächlich begangen oder zumindest gewünscht werden. Man möchte ihn einen Kriminalschriftsteller nennen, so sehr ist sein dramatisches Werk von der Untersuchung geschehener oder erst geträumter Verbrechen beherrscht, vom Verbergen der Schuld, von Entwürfen des Tötens. Und seien es »Seelenmorde«: jene unaufklärbaren Verbrechen, die die Figuren ausführen ohne zu einer anderen Tatwaffe zu greifen als dem Vernichtungswillen des Gehirns oder der zerstörenden Kraft der Suggestion.

Wie jeder gute Kriminalschriftsteller konnte Strindberg sich die Verbrechensentwürfe immer auch für seine eigene Person vorstellen. Geträumt hat er sie alle, und den Seelenmord an einer geliebten, gehaßten Frau hat er in der Wirklichkeit oft genug ausgeführt, die Biographen wissen davon ausführlich zu berichten. Den Betrug muß der Mittellose oft genug sich ausgemalt haben, und in der Tat mag wohl sein Umgang mit geliehenem Geld und die Art und Weise, wie er sich in dessen Besitz brachte, oft genug den Tatbestand des Betrugs erfüllt haben. Auch der – in »Rausch« formulierte – Wunsch, das Kind, das einer mit einer anderen Frau gehabt hat, möchte tot sein, weil es sich zwischen die neue Beziehung, den neuen Rausch drängt, scheint nicht ganz aus der Luft gegriffen zu sein; Strindberg, der selber durch jede Hölle gegangen war, in die er, wie um sich für die eignen Qualen zu rächen, seine Figuren schickt, wird solchen Zwangsvorstellungen selber ausgesetzt gewesen sein. Und wahrscheinlich auch jener Angst, von der Henriette und Maurice gepeinigt werden: der Tötungswunsch möge sich übertragen und man stehe dann da im Verdachte des Mordes, ohne doch selber Hand angelegt zu haben.

Verfolgt zu werden für ein Verbrechen, das man nur im Kopf gehabt, nicht aber ausgeübt hat: das ist eine der bedrückendsten Obsessionen, von denen Strindberg sich verfolgt sieht. Oftmals, sowohl in »Rausch« wie in »Gläubiger«, sind seine Figuren sich selbst die schlimmsten Richter. Der Prozeß, den sie gegen sich selbst anstrengen, die Entblößung der seelischen Untergründe, sind erbarmungsloser als ein irdisches Gericht es je sein könnte. Die sich selbst als Anzuklagende erkannt haben, scheuen, wenn sie ihren Seelenmorden auf der Spur sind, nicht davor zurück, sich selbst auf die Folter zu spannen oder – tückischer und masochistischer noch – dem geliebten Nächsten diese Aufgabe zu übertragen.

Für den Schmerz solcher Erkenntnisprozeduren rächt Strindberg sich wiederum an jenem Stand, dem der Richter, von dem er meint, ihm habe er die peinigenden Besessenheiten, den Wahn, verfolgt zu sein und gleichzeitig sich selber zu verfolgen, zu »verdanken«. In dem Drama »Advent« treibt er einen korrupten Richter und dessen Frau durch alle irdische Höllenqualen und dann auch ins jenseitige Purgatorium. Man spürt, wenn er den beiden die abgründigsten Angstvisionen auferlegt, seinen eigenen phänomenalen Haß auf eine Justiz, die, wenn sie ihn – Strindberg – verfolgt, wohl nur »korrupt«, bis ins Mark verdorben sein kann. Ihr wünscht er alle Alpträume an den Hals, die er selber, auf der Flucht vor sich, erdulden mußte. Das hat etwas durchaus Hämisches, eine blinde Wut und borniere Selbstgerechtigkeit toben sich da aus. Aber hinter aller Maßlosigkeit dieses Straf-Entwurfs, dieser Rache-Vision schimmert dann plötzlich, geradezu anrührend, es zu beobachten, doch durch, daß Strindberg sich in das von ihm entworfene Modell mit eingeschlossen fühlt. Er ist noch denen, die er haßt, so intim verbunden, daß er in ihnen auch die eigene Person haßt. Die Bestrafung dessen, an dem er seinen Verfolgungs-Wahn abreagiert, schlägt um in eine Selbstbestrafung. Es ist ihm, in seinen besten Werken, nie gegeben, sich von sich selbst zu distanzieren, immerzu frißt er sich in die Gehirne der von ihm erfundenen Figuren hinein. Vielleicht wären sie ohne diesen Vorgang, der uns manchmal wie ein Selbst-Opfer scheinen will, nur sogenannte realistische Alltagsbürger, Durchschnittsmenschen mit jenen harmlosen Glücks- und Schmerz- und Trauer- und Wehmut-Empfindungen, die es wahrscheinlich – glaubt man Strindberg – auch nur auf dem Theater, im sogenannten »pièce bien faite« gibt, wo der Mensch auf eine funktionierende Theatervorstellung der klappenden Türen und funktionierenden Blickwechsel hin abgerichtet wird.

Strindberg hat diesem Genre, das am Théâtre libre Antoines gepflegt wurde, aber auch in den motorischen Farcen Feydeaus kulminierte, einen hochexplosiven Sprengsatz eingebaut: sich selbst. Das »well-made-play« enthält naturgemäß den Dramatiker nicht in sich. Der steht außen vor oder darüber und zieht die Fäden. Strindberg ist hineingekrochen in die Maschine und hat die Figuren allesamt mit seinem Herzblut, seinen bösen Gedanken, seiner Galle und seinen Wahnvorstellungen infiziert. Nun laufen sie als Monster seiner häßlichen wie seiner hilflosen Phantasien auf der Bühne herum: Ausgeburten eines Mannes, der sich – wie ein juristischer Kommentator – Fall-Studien unter den modernen, den hoch aufeinander gereizten, den sich selbst nurmehr hysterisch begegnenden Menschen ausdachte. Selbstgerecht Richtender, sich selber richtender Gerechter. Eine Wahnsinns-Aufgabe, die dieser Mann sich gestellt oder in die er sich fliehend verrannt hat. Man versteht, daß er eines Tages die Ruhe, den Frieden wird suchen wollen.

Das Spiel von Liebe und Haß

Liest man die zeitgenössischen Kritiken über die ersten Aufführungen Strindbergs in Berlin, dann erschrickt man vor dem Maß an Chauvinismus, das dieser Autor bei denen, die ihm wohlwollten, heraufzurufen imstande war. Ein Bericht Maximilian Hardens zum Beispiel über eine Aufführung der »Gläubiger« liest sich heute wie aus dem Wörterbuch des Herren-Menschen und Frauen-Verächters zusammengereimt. Ein Mißverständnis, männliches Vorurteil, oder die Erhellung einer insgeheimen Weiber-Feindlichkeit in Strindbergs Werken?

Natürlich war er, das wurde schon beschrieben, ein monumentaler Hasser. Und so wie er die falsch ihn dünkenden Freunde, die ihm unsäglich vorkommenden Schriftstellerkollegen, die bösartige infame Journaille, die ihn verfolgenden Gerichtspersonen und Anwälte hassen konnte – so natürlich auch die ihn »verfolgenden« Frauen. Er wird sie wohl in dem Maße gehaßt haben, wie sie ihn an der Abarbeitung seiner anderen Ängste und »Verrücktheiten« zu hindern schienen. Er brauchte sie; ein Erotomane ohnegleichen, der aus dem Besitz von Geld, der alchemistischen Suche nach Gold, dem Essen und Trinken, aus Feuersbrünsten und erniedrigenden Apparaturen gleichermaßen sexuelle Zwangsvorstellungen befriedigte.

Er brauchte sie als Objekte seiner Bewunderung: nicht zu übersehen, daß er sich dreimal in Frauen verrannte, die Schauspielerinnen waren (Siri von Essen, Harriet Bosse, Fanny Falkner) und in deren Verkörperung er sich die von ihm entworfenen Frauen auf dem Theater vorführen lassen konnte – ein Vorgang, der einer gewissen Perversität nicht entbehrt: er konnte die Figuren, die sie psychisch aufs äußerste entblößt spielten, als Seelenmörderinnen sich anschauen; barmens- und hassenswerte Geschöpfe, die da oben auf der Bühne Männer in den Wahnsinn trieben. Und er konnte zugleich die Frauen, die diese Figuren spielten, liebend vergöttern: den Sieg der Künstlerin über das Material, das er ihr zumeist im persönlichen Kampf, auf dem Schlachtfeld der eigenen Liebe entrissen hatte, bewundern.

»Die Zwietracht kommt von draußen wie der Wind«: er war natürlich so blind in seinem Hassen nicht, daß er nicht auch gewußt hätte, wie sehr die Sehnsucht seiner Manns-Figuren (und die eigene), in den Frauen ein dialektisches Wesen aus Teufelin und Sklavin, Königin und Hure zu sehen, der Reflex auf die Impertinenz einer sich selbst nicht bezweifelnden männlichen Konkurrenzwirtschaft war. Der Zwangscharakter der geschlechtlichen Kämpfe wird von außen in sie hineingetragen, das hat auch Strindberg, bei aller persönlichen Verschlingung in diese, nicht übersehen wollen. Der Mann baut sich, selber Opfer der fatalen Ideologie männlicher Überlegenheit, die Angst- und Schreckens-Bilder weiblichen Wesens auf, um sie anschließend zerstören zu können – solange er es nicht zeitweise kitzelnder findet, sich von den monströsen Ausgeburten seiner Verdrängungswut masochistisch – schadenfroh, wie recht er hat – überwältigen zu lassen.

Diesen Teufelskreis, innerhalb dessen eine Frauensfigur so sehr zunächst erhöht werden muß, daß man sich von ihr gedemütigt fühlen kann, um sich dann durch die Demütigung eben dieses projizierten Bildes schadlos zu halten, ihn hat Strindberg mit einer Erbarmungslosigkeit beschrieben, daß es einen grausen mag. Immer wieder heiligt und feiert er die Weibs-Bilder, die in den Männer-Gehirnen herumspuken. Aber sobald er es geschafft hat, zu ihnen aufblicken zu müssen; sobald die so erhöhte Frau beginnt, ihre Fesseln abzustreifen und der insgeheimen Verabredung, die Erhöhung sei eine Gnade, ein schöner Schein zum Zwecke der Illusionierung der wahren Verhältnisse, zuwiderhandelt: dann muß er sie, sei es auch um den Preis der Selbstverletzung, wieder »klein« machen, zertreten, zur Hexe, Teufelin erklären – in die Hölle schicken. So kritisieren seine ehelichen und außerehelichen Todes-Tänze und Gespenster-Reigen einerseits den vom Manne lediglich mit seiner eigenen Gattung ausgehandelten Gesellschaftsvertrag, doch andererseits befestigen sie diesen, indem sie mit theatralischer Lust und Perfektion auf seiner Unauflösbarkeit bestehen.

Die Kampf-Spirale, welche die Form seiner Stücke auszeichnet, wird mit einer Endgültigkeit verzeichnet, daß man glauben möchte, sie sei eine metaphysisch verankerte, gleichsam von Gott verordnet. Strindberg selber möchte es wohl auch so glauben; seine Sehnsucht nach der alles zermalmenden Tragödie paralysiert die Möglichkeit, diese Spirale als die notwendige Verlaufsform jener Illusion zu erkennen, die der Mann sich von seiner eigenen Lage und Omnipotenz macht. Daß es die von ihm verwaltete Ordnung ist, welche die Liebesunfähigkeiten gebiert und nurmehr die Begierden der Geschlechter, sich zu quälen und zu strafen, explodieren läßt: das darf ihm, will er nicht abdanken aus dieser Ordnung, ja nicht in den Kopf.

Als der Mann Strindberg sich aber ausreichend verbrannt hatte an den von ihm gezündeten Feuern, versucht er sich auf das zu besinnen, was immer *auch* in ihm wohnte: der zweifelnde, suchende, seiner selbst ungewisse Such-Traum nach einer Instanz, die von den Übeln, zu denen einer getrieben wird – ob diese nun von außen oder von innen, von dem vernichtenden Druck der Ordnungen oder der Zernichtungskraft eines Seelendrucks kommen –, erlösen möge. Er wußte nicht, wie er diese Instanz nennen durfte: mal hat er sie Gott genannt, dann hat er dessen Möglichkeit leidenschaftlich bestritten; er hat sich in Spekulationen über Magnetismus, in okkultistischen Phantasien, in haarsträubenden wissenschaftlich verbrämten Experimenten Ersatz-Götter zu konstruieren versucht; er hat die Welt auch als eine bösartige Laune lediglich scherzender Götter verstehen mögen; vielleicht war er aber im Grunde ein Gnostiker, der als den einzigen glücklichen Zustand des Menschen jenen begreifen kann, der vor der Schöpfung liegt.

Die »Wanderungs-Bewegungen« nach Damaskus und in den Traumspielen wären dann ein verzweifelter Versuch, wenigstens *auf dem Theater* uns eine sinnliche Vorstellung von dem zu verschaffen, was dem konkreten weltlichen Denken so unzugänglich scheint: daß es einen Weg geben könne, die Geschichte, ja die Schöpfung umzustürzen; an der »universalen Korruption« nicht mehr teilzunehmen, sondern eine Art Unsterblichkeit in sich selbst zu erobern; das Böse aus sich herauszuträumen, Engel zu werden, den Tod zu widerlegen, indem man in die Unschuld zurück sich gebiert.

Noch ein Strindbergisches Wahngebilde? Grotesker Versuch, sich am eigenen Schopf aus dem Inferno zu ziehen? Vielleicht nur die schlichte Suche nach Frieden, nach einer Einkehr von den Kämpfen, wissend freilich, daß dies als »bürgerliche« Ruhe nicht mehr zu haben ist, sondern nur noch auf die radikalste Weise: indem das Drama der Welt im Innern des Individuums aufgelöst, ausgeträumt, befriedet wird. Die geschichtliche Welt im Traum zersplittern, einer Transzendierung des Ich sich anheimträumen, dem grausamen Gott, dem immerzu richtenden, sich endgültig entziehen.

War es das – am Ende der Schmerzen und Unbarmherzigkeiten? Er starb 1912, kurz nachdem die Titanic untergegangen war und die geschichtliche Welt eine symbolkräftige, nicht zu vergessende Niederlage erlitten hatte. Er starb bald nach Siri von Essen, der Frau seiner Lieblingskämpfe. Er hatte sich den Magenkrebs anerzogen, eine Totenfeier verbat er sich, und wenn man den Augenzeugen glaubt, dann hatte der Tote »ein schönes Lächeln, beinahe schelmisch«.

»Ist es möglich, daß all das Schreckliche, das ich erlebt habe, für mich inszeniert wurde, damit ich Dramatiker werden konnte und alle seelischen Zustände und Situationen schildern konnte?« Es mag wohl so gewesen sein.

(Aus: August Strindberg, Dramen in drei Bänden, München 1984)

»Der Körper besitzt einen Schrei«
Über das imaginäre Theater des Antonin Artaud

Vergiftet, ermordet, in die Zelle gesperrt, in die Zwangsjacke gesteckt, kurz: tagtäglich von mir abgeschnitten und auf jede Weise um mich beraubt, weiß ich jetzt, warum ich gelitten habe.

Weil angesichts dieser überzähligen Affenstämme, die ihre Lamaklöster, ihre Pfarrkirchen, ihre Klöster, ihre Universitäten, ihre Theater, ihre Cafés, ihre Häuser aus versiegeltem Fleisch und ihre anatomischen Amphitheater füllen,

diese Welt der Kultivierung der Meerschweinchen für ihre uralte Skelettsammlung bedarf,

Skelette des Wahnsinns.

Ich sage, der Wahnsinn ist eine abgekartete Sache und ohne die Medizin hätte es ihn nicht gegeben.

Und es gibt eine sehr merkwürdige Komplizenschaft zwischen den Ärzten und der Schwarzen Magie.

Da ist ein Photo, das zeigt ihn am 11. Februar 1943, dem Tag seiner Einlieferung in die psychiatrische Anstalt von Rodez: einen Mann, der bereits einen jahrelangen Leidensweg durch die französischen Asyle hinter sich hat und nun in die Obhut des Dr. Gaston Ferdière gegeben wird. Das Photo führt einen Woyzeck des zwanzigsten Jahrhunderts vor, einen hellsichtigen Mann mit nach innen verschlossenen Augen, der auf »freiem Feld« die Welt rumoren hören mag, aber den Bußübungen ihrer Vernunft unterworfen wird. Die Anstaltsjacke mit dem an den Ecken abgerundeten Kragen ist direkt überm Adamsapfel mit einem dicken Knopf verschlossen, als würge sie ihn bereits zu; die Haare sind auf eine unordentliche struppige Weise kurzgeschoren, das rechte Ohr scheint hilflos nackt an den Schädel angeklebt: man hat dem Gesicht Antonin Artauds, das wir von vielen anderen Photos und Zeichnungen kennen, die Würde genommen, nur die Augen bewahren einen traurigen Schatten davon. Doch das Einweisungsphoto spricht die gesellschaftliche Wahrheit aus: wir haben dich gefangengenommen. Aber auch, unfreiwillig: nur wenn wir dich so sehr dir selbst unähnlich gemacht haben, können wir dir ins Gesicht sehen.

Es gibt im Elektroschock einen Fall-Zustand,
eine Art Dissoziation zur Pfütze,
durch welchen man ganz elektrisiert hindurchgeht
und der einen in diesem Augenblick nicht einmal erkennen läßt,
sondern entsetzlich und verzweifelt verkennen läßt
was man war als man ich war.
Ich bin gefallen und werde es niemals vergessen.

Die letzten Photos, die es von ihm gibt, zeigen wieder einen Mann in Freiheit: sie sind auf andere Weise erschreckend. Er sitzt in Lehnstühlen, der nackte Schädel mit den wieder langgewachsenen, nach hinten sanft fallenden Haaren ragt über die Lehne hervor, die Hände sind zumeist in einer Weise übereinandergelegt, als wünsche er sich, in dieser Haltung aufgebahrt zu werden – die Linke faßt über das Handgelenk der Rechten –, und es geht von dieser Haltung eine verstörende Ruhe aus. Am Adamsapfel tritt die Haut wieder ganz kahl und faltig hervor, das zahnlose

Gesicht ist wunderbar zart eingefallen; wenn der Tod eine alterslose Frau wäre, würde man sagen: er trägt sie schon im Gesicht.

Und hat er nicht die endliche Vereinigung, die ersehnte, die im Leben nie mögliche, mit seiner Wunsch-Frau nun in seinem Antlitz doch noch, kurz vorm Tode, triumphal vollzogen?

Mit dir ist jede Diskussion unmöglich. Ich habe dir nur noch eines zu sagen: daß ich immer diese Geistesverwirrung gehabt habe, diese Zermalmung des Körpers und der Seele, diese Art von Zusammenziehung aller meiner Nerven . . . Ich kann in meiner äußersten Not nicht mehr mit dir rechnen, da du dich weigerst, dich mit dem angegriffensten Teil in mir zu befassen: mit meiner Seele. Übrigens hast du mich immer nur nach meiner äußeren Erscheinung beurteilt, wie es alle Frauen tun, wie es alle Idioten tun, während es gerade meine innere Seele ist, die am meisten zerstört, am meisten zerrüttet ist; und das kann ich dir nicht verzeihen, denn die beiden decken sich zu meinem Unglück nicht immer . . .

So hat er es, in den zwanziger Jahren, als er mit dem Einnehmen von Opium angefangen hatte, sich verteidigend, in einem Brief der Schauspielerin Génica Athanasiou, seiner Geliebten, geschrieben. War nicht ein ganzes Leben – im Widerstreit zwischen halluzinatorischer Wahrnehmung und Entzugserscheinungen – darauf angelegt, diesen Erscheinungsunterschied zwischen Körper und Seele aufzuheben? Den Schrei, der im Körper wohnt, den der Körper – mit Artauds eigenen Worten – »besitzt«, auf der Haut, in der Geste, in den Augen, auch in den Aussonderungen des Körpers – von der Träne bis zur Scheiße – *sichtbar* zu machen?

Ich müßte durch den Nabel Blut scheißen können, um das zu erreichen, was ich will.

Zum Beispiel drei Viertelstunden mit dem Schürhaken auf ein und dieselbe Stelle schlagen . . .

Er hat die Defäkationsvorgänge zu heiligen, reinigenden Handlungen mystifiziert, sie schienen ihm Transformationen eines eigentlich fehlgebauten Körpers zu ermöglichen, eine Motorik zur Erneuerung des verfaulten, eitrigen Organismus der Moderne in Gang zu setzen:

. . . durch das Stampfen von Knochen, Gliedern und Silben die Körper erneuern . . .

Wunschtraum, so sehr in eine Analphase zurückzuwachsen, sich zurückzuträumen, sich zurückzusprechen, daß aus diesen Anstrengungen – in einem mystischen Experiment gleichsam – ein neuer Körper des Menschen entstünde. Artaud wird für sein extremes Vor-Leben dieses Traumes wie durch die bitterböse Ironie eines jener alten Götter bestraft, die er wieder heraufrufen möchte – oder ist es eher eine Heiligung, wenn er selber, ein von den körperlichen Ausscheidungen Besessener, am Ende seines Lebens von einem Anal-Karzinom erwischt wird und über die Schmerzen vorm Tod nur mit jenem Mittel noch hinwegschwimmt, das er sein Leben lang schon kennt: Opium?

Er hat sich der Erfüllung des Traumes durch Ausschweifung und Regression zugleich genähert; die Sprache ihrer vernunftbestimmten Grammatik wieder enthoben und sie den materialistischen Operationen, die wir tagtäglich mit ihr vornehmen, entrissen; aber er mußte sie deshalb, ein nicht nur lachend, sondern wohl verzweiflungsvoll bezahlter Preis, auch wiederum ins »Lallen« zurückversetzen. Der Engels-Flug einer von den Fesseln der Rationalität beengten Sprache war oft nur möglich durch einen Rückfall in die Analphase:

Ich scheiße auf das Kreuz.
Ich verwerfe jedes Kreuz.
Ich bin rein.
Ich bin rein.
Ich bin rein.
Ich bin rein.
Ich bin rein.
Ich verwerfe jedes Zeichen.
Ich erschaffe nur augenblicklich nützliche Maschinen.
Ich werde nie mehr kacka machen.

Die späten Gedichte Artauds, Notate eines gequälten Körpers bereits, der sich nicht nur im Schmerz, sondern in den Abwehrmitteln verzehrt, sind wie Schreie unter leerem, gellend kaltem

Himmel: kein Gott kommt, den Körper zu erlösen, die Seele schreit sich für ihn die Zunge zum Halse heraus, und der Körper weint sich zu Falten, um der Seele doch noch nahezukommen: ein Prozeß der zunehmenden Analphabetisierung, in dem Sprache allerdings nicht als gesellschaftliche Verkehrsform versagt, sondern als Mittel der Selbstverständigung. Der alternde, seines Sterbens gewiß sichere Mann redet zu sich selbst, als sei er neu geboren, von der Materie verzehrt und dann auf den eigenen Ursprung zurückgebracht. Er schreibt – bezeichnenderweise – in Schulhefte, er tut es, wo er geht und steht, ein einsamer Kritzler seines Nervensystems und der Auferstehungsphantasien seines Körpers. Eine Epiphanie zu Lebzeiten: war das nicht seine lebenslange dichterische, seine Theater-Phantasie gewesen – Auferstehung des Körpers aus seiner stinkenden, modrigen, verstümmelten »Gesundheit« zu einer magischen Gestalt, einem verrückten Märtyrer?

Der Abgrund des Schmerzes bin ich,
der Arsch, das bin ich . . .
Die Dinge entstammen einem seit jeher errichteten Körper,
dieser Körper bin ich,
das Denken und seine Äußerungen
kam erst danach.

Mit dem Begriff »Theater der Grausamkeit« ist viel Unfug, viel Scharlatanerie, manch modische Kulturbetriebsverblödung angerichtet worden. Ein bißchen Theaterblut und nackte Busen, orgiastische Wälzungen von Menschenleibern, auch die exzentrische Vorführung des Rauschzustandes, eine neue Art Theater in sich zu fühlen –: das alles war es ja nicht, was Artaud, an den eigenen Formulierungen verzweifelnd, sie auch deshalb immer weiter ins scheinbar »Infantile« treibend, bewegte. Er suchte das imaginäre Theater-Haus, den theatralischen Corpus für den eigenen hysterischen Körper. Es sollte das nicht ein Bunker der Aufwallungen sein, eben keines der Asyle, in die sie ihn später sperrten, sondern ein Labyrinth, in dem man sich verirren, versteigen, verrecken, verlieren und verheben könnte. Und somit als ein ganz anderer, neu erwachsender seelischer Körper sich vermuten möge.

Das Theater ist niemals geschaffen worden, um uns den Menschen zu beschreiben und was er tut, sondern um uns ein menschliches Sein aufzubauen, das es uns erlauben könnte, auf diesem Weg voranzukommen; zu leben, ohne daß man eitert und stinkt.

Der moderne Mensch eitert und stinkt, weil seine Anatomie miserabel und das Geschlecht im Verhältnis zum Gehirn in der Quadratur der beiden Beine schlecht plaziert ist.

Zweifellos ist Artauds Theater-Entwurf, der zugleich ein Menschen-Entwurf ist, von einer neurotischen Angst vor dem eigenen Körper angetrieben, vor dessen Auswurf, vor dessen schreiendem, verquerem Gestus, der sich im Recken des Halses, im Schwellen der Drüsen, im flattrigen Erröten, im nervösen Zucken der Nasenflügel oder der Handgelenke, im Krampf des Zwerchfells oder der Magennerven äußern mag. Der sich auch akustisch, gleichsam vor-sprachlich immer wieder äußern will, ohne daß wir es regulieren könnten: schniefend, rülpsend, seufzend, knurrend, furzend, hechelnd, bellend, spuckend.

Je mehr er mit den Drogen in Berührung kam, auch wenn er sich ihnen zu entziehen suchte, mobilisierte er aber wohl dieses theatralische Bekenntnis des eigenen Körpers, somit die eigenen Ängste und – um die zu überwinden – deren Ästhetisierung. Ein paradoxer Weg: um der Verzweiflung an der eigenen »Scheiße« – um diesen Lieblingsausdruck Artauds noch einmal zu wiederholen – zu begegnen, wird diese ins Monströse, ins Heilige emporgefaltet; die Angst vor dem eigenen Körper schafft sich ein heiliges Loch, durch das *er* erleuchtet hindurchgeht:

Ich möchte ein Buch schreiben, das die Menschen verwirrt, das wie eine offene Tür ist und das sie dahin führt, wo hinzugehen sie niemals eingewilligt hätten, eine Tür, die einfach mit der Wirklichkeit verbunden ist.

Indem er diese Tür aufzuhalten sich erkühnt, muß er natürlich die Wirklichkeit dahinter –: umschreiben. Es kann nicht mehr jene sein, die seine Ängste angefacht hat, die schmutzige, kriegbringende, buchhalterische, stacheldrahtbewehrte. Es kann nicht mehr eine sein, in der einer funktionieren muß, sich ange-

messen verhalten darf, also möglichst viel gestischen und akustischen Verzicht seines eigenen Körpers zu leisten bereit ist.

Aber ist er nun nicht schizophren? Er sucht die extreme Entfaltung der eigenen Leib-Haftigkeit einerseits und träumt sich
schon eine Welt des mystischen Ineins mit dieser. Wie nun? Da
sind wir ganz schnell in einem Paradies angelangt, in das Artaud
sich während der Odyssee durch die Irrenhäuser – mag sein – hat
fallen lassen. Da klingt es auch fatal versöhnlich, wenn wir lesen,
daß er so gestorben sei, wie er's wollte: sitzend. Wohl in jener
Haltung, die wir eingangs als die zur Aufbahrung hin geneigte
von den Photos ablesen – aber er hatte doch immerhin, so wird
berichtet, und das verstört uns nun wieder, im Tode plötzlich
einen Schuh in der Hand.

Theater der Grausamkeit: er hat uns nicht wirklich erklärt,
was damit nun eigentlich gemeint war, er hat es wohl »nur« leben
können. Eine Theorie, die sich mit der Hilfe von Theaterleuten
hätte beweisen können, ist es nie gewesen; die sich auf ihn berie-
fen, als seien sie seine testamentarischen Vollstrecker, haben uns,
weil wir die Summe seiner Schriften noch nicht kannten, sondern
nur ein paar gefällige, »ordinäre« Auszüge, zum Narren gehalten, vielmehr: ihn selbst, Artaud, als einen Verrückten ausgebeu-
tet, den man posthum zu einer gewissen öffentlichen Wirkung
kommen läßt, indem man den eigenen Theatererfolg generös mit
jenem teilt, der die öffentliche Verbeugung, die man ihm da
aufzwingt, ja nicht mehr verweigern kann, weil er halt tot ist.

*Ich hatte über wirkliche Grausamkeiten auf dem Gebiet der Stimmungen
gesprochen, ich hatte über manuelle Grausamkeiten auf dem Gebiet der
tätigen Haltung gesprochen, ich hatte über molekularen Atomkrieg, spani-
sche Reiter an allen Fronten, ich meine: Schweißtropfen auf der Stirn
gesprochen, ich war in einer Irrenanstalt eingesperrt.*

*Für wie lange nun der neue schmutzige Krieg um zwei Sous an Scheiß-
hauspapier gegen den Schweiß der Zitzen, die unablässig meine Stirn
zerfressen.*

»Die unablässig meine Stirn zerfressen«: Artaud hat darauf beharrt, daß die Anatomie des Menschen zunächst keiner gesellschaftlichen Verabredung unterliegt, daß der Körper deshalb

245

womöglich sogar unsterblich sei und der Tod sich nur als ein erfundener Zustand definieren könne. Man wird das, wenn es einem nicht auch die Stirn zerfrißt, nicht akzeptieren wollen. Was aber will man gegen einen Satz sagen, der so ergreifend wie nur möglich behauptet:

Der menschliche Körper stirbt nur, weil man vergessen hat, ihn zu transformieren und zu verändern.

Die Revolution, meint Artaud, finde im je einzelnen menschlichen Körper statt; er sei es, der sich nun *verändern* müsse, obszöner Reflex nurmehr einer Welt des bösen Geistes. Die materielle Roheit, die den Körper hindere, frei zu atmen – sie sei es, die ihm die Stauungen, die fatalen Kompressionen, die Zermalmungen auferlege und ihn unmusikalisch, unpoetisch erscheinen lasse. Artaud will die Anatomie revolutionieren, er hält die Verabredungen über unseren Atem, über unsere Gesten, über unsere Tonarten, über unsere Blutdrucke und unsere Sensibilitäten für gesellschaftliche Ausweichmanöver, für Monstren einer Flucht vor dem Drama des eigenen Herzens:

Ich meine, daß der Körper Atem zurückhält
und der Atem Körper zurückhält, deren krampfhafte Unterdrückung
und grauenvolle atmosphärische Kompression
alle auftretenden leidenschaftlichen oder psychischen Zustände, die
das Bewußtsein wachzurufen vermag, nichtig macht.

Artaud, da ist er den griechischen Theaterdichtern ganz nahe, verlangt danach, daß die menschliche Anatomie wieder das Tanzen lerne:

Der menschliche Körper ist ein Elektrizitätswerk,
bei dem man die Entladungen kastriert und verdrängt hat.

Wenn er nicht mehr tanzen mag oder an der sinnlichen Erfahrung zur Grenzüberschreitung gehindert sich fühlt, dann ist das ein Indiz, daß die gesellschaftlichen Mächte die Rechnungen über so elementare Vorgänge wie Geburt und Tod und Liebe aufmachen. Nur jenes Bewußtsein, ahnt Artaud, das sich in uns »mit dem sexuellen Verlangen und dem Hunger« verbinde, führe

uns in jene Nacht, in jenes Nichts, das schließlich den vom
Ersticken bedrohten Körper explodieren lasse.

– Aber Sie delirieren doch, Monsieur Artaud.
Sie sind verrückt.
– Ich deliriere nicht.
Ich bin nicht verrückt.
Ich sage Ihnen, daß man die Mikroben wiedererfunden hat, um eine neue
Vorstellung von Gott durchzusetzen.
– Was wollen Sie sagen, Monsieur Artaud?
– Ich will sagen, daß ich das Mittel gefunden habe, ein für allemal mit
diesem Affen Schluß zu machen,
und daß, wenn niemand mehr an Gott glaubt, jedermann immer mehr an den
Menschen glaubt. Denn der Mensch ist es, der sich jetzt zu Kastration
entschließen muß.

Artaud hält ein Gottesgericht, und er weiß dafür nur die Form
des Theaters, einer Menschen-Bühne, die sich im Angesicht der
Vermutungen über das Unendliche natürlich lächerlich aus-
nimmt. Indem er das menschliche Bewußtsein über Gott hinrich-
tet, vernichtet er nicht nur ihn, sondern auch sich selbst: er bietet
ihm die Stirn, aber er redet dabei nur vom »Arsch«: die Freiheit,
eine eigene Sprache, einen eigenen Duktus, einen eigenen Geruch, eine eigene Akustik zu formulieren, erscheint zunächst
immer noch eingebunden in die Notwendigkeit, den eigenen
Körper nicht anders als ein »stinkendes Gas« definieren zu können:

Nun,
der Raum der Möglichkeit
wurde mir eines Tages
wie ein großer Furz gegeben,
den ich lassen werde;
aber ich wußte weder
was der Raum
noch die Möglichkeit
eigentlich waren,
und ich verspürte kein Bedürfnis, darüber nachzudenken.

Darf man deshalb vermuten, daß das Theater der Grausamkeit – außer in Artauds eigenem Leben – gescheitert ist? Wahn-Vorstellung eines einzelnen, die sich nie einbinden ließ in die Bemühungen, die Künste zu einem elegant funktionierenden Widerpart der gesellschaftlichen Kräfte zu organisieren? Artauds Essay »Van Gogh, Selbstmörder durch die Gesellschaft« liefert am ehesten den Beweis, daß er selber diese Schwäche seiner Position erkannt haben wird und unter ihr – bis zur Selbstvernichtung – gelitten hat.

Er hat sich das Ohr, das auf dem Einweisungsphoto von Rodez so »offenliegt«, nicht abgeschnitten: Van Gogh, dessen Genie er wohl nicht nur bewundert, sondern auch beneidet hat, ist mit dem Rasiermesser auf sich selbst losgegangen; Artaud hat sich mit der Hilfe von Drogen entmannt.

Ferner nimmt man sich das Leben nie allein.
Nie wurde jemand allein geboren.
Ebensowenig stirbt man allein.
Aber im Falle des Selbstmordes ist eine ganze Armee böser Wesen nötig, um den Körper zur Ausführung der widernatürlichen Handlung, sich seines eigenen Lebens zu berauben, zu bringen.

Er wehrt sich gegen das Modell, das er bewundert, das ihn fasziniert, dessen malerische Licht-Explosionen er sprachlich nachvollziehen möchte, dessen Landschaften zwischen Taumel und Ruhe, schmerzendem Licht und sanftem Dämmer wie in einem Fiebertraum schwanken.

Vielleicht ist Artauds ganzes Leben eine Reise weg vor einem solchen Selbstmord gewesen, wie er ihn an van Gogh bewundert hat. Hat er sich nur an der heimlichen Lust, sich zu zerstören, befriedigen können? An der unermüdlichen, begehrenden Sehnsucht seines Körpers, eine andere Phantasie über ihn zu schreiben, als er selbst sie einlösen konnte?

Aber es gibt eine Sache,
. . . die ich spüre,
weil sie
hervortreten will:

die Präsenz
meines körperlichen
Schmerzes,
die drohende, unermüdliche
Präsenz
meines
Körpers;
so sehr hat man mich mit Fragen bedrängt,
und wenn ich alle Fragen verneint habe,
gibt es einen Punkt,
wo ich mich gezwungen sehe,
dann nein zu sagen,
NEIN
zur Negation . . .

Wir wissen es nicht. Seine Werke, hat er gesagt, »werden bleiben, aber unbekannt«. »Tod«, hat er gesagt, »was ist das? – Das ist, wenn man selbst nicht mehr da ist, man ist abwesend.«

Wir dementieren das, indem wir über ihn reden. Aber vielleicht hat der Mystiker Artaud dennoch recht?

(NDR, April 1984)

V

Die Form zeigen

Zu Hans Lietzaus Inszenierung des
»Philoktet« von Heiner Müller

Zeigen: daß ein großer Vorgang »gemacht« wird, und wie er
»gemacht« wird; wie Spieler auf einer Bühne mit Mitteln, die
keine andern als die des Theaters sind, eine Wirklichkeit herstel-
len, die keine andere als die des Theaters ist. Das Theater –
Spielfläche, Licht, Sprache, Mimus, Requisiten – auf nichts anderes als auf sich selbst verweisen.

Nicht die Inhalte ästhetisieren, nicht die Botschaft des Stückes
durch Form transportieren: die Form selber *ist* bereits die Botschaft. Die Authentizität der Vorgänge, das heißt die Anwendbarkeit des alten Stoffes auf uns Heutige, ist in ihr aufbewahrt.
Was als Klassizität erscheint – und angestrebt wurde –, ist nicht
Rückzug aus gegenwärtiger Wirklichkeit, sondern deren Kräfti-
gung: Versuch, ihrem oberflächlichen Erscheinungsbild sich zu
verweigern, um statt dessen den darunter verdeckten tiefen Leidenschaften, Ängsten und Tugenden und Lüsten in der Form
Dauer zu verleihen und Klarheit.

Klassizität als die wiederentdeckte Möglichkeit, in einer un-
übersichtlich, undurchdringbar scheinenden Welt doch noch gesellschaftliche Totalität zu zeigen: jene, die durch menschliches
Denken und Fühlen hergestellt wird. Den Vorgang des Denkens
und des Fühlens also – entgegen heute üblicher Praxis eines
politisch sich nennenden Theaters – als durchaus und zuvörderst
gesellschaftliches Verhalten begreifen und zeigen. Und ausweisen,
wie dieses in Sprachform und Gestus sich manifestiert.

Die Inversion nicht als Manier, sondern als Mittel, den Vorgang des Denkens zu zeigen und auf das Denken zurückzuzwin-
gen – Spieler wie Zuschauer. Freie Rhythmen als ein Mittel,

diesen Vorgang des Denkens in Sinnlichkeit zu übersetzen und Bewußtsein in sprachlichen Gestus.

Denn Bewußtsein kann sich auf dem Theater immer nur als Gestus formulieren – als sprachlicher oder körperlicher. Müllers Klassizität gibt das Material vor für beides: Begrifflichkeit wird auf dem Weg über die Bögen und Rhythmen und Windungen von Sprache unmittelbar in körperlichen Ausdruck überführt. Müllers Sprache ist »gestisch«, das heißt: sie ist die dem Theater gemäße, ist nicht Literatur, sondern Theater-Sprache. Sie führt das Medium zu sich selbst.

Im »Unnatürlichen« ist das Natürliche, ist Authentizität enthalten – während das sogenannte Authentische, wenn es lediglich als solches präsentiert wird, immer nur weniger enthält als sich selbst. Das »Unnatürliche« führt zurück auf das wahre Wesen einer Sache, eines Gedankens, einer menschlichen Leidenschaft, indem es deren Form, deren Dauerhaftigkeit aufsucht und präsentiert. Der in Form gebrachte Ausdruck ist nichts anderes als: Herausarbeitung des Natürlichen.

Die Form ist die Botschaft, das Wesen des zu zeigenden Vorgangs übermittelt sich am überzeugendsten, wenn offen-sichtlich wird das Wesen des Mediums: Theater, gemachtes Spiel. »Was wir jetzt miteinander machen«, sagt im Prolog der Philoktet in Clownsmaske: Schlüssel zu den Vorgängen des Stücks, Schlüssel zu deren Spielweise. Der Satz, wörtlich genommen, belegt: Spielweise und Vorgänge sind identisch, jene ist kein »Transportmittel« für diese, sondern deren Erfüllung.

Die Form zeigen. Sie ist, als manifestes Bewußtsein, politischer Ausdruck, der Vorgang des Zeigens demnach ein gesellschaftlich wirksamer.

(Programmheft Residenztheater München, 1968)

Wie autoritär ist das deutsche Theater?

Hans Lietzau / Ernst Wendt:
Wie Revolution wie

Von dem, *was* gespielt werden soll, und davon, *wie* es denn – um das Bewußtsein der Theatermacher zu artikulieren und jenes der Theaterbesucher zu betreffen – gespielt werden sollte: davon ist in dem utopischen Entwurf eines »anti-autoritären« Theaters nicht die Rede.

Das erstaunt nun schon kaum mehr, wenn es auch gleich bemerkenswert ist: unsre revolutionären Freunde sehen das Ziel – die wahrhafte Demokratisierung des Theaters – schon erreicht, wenn die derzeitigen Herrschaftsverhältnisse in den Theatern aufgehoben sind. Herrschaftslosigkeit, die Auflösung der alten Machtstrukturen, der hierarchischen Ordnungen, die Befreiung von den Repressionen – das, so meinen sie wohl, würde uns schon frei machen und glücklich und die beste Entfaltung unser aller Kräfte ermöglichen.

Da fragt man sich bloß: frei – wofür? Es mag ja sein, daß die gegenwärtige innere Verfassung der Theater diejenigen, die in ihnen arbeiten, an der äußersten Entwicklung ihrer Talente verhindert. Sicher wird in den Theatern, zum Beispiel, zu wenig reflektiert; und das muß, kein Zweifel, geändert werden. Die Arbeitsprozesse müssen, gewiß, gewiß, überdacht werden – aber doch wohl erstens im Hinblick auf eine so und so verfaßte, das Theater umgebende – bezahlende – Gesellschaft und zweitens im Hinblick auf Ergebnisse (d. h. Aufführungen), die entweder diese Gesellschaft oder die Forderung nach einer veränderten reflektieren.

Lapidarer formuliert: das Theater muß sich, erste Aufgabe, der Gesellschaft versichern, in der und für die oder gegen die es spielt. Die Utopie kann doch nicht innerbetrieblich sich abspielen: das Theater in eine Kommune zu verwandeln, wie unsre revolutionären Freunde das vorschlagen – wäre es nicht nur eine neue Form romantischen Rückzugs auf sich selbst?

Die Gegen-Entwürfe können letzten Endes nur auf der Bühne formuliert werden. Wenn das Theater, da sind wir ja einig,

Forderungen an die Gesellschaft richten und »kritisches Forum« sein will, dann muß es – *vor allem andern* – einen Gesellschafts-Entwurf realisieren. Gesellschaftliche Entwürfe aber schlagen sich – in der Malerei, in der Literatur, im Kino und auf dem Theater auch –, je revolutionärer sie sind, desto mehr *immer als ästhetische* nieder. Der Basler Kunsthändler Laszlo hat kürzlich in einem offenen Brief an Rudi Dutschke darauf hingewiesen, daß die Neue Linke, im Gegensatz zu den revolutionären Bewegungen dieses Jahrhunderts, keinen ihr eigenen künstlerischen Ausdruck formuliert hat und daß sie sich darin mit der spießigen Kunstignoranz des Nationalsozialismus trifft. Vielleicht hat die Neue Linke einen ästhetischen Entwurf nur deshalb nicht liefern können, weil sie auch einen gesellschaftlichen konkret nicht hat artikulieren können?

Die Bühne zu besetzen während einer Aufführung des »Faust II« oder der »Biografie« – so überflüssig beide Stücke am Tag des Mordanschlags auf Rudi Dutschke sein mögen –: das ist ja letzten Endes nur der Ausdruck eigener Ohnmacht (über die wir nicht spotten wollen), und zwar ästhetischer Ohnmacht. Und zu einem ist die Neue Linke ja wiederum auch zu puritanisch-träumerisch: etwa den wirklich radikalen ästhetischen Veränderungen in der gegenwärtigen Kunst sich anzuschließen, welche die Abneigung gegen den Begriff von Kunst in Objekten der Anti-Kunst formulieren – und diese dabei, wie auch anders, natürlich auch wiederum ästhetisieren. Der Linken gilt das wohl als Formalismus, weil sie den Charakter von Kunst- sowohl wie von Anti-Kunst-Äußerungen verkennt und nicht sehen mag, daß einer sich immer nur engagieren kann *in dem Material*, das ihm zuhanden ist. So bringen ja die äußersten Zerstörungen des Mediums, in dem einer arbeitet, ihm immer »nur« äußerste Vergewisserungen dieses Mediums ein; Beispiele: Roy Lichtenstein in der Malerei, Godard im Kino, Arno Schmidt in der Literatur, Grotowski auf dem Theater.

Was unsre revolutionären Freunde als die Revolutionierung des Theaters ausgeben, das klingt uns, mit Verlaub, ein bißchen nach Selbstbefriedigung. Denn es zielt ja nur auf die Arbeitsweisen, die Zusammenarbeits-Weisen, und es scheint in deren perfekter Erfüllung, auf was immer sie zielen mögen, schon eine Qualität an sich zu entdecken. Daß die Leute im Theater herrschaftslos arbeiten, würde ja aber noch nicht automatisch ein verändertes Verhältnis der Ergebnisse auf der Bühne zu deren Betrachtern konstituieren – und darauf kommt es doch wohl an.

Beide müssen ja, denken wir, verändert werden: die Betrachter und die Macher. Und wodurch können wir das? Nur durch das, was wir machen.

Ist das Theater heute gesellschaftlich oft irrelevant, dann in erster Linie nicht deshalb, weil nicht genug diskutiert würde oder weil diktiert würde von Direktion und Regisseur, weil auf den Proben etwas nicht stimmte. Die Analyse unsrer Freunde setzt, denken wir, an einem falschen Punkt an: sie scheint fixiert in der Perspektive von Schauspielern, die – offenbar doch wohl – in etwas kleinlichen provinziellen Bedingungen arbeiten; das heißt, bei minimalen Probenzeiten und unter bestenfalls routinierten Regisseuren. Das mag sogar, die Vielzahl der deutschen Theater genommen, die Regel sein, aber gegen die übermächtige Stickigkeit eines Mehr-Sparten-Stadttheaterbetriebs helfen auch demokratische Arbeitsweisen nicht, dieser Betrieb erlaubte sie gar nicht, dem wäre tatsächlich nur zu helfen mit dem Ruf: zumachen oder abbrennen.

Man muß das mit aller Klarheit sehen und sagen: eine Gesellschaft, die glaubt, sich die Breite und Vielfalt leisten zu müssen, oder das aus Trägheit und Gedankenlosigkeit einfach weiter tut, konstituiert damit notwendigerweise die Mittelmäßigkeit: etwa jene Regisseure, deren Arbeit sich tatsächlich nur im geschickten Arrangieren, im Inszenieren von Wirkungen und in Anordnungen von der zitierten Art (»Bitte nehmen Sie das Lachen etwas zurück«) erschöpft. Die Theater in A., in B., in C. und sonstwo müßten aber, gäbe es diese Mittelmäßigkeit nicht, längst schon zumachen. Sie existieren jedoch davon, und das zu sagen ist keine Überheblichkeit, sondern die realistische Darstellung einer gesellschaftlichen Situation, die durch innerbetriebliche Demokratisierung, durch inzüchtige Schein-Diskussionen wohl zu kaschieren wäre für die, die in dieser Situation arbeiten müssen – aber niemals aufzuheben.

Das Theater krankt natürlich auch dort, wo es überhaupt imstande wäre, Formulierungen jenseits der es konstituierenden Provinzialität zu treffen, an den Forderungen, die die Gesellschaft ihm aufgezwungen hat, oder von denen das Theater glaubt, es sei verpflichtet, sie der Gesellschaft zu offerieren. Das Theater – die städtischen und staatlichen, subventionierten – sind ja zementiert von der Tatsache, daß sie kein Publikum haben – und je voller sie sind, desto weniger haben sie eins. Das meint: sie spielen alle, wenn sie ehrlich sind und zu dem, was auf der Bühne sich begibt, wirklich auch »stehen«, für ein potentielles, und wenn sie unehrlich sind (also bei der Mehrzahl der Vorstellungen), für ein ihnen letzten Endes »aufgezwungenes« Publikum, das zu verstören sie sich nicht leisten können, weil sie sonst – für eine Weile zumindest – ihr »Einnahmesoll« nicht erfüllen würden; denn dazu fehlt es ihnen an Zeit und an Geld, das vorhandene Publikum, das »organisierte«, zu sich heran zu erziehen oder ein neues für sich zu werben. Und es fehlt ihnen, vor allem, am Bewußtsein, für wen denn sie spielen wollen.

Der gesellschaftlichen Forderung, gestrige Bildungs- und Kulturvorstellungen des Bürgertums und des Kleinbürgertums zu befriedigen – die sich institutionell im Abonnementssystem und in den kaum mehr ideologisch verbrämten Kartenverteilstellen von Volksbühne und Theatergemeinde manifestiert – hat das Theater leider zumeist keine eigenen Forderungen entgegenzusetzen. Das macht: es hat sich immer nur selber reproduziert, es kommt nicht dazu, eigene Forderungen zu entwickeln, eigene zeitadäquate Ästhetiken, da die gesellschaftlichen Ansprüche die innere Struktur und die Arbeits- und Denkweise des Theaters längst korrumpiert haben und diktieren.

Wenigen gelingt es, sich vom Terror der Abonnementssysteme, der dadurch fixierten Probenzeiten und Premierentermine und von der terroristischen Vorstellung, es müsse das Parkett immer gefüllt sein, gelegentlich freizumachen; aber was diese wenigen dann dem Betrieb entgegensetzen, gelegentlich auf der Bühne realisieren können, hat oft nur fossilen Charakter: es ragt merkwürdig irreal heraus aus einem System, das so perfekt rotiert und so manifest ist, daß es sich sogar den Luxus leisten kann, die eigenen Widerlegungen zu produzieren.

Warum rotiert es denn so gut? Warum knirscht nicht das Getriebe den Subventionsgebern und Platzmietern (ein Wort, das die Absicht bereits denunziert) in den Ohren? Weil sich ein stillschweigendes Einverständnis längst herausgebildet hat zwischen der etablierten Gesellschaft mit ihren scheinheiligen kulturellen Ansprüchen und dem »Betrieb«, das heißt: den Theaterleitungen. Die sind, mit schlechtem Gewissen, oft nur Vollzugsbeamte jener kulturellen Ansprüche, die als institutionelle Zwänge sie umgeben, und sie hintergehen oder umgehen diese manchmal – ein-, zweimal in der Spielzeit –, um ihr schlechtes Gewissen für eine Weile wieder zu beruhigen. Daß einer den »Vietnam-Diskurs« aber überhaupt als Alibi braucht, stärkt nichts weiter als das System, und daß er glaubt, danach immer noch oder um so mehr die »Black Comedy« spielen zu müssen, festigt es erst recht.

Und immer mehr – denn so spielt man noch eine Weile über die Überalterung des Publikums, über die Rückläufigkeit der Besucherzahlen und die Stagnation der künstlerischen Ergebnisse und die soziale Nutzlosigkeit hinweg – immer mehr bekräftigt sich dieses Einverständnis, das ein Einverständnis, im Grunde, des Ungeistigen ist; immer mehr werden ja zu Intendanten diejenigen gemacht, die die Erfüllung der Betriebsnotwendigkeiten am reibungslosesten garantieren – einigen werden dabei sogar gelinde Ambitionen zugebilligt, die verdaut das System ja –, und immer weniger (was viel schlimmer ist) drängt es die anderen in den Betrieb, weil sie kaum noch Möglichkeiten sehen, etwas anderes darin zu sein als dessen Funktionär. Dabei ist die Repression, die vom Apparat ausgeht, welcher befriedigt werden will, sogar weit schlimmer als die unmittelbar politische Pression, die von den Subventionsgebern kommt (obwohl's die auch gibt).

Aber die Herrschenden wissen wohl längst, daß es des offiziellen Drucks kaum mehr bedarf: der Betrieb regelt das, in sich, alles selber.

Was also kann getan werden?

Einzelne können dem Theater zwar nicht eine neue Verfassung, aber gelegentliche Ergebnisse abtrotzen, von denen sie hoffen mögen, sie könnten sich als Widerhaken erweisen innerhalb des Systems und gegen das etablierte Einverständnis der Theater mit einer restaurativen Gesellschaft. Entwürfe, Modelle können – mit dem gegebenen Apparat – gelegentlich aufgerichtet werden, in der Hoffnung, es möchten daraus Impulse folgen, die über das Theater hinausgehen.

Aber die Veränderungen auf der Bühne können immer nur ästhetische sein und nur seine Mittel kann das Theater revolutionär verwenden. Je mehr das Theater gesellschaftlich engagiert sein will, desto weniger kann es Änderungen erzwingen ohne Bezug auf die Gesellschaft. Daß auch den Theatermachern, und nicht nur der Neuen Linken, die revolutionäre Basis fehlt, liegt allen, außer der Linken, offen zutage; die Theatermacher, die damit unzufrieden sind, könnten natürlich in einen schicken Underground sich begeben – und darin für andere, im selben Underground sich befriedigend, Revolution spielen.

Da uns das Vertrauen auf den Underground so restaurativ erscheint wie das aufs bloße Abonnement, versuchen wir das Mögliche: den immer neu überprüften, das heißt sich verändernden, das heißt revolutionären Einsatz der uns zuhandenen ästhetischen Mittel.

Das ist wenig, aber es verändert – statt zu verhärten und zu frustrieren.

(Theater heute, 5/1968)

Lietzau inszeniert »Die Räuber«
von Schiller

1.

Wie begegnen wir den »alten« Stücken? Die Inszenierung der
»Räuber« hat versucht, diese für die fortwirkende Existenz des
Theaters entscheidende Frage in sich aufzunehmen. An manchen
Punkten der Aufführung ist das Erstaunen bei der Begegnung mit
dem alten Text selber sogar thematisch geworden. Noch das
fertige Produkt von zehn Wochen Arbeit birgt das Erschrecken
über Schillersche Sätze, über die Untiefen eines Monologs, die
abgrundböse Konstruktion einer Intrige. Die Inszenierung bildet selber den Widerspruch ab, der bei dem Versuch entsteht, die
theatralischen Mittel, mit denen einer einen Gegenstand reproduziert, zu vervollkommnen, und gleichzeitig ganz in diesen
Gegenstand einzutauchen. Das heißt: einzutauchen in die während des Arbeitsprozesses täglich neu und bewußter hervorsprin-
genden Verzweiflungen, die der Text Schillers verborgen hält,
sich ihnen auszusetzen mit der täglichen Existenz und sie doch
nur auf eine einzige gemäße Weise überwältigen zu können: auf
die Weise des Theaters, mit theaterhaften Mitteln – Sprache,
Gestus, Raum, Licht.

Moralische Entscheidungen artikulieren sich in der Kunst als
formale: die Aufführung stellt sich dieser neuerdings von vielen
als unschicklich denunzierten Tatsache, der aber auf die Dauer
doch nur jener entkommt, der ein entweder routiniertes Verhältnis zum Theater hat – also auf die moralischen Entscheidungen
gleich ganz verzichten kann – oder ein überwältigend naives
Verhältnis sich bewahrt, das ihm erlaubt, den unauflöslichen
Zusammenhang zwischen »Bezeichnetem« und »Bezeichnendem« – und damit die formalen Entscheidungen – zu ignorieren.

2.

Sich hineinlassen in den alten Text bedeutet zunächst, eine Entscheidung treffen gegen sich selbst: nämlich den Verzicht auf

Interpretation, den Verzicht darauf, eigene Welthaltungen, eigene Urteile, Erwartungen, Sehnsüchte in den Text hineinzutragen. Susan Sontag, die amerikanische Essayistin, hat in einem Aufsatz »Against Interpretation« vermutet, in der vorherrschenden Sucht nach Interpretationen drückten sich so etwas wie Racheakte des Intellekts an der Kunst aus; sie behauptet, daß interpretatorische Unternehmungen in dem kulturellen Zusammenhang, in dem wir heute leben, größtenteils reaktionär und stickig und philiströs seien. Sie befürwortet, indem sie sich »gegen Interpretation« wendet, eine Haltung, die verschiedenen neueren Entwicklungen in den Künsten eigentümlich ist: all jenen Unternehmungen in der Literatur und der Bildenden Kunst, welche die Dinge, denen der Kunstmacher begegnet, durch diese Begegnung zu sensibilisieren suchen. Sich selbst in die Phänomene zu investieren, statt immer nur Auslegungen dieser Phänomene herzuzeigen –: das kann nun auch die Haltung eines Theatermachers gegenüber einem alten Text sein. Sich so verhalten heißt natürlich, eine quasi-moralische Entscheidung vorweg treffen, indem man die »deutende«, auf sich selber hin interpretierende Haltung zu dem alten Text als intellektuelle Unredlichkeit begreift und sich vornimmt, ihn nicht durch Auslegungen zu verändern.

Lietzaus Inszenierung legt es darauf an, der »Bedrohung« durch Interpretationen so weit nur irgend möglich zu entfliehen und dem Wust der vorhandenen, über den Text gelagerten vorliegenden Urteile so sehr wie den möglichen eigenen Vorurteilen zu entkommen. Sie ist bemüht, die Mittel den Text nie übersteigen zu lassen, und immer dann, wenn die dem Theater zuhandenen Mittel vor dem Text versagen, das Heil nicht in deren exaltierter Zuspitzung zu suchen, sondern den Text durch seine latente Sinnlichkeit, seinen direkten Impuls, sein einfaches Dasein in Erscheinung treten zu lassen. Die Inszenierung gräbt also nicht gleich hinter dem Text, sondern schaufelt sich zunächst einmal den Weg frei zu seiner Oberfläche. Wer so vorgeht, will, was er vorfindet, nicht durch etwas anderes – sei es heimlich oder offen – ersetzen, sondern dem alten Text dazu verhelfen, in dem Medium Theater sein unmittelbar sinnliches Äquivalent zu finden.

Vielleicht ist das ein Unternehmen, das auf dem Theater nie ganz gelingen kann, weil ja jedes Zeichen, das Gestus, Sprache, Licht, Raum setzen, immer auch »bedeutet«, weil es einen Fundus kultureller, ästhetischer Vorbedeutungen mit sich herumschleppt. So wird das Ziel sein, diese Zeichen so »rein« wie irgend möglich zu verwenden, ihre vorgegebenen Bedeutungen nicht zu benutzen, um etwas anderes als die Struktur eines Vorgangs, eines Monologs, eines Satzes hervorzuheben.

In Lietzaus Inszenierung suchen denn auch die Zeichen den Text auf, statt sich zerstörend über ihn zu decken; sie stellen sich ihm und sie stellen ihn. Vielleicht ist es richtig, daß man dabei in erster Linie etwas über das Verhältnis von »Bezeichnendem« und »Bezeichnetem« erfährt, über den Widerspruch zwischen den Mitteln und dem, was sie darstellen wollen, oder – wie es lapidarer gesagt worden ist – über das Theater, nichts aber über die Realität. Das hat dann wohl mit dem bewußten Entzug der Interpretation zu tun, der gleich schon, aus einem kurzsichtigen Realitätsverständnis, als Entzug an Wirklichkeit begriffen wird. Was entzogen wird, ist aber nur eine Wirklichkeitsvorstellung, die sich um jeden Preis auch in einem alten Text bestätigt sehen möchte, so wie sie überhaupt unaufhörlich Bestätigungen in der Kunst aufsucht. Eine Aufführung der »Räuber« kann sich vornehmen, anhand des alten Textes mancherlei zu demonstrieren, eine jede, was ihr gerade, von heute aus, am wichtigsten erscheint: historische, psychoanalytische, vulgäre Dimensionen. Das heißt aber immer nur: das eigene Bewußtsein in den Text hinein verlängern, heißt nicht: sich und die verfügbaren Mittel dem Text auszusetzen. Die Realität, über die man aus solchen Aufführungen etwas erfährt, ist dann jeweils nur eine eigentlich bereits bekannte, zur eigenen Bestätigung in den Text hineingestopfte.

Entdecken wir dagegen nicht mehr, wenn wir den alten Text sich selbst darstellen lassen – machen wir dann nicht sowohl historische wie aktuelle Entdeckungen? Funde zum Beispiel darüber, wie eine Zeit sich artikulierte, sind ja wohl – entgegen Brecht – nicht zu machen, indem man diese Zeit, sei es zeichenhaft verkürzt, im Bühnenbild und den Kostümen sowie dem Gestus nachbildet, indem man »historisiert«. Sie scheinen heute am ehesten möglich, indem man die Äußerungen einer Zeit so direkt, so unvermittelt wie möglich – mit dem heutigen Formenvorrat – reproduziert. Dann erst treten Korrespondenzen auf: zwischen dem Text und dem, der ihn heute realisiert. Diese Korrespondenzen können unsere Nähe zu einem Text oder unsere Entfernung zu ihm hervorheben; in jedem Fall stellen sie die eigentliche Realität dar, die das Theater überhaupt zu zeigen imstande ist. Solche Korrespondenzen zwischen dem Theatermacher und dem vorgegebenen Text weisen dessen Geschichtlichkeit und dessen Struktur aus und reflektieren das eigene Verhältnis zu dieser Geschichtlichkeit und zu den bei der Realisierung benutzten Mitteln.

Die Inszenierung der »Räuber« versuchte, dem nahezukommen.

(Begleitheft Deutsche Grammophon Gesellschaft, 1970)

Theater gegen den Bilder-Notstand

Der Augenschein trügt. Wir sehen schon längst nichts mehr. Jedenfalls nicht das, worüber die Bilder behaupten, uns Auskunft zu geben. Sie verweigern uns den Blick auf das was ist und arbeiten gleichzeitig an dessen Aufhebung, indem sie sich selber an seine Stelle setzen und sich zu autonomer, bestimmender Wirklichkeit umschaffen.

Sie lügen nicht mehr nur. Das tun sie seit langem: als die Bilder laufen lernten, wurden sie gleich auch auf den Strich geschickt. Ihre Zuhälter in den Vervielfältigungsmedien zwangen sie, sich zu prostituieren. Vorgeblich unsere Lust auf die sinnliche Anschauung von Wirklichkeit befriedigend, vermochten sie tatsächlich nie mehr, als rasch konsumierbaren, schalen Ersatz der Wahrheit zu bieten. In dem Maße, wie es beliebig reproduzierbar wurde, büßte das Abgebildete zugleich von jener Sinnlichkeit ein, die ein Teil seiner Wahrheit ist.

So weit, so schlimm. Doch inzwischen haben die Flut der Bilder und vor allem der Apparat, der sie schafft und verbreitet, die Realität des Abgebildeten nicht nur verfälscht, sondern fast ganz vernichtet.

Was wir sehen (was man uns sehen läßt), enthält nur mehr Nachrichten, die sich auf keine uns sinnlich wahrnehmbare Realität beziehen, oder Versprechungen, die nie uns in Realität eingelöst werden. Sehr ähnliche Bilder verkaufen uns politische Entscheidungen, die wir nicht brauchen, und immer neue Produkte, die wir nicht brauchen; Werbebilder tarnen sich als Nachricht über den schönen Stand unsrer Lebensmöglichkeiten und unsrer Zukunft und helfen so, immer noch einmal ein Bild unsrer Welt zu schminken, das wirkliche Nachrichten, wo es sie noch gibt, schon längst nicht mehr aufrechterhalten könnten. Die Zeitungen, das weiß man, bieten nurmehr so viel Information, wie zwischen den Anzeigenseiten Platz hat; und das meint nicht ihren Umfang allein, sondern auch: manche Nachrichten haben eben keinen Platz zwischen den mit ihrer Wahrheit konkurrierenden Wahrheiten der Inserenten. Die in ihnen aufgehobene Realität »erscheint« uns erst gar nicht.

Das Fernsehen, unser hauptsächlicher Bilderlieferant, geht den ähnlichen Weg. Letzten Endes wirbt, was nach der Tagesschau zu sehen ist, mehr oder weniger direkt für eine Welt, die mit jener, die vor der Tagesschau (in den Werbespots) zu sehen ist, identisch wäre. Werbung und Spiel und Information und Unterhaltung werden mehr und mehr eins, ihre Bilder gleichen sich bereits so sehr, daß viele von uns viele von ihnen verwechseln –: das ist der Effekt, der beabsichtigt ist. Wir nehmen nun die Bilder als »wirklich«, die in den Studios produziert worden sind, und wir glauben den Waren, was die Bilder über sie versprechen.

Der Realitäts-Schwund, den die Bild-Realitäten hervorrufen, ist katastrophal. Politik etwa wird zu dem ritualisierten Spiel, das die Nowottnys und Wessels und Höfers mit den jeweils begehrtesten Politik-Schauspielern aufziehen. Dabei verlieren die Handelnden, die Politiker, an Identität, was sie an Image sich aufbauen. Ihre Darstellungsmittel verdrängen letztlich die Politik, für die sich darzustellen sie vorgeben. Der Gestus des Abgebildeten schafft eine eigene Realität, welche die Wahrheit seiner Sache zersetzt. Hält er schließlich überhaupt noch für etwas seinen Kopf hin – außer für die Kameras, außer für seine Medien-Existenz?

Dies alles sei überspitzt gesehen? Mag sein, ein wenig. Aber unbestreitbar ist, daß die Welt aufs Tele-Dorf einschrumpft und daß damit einher der Bilder-Notstand sich multipliziert. Schon ziehen »tatsächliche« Ereignisse – Geiselnahmen; Meinhof-Verfolgungen; Olympische Spiele; China-Reisen; Wahlnächte – den Verdacht auf sich, »inszeniert« zu sein für jene Bilder, die uns davon ins Haus geliefert werden. Die Kameras sind nicht mehr nur »dabei«: sie »machen« selber die Wirklichkeit, der lediglich beizuwohnen sie uns schamlos untertreibend noch immer einreden wollen. Wirklichkeit ist nur noch dort, wo eine Kamera hingestellt wurde.

Wirklich sind die Abbildungen, das Abgebildete selber verschwindet hinter der Art seiner Vermittlung. Bildende Künstler haben längst Konsequenzen daraus gezogen: sie sind auf der permanenten Flucht vor diesem Prozeß oder versuchen, ihn zu überlisten. Sie haben sich auf persönliche Gesten zurückgezogen, ihre Sensibilität verfestigte sich in Farbklecksen und Pinselschwüngen zum Bild (Informel); dann haben sie die Mythen der Bilder-Industrie nachgemalt oder collagiert und sie in Bildern über Bilder gefeiert, aber gleichzeitig auch: der Einsicht preisgegeben (Pop); darauf folgte der Rückzug auf die kleinste optische Einheit und in die pure Idee von einem Bild (Minimal und Concept Art); und heute regiert ein Hyper-Realismus, Bilder sind zu sehen, die durch eine geradezu verwegene Genauigkeit mit photographierter Welt konkurrieren: die verblüffenden amerikanischen Beispiele sind auf der 5. Kasseler documenta ausgestellt. Die Maler dieser Bilder haben den historischen Augenblick festgehalten, in dem die Realität der Abbildungen sich endgültig durchsetzte gegen die des Abgebildeten. Noch einmal ist Malerei, wie seit langem bereits, im wesentlichen Kritik an der Vermittlung von Realität durch Bilder. Nicht so sehr zählt, wie einer individuell »Welt« malt, sondern ob seine Bilder imstande sind, die »offiziellen« zu relativieren, zu kritisieren. Jedes wichtige

Bild, das einer heute malt oder aufbaut, kämpft dagegen an, das letzte zu sein in einer Welt, die nur noch reproduzierbare Realität anerkennt und sich damit ebensosehr auch gegen das einzelne Kunstwerk wendet. Paradox, aber den Stand dieses Kampfes kennzeichnend: daß Malerei heute Photographien »abmalen« und »aufblasen« muß, um die eigene künftige Existenz zu behaupten; um dem, was die Photographien uns sehen lassen, hinzuzufügen den bescheidenen, den gemalten Hinweis: Der Augen-Schein trügt.

Der Augen-Schein trügt. Darauf hinzuweisen und gegen die Flut verdorbener Bilder anzukämpfen, wird zunehmend auch die Aufgabe eines Theaters sein, das überleben will. Das Medium, das den Stand der Produktivkräfte durchaus nicht in sich aufgenommen hat und dazu seinem Wesen nach auch »unfähig« ist, kann sich heute sinnvoll nur ein Selbstverständnis geben, das aufs Utopische gerichtet ist: indem es eigensinnig auf der je einzelnen, unwiederholbaren, der spontanen und humanen Geste beharrt.

Natürlich wird gefragt werden, ob solcher Widerstand nicht lediglich zur – vielleicht glanzvollen – Illumination eines Untergangs-Schauspiels beiträgt; und ob die persönlichen Gesten des Theaters nicht lediglich eine Vorstellung von Individualität feiern, die längst keine historische Chance mehr hat.

Doch diese Fragen erledigen sich mit der Antwort auf eine andere, entscheidende Frage: Welche Qualität wird künftig den Bildern des Theaters und seiner Sprache zukommen; wieviel mehr an Wahrheit und Wirklichkeit werden sie gegenüber der unaufhörlichen Reproduktion festmachen können? Ein Theater, das imstande wäre, den verdorbenen Informationen und der inszenierten Lügen-Wirklichkeit der Bildermedien kritisch die Fülle humaner Ausdrucksweisen entgegenzutrotzen: es hätte seine Subventionen bereits »verdient«.

Freilich, dem Bilder-Notstand ist längst auch nicht mehr mit dem Beharren auf einer »Kultur« zu begegnen, die sich keiner gesellschaftlichen Übereinkunft mehr sicher weiß. Die heute herrschende Kultur jedenfalls wird geprägt von den Weltbildern der Technokraten und Planifikateure einerseits und den Mythen der Illustrierten, der TV-Shows, der Comics, der Pop-Musik andererseits. Irgendwo in dem Abgrund, der sich dazwischen auftut, verbleicht eine bürgerliche Kultur, welche ihre ursprünglichen Tugenden – der Aufklärung – in dem Augenblick verraten hat, als sie sich vom Kultur-Betrieb und damit von denjenigen, denen er nützt, vereinnahmen ließ. Diese Repräsentations-Kultur bringt keine anderen Bilder mehr hervor als die ihrer eigenen Agonie.

So muß denn das Theater heute Gegen-Kultur entwickeln, dreifach: Es muß die Technokratie und deren mechanistische Welt-Ordnungen stören und die Schizophrenien, die mit ihr zugekleistert werden, aufzeigen. Es muß den entleerten glatten Begriff von Klassik mit einer neuen Aufklärungstradition verbinden. Und es muß die betrügerischen Bilder der Massenkultur immer neu durch die sinnliche Beflügelung ungewohnter Sehweisen korrigieren, kritisieren.

Viel auf einmal, und ein langwieriger Prozeß. Er bedeutet: Kampf gegen den Realitäts-Verlust, dem wir ausgesetzt sind; permanenter Widerstand gegen die Ideologisierung der Bilder und der Sprache. Er bedeutet: Entdecken (Wieder-Entdecken) und Erfinden von Bildern und Sprache, die im Augenblick des Vorzeigens vor allem Widersprüche offenbaren. Das heißt, zum Beispiel: Kleist und Schiller; Shakespeare, Büchner, die Griechen; Tschechow, Wedekind, O'Casey. Heißt auch: sie zu zeigen als die Erfinder von Theater-Bildern und Theater-Konstellationen, in denen sich das historische Allgemeine mit einer »individuellen Mythologie« unauflöslich verbunden hat.

Daneben die Heutigen, welche ähnlich vorgehen und durch ihr »Unmaß«, durch die äußerste Radikalisierung ihrer je eigenen Bilder von unserer Gegenwart und Zukunft am ehesten imstande sind, die Widersprüche unserer Realität auszumessen: Thomas Bernhard, Heiner Müller, Edward Bond, Jean Genet, Hartmut Lange zum Beispiel. Autoren, deren Unmaß an das unserer Klassiker herankommt; die, wo sie als unkommunikativ, verschlossen erscheinen, sich lediglich den geltenden Formen der Kommunikation, den üblichen Bildern verschließen. Autoren, die die Bilder von Tele-Dorf nicht zerstören können –

aber, sie überlistend, uns allen die Möglichkeit bewahren, auch künftig noch etwas zu sehen. Gegen den Augen-Schein, der uns betrügt.

(Programmhefte der Staatlichen Schauspielbühnen Berlins, 1972)

Über die Treue zu den Klassikern

Antwort an Peter Iden zum Thema »Trivialisierung der Klassiker«

»Relativismus, der den Sprung der geschlossenen Oberfläche anzeigt, Montage vor allem, die sich auf die unheimliche, die experimentelle Figur dieser Trümmer versteht – so überliefert das Spätbürgertum noch ›Kultur‹ oder läßt sie überliefern. Aus einem Guß gelingt auf diesem Boden nichts mehr, er gelingt erst auf dem nächsten oder auf den Landzungen, die der nächste ins Chaos hineinschickt. Doch ist der Guß geneigt, manche Konkursmasse in sich aufzunehmen, vor allem eben Bilderrätsel eines gesprungenen Bewußtseins, so wunderlich und neu ›den Menschen‹ meinend. Diese Art hat alles Negative der Leere, doch sie hat auch, mittelbar, als möglich Positives: daß sie Trümmer in einen anderen Raum schafft – wider den gewohnten Zusammenhang. Montage im Spätbürgertum ist der Hohlraum seiner Welt, erfüllt mit Funken und Überschneidungen einer ›Erscheinungsgeschichte‹, die nicht die rechte ist, doch gegebenenfalls ein Mischort der rechten. Eine Form auch, sich der alten Kultur zu vergewissern: erblickt aus Fahrt und Betroffenheit, nicht mehr aus Bildung.« (Ernst Bloch in: »Erbschaft dieser Zeit«, 1935)

Das könnte schon die halbe Antwort auf Peter Idens kritischen Rundblick über den Umgang der Regisseure mit Klassikern sein. (P. Iden: Flucht vor der Größe? – Über trivialisierende Tendenzen bei Klassiker-Inszenierungen, im soeben erschienenen Jahressonderheft »Theater 1978«).

Man muß freilich der Redlichkeit halber hinzufügen, daß Bloch im gleichen Aufsatz auch darauf verweist, wie sehr solches

Arbeiten im »Hohlraum« immer auch in der Gefahr ist, dem gesellschaftlichen Trümmerhaufen zur Illumination zu dienen und zum »interessanten« Glanz einer geistigen Produktion zu verkommen, »die regulär hier gar nicht mehr möglich wäre«.

Man muß da also auseinanderhalten: Produktionen einerseits, die sich aus »Betroffenheit« – um diesen Blochschen Terminus weiterzuverwenden – an der alten Kultur, die fraglos eine untergehende ist, immer noch und immer wieder wundstoßen und dann diese Wunden vorzeigen, als Abdruck eines wütenden Kampfes mit dem, was sich entziehen will; und Produktionen andererseits, die der von den gesellschaftlich wirksamen Kräften betriebenen Kulturvernichtung nur mehr zynisch die eigne Lust und die eigne Marktwertsteigerung abgewinnen, indem sie den Vorgang der Entsensibilisierung als Revue-Kultur aufplustern.

Peter Iden, meine ich, hält das leider nicht auseinander. Ich gestehe, daß ich außer der eignen von ihm angesprochenen »Ödipus«-Aufführung nur zwei weitere kenne – aber aus der Kenntnis anderer Arbeiten der Regisseure weiß ich, daß da wieder einmal Äpfel mit Birnen und Pflaumen verglichen werden. Ich werde mich hüten, der Theaterkritik aus der Patsche mangelnden Unterscheidungsvermögens herauszuhelfen und hier etwa die Kollegen zu katalogisieren; ich kann nur von eignen Erfahrungen, eignen Beobachtungen, eignen Schwierigkeiten sprechen.

Fangen wir mit dem Punkt in Idens Aufsatz an, wo er der oben beschriebenen Dialektik am ehesten auf der Spur ist: er spricht vom Ruhm-Topf (»wie Bazon Brock immer sagt«), um den die Regisseure, sozusagen auf Kosten der toten Klassiker, sich balgen; ein jeder seine kleine Subjektivitäts-Münze einzahlend. Ich glaube nicht, daß das kompliziert genug gesehen ist. Gewiß, Idens Gewährsmann Bazon Brock kann sich kulturelle Anstrengungen wohl kaum anders vorstellen als einen fröhlich militanten Wettbewerb von Anpassungs-Positivisten, die ihre kleinen Privat-Ideen in Markenzeichen ummünzen lassen, deren Design sie, solange der Modeblick wohlgefällig darauf ruht, als Kunst ausgeben.

Iden räumt immerhin ein – sicher schon deshalb, weil er es gleich darauf auch für die Journalisten in Anspruch nimmt –, daß darin sich nicht »schlechter Charakter, sondern ein Leistungsgesetz unserer Gesellschaft« spiegele. Mir scheint das gleichwohl zu undialektisch gedacht: es unterstellt, wir – die Regisseure – seien im vollen Bewußtsein solcher Gesetze an der Startlinie unserer Arbeitsplätze angetreten und nun imstande, uns während wochenlanger Proben mit den verschiedensten Individuen, den Schauspielern, zu verhalten, als agierten wir zuvörderst »am Markte«. Das ist genauso unsinnig, wie es die Behauptung wäre, wir seien im luftleeren Kunst-Raum operierende Wesen, die nie an Wirkungen, an Erfolge, nie auch an Geld dächten, während wir mit Hölderlin oder Goethe umgehen.

Das wahre Problem ist doch nicht bloß, was einer, der Kunst macht, für ein Verhältnis zum Markt hat –: sondern genauso, welches Verhältnis der Markt zu ihm einnimmt. Eine Inszenierung, beispielsweise, von Peter Stein ist immer auch als Touristen-Kunst und als Berlin-Reklame zu vereinnahmen – sie kann sich, aber das ist eigentlich nicht ihre Aufgabe, nur innerhalb ihrer selbst dagegen wehren. Eine Inszenierung, beispielsweise, von Karge und Langhoff ist immer auch als Beispiel eines aus der DDR vertriebenen ästhetischen Widerstands zu vereinnahmen, während sie – paradoxerweise – womöglich schon unter dem verinnerlichten Druck steht, sich auf dem Markt der »westlichen« Ästhetiken behaupten zu müssen – wie aber soll sie sich dagegen wehren? Eine Inszenierung von Luc Bondy, beispielsweise, ist – solange die Währung »Empfindsamkeit« die härteste der am Markt gehandelten ist – immer in der Gefahr, ohne langes Nachdenken zum Theatertreffen eingeladen zu werden und damit einem Trend, den die Agenten des Marktes befördert haben, endgültigen Vorschub in die Rezession zu leisten – nun, wie soll der Luc sich dagegen wehren? Er wird ja selber wissen, daß das Image der »Sensibilität« nur so lange kreditfähig ist, wie es am Markt die höchsten Notierungen erzielt, und daß man damit morgen schon, wenn eine Gefühlsflaute eintreten sollte bei denen, die zu den Premieren jetten, in der Defensive sein kann. Und ein letztes Beispiel: wenn in einer Stadt wie München, deren Defizit an ästhetischer Auseinandersetzung so groß ist, daß bereits die Boulevardzeitungen der Stadt dort eine Marktlücke erspäht haben, eine Inszenierung von Wendt zuvörderst dadurch charakterisiert wird (positiv oder negativ), wie sie sich von anderen in dieser Stadt abhebt – was hat das mit Schiller oder Goethe zu tun, Autoren, mit denen ich grade umgehe?

Nur soviel: man fängt an, drüber nachzudenken, daß ja auch unsre Klassiker nicht immer edel vor sich hindichtende Idealisten waren, sondern auf lediglich andere, manchmal aber rigorosere Weise, einem »Markt« ausgesetzte Kunst-Arbeiter. Man kann – um nur ein mir gerade nahes Beispiel zu nennen – am Mannheimer Soufflierbuch von »Kabale und Liebe« studieren, wie sehr so ein »Klassiker« auch kein von Überlegungen des Erfolgs, der Ökonomie ganz unabhängiges Wesen war. Der Unterschied zwischen den beiden Fassungen dieses Stückes – dem Erstdruck und der Bühnenfassung – handelt überwiegend vom Konflikt eines Autors (der zugleich als sein eigener Regisseur verpflichtet war) mit dem, was wir heute den »Markt« nennen würden: ein Gebilde aus Erfolgsdruck, Publikumserwartung, der Schere im eigenen Kopf, ökonomischem Zwang, Terminen, verinnerlichter Rezension. So »werkgetreu«, wie es ein philisterhafter Journalismus, der das Wort »konservativ« nicht verdient, heute von uns gerne haben möchte, sind schon die Klassiker selber, als sie sich verkaufen mußten, mit dem eigenen »Kram« nicht umgegangen.

Wenn wir uns also »treu« ihnen gegenüber verhalten wollen, dann kann das wohl nur darin bestehen, daß wir diesen Widerspruch einer so markt-nahen Kunst, wie es das Theater ist, wo immer es geht *mit-veröffentlichen*, anstatt ihn zu verinnerlichen oder gar zynisch mit ihm zu operieren. Das fordert nun aber auch von den maßgebenden Kritikern ein entsprechend differenziertes Selbstverständnis. Was Peter Iden mit dem Satz beschreibt: »sie (die Kritik) arbeitet ja – ihren eigenen Voraussetzungen entsprechend: zwangsläufig – dem Reglement des Marktes zu«, wird den Theatermacher, der dennoch *dagegen* zu arbeiten versucht oder die Voraussetzungen der eigenen Tätigkeit noch nicht als zwangsläufige zu akzeptieren bereit ist, nur soweit interessieren, als es ihm gleichzeitig die ökonomische Grundlage entzieht. Deshalb wird er sich gegen die Superlativ-Kritiker, die wöchentlich einen neuesten »sensibelsten« oder »genauesten« oder »phantasievollsten« oder wasauchimmersten Regisseur herausgefunden haben, innerlich zur Wehr setzen.

Und sei es in seinen Aufführungen, notfalls. (PS: Wenn ein deutscher Theaterkritiker, der so leidenschaftlich historisch denkt, daß er nicht immer abwarten mag, bis eine Sache auch historisch wird, in dem Augenblick das Handtuch wirft, wo ein Berliner Senat ihm die Chance bietet, Theatergeschichte selber zu gestalten, so ist das womöglich nur durch das oben Beschriebene zu erläutern: es reflektiert den Rückstoß jener Marktbewegungen, an deren Konstellation einer noch mitgestrickt hat, als er bereits wissen mußte, daß der Rückstoß nur von ihm selber abzufangen wäre. Aber man kann natürlich nicht der Intendant der selbstgeschriebenen Marktlage werden . . .)

Zurück zu den Klassikern. Peter Iden beschreibt eine Reihe optischer Situationen (oder auch sogenannter Sensationen): ist das die Wirklichkeit der Auseinandersetzung mit den alten Stücken – oder ist es ein Vordergrund, der den Blick eher verstellt, weil wieder einmal nicht dialektisch genug vermittelt wird zwischen den Arbeitsanteilen einer heutigen Klassiker-Aufführung?

Man wird zugeben, daß die optische Zurichtung einer Theateraufführung am anfälligsten ist für modische und für eklektische Einflüsse. Wie auch anders? Das »Bühnenbild« saugt sich voll an Bildender Kunst seiner Zeit, es montiert und collagiert im Vorweg-Gesehenen, und das ist auch keine Schande, solange es diese Bilder – mythische Architekturen oder übersteigerte Trivialitäten oder verrückt zusammengestellte Alltäglichkeiten oder »blasphemisch« genaue Natur-Landschaften – in einen sinnlichen Zusammenhang mit dem alten Text, mit der klassischen Kultur bringt.

Idens Einwand, die Bühnenbilder machten die alten Stoffe beliebig, indem sie banale Materialien heutiger Wirklichkeit anhäuften und zuviele alltägliche Orte offerierten, ist – denke ich – zu differenzieren: ich meine auch, daß die pure Übertragung eines alten Textes in ein heutiges Gewand so banal ist, wie sie sich mit der Erfindung der Metapher »Hamlet im Frack« beschreiben läßt. Aber das ist nicht das Problem – sondern: wie sieht denn einer aus, der in einem Stück auftritt, welches (wofür der Regisseur nichts kann) zugleich von Sophokles und von Hölderlin und von Heiner Müller ist? So ein »Ödipus« ist doch wohl ein Indiz für die Wirkungsmacht eines Theaters jenseits historisch abschätzbarer Situationen –: einen Stoff, an dem mehr Leute herumgeackert haben, gibt es ja kaum. Es ist eins der offensten Angebote der Weltliteratur. Ich würde nie auf die Idee kommen, mich einem solchen Text »historisch« nähern zu wollen. Niemand weiß ja, wie das denn aussehn könnte: die Veranstalter von Epidauros führen den deutschen und den andern Touristen eine Art Reichs-Thing-Spiel vor, bestenfalls wird es von einer Art Riefenstahl inszeniert, und die einheimischen Sachwalter hellenischer oder gar hölderlinscher Kultur sehnen sich zurück in die fünfziger Jahre, die ein modischer Abhub der Nazi-Kultur waren: idealistische Abstraktionen, sogenannte »Koch-Platten«, welche die grassierende abstrakte Kunst als Ausrede für die Suche nach dem eigenen Persilschein benutzten. Unbewußt natürlich, es war eine Phantom-Kunst, und wir wollen daraus niemandem einen Vorwurf machen.

Im Gegenteil: wir heute sind ja viel mehr als die damals »Überzeugungstäter« (eine von J. Kaiser kürzlich in die Theaterkritik eingebrachte Wortfügung): also Leute, die auch an das glauben, was sie mühevoll tun. (Irrtum vorbehalten: eine Lust, die ein Triebtäter sich nun wiederum nicht auszumalen getraut.) Wir beharren auf unseren konkreten Wahrnehmungen, und mögen sie auch banal sein; wir setzen sie mit der »Aura« des alten Textes ja durchaus in Konflikte, es ist nicht so wie Iden meint: daß wir der Würde, der großen Kunst-Natur des alten Textes einfach ausweichen würden. Wir riskieren, daran zu zerschellen – und das klingt nun hoffentlich so pathetisch, wie es den alten Texten angemessen ist; und so fragwürdig, weil deren Pathos in keiner uns zuhandenen Wirklichkeit abgesichert ist.

Bühnenbildner, so mein Empfinden, spüren den Riß zwischen dem historisch Garantierten und der Veränderung unserer

Wahrnehmungen am ehesten (wie auch anders: dafür werden sie letzten Endes bezahlt). Sie greifen dem Gedanken, der sich des verblühenden Textes noch einmal zu vergewissern sucht, modellierend voraus – und wenn ein Regisseur seine Sinne noch beieinander hat, verläßt er sich auf diese bildlich antizipierte »Ergreifung« eines alten Textes und gibt sie als Spielplatz für die Figuren dieses alten Textes frei.

Es mag so etwas geben wie eine Hypertrophie des Bühnenbildes, auch so etwas wie eine schon wieder schick erscheinende Armut – bei der Annäherung an die Klassiker spielt das alles nur eine sekundäre Rolle: ich sehe Bühnenbildner, die auf je eigene Weise versuchen, dem eigentlich zuschandenen Stoff und der unsere Wirklichkeit nicht mehr einholenden Theatersprache der Klassiker entsprechend phantastische Räume zu bauen, sei es als wütende Rettung von Natur, die deren Verhältnis zur Gesellschaft gleich fragwürdig macht; sei es als wütende Beschmutzung der im Zeitpunkt ihrer Formulierung bereits fragwürdigen idealischen Konstruktionen, als Bilder also, die sich wie Salz auf die Wunde eines Stückes legen; oder sei es als der letzte wütende Versuch, sich einzurichten in Kultur-Trümmern, die, wenn sie nicht schon raffiniert zum Null-Tarif herumstehen, nur mehr anzupinkeln sind als Relikte einer Abendanzugs-Gesellschaft, die viel zu sonnengebrannt ist, um noch zu wissen, daß sie selber diese Trümmer angerichtet hat.

Und da, glaube ich, irrt Peter Iden: es sind ja nicht die – zweifellos schlecht abgefertigten, mit der Klassik nie behelligten, darum auch utopielos gelassenen – jungen Menschen, die sich den heutigen Klassiker-Aufführungen verweigern oder – wie Iden meint – glauben, in einem neuen, nicht gekannten Stück zu sitzen. Ja gut/oder schlecht: sie kennen es nicht, niemand hat ihnen in der Schule Goethe oder Kleist oder Büchner oder Hölderlin zugemutet. Niemand freilich hat es ihnen auch – wie noch den Schülern meiner Generation – zunächst mal versaut. So sind sie ziemlich unbefangen, wenn sie in Peymanns »Faust« gehen; das macht sicher dessen Erfolg aus und ist zugleich nicht ohne pädagogische Wirksamkeit: es weckt Neugier, es macht die alten

Stücke – gleichsam von rückwärts – lesbar, es mobilisiert zur Auseinandersetzung mit dem, was die Gesellschaft dem jungen Menschen sonst ja längst nicht mehr zumutet.

Mag die »Aura« des alten Kunstwerks dabei abhanden kommen: was Peter Iden da betrauert, ist wohl eher der Verlust jener Aura des Alltags, die in Frankfurt und vergleichbaren Städten nicht mehr zu haben ist. Warum denn soll sich ausgerechnet das Kunstwerk in die Lächerlichkeit begeben, noch einmal auszustellen, was in den großen Städten niemand mehr vermißt? Selbst wenn es sich dabei um die Aura handelt, die als Aufklärung sich versteht, muß man ihr nicht nachweinen: sie ist nur in der Collage, in montierten Trümmern – irgendwann – einmal wieder zu haben. Alles andre ist Lüge, Selbstbetrug.

Das »Spätbürgertum«, von dem Ernst Bloch – in unserm einleitenden Zitat – spricht, (über)dauert freilich schon derart lange, daß niemand mehr an seinen Untergang und all die Begleitmaßnahmen, die wir Kunstmacher dazu erfinden, noch glauben mag. Wir bilden uns ja ein, dem Bürgertum seine Verhältnisse zum Tanzen zu bringen – aber dieses delektiert sich daran, es hat ja die Macht, uns noch die Auseinandersetzung mit den alten Stoffen als einen fröhlichen und erfolgreichen Vollzug unsrer Arbeit ökonomisch beglaubigen zu können. Es spricht auch Sanktionen aus: wenn's denn gar zu leidenschaftlich wird, also nicht mehr nur lustig, wird der Hahn zugedreht. Wer behauptet, es gehe noch liberalistisch zu, der beschwindelt sich seit einiger Zeit selbst.

Kein Mißverständnis: Idens Argumentation ist nicht derjenigen zuzurechnen, die sich mit ihr gemein machen wird und gegen die deshalb hier nicht zeitig genug polemisiert werden kann. Aber ich lese aus Idens Aufsatz so viel Trauer heraus über nicht mehr einholbare gesellschaftliche Zustände, daß ich mich natürlich frage, warum er für deren wenigstens utopische Rettung nun ausgerechnet die Theatermacher verantwortlich macht: wiederum daneben stehend, wenn sie es verfehlen; wiederum ihren Markwert mitkonstituierend, wenn einer von ihnen es scheinbar grade mal geschafft hat.

Lieber Peter Iden, diese alle-umarmende Tendenz-Marken-Kritik bringt uns ja nur weiter, wenn der Schreibende selber sich in ihr mit auffrißt: wenn er begreift, warum ihm ein Theatermacher eigentlich nur noch indirekt wie in diesen Zeilen öffentlich antworten kann; wenn er akzeptiert, daß wir jeder unsere eigene fehlbare Annäherung an die alten Texte finden müssen; daß es eine verbindliche Aura nicht mehr geben kann; daß das »Banale« keine negative Kategorie ist; daß es womöglich darauf ankommt, die alten Texte so zu fragmentarisieren, wie heutige Autoren – seit Büchner, bis Müller und Brasch – nur noch schreiben können; und schließlich: daß Sprache nicht etwas ist, das lediglich über die Ohren fühlbar ist, sondern über alle andern Sinne gleichzeitig, und so auch nur zu vermitteln: eine klassische Sprache als die Provokation aller anderen Sinne, die man uns verkümmern will.

Noch dort, wo Hochsprache geopfert wird zugunsten von Bildern dessen, was einmal – in Zeiten unschuldsvollerer Vermittlung zwischen Wirklichkeit und den sie benennenden Zeichen – in ihr ausgedrückt wurde, scheint es sich mir um einen legitimen Vorgang der Rettung des Alten zu handeln. Ich »mag« die Unternehmungen von Peter Zadek persönlich überhaupt nicht mehr, sie kommen mir eher vor wie zynische Antworten auf zynische Zustände – aber was ich selber vor einem Zadekschen »Lear« empfinde, das ist egal, ich kann ja rausgehen; zweifellos ist, daß eine solche Arbeit uns zum Beispiel das Ungetüm »Lear« auf weitere Zeit hinaus »rettet«: das Überleben eines als bloßes Sprach-Kunstwerk heute höchst gefährdeten Gebildes wird durch eine brutale, mag sein egozentrische Sinnlichkeit zunächst gesichert.

Das sei fragwürdig? Gut, ich finde das auch. Nur soll mir erst mal einer vorführen, wie denn unter den regierenden Umständen einer Warengesellschaft, die nicht die Theatermacher, nicht die Kunstproduzenten erfunden haben, eine andere als eine »fragwürdige« Auseinandersetzung mit der Tradition stattfinden kann: wir betreiben da ja eine Auseinandersetzung mit Qualitäten, die von denen, die sie wie Fahnen hochhalten, gar nicht wirklich gemeint sind. Wir versuchen, jeder auf seine Weise, die

Klassiker immer wieder jener Herrschafts-Kultur zu entreißen, welche unter einer Tradition nichts anderes versteht als den Weißmacher der in Wirklichkeit von ihr betriebenen Wegwerf-Kultur. Ihr gilt die Klassik als »Besitz«, als das Unveränderliche, Unveräußerliche; muß sie ja, weil rundum alles nach fröhlichen Wachstums-Gesetzen verscherbelt wird: Sprache, Gefühl, Moral.

Die selber alle Werte nur zu lange wie Waren behandelt haben, erdreisten sich nun obendrein noch, wenn sie einmal unverstellt mit der Sinnlichkeit, gar der sinnlichen Anwendbarkeit dieser Werte konfrontiert werden, von einer »Umwertung« (wie das schöne Wort heißt) und von Zerstörung zu sprechen. Es fällt auch schon wieder die Vokabel »zersetzend«.

Natürlich ist dennoch Peter Idens Beobachtung, daß unsere Bemühungen sich manchmal/oft/gelegentlich in den Ausdruck des Privaten verirren oder darin hängenbleiben, richtig. Wie soll es anders sein: wir arbeiten (fast) traditionslos, andere Verbindlichkeiten als die von Kortner gesetzten gibt es, wenn ich recht sehe, am deutschen Theater nicht. Wir schlagen uns herum mit einer mehrmals auch verratenen Kultur, die zugleich eine ist, welche sich der Inbesitznahme und dem falschen Gebrauch – was unser Land betrifft – nicht grade immer mutig verweigerte. Was also heißt in solcher Situation die Forderung, ihr »treu« zu sein; was bedeutet da ein Begriff wie »Werktreue«? Es heißt die Aufforderung zur Lüge, zur Verkleisterung der Widersprüche.

Ich weiß, daß ein Begriff wie der der »Werktreue« nicht unbedingt gerade aus Idens Wort-Küche kommt. Ich fürchte aber, lieber Iden, daß auch die lieb-kritischen Einwände Ausdruck einer Sehnsucht nach neuen Verbindlichkeiten sind: und die sind nicht zu haben, ich sehe niemanden, der sich zur Zeit als weimaranisch genug verstehen würde, um sie liefern zu wollen.

Es gibt – schon gar nicht über Sprache – keine Verbindlichkeiten mehr; anmaßend, sie auch nur zu suchen, geschweige, ihrer sich sicher zu fühlen. Die heute eine Sprache zu retten und in den Formulierungen der Alten für sich/für uns Sinn »aufzustöbern« versuchen: das sind freilich mehr oder weniger Verrückte. Deren Arbeit funktioniert nach den Mustern der Schizophrenie: ihre Wahrheit ist in jedem Fall eine gesellschaftlich nicht sanktionierte. Nun lebt aber das Theater andererseits – und da schließt sich rettungslos der Kreis dieser Überlegungen – auch nach den Gesetzen gesellschaftlicher Anerkennung, Markt, Erfolg, und wie das heißt.

Wem also will man es verübeln, in solcher Situation sich zynisch zu verhalten – er wertet seine bessere Erkenntnis ja nur »am Markte« aus?

Wem aber wollte man es verdenken, sich ganz privat, introvertiert – ohne Aura – einem Text von Goethe/Schiller/Hölderlin zu nähern – er ist dann wenigstens bei sich selbst; ehrlich; herausfordernd hilflos. Und verstößt damit provokant gegen die Funktionsabläufe und Gesundheits-Übereinkünfte der Gesellschaft, die ihn unterhält und die er unterhalten soll.

Still sein. Nur über sich sprechen. Reden über das, was man selber erfahren hat. Das Fremde lesen wie ein Kind es tun würde. – Vielen erscheint das als die im Augenblick aktivste Form des Widerstandes gegen alles, was uns rundum zerstört. Die sehen in die Klassiker wie in einen Spiegel. Sie reproduzieren, was sie da sehen.

Wem das nicht genug ist, der muß über die Umstände reden, die solche Haltungen provozieren.

Und wenn Theaterkritik sich einmal auch als Kulturpolitik verstehen möchte, dann würde sie auf dieser Herausforderung vielleicht eher beharren als auf der Ausstellung der beliebtesten Talente und der Prophezeiung neuer theaterhistorischer Konstellationen.

(Theater heute, 9/1978)

VI

Der Bär als anmutiger Krieger
Über Mathieu Carrières Essay
»Für eine Literatur des Krieges, Kleist«

> ». . . da reicht ich deiner Lippe –? Nicht? Nicht?«
> (Käthchen von Heilbronn)

Ein Augenblick vom anmutigsten Stottern, täppisch und lach-
haft und doch voller Grazie. Eine Gemütsbewegung, die just
dort, wo sie dem Geheimnis ganz nah ist, sich verstolpert; eine
von denen, die in eine jähe Geste des Erschreckens und des
Verzichts oder in eine der Hitzigkeit, des Krieges hineintaumeln.
Bei Kleist überfallen uns immer wieder diese bedrohlichen, atem-
nehmenden Stürze innerhalb der Sprach- und der Gemütsbewegung der Figuren: der freie Fall ins Verstummen, ins Starre-
Stehen oder in die Ohnmacht einerseits; die Geste des gezückten
Degens, der zustoßenden, das Herz des Feindes oder das eigne
anvisierenden Waffe andererseits.

Und ein Kuß wird zum Biß und der Biß ist ein Kuß: haben wir
es da mit einem körperlichen oder mit einem sprachlichen Vorgang zu tun, mit kriegerischer Wollust oder einem unbewußten
»Versprecher«? Wenn Penthesilea aus einem Gefühl, das »kalt
wie Erz«, einen spitzen Dolch sich schärft und diesem ihre Brust
reicht und – »So! So! So! So!« – durch diese Waffe fällt und stirbt:
handelt sich's dann um einen Metaphern-Tod oder um eine
Theatererfindung? Oder vielleicht doch um ein immaterielles
Ereignis, dem wir weder mit logischen Erkenntnis-Systemen
noch mit sentimentaler Psychologie und auch nicht damit bei-
kommen können, daß wir es als poetische Metapher durchgehen
lassen?

Ja – aber wie denn nun? Der Schauspieler Mathieu Carrière,

der – während wir nichts von ihm sahen – in Frankreich bei den Philosophen Deleuze, Lyotard und Foucault studierte, verblüfft uns in einem schmalen Band, den ich ein wahres Abenteuerbuch nennen möchte, mit einer unorthodoxen Methode der Kleist-Lektüre, vor allem am Beispiel der »Penthesilea«. Deren Worte, so formuliert er, seien darin »zugleich Kugel und Kopf, den sie durchdringt, zugleich Dolch und Brust . . . Es besteht kein Unterschied mehr zwischen dem was sich sagt und dem was sich ereignet«: einfache, verblüffende Enttarnung des Geheimnisses, auf die wir auch nicht viel anders reagieren können als das Käthchen von Heilbronn, wenn es in der Grotte dem Geheimnis der Kunigunde sich gegenübersieht; nämlich verstört und stotternd, in Ohnmacht.

Erschrecken und Erstickungsangst vor einer Art von Wahrheit, die einem alle üblichen, alle zuhandenen Erklärungsmuster aus den Händen schlägt. Wenn es denn so wäre, daß Penthesilea sich »in« der kleistschen Sprache zum Schmied umrüstet und dieser nicht sichtbare Vorgang den Dolch stählt, dann *ist* es in der Tat eine Waffe, die Penthesilea tötet, und nicht ein Gefühl. Und das Geheimnis, welches das Käthchen beim Baden in der Grotte ausspioniert, würde dann darin bestehen, daß die Kunigunde die Grotte »ist«, daß sie sich, innerhalb von Kleists Sprachbewegung selber zur Grotte, zu einer Verschlingungs- und Überflutungs-Maschine, umgebaut hat.

Der Titel von Mathieu Carrières Untersuchung findet sich, als Hinweis auf eine zu lösende Aufgabe, in der 1975 erschienenen Studie von Deleuze und Guattari »Kafka. Für eine kleine Literatur« versteckt. In einer Bemerkung über Kafkas Beeinflussung durch Kleist heißt es dort, dessen entscheidende Fragestellung sei gewesen: »Was ist eine Kriegsliteratur?« Carrière hat diesen Hinweis aufgenommen.

Wenn man sich seiner vehementen Liebeserklärung, die selber auch etwas von einem tödlichen Biß hat, nähern will, muß man allerdings vergessen, wie und in welchen Sprachmustern in der Regel über Kleist geschrieben wurde. Der inflationäre Gebrauch jenes Vokabulars, das Carrières philosophische Lehrmeister entwickelt haben, wird manchen darin nicht eingeübten Leser erschrecken; ja, es mag schockierend sein, auf Kleist unablässig Wörter wie »Agencement«, »Deterritorialisierung«, »Konsistenzplan« oder »affektiver Code« herunterfallen zu sehen. Dem Leser sei empfohlen, sich von solchen nur zu gut gemeinten Schüler-Fehlern nicht stören zu lassen. Und wer sich in dem Begriffs-System nicht zurechtfindet – es will tatsächlich studiert sein –, der möge das Buch über Seiten hinweg getrost als eine Art Science-fiction-Lektüre lesen, als den abenteuerlichen Versuch, einem Geheimnis mit Hilfe einer Geheimsprache sich anzuschmiegen.

Nicht zufällig, daß das Buch mit dem Satz beginnt: »Der Aktionsplan bleibt geheim« und als zweiten ein Kleist-Zitat daranhängt: »Tausend Jahre bevor ich verstanden werde«. Carrières Gedankengänge sind nicht auf Dechiffrierung aus, sondern – wenn ich ihn recht verstehe – auf einen emotionalen Pakt mit dem Dichter; er versucht, Kleist auf uns, die heutigen Leser, wie einen Affekt einstrahlen zu lassen. Um es mit einem kleistischen Lieblingswort zu benennen: wie durch einen »Wetterstrahl« sollten wir uns erstarrend erleuchten lassen.

Aus Carrières Abwägung der beiden Autoren Goethe und Kleist, die geradezu anrührend an einer Polemik gegen Goethe vorbeizusegeln versucht und daraus eine ganz eigentümliche klare Bitterkeit bezieht, ist dieses Begehren sehr schön herauszulesen. Er schlägt sich auf die Seite derer, die »unmenschlich« werden; unmenschlich im doppelten Sinne des Wortes; sie stottern, weil sie auf Erden in den Graben ihrer »Schizo-Position« sich einkrallen, sie stottern aber auch, weil sie dem, was Hölderlin als das Göttliche verstand, wohl wirklich näher leben.

Es sind die Scheiternden, jene, die keine Identität finden, weder mit sich noch mit der Nation und deren kultureller Produktion. Die deshalb ständig im Kriegszustande leben, in bizarren Manövern und Strategien der Selbstvernichtung, in einer Spionagetätigkeit gegenüber dem eigenen inneren Aktionsplan.

Carrière meint damit nicht die kulturgeschichtlich abgepackten Kämpfe von Geistesrichtungen, sondern einen körperlichen Schmerz, ein Zucken, das durch Affekte verursacht wird und sich in Kleists Sprachkörper wieder befestigt; Sturz, Ohnmacht, die nicht lächerlicher Ausdruck von »Gefühl« sind, sondern Schock über eine Verschiebung der Zeitmaße: die Figuren fallen aus der Ebene der Realzeit heraus und versuchen sich auf einer anderen Zeitachse zu orientieren, indem sie katatonisch verharren oder in der Interpunktion sich katastrophal verhaspeln.

Kleistsche Rätsel sind stets identisch mit Katastrophen-Situationen. Immer droht den Menschenbegegnungen eine Explosion, ein Blitzstrahl, ein Kriegs- und Liebestod; ein nicht definiertes »Außen«, welches nur als Verstummen oder als Beseligung sich niederschreiben mag. Mathieu Carrière hat eine Fülle von Belegen für dieses kleistische Modell der Welterfahrung herausgelesen; man könnte sagen, er habe dem Dichter mit dessen eigener Körperlichkeit nachspioniert: auf der Spur eines Menschen, der sich – schreibend – in eine Maschine und in ein Tier verwandelt. Kriegs-Maschine, die »erleben« will, wie fühlbar grausam denn Jagd, Verwüstung, Abgrund, Zerstückelung tatsächlich sind. Tier, welches demgegenüber die Grazie »probiert« und deren überlegene Heiterkeit: der Bär, sagt Carrière, sei wohl das kleistische Tier par excellence, der »tanzende Gefangene«, ein anmutiger Krieger. Ungeschick läßt zärtlich grüßen, indem es zubeißt.

Ich bin sicher, daß dieses Buch nicht »anwendbar« ist: es klärt ja nichts, es schlägt nur ein. Deutungsrezepte, Theaterkonzepte sind daraus nicht zu beziehen. Keinerlei Hilfe. Vielleicht aber die affektive Erkenntnis, daß wir, wenn wir sie brauchen, auch schon verloren sind.

(SZ, 3. 10. 81)

O Himmel!

Zu einigen Wörtern bei Kleist

»Der zerbrochne Krug«

Nein, alles ist zerscherbt. Auch Adams Seele, auch Lichts Integrität, die Freundschaft zwischen diesen zwei »Gevattersleuten«, und Walters Deichsel ist in einem Hohlweg zwischen Holla und Huisum gebrochen, der Mann ist in der Gefahr, an seiner Aufgabe als Revisor zu zerbrechen, denn ein Gott, der Wahrheit spendet, ist er nicht. Und Evens guter Ruf scheint zerbrochen und die Hochzeit mit Ruprecht in Scherben und dessen reiner Sinn zerstört. Es ist Winter, auch in den Figuren, Schnee legt sich auf die Seelen. Ist nicht in allen auch eine Ahnung, daß sie nicht finden werden, was sie suchen?

Vor lauter Anstrengung sind auch die Köpfe, die Schädel, zerbrochen und mit ihnen die Sprache, worauf schon die etymologische Verwandtschaft der Wörter Krug und Kopf, Gefäß und Schädel deutet. Ein Stück voller Un-Heil, das noch im komischen Übel auf eine nur im Tod, in der Flucht, in der Utopie zu rettende Welt verweist. Es ist Gerichtstag heut, und »gestrauchelt« ist nicht nur Adam, sondern mit ihm die Welt.

So sieht es Kleist, und er fügt dem *Ältervater*, dem ersten Menschen eine Verkrüppelung bei, die ihn als den Bösen und den Blinden (Ödipus) zugleich ausweist. Eine Doppel-Metapher, die sich so überanstrengt, daß sie nur in der Komödie eingelöst werden kann. Ist es vielleicht auch so, daß Kleists angstvoller, melancholischer Blick auf eine zerscherbte Welt nur in der Komödie Befriedigung findet – Flucht in eine Gattung, die eben deshalb aber gleichfalls zerbricht?

»Ein Lustspiel«

Es gilt als eines der wenigen deutschen »Lustspiele«: ist es aber nun eine Komödie oder ist es doch eher eine Tragödie? Wir sehen es als beides in einem: als die groteske Verstrickung derer, die Recht suchen, und derer, die es sprechen sollen, in einem Labyrinth des Mißverstehens und Mißtrauens, der Ausflüchte vor der Wahrheit, der verbohrten Suche nach einer Wahrheit, die es »rein« wohl nie geben kann. Nach einer Wahrheit, die »geheim« bleiben will.

Was in jener Nacht, als der Krug in Scherben ging, denn wirklich war zwischen dem Richter Adam und dem Mädchen Eve: wir erfahren es ja nicht, es bleibt ein kleistisches Geheimnis, es läßt sich nicht aussprechen. Ein Augen-Blick mag es gewesen sein, ein Moment des Schreckens vor einer möglichen Liebe (die Namen der Protagonisten deuten ja darauf hin), und der setzt nun ein derart unentwirrbares System von Ehrsuche, Verdrängung, kaschiertem Ehrgeiz und gläubigen Lügen unter Klägern, Beklagten und Richtenden in Gang, daß es einen schwindlig machen könnte. Was Recht und Wahrheit sind, geht darin – je länger sie verfolgt werden desto mehr – verloren.

Da hilft nur wie in der Komödie: ein deus ex machina, der alles aufklärt und jene Wahrheit schafft, der man mißtrauen möchte – denn sie kann nicht die ganze sein.

Und da hilft nur, wie in der Tragödie: die Flucht des stolpernden Helden, die dann wenigstens seine Wahrheit ist. Aber am Ende bleibt der Krug zerbrochen und der Wunsch, es möchten Sitte, Ehre, Recht, Vertrauen ineins fallen, unerfüllt. Und damit die Frage, ob es denn eine Komödie oder eine Tragödie ist, unbeantwortet.

»Ei, seht!«

»Ei«: das erste Wort, das im Stück gesprochen wird, und eine der Lieblingsvokabeln kleistscher Figuren. Ein Ausdruck der Augen. Was Kleists Menschen sehen, bietet sich ihnen zwiedeutig dar und bleibt ihnen verrätselt. Sie schicken ihre Augen auf die Reise, die Wirklichkeit zu prüfen, aber die andern Sinne, die Ohren, der Herzschlag, die Sprechlust widerstreiten den Einsichten des Auges. Weil sie anderes sehen als sie hören, weil ihre Blicke ihnen anderes erzählen als das Gefühl es will und ihr Herzton schneller schlägt als die Augen schauen können, erscheinen sie uns als komisch Gespaltene, vor der Wirklichkeit zweifelnd Scheiternde.

Wenn sie allzu klar sehen, fallen sie in Ohnmacht oder reißen sich in einen »Krieg« hinein, eine aggressive Entladung. Ruprecht, der seinen Augen nicht traut, verschafft sich mühsam Luft, als sie ihn zwingen, ihnen zu glauben, denn in der Widerrede mit ihnen hat er vergessen zu atmen; drauf tritt er eine Tür ein und hätte fast, es wäre ihm recht gewesen, im Affekt den Adam mit der Klinke erschlagen.

Der hatte zuvor, wenn wir Eve glauben, *zwei abgemessene Minuten, starr* sie angesehen: einer der kleistschen Geheimnis-Blicke, von denen wir nicht verraten bekommen, was da gesehen wird. Denn Kleists erotische Phantasie spricht sich nicht aus, er codiert sie in Wörtern, die von der sinnlichen Macht des Sehens mit einer derartigen Andacht sprechen, als hätten alle Figuren Angst, blind zu werden. Und sind sie's doch schon. Die Wut, der Eifer, das Feuer, sehen zu wollen und das Gesehene als »wahr« zu behalten, verletzt ihnen die Augen: Adams heftige Abwehr, als der Schreiber Licht, der nicht ohne Hintersinn so heißt, ihm sagt, sein Auge sei verletzt; sein höhnischer Triumph, daß er dem Ruprecht – wortwörtlich – Sand in die Augen gestreut hat, das mag so sehr ein Indiz für diese Dialektik des Sehens sein, wie Frau Marthens inständig sich verbalisierender Blick auf ein Bild, das nur als Loch noch vorhanden ist, und Brigittens Spurensuche im Schnee, wo aus der Lesart über zwei Füße das Bild des Leibhaftigen entworfen wird.

»Was? – Was?«

Sie hören ja auch nicht richtig. Der höhnisch gemeinten Beobachtung eines der zeitgenössischen Rezensenten des bei der Uraufführung in Weimar durchgefallenen Stückes, es müsse wohl nicht nur unter Blinden, sondern auch unter Tauben spielen, ist kaum zu widersprechen. Sie fragen einander nach, glauben sich verhört zu haben, haben den Inhalt der eben gesprochenen Worte auch überhört – es ist die Anstrengung auch dieses Sinnes, des Hörens, die ihm jenen Erfolg verwehrt, der in einer wirklichkeits-»getreuen« Wahrnehmung bestehen würde.

Deshalb die Hörfehler, die Wahrnehmungstäuschungen, die

Mißverständnisse, von denen die Figuren allesamt befallen scheinen: sie sind so innig auf der Suche nach ihrer je eigenen Wahrheit, sie hören so sehr in sich hinein – wie sollten sie da den anderen zuhören können? Und da ihre Sinne verwirrt, vielmehr monomanisch fixiert sind auf einen Reiseweg ins eigene Innere, haben sie, versteht sich, auch Sprachschwierigkeiten. Sie stottern, sie fallen, da sie nicht zuhören, einander, aber auch, vor lauter Unruhe, sich selber ins Wort. Es wimmelt von Gedankenstrichen, Trägern des Unbewußten, die den Text zerreißen, mit Pausen versetzen und Sätze halb vollendet in der Luft hängenlassen. Kleists beliebtestes Satzzeichen birgt, was seine Figuren nicht sagen wollen, nicht sagen können. Eine Schweigesprache, Chiffren des Verdrängten und Unterdrückten, grundiert den Kleistschen Text, der zwischen Redseligkeit und Stocken, zwischen einer geradezu manischen Beschreibungswut und geheimnisvollem Verdecken schwankt. Sprechen als Abbild der zerrissenen Befindlichkeit von Seelen, ein Schizo-Text.

»Mein Seel«

Das ist natürlich mehr als eine Redensart, sondern wohl zu verstehen als eine Redefigur, mit der sich die Figuren immer wieder dessen zu vergewissern suchen, was in ihnen verstört ist. Ein Beschwörungslaut, der sich immer dann ausspricht, wenn die Unsicherheit einer Figur, Adams vor allem, am größten ist. Der Ruf nach dem, was uns ohnehin nicht sichtbar ist, dessen Ort wir nicht kennen, bezeichnet die Angst, es möchte einem ganz sich entziehen. Seelenlos stünde man dann da, ohne Ich. Mein Seel, sagt Adam, möge gerettet werden, möge sich retten vorm Wahnsinn.

Wir wissen nicht, ob sie's schafft, Kleist läßt auch das ein Geheimnis bleiben. »Seht«, sagt Licht am Fenster, »wie der Richter Adam bergauf, bergab, als flöh er Rad und Galgen, das aufgepflügte Winterfeld durchstampft«, aber Walter schickt aus, ihn wieder zurückzuholen. Adam mag der Anarchist werden, der in ihm lauert, oder morgen liegt er weich zu Bette. Sein Seel mag diesen Widerspruch aushalten, sonst wird er tun, was Richter Pfaul in Holla tat: an einem Dachsparren sich aufhängen.

So ist diese Redefigur auch ein Notruf eines Menschen, dessen Liebebedürftigkeit immer unerwidert bleibt und der in die Not gerät, auch sich selber nur mehr in der Lüge, in der Unterdrückung der eigenen Wahrheit – Verkrüppelung der Seele also – noch lieben zu können; kurz davor, sich den letzten und einzig noch möglichen wahrhaftigen Liebesdienst, den Tod, zu leisten.

»O Himmel!«

sagt Eve, die eine Liebesforderung in sich trägt, welche allerdings wohl nicht auf der Erde, sondern nur in der Ewigkeit zu haben ist. Erlösung. Drauf Ruprecht: »Das dauert mir zu lange.«
Es ist vielleicht doch eine Komödie.

(Programmhefte Deutsches Schauspielhaus Hamburg, 1983)

Ein Bruchstück
Zur Inszenierung von »Der zerbrochne Krug«

1.

Das erste, das uns auffiel, war der Unterton eines geheimen Einverständnisses in der Anfangsszene zwischen Adam und Licht. Beide haben sie ja wohl die Rhein-Inundations-Kollektenkasse gemeinsam veruntreut, der Meister und sein Schüler. Sie haben einander gegenseitig in der Hand, sie sind zum gemeinsamen Vertuschen verpflichtet. Freilich, Adam sagt es, »Ihr wollt auch gern, ich weiß es, Dorfrichter werden . . . Doch heut ist noch nicht die Gelegenheit. Heut laßt Ihr noch den Kelch vorübergehn« (130 ff). Am Ende der ersten Szene verabreden sie sich zu einer fröhlichen Kumpanei. Sie würden auch die Revision ganz unbeschadet überstehen, wäre da nicht der Krug, Marthe Rulls kohlhaasische Rechthaberei, die das Mühlrad der Justiz, zum eigentlichen Widerwillen aller, selbst des Gerichtsrats Walter, in Gang setzt.

Denn Walter, so scheint es, dessen Revisiontätigkeit im Orte

Holla gerade einen Selbstmordversuch provoziert hat – man fand den Richter dort »am Sparren hoch des Daches aufgehangen« (111) –, er scheint nicht unbedingt auf eine Wiederholung eines solchen Vorfalls aus zu sein, vielleicht ist auch ihm selber der Deichselbruch, den Kleist ihm auf dem Weg nach Huisum angehängt hat, als ein böses Omen erschienen. Der ganze Duktus seines Auftrittsmonologs ist von der Bürde jener Verantwortung bestimmt, von der er tags zuvor erst gespürt hat, wie groß sie eigentlich ist. Er entschuldigt sich gleichsam für seinen Auftritt: »Ich meins von Herzen gut, schon wenn ich komme« (296) und gibt so etwas wie eine mildherzige Entwarnung: »Und find ich gleich nicht alles wie es soll, / Ich freue mich, wenn es erträglich ist« (302 f). Auch hat er es, als die ungenaue Kassenführung, mehr gegen seinen Willen, herausgeplappert ist, nicht eilig, der Sache nachzugehn: »Wir nehmen die Registratur, die Kassen, / Nachher, wenn diese Sache abgetan« (361 f). Man hat durchaus den Eindruck, er möchte sich nichts weiter als einen ruhigen Vormittag machen und dann schnell den Ort wieder verlassen; mit einer Probe von Adams Gerichtskunst wäre er zufrieden, daran anschließend vielleicht noch etwas Limburger und ein paar Gläschen Niersteiner; beruhigt, keinen weiteren Schaden angerichtet zu haben, könnte er weiterreisen und einen beruhigenden Bericht nach Utrecht schreiben.

Er tut ja bis zuletzt alles, um den Richter Adam zu decken. Mehrmals legt er ihm Auswege, Ausflüchte juristischer Natur in den Mund, da freilich ist Adam schon so sehr verzweifelt obenauf, daß er seinen eigenen Weg in den Untergang geht, gehen muß, und wohl auch gehen will. Das Tischgespräch bei Käse und Wein erscheint uns nicht nur als ein Versuch Adams, eine Atempause zu gewinnen, sondern ebensosehr einer des Walter, verzweifelt jenen Prozeß abzubremsen, den durchzuführen er gleichzeitig, pflichtgemäß, fordern muß, auf dessen Form er achten muß. Er selber freilich durchbricht sie mit dem nur zu begierig aufgenommenem Angebot einer Unterbrechung, und – wir haben's anhand der kleistschen Regieanweisungen nachgezählt –: beide, Adam und Walter, schütten jeder sieben Gläser Niersteiner in sich hinein, sie haben, beide dem Durst nicht abgeneigt – Walter erzählt (1512) von einer Weinreise, die er vor drei Jahren gemacht –, nur zu lange den ersten Schluck hinausgezögert.

Jetzt sind sie gelockert für die Endrunde: Adam immer mehr in jene Art von Offensive gehend, die sich ihrer Aussichtslosigkeit bewußt ist und weiß, daß Flucht an ihrem Ende stehen wird; Walter entschlossen, die Sache, wo es nur geht, unter den Tisch zu kehren. Adams Terror-Urteil gegen Ruprecht: »Den Hals erkenn ich / Ins Eisen ihm, und weil er ungebührlich / Sich gegen seinen Richter hat betragen, / Schmeiß ich ihn ins vergitterte Gefängnis« (1876 ff) kommentiert er mit einem brutalen »Gut denn. Geschlossen ist die Session« (1884) und vertröstet die Liebenden mit einem kurzangebundenen »Spart eure Sorgen, Kinder« (1882) und der im Angesicht des Eisens und der langen Instanzenwege höhnisch klingenden Vertröstung »Und Ruprecht appelliert an die Instanz zu Utrecht« (1885). Gegen Ruprechts Rage geht er wütend an, er droht ihm mit dem sofortigen Vollzug der von Adam ausgesprochenen Strafe; und den »Berg auf, Berg ab« durchs »aufgepflügte Winterfeld« davonstampfenden Adam befiehlt er, wohl einen Suizid befürchtend, zurückzuholen. »Daß er nicht Übel rettend ärger mache« (1961) sagt er, und es erinnert uns das an seine Antwort auf Adams Frage nach dem Schicksal des Richters Pfaul beim Auftritt des Gerichtsrats: »Verzweiflung hätt den Toren überrascht, / Er hing sich auf?« – Walter: »Und machte Übel ärger« (340 f).

2.

Aber wir haben vorgegriffen. Zurück zum Ausgangspunkt des Stückes. Das zweite, das uns auffiel, nach jener Gevatterschaft zwischen Adam und Licht, in die unsrer Meinung nach der Gerichtsrat sich im Verlauf des Stückes einbindet, war dies: Adam hat ein durchaus klares Bewußtsein für die Erlebnisse der Nacht: »Mein Seel! Es ist kein Grund, warum ein Richter, / Wenn er nicht auf dem Richtstuhl sitzt, / Soll gravitätisch, wie ein Eisbär, sein« (156 f). Daß es sich um eine erotische Eskapade gehandelt hat – warum auch sollte er's an sich vor Licht, der um seine Ausflüge weiß und vermutet, es sei eine Stallmagd gewesen und ein Stallknecht sei dem Adam dazwischengekommen, verschweigen? Es scheint so was zu geben wie ein morgendliches Spiel zwischen den beiden, das wird auch heut von Adam durchgespielt, so hart es ihn auch angekommen sein mag: denn der Besuch bei Eve war freilich ein existentielleres Erlebnis – die Flucht deshalb eine Demütigung, die verdrängt werden muß – als frühere erotische Abenteuer. Von Eve weiß Licht nichts – es ist das einzige, das er nicht weiß, als er seinen Dienst antritt. Denn der Flucht Adams, eines hinkenden Menschen jedenfalls, und wie viele gibt's davon in Huisum?, hat er nächtens, wie wir aus Frau Brigittes Bericht sehr beiläufig erfahren, ja beigewohnt: »Doch der Herr Schreiber Licht«, rutscht es ihr raus, »sind mir ein Zeuge.« Darauf Walter: »Wie? Ihr ein Zeuge?« Darauf Licht: »Gewissermaßen, ja.« Und Walter, pikiert ob der aufdämmernden Erkenntnis, daß dann ja wohl der Schreiber Licht und die Frau Brigitte ein mitternächtliches Rendezvous gehabt haben werden: »Fürwahr, ich weiß nicht –« (1701 f). Natürlich ist Licht den Spuren Adams bereits am Morgen nachgegangen, er wird auch noch einmal jenes »Denkmal« besichtigt haben, das Adam in der unterleibsquälerischen Not seiner Flucht an einen Baum gesetzt hat, wie wir von Frau Brigitte (1771 ff), auch wiederum sehr keusch vom Kleist versteckt, erfahren. Er weiß, daß Adam sich – um es nun einmal gradheraus zu sagen – in der Nacht in die Hosen gemacht hat; das geht aus einer fast unmerkbaren Replik im zweiten Auftritt hervor (171), als Adam – »Was tu ich jetzt? Was laß ich?« –, der ja noch im Hemde ist, ob der Ankündigung des Gerichtsrats in Panik nach seinen Kleidern greift. »Wollt Ihr die Hosen anziehn?« fragt Licht da, »Seid Ihr toll?« – er weiß also um deren Zustand; der Richter, so geht's aus Kleistens Text hervor, zieht sie denn auch nicht an.

Ein tapsiger Bär ist auf Freiersfüßen gewandelt, er hat sich – mit massigem Körper aufragend, stumm, angstvoll, dann bedrängend und einredend, mit sanfter Gewalt, aber auch unendlicher Stille, zart und brutal zugleich – einem jungen Mädchen genähert. Als Ruprecht die Tür eintrat, begann das Abenteuer seiner Flucht, der Schmerz des Scheiterns wohl mehr als die Angst vor der Entdeckung. Daß Adam das Bild des Bären nun

gerade auf den korrekt in seiner Robe waltenden Richter projiziert, anstatt auf sein Erlebnis, das nennt man wohl eine Rück-
Übertragung: die Metapher, die dem Wunsch-Verhalten gemäß
ist, sucht sich ihren Ort bei jenem, dem es entflieht. Oder anders
gesagt: Adam nimmt sich nun auch in der Rolle des Richters als
»Bär« an, er führt seine Geschichte mit Eve halsbrecherisch offen
und öffentlich weiter. Es ist eine mitten im Prozeß ausgetragene
scheiternde Liebesgeschichte von zwei Menschen, die sich – wie
wir allerdings nur im »Variant« erfahren – »zwei abgemessene
Minuten« lang stumm, still, wohl recht beklommen, gegenüber-
gesessen haben. Kann es nicht sein, daß Adams täppisch-bären-
hafte Begier sich darin: in diesem Augenblick, wenn er nur länger
hätte dauern mögen, sich schon erfüllt haben würde?

Was hat er gemacht von Mitternacht bis zum Morgen, als
Licht in die Gerichtsstube kommt? Geschlafen? Es gibt kein Indiz
dafür; es wird nur oft so gespielt, daß er zu Beginn aufwacht und
aus dem Bette steigt. »Er verbindet sich ein Bein«, heißt es aber
bei Kleist, als Licht auftritt, und uns scheint durchaus, daß er dies
zu demonstrativen Zwecken macht: er sucht das Gespräch über
seinen »Fall«, er will das »Straucheln« redend verarbeiten, zu
lange war er in der Nacht allein, vielleicht gar einem Selbstmord
nahe; die merkwürdig zugleich betroffen und zynisch klingende
Reaktion auf den Versuch des Richters Pfaul läßt das vermuten.
Mag auch sein, er ist zwischendurch eingenickt, halb wach, halb
schlafend, da hatte er den Traum vom »ausgehunzten Richter«
(269 ff), sein eigner Hals sei im Eisen, er sähe dem zu und flöhe
gemeinsam mit seinem Spiegelbild; »und mußten in den Fichten
übernachten«. Seinen Fluchtpunkt sieht er jedenfalls sehr früh,
wachträumerisch, vorweg; sei nun die Flucht eine in den Tod
oder – was immer dies Bild besagen will – in die Fichten: es kann
ja auch das der Sarg aus Fichten sein. Kleist hat uns da ein
Sprachrätsel, eines von vielen, hinterlassen. Wir werden es nicht
gültig lösen, Gott sei Dank.

3

Wir haben lange gezögert während der Proben, uns für einen der beiden kleistschen Stückschlüsse zu entscheiden. Immer wieder haben wir mit dem Variant geliebäugelt, um uns dann schließlich auf die Übernahme von 17 Versen zu beschränken. Hinter Vers 1945, an der Stelle von Eves Bericht über Adams Besuch in ihrem Zimmer, haben wir die zwei Verse:

>>So Schändliches, Ihr Herren, von mir fordernd,
Daß es kein Mädchenmund wagt auszusprechen!<<

gestrichen und statt dessen Vers 2204 bis 2220 aus dem Variant eingefügt:

>>*Eve:* Und legt Attest und Dint und Feder auf den Tisch,
Und rückt den Stuhl herbei sich wie zum Schreiben.
Ich denke, setzen wird er sich, doch er,
Er geht und schiebt den Riegel vor die Türe,
Und räuspert sich, und lüftet sich die Weste,
Und nimmt sich die Perücke förmlich ab,
Und hängt, weil der Perückenstock ihm fehlt,
Sie auf den Krug dort, den zum Scheuern ich
Bei mir aufs Wandgesimse hingestellt.
Und da ich frag, was dies auch mir bedeute?
Läßt er am Tisch jetzt auf den Stuhl sich nieder,
Und faßt mich so, bei beiden Händen, seht,
Und sieht mich an.
Frau Marthe: Und sieht –?
Ruprecht: Und sieht dich an –?
Eve: Zwei abgemessene Minuten starr mich an.
Frau Marthe: Und spricht –?
Ruprecht: Spricht nichts –?
Eve: Er, Niederträchtiger, sag ich,
Da er jetzt spricht; was denkt er auch von mir?
Und stoß ihm vor die Brust, daß er euch taumelt –<<

Beschreibung einer Geheimnis-Szene: zwei abgemessene Minuten sieht er starr sie an und hält sie dabei an beiden Händen. Was immer er danach Schändliches zu sprechen angesetzt haben mag – dem geht doch wohl ein innig-stummer Liebesseufzer Adams voraus; das »Schändliche« wird erst ausgesprochen, nachdem das Nicht-Auszusprechende »gesagt« worden ist, mit den Augen gesagt, mit den Augen eines notvoll um Liebe, um die Erwiderung seiner Liebessehnsucht werbenden Mannes. Das wollten wir, um dem Adam ein letztes Mal Gerechtigkeit zu tun, aus dem Variant hinüberretten.

Warum haben wir nicht den ganzen Variant gespielt? Nun, ehrlich gesagt, wir haben uns einerseits irgendwann nicht mehr getraut, die Zeit zum Probieren wurde uns zu knapp, und andrerseits schien es uns, wir hätten aus der immer parallel zu den Proben laufenden Lektüre des Variant doch so vieles indirekt in die Aufführung übertragen, daß ihn zu spielen wohl nicht mehr nötig sei. Das Bewußtsein dessen, was in ihm noch zusätzlich *ent*rätselt und gleich wieder *ver*rätselt wird, hätten wir, so schien uns, mit ins Spiel gebracht.

Heute, aus dem Abstand, will es mir doch bedauerlich erscheinen, daß wir – nachdem sich auch der Versuch, eine Strichfassung des Variant zu versuchen, als eine barbarisch arhythmische Lösung erwies – auf den Versuch verzichtet haben. Haben wir uns von der Rezeptionsgeschichte – dem schmählich scheiternden Uraufführungsversuch – zu sehr einschüchtern lassen? Goethes Scheitern mit dem Stück mag doch tatsächlich damit zu tun gehabt haben, daß er sein Publikum nicht gerade auf eine Kleistsche Ästhetik vorbereitet hatte; daß die Demoiselle Elsermann, die die Eve gab, womöglich tatsächlich dem langen Schlußbericht nicht gewachsen war; daß er die Pause, von der ja nicht einmal erklärt ist, *wo* er sie machte, falsch placiert hatte; daß er das Stück womöglich tatsächlich auf der Spielebene von einigermaßen täppischen Bauern-Menschen, in der Lustspielkonvention also, in welcher man über die niederen Stände lacht, gegeben hat: dann ist es freilich ein ziemlich läppischer Gegenstand. Vielmehr gilt es ja gerade zu zeigen, daß diese Leute, die zweifellos zum Teil Analphabeten sind – Eve, erfahren wir, kann die Order aus Utrecht nicht lesen –, zugleich doch allesamt Kopfgeburten Kleists, Abspaltungen seines eigenen Ichs sind, und insofern natürlich hochneurotische moderne, von den Maladien einer hysterisch sich gestaltenden Zukunftsentwicklung bereits infizierte Wesen; empfindsame, reizbare, mißtrauische, den schnellen Entwicklungen, die sich vor Augen und Ohren anbahnen, eigentlich schon nicht mehr gewachsen – die Übergenauigkeit ihrer Beschreibungsversuche, die manische Sucht, im Wort noch festhalten zu wollen, was längst verstört ist, ist ja das eigentlich und einzig Komische in diesem Stück: ihr wortwörtliches Scheitern.

Der Versuch, den Variant einmal komplett zu spielen, würde vielleicht radikal deutlich machen, wie sehr die Eve die heimliche Hauptfigur des Stückes ist – eine Mädchengestalt, über die wir, weil sie so lange nichts sagen kann, und dann auch nichts sagen will, um schließlich aus sich herauszureden, nichts erfahren, was sie uns begreifbar machte. Mit jeder Zeile, die sie sagt, entzieht sie sich ja auch wieder. »Es ist des Himmels wunderbare Fügung«, sagt sie, »die mir den Mund in dieser Sache schließt.« Und als sie im Variant die »Geheimnisse, die nicht mein Eigentum« dennoch auszusprechen versucht, werden wir immer wieder nur – wie in den von uns gespielten 17 Versen – auf etwas Unaussprechbares verwiesen.

So bleibt letztlich auch unklar, wer den Krug nun tatsächlich zerscherbt hat: War's Adam, als er fliehend nach der Perücke griff? War's Eve, die ihn stieß und Taumeln machte? War's, als Ruprecht die Tür eindonnerte? Oder könnte es nicht sein, daß es *der Krug selber* war: daß er fiel, als die Spannung jener zwei abgemessenen Minuten ein stummes Beben im Zimmer hervorrief? Das möchte denn wohl ein kleistischer Augenblick gewesen sein. Ich bin jedenfalls geneigt, mir eher eine solche Spekulation vor Augen zu halten, als mich einer logischen Erklärung anzuvertrauen.

Eves Geheimnis ist ja im Grunde schrecklich einfach, ihre Einsamkeit im Stück deshalb leicht erklärbar: sie ist, das sagt sie ja, mit dem Himmel im Bunde, ihre Liebe gehört ihr allein – das wird ihr durch den in beiden Fällen radikalen Verfügungs-Anspruch der Männer Adam und Ruprecht, in der Nacht vorher und nun am Gerichtstag, entsetzend klar. Die hochzeitliche Erlösung, die dem Käthchen aufgedrückt wird, steht ihr kaum bevor, zu sehr ist während der Verhandlung der Bazillus der

Verstörung auch in ihr Verhältnis zu Ruprecht eingedrungen. Sie ist am Ende allen entfremdet: auch ihrer Mutter, dieser Egomanin, da hat wohl an diesem Tag Gericht auch über die Beziehung zwischen Mutter und Tochter stattgefunden. Und ihr Verhältnis zur staatlichen Sittlichkeit scheint ebenfalls gründlich demoliert; nur mit einer Art Wette kann Walter sie noch überzeugen, daß die Truppen nicht nach Bantam geschickt werden, sondern im Landesinnern bleiben werden. Sie bezweifelt für einen Moment sogar die Echtheit jenes Geldes, das Walter ihr, um sie zu beruhigen, in die Hand drückt, so sehr ist sie vom »bösen Mißtraun« (2363) angesteckt. Glauben wir dem glücklichen Einverständnis, dem Kuß, den Walter ihr zur Besiegelung der Wahrheit und des Einvernehmens anträgt, noch? Das Happyend, das die Gattung ja fordert, wirkt im Variant wie die Vergewaltigung, die vorübergehende Einvernahme einer durch die Anstrengung ihres Berichts – durch den Versuch, sich selbst noch einmal jener Rationalität zu vergewissern, die nicht mehr möglich ist – Benommenen, Betäubten.

Was wird geschehen, wenn dieses einsame Mädchen wieder zu sich kommt; und was, wenn Adam im Laufen und Stolpern irgendwann innehält?

Es kann eben weder eine Tragödie sein, noch eine Komödie, was uns mit solchen Fragen zurückläßt. Die Gattungen selber sind zerbrochen.

(Beitrag zur Tagung der Kleist-Gesellschaft, November 1983)

Die Räuber, ein Todestraum

Notizen zum Stück

»Leben ist Tod, und Tod ist auch ein Leben«
(Hölderlin, In lieblicher Bläue)

I.

»Meinem Prinzipal dem Tod zugeschrieben«, steht als Zueignung über Schillers erster Gedichtanthologie, und dieser für einen grad Zwanzigjährigen so kühne wie anmaßende Satz könnte auch über den »Räubern« stehen.

Die Figuren sind – nicht nur im Moorschen Schloß, sondern auch wenn wir uns vorgeblich im Walde befinden – in ein Totenhaus gesperrt, Gefängnis ihrer Obsessionen, Kerker ihres Haders mit Gott. Der Turm und der Galgen sind zwei der zentralen Metaphern des Stückes. Ort lebendigen Begrabenseins und Richtstätte. Mehrere Figuren bringen sich um, einige wollen es und schaffen es nicht, man träumt sich und den anderen in den Himmel oder bringt einander zu Tode; Amalia, der alte Moor, auch Franz, sie fallen in Ohnmacht und sind derart schon vor dem Tod für eine Zeit aus dem Leben heraus; sie arbeiten dann wohl an ihren Todesträumen.

Wenn man in Schillers Biographie die Berichte über seine anatomischen Studien liest, über seine medizinische Leidenschaft, den menschlichen Körper auseinanderzunehmen, um ihn zu erkennen – dann wundert man sich nicht: Er wollte den Menschen von innen heraus studieren, das Pulsieren und Funktionieren des Körpers wie dessen Zerfall »erkennen«; was Gott gebaut hat, das muß, will man es verstehen, notwendig noch einmal zerstört, zerlegt, zerschnitten werden. Und dennoch kommt man an die Seele nicht heran, ihr Aufenthaltsort kann nicht fixiert werden, sie entzieht sich dem Begreifen – man muß sie deshalb mit der eigenen »besetzen«. Immer wieder gibt es diesen Vorgang in den »Räubern«: Übertragung des eigenen Seelenbildes auf einen Partner, Hypnose gleichsam, Verführungs-Modelle.

Sie sind fast immer als eine unauflösbare Mischung aus erotischer und geistiger Projektion angelegt. Zuerst verführt Franz – in einem allerletzten, unbewußten Werben um dessen Liebe – den Vater. Dann versucht Spiegelberg den Karl zu verführen, danach die Studenten, wenig später überrollt Karl alle Freunde: seinem Menschenhaß gibt er ein jähes Programm – Räuber und Mörder! Und weiter: Franz verleitet Hermann zu einem phantastischen Theater-Spiel vorm alten Moor und vor Amalia, das nur deshalb funktionieren kann, weil diese beiden sich soeben gegenseitig blind für die Wirklichkeit geträumt haben. Auch damit nicht genug, die Verführungskämpfe ziehen sich durchs ganze Stück: Spiegelberg »versucht« den Razmann, Karl im zweiten Akt die ganze Bande, bevor er dann sein Spiegelbild Kosinsky narzißtisch an sich bindet. Was zwischen ihm und Amalia nach seiner Rückkehr ins Schloß sich abspielt, ist ohnehin hochgradiges Psycho-Spiel: er will sie sehen, aber nicht erkennen; sie erkennt in ihm den Seelenspiegel seiner selbst, wird von diesem fast verführt. Beim Stande dieser Pathologie wird Franzens Versuch, den Diener Daniel zum Mord zu pressen, beinah rührend trivial.

Es sind lauter Seelen-Kriege zwischen Leuten, die einander lieben könnten, verzeihen und verstehen könnten, Freunde sein möchten – und dieser Sehnsucht, dieser inständig geahnten Notwendigkeit nicht gewachsen sind, weil sie alle mit einer Ausschließlichkeit und Wollust auf sich selbst beharren, die es ihnen verbietet, zu jenen Paaren sich zu ordnen, die zu sein sie träumen. Klarheit stellt nur im theologischen Disput sich her: so sind die »reinsten« Konfigurationen die beiden Szenen zwischen Karl und dem Pater bzw. Franz und Pastor Moser. Wo die Seele mit Gott im Streit liegt – sei es monologisch oder in der Konfrontation mit seinen Stellvertretern – kommen die zentralen Figuren des Stückes ganz zu sich. Erst die irdische Liebe, erst die Arbeit an der Tatsache, daß Gott auch der Frau eine Seele eingehaucht hat, macht die Lage so konfus, legt alles aufs Scheitern an. Die Sünde scheint ewig nicht nur an Vatermord und Brudermord gekettet – wie Moser sagt –, sondern auch an die Existenz der Frau.

Da bürdet Schiller der einzigen Frau im Stück eine riesige Last
auf: die Bürde, gegen all die Männerfreundschaften eine fatal-
schöne Liebe zu vertreten, die er, Schiller, selber nur als im
Himmel oder in der Hölle, von einer Nonne oder einer Metze
realisiert, für möglich hält. Man mag das heute fix als eine
chauvinistische Haltung bezeichnen; wie sehr aber ist sie Teil
eines unbewußten Haderns der Brüder mit einem Gott, der es
zugelassen hat, daß der Frau, die er doch »gewollt« haben muß,
auf Erden diese Rolle übertragen worden ist?

Wenn Karl die Amalia tötet, schafft er nicht nur sich, sondern
auch ihr dieses Problem vom Hals. Und wenn sie – in Schillers
Mannheimer Fassung – sich selber tötet, schafft sie es ihm, aber
natürlich auch sich selbst vom Hals. Nun sind sie quitt: sie ist dort,
wo sie immer hin wollte, in einem Himmel, der die Rollen zwischen Mann und Frau noch einmal neu, paradiesisch, verteilt.
Wenn das aber nurmehr im Tode noch möglich ist – dann muß
man eben dorthin. Eine eigentlich heitere Erkenntnis. Der böse
Witz, den Schiller sich ausgedacht hat, besteht aber wohl darin,
daß sich droben zunächst nur wieder Franz und Amalia und der
Vater treffen. Karl geht – ein Mensch, der zum Fliehen so sehr geboren ist wie zur blinden Attacke – in ein anderes Gefängnis. Konsequent waren und gestorben sind die, die sich schon auf Erden, im
Schloß, im Turm gequält haben; wie Gott sie empfängt, werden sie
sehen. Der sich dieser Qual entzog, weil er die insgeheime Atri-
den-Tragödie, die Schiller vor Augen hat, nicht mitspielen wollte,
Karl, stellt sich denen, die er vorgab, auf Erden bekämpfen zu
müssen. Beruhte denn seine Motivation auf einer andern Liebe als
der zu sich selbst? Bleibt er nicht deshalb, gleichsam schmählich,
am Ende am Leben? (Schiller hat sich ja auch noch eine Fortsetzung ausgedacht, in der er zum Familienvater avanciert.)

Schiller war sich über die Gattungsbezeichnung, die er den
»Räubern« geben sollte, nicht einig: War es ein Trauerspiel oder

ein Schauspiel? Aber ist die Zerrissenheit des Stückes nicht eher noch größer – zeigt es nicht auch durchaus groteske Züge, bizarre Verstellungsszenen und solche, die nur als Szenen des Wünschens, der Traumprojektion verstehbar sind? Sind Hermann und Kosinsky real existierende Figuren oder sind sie Doubles der beiden Protagonisten? Beide Paare hecken, bösen Buben nicht ungleich, je einen Verstellungsplan aus, ein Verkleidungs- und Theaterspiel (vorm alten Moor bzw. vor Amalia), das schlimme Folgen haben wird. Die Tragödie entzündet sich am Übermut, an gottlosem Spiel. Vielleicht ist sie auch eine Groteske?

5.

Das Drama der nationalen Erhebung, des Freiheitskampfes kann es nicht sein. Ein ganz diffuses, unpolitisches, von der eignen Karriere und den eigenen Ängsten beflügeltes Verhältnis zu einer ihre Form suchenden Nation bestimmt jenen Teil des Stückes, der seinen angeblichen gesellschaftlichen Impetus ausmacht. Wie merkwürdig, oder wie bezeichnend, daß doch der Jude Spiegelberg, den Schiller womöglich eher auch als zwielichtige »Theaterfarbe« ins Spiel bringen wollte, die konkretesten politischen Aussagen macht . . .

Man muß das nur bemerken, man wird es nicht kritisch gegen Schiller ausspielen wollen. Unbestreitbar war ja die Möglichkeit, in Teutschland zu einer Veränderung der feudalistischen Zustände, die in den »Räubern« immer wieder, aber nebenbei kritisiert werden, zu kommen, nur als idealistische oder zynische, jedenfalls private Ablösung von den Vätern oder als Brigantentum realisierbar. Schiller verflicht das ineins und führt gleichzeitig die höhere Instanz ein, weil er wohl keine andere Möglichkeit des Diskurses in diesem Lande sieht als eine, die an Gott, also an seiner letztlichen Verfügungsgewalt über das Leben, also am »Staub« sich ausrichtet; die das Jüngste Gericht träumt – wie Franz – oder es – wie Karl – in der Wirklichkeit herbeischießt. Deutsche Selbstvernichtungslust: Daran hat sich wohl nicht so sehr viel geändert.

Wie sagte Jürgen Fehling 1960 im Deutschen Schauspielhaus

an seinem 75. Geburtstag? »Alles Theater deutscher Zunge und deutschen Wetters, ob Posse oder Tragödie, ist in Wirklichkeit Totentanz.«

(Programmhefte Deutsches Schauspielhaus Hamburg, 1983)

Entsetzliche Freiheit, Kabale und Liebe
Eine Rede über Schiller

1.

Auf einer Photomontage von John Heartfield zu Schillers 175. Geburtstag im Jahre 1934 ist eins jener idealisierenden Gemälde zu sehen, die den Dichter in edler, leicht elegischer Pose zeigen, den Blick nach innen gerichtet, dem Tagesstreit der Welt wie entrückt, die Linke entspannt über der Lehne des Sessels herabhängend, die Rechte sanft, wie um das eigene Herz zu streicheln, unters Revers geschoben. Und dennoch blickt ihn – auf dieser Montage – der Reichsinnenminister Dr. Frick, das Inbild eines kahlgeschorenen, specknackigen Deutschen, sein Parteiabzeichen am Revers, streng und kritisch an, und Heartfield hat ihm den Text in den Mund gelegt: »Was hat der Kerl geschrieben? ›Eine Grenze hat Tyrannenmacht!‹ Den hätte ich glatt ausgebürgert.«

Bissiger kann man das Verhältnis der Deutschen zu einem ihrer vaterländischen Dichter nicht ins Bild setzen: Immer wieder nehmen sie ihn für all das in Anspruch, was sie zu leisten nicht imstande sind. Nicht nur die Nationalsozialisten, die haben den Schwindel, den Selbstbetrug mit Schiller nur bis zur Tollheit getrieben, auch die Vorlebenden haben ihr und wir Nachlebenden haben unser Verhältnis zur »Grenze« ja nicht klären können. *Er* hat sich wundgerieben daran: in den »Räubern« etwa taucht die »Grenze« als entscheidende Metapher gleich in der Ortsanweisung zur zweiten Szene auf. Die in einer Grenzsituation ihres Lebens zusammengescharten Studenten, von jenen Bürgern, die wenig später den Schiller als »ihren« Dichter vereinnahmen werden, bereits ausgegrenzt, verharren noch in einer Schenke an der Landesgrenze. Als sie sich zusammenrotten, um sie zu übertreten, entscheiden sie sich, unfähig eine andere zu definieren, zur Freiheit von Banditen und Mördern. Einer der Banditen und Mörder von 1934, einer aus dem Syndikat des Arturo Ui, der Reichsminister Dr. Goebbels, sagt am 10. November des Jahres, beim Festakt in Weimar, über den Dichter, der diesen Konflikt höllentief aufgerissen hat:

»Er war einer der unseren. Blut von unserem Blut und Fleisch von unserem Fleisch. Solange der große Atem revolutionärer Umwälzungen die Menschheit durchwehen wird, solange wird sein Name mit Ehrfurcht und Dankbarkeit genannt werden . . . Er war und blieb der große und unerreichte Vertreter des deutschen Idealismus, der bewundernswerte Gestalter deutscher Kraft und dichterischer Gnade . . . In strahlender Reinheit soll er vor dem neuen Deutschland aufs neue erstehen: für alle Zeiten der Dichter der deutschen Revolution.«

Heartfields Montage macht, aber schon ohnmächtig, auf die Schamlosigkeit einer solchen Aneignung des Idealismus durch dessen Bankrotteure ironisch aufmerksam, aber an der Tatsache, daß im Deutschland Schillers der Riß eben mitten *durch* den Idealismus hindurchgeht, ja –: daß er nichts weiter ist als die Verklärung einer »Grenze«, über die keiner unbeschadet hinüberkommt und innerhalb der man zweifellos nicht wohlbehütet und rein wohnt, scheitert auch seine, Heartfields Karikatur. Noch in der Kritik an der Vergewaltigung Schillers durch die Räuberbande der Nazis, nämlich indem er ihnen ins Maul legt, was sie doch *eigentlich* über ihn formulieren mußten, steckt ein Element jener idealistischen Selbsttäuschung, die eine Sache für rein hält, wenn sie die nur rein genug denkt.

Indem er den Schillerschen Satz, eine Grenze habe Tyrannenmacht, gegen den politischen Gegner wendet, tut er im Prinzip nichts anderes als die nationalsozialistische Propagandamaschine: Er kleistert den Riß, der durch Schillers Werk, durch diesen selbst geht, für in diesem Falle zwar verteufelt ehrenwerte, aber für Zwecke zu, die von Schillers zwiespältigen Haltungen nicht durchaus gedeckt sind. Denn wenn man ihn genau liest, dann stößt man in Schillers Arbeiten immer wieder auch auf untergründige Affinitäten zu jenen Machtlüsten und jenen Machtweisheiten, die dem Tyrannen *beide* zu einer jeweils von ihm zu entwerfenden sittlichen Balance anheimgegeben sind. Der König Philip ist die Inkarnation dieses Konflikts, der tragisch müde Super-Vater gleich mehrerer Völker, und wenn einer Schillers gar nicht so heimliche Bewunderung für diesen König aus dem Stück »Don Carlos« herauslesen sollte, dann käme ihm doch der Seufzer eines Publikums im Berliner Staatstheater gegen Kriegsende – oder war es ein spontaner Beifall? – auf die Worte: »Geben Sie Gedankenfreiheit, Sire!« so anrührend wie grotesk vor.

Denn er ist eben nicht »unser«, er wohnt inmitten des Scheiterns; inmitten des Unlösbaren und des Ungelösten – deshalb ist so oft von *Erlösung* die Rede in seinen Stücken. Wann denn schlägt er sich je auf eine der Fronten? Er haust, höchste dramatische Gerechtigkeit, in der Königin Maria so sehr wie in der Elisabeth. Er liebt sie einfach alle beide, so aussichtslos verstrickt in sie wie Leicester, der am Ende – gepeinigt von einem Konflikt, den er nicht lösen konnte – selber eine Grenze übertritt: »Er ist zu Schiff nach Frankreich.« Auch die Flüchtlinge vor sich selbst, sie übertreten die »Grenze« in Schillers Dramen: sie gehen ins Ausland wie Graf Leicester oder die Lady Milford und in den Limonaden-Tod oder in den eigenen Dolchstoß wie Ferdinand und Mortimer. Oder sie würgen sich – ein medizinisches Phänomen, das es sehr wohl gibt und das der Mediziner Schiller natürlich kannte – höchstselbst zu Tode, die Verstrickung auf die Spitze treibend wie Franz Moor. Im Erfinden der Todesarten, die einen über die Grenze führen, ist der Dichter ohne Zweifel sehr subtil. Allein in den »Räubern« gibt es drei ausgeführte und mehrere ausgedachte Selbstmorde, von diesen wiederum drei – dann allerdings sich nicht ins Licht der Schwärze getrauende – von Karl Moor. Eine am Personenzettel gemessen erstaunliche Quote von Tod und Todesgedanken.

»Der Tod ist ein Meister in Deutschland«: dieser Satz ist zwar erst nach dem letzten der großen Kriege formuliert worden, von Paul Celan, aber er könnte gut auch von Schiller stammen, der sich bei genauerer Lektüre seiner Stücke doch eher als ein deutscher Untergangsdichter denn als ein deutscher Freiheitsdichter erweist. Er hat die Wahrheit vorgeahnt, daß der Weg vom Böhmerwald der Räuber zu den Vernichtungslagern so sehr weit gar nicht sein würde. Er hat gewußt, daß es die vater-losen Gesellen sind, die sich als erste ein falschverstandenes Vater-Land zusammenkrampfen, herbeidiktieren und notfalls herbeischießen.

Das ist ja das Geniale an jenem Figuren-Entwurf, der Schiller mit dem Karl Moor gelungen ist: er ist infiziert mit allen Gefährdungen eines Vaterlosen und er ist entzündet von allen Sehnsüchten eines Vaterlandslosen. Er wird fast zerrissen, fast verrückt in dem daraus sich auftürmenden Konflikt: einerseits geneigt, zu behaupten, daß dort, wo einer sich machtvoll und sei es nötigenfalls verbrecherisch hinstellt, auch das sittliche Zuhause sei, weiß er andererseits, daß eine solche zwanghafte Behauptung von Heimat sich nur aufrechterhalten läßt um den Preis einer Zerstörung der eigenen Identität, einer Flucht in keinen Ort, in nichts als den Wahn. Doch über die Grenze, die er einmal übertreten hat, kommt einer nur »verkleidet« wieder zurück. Schiller ist da mit den Szenen eines Kleidertausches unter zwei Grenzgängern, Karl und Kosinsky, eine so schlichte wie wahrhaftige Metapher gelungen, daß man sich wundert, warum der Kosinsky in so vielen Aufführungen gestrichen wird.

Freilich, immer wieder ist zu beobachten, daß die Figuren, die Schiller damit beauftragte, herauszufinden, welches denn der gesellschaftliche Wohnort des Menschen noch sei in einer Zeit der aufdämmernden industriellen und der real guillotinierenden politischen Revolutionen, an diesem Auftrag scheitern. Sie können ihn paradoxerweise schon deshalb nicht ausführen, weil dieser zerrissene Teutsche Schiller ja wiederum *mitten in ihnen* wohnt, unterkriechend im Leib seiner Figuren mit seinen eigenen Ängsten und seinen Utopien zugleich. Sie scheinen ihm, dem von

Vater und Fürst Domestizierten, so etwas wie der fehlende Mutterschoß zu sein, er versteckt sich in ihnen, und mag sein, daß ihnen deshalb oft auch etwas Kindlich-Naives, um nicht zu sagen: Infantiles anhaftet.

Wenn die Figuren, die er auf die Reise zu einer politischen Erkundung geschickt hat, zurückkehren, stehen sie, was den Gewinn an verwertbaren politischen Einsichten anbetrifft, mit leeren Händen da. Aber sie haben sowas wie einen Psycho-Trip gemacht, und vielleicht, wer weiß es, wollte der Dichter, der sich an den verfaulenden Äpfeln in seiner Schublade betäubte, mit ihnen auch gar nicht höher hinaus?

3.

Denn die Freiheit findet nur in den »Romanenköpfen« statt, sie ist ein Phänomen der Literatur. Was Ferdinand oder Karl Moor sich darunter vorstellen, nährt sich weniger in ihren freiheitsgeschwellten Busen als aus den Büchern, die sie unterm Rock versteckt mit sich herumtragen. Wie auch anders? Die Freiheitsvorstellung der schillerschen Jugendhelden sowie auch seine eigene zur Zeit, da er diese Figuren entwarf, kann nur eine surreale sein: von keiner Realität gefährdetes oder getrübtes Traum-Spiel, das mit dem Doppel-Tod der Liebenden sein pathetisches Finale findet. Schnöder gesagt, und genauer: zuerst bringt der teutsche Jüngling, wenn seine literarische Phantasie sich im politischen Niemandsland der deutschen Provinz wundgescheuert hat, die Geliebte um, danach sich selbst (Karl, sich der Justiz stellend, liefert nur jene wehmütige Variante darauf, die man von *ihm* erwarten durfte: zu morden ist er fähig, aber nicht sich selbst).

Aber noch einmal gefragt: wie auch anders? Der junge Schiller konnte seine eignen, höchst unklaren, zunächst an den Ausschweifungen und Bigotterien der Herrschenden sich entzündenden politischen Phantasien an keiner real existierenden politischen Bewegung festmachen; ihm blieb das Nächstliegende: sie in Vater-Konflikten auszuagieren. Beide Stücke, »Kabale und Liebe« wie »Die Räuber«, sind deshalb eigentümlich verkappte Ödipus-Dramen.

Ferdinand zückt immerhin den Degen gegen den Präsidenten, aber die Tat bleibt begrenzt auf die Geste: den Traum von einer Tat. Stäche er zu, bliebe es dennoch eine private Entgleisung, sie wüchse nicht zur politischen Tat. Ferdinand scheint das zu erkennen, wenn er sich resignierend entwaffnen läßt. Freilich ist er unfähig, daraus rationale Schlüsse zu ziehen: er hinterläßt dem Vater trotzköpfig und verblendet von der Größe jenes Liebesgebäudes, das er sich aufgerichtet hat – es ist so groß, daß er darin die Geliebte aus den Augen verliert –, er hinterläßt ihm: nichts als verbrannte Erde. Ein sinnloses Fanal, es wird niemanden entflammen. Groteske Verzerrung des ödipalen Konflikts: die verdeckte »Jokaste« des Stückes – Lady Milford, in Schillers ausschweifender Phantasie Mutter- und Hurenfigur zugleich –, sie ist, nachdem Ferdinand sich an sie nicht rangetraut hat, bei Nacht und Nebel über die Grenze gegangen: in diesem Deutschland werden die gesellschaftlichen Konflikte schon deshalb nicht gelöst werden, weil die ödipalen so ängstlich angegangen werden. Für eine wahrhaft irdische Liebe, eine, die sich nicht wie Ferdinands und Luisens lieber gleich im Himmel realisieren möchte, ist da eben auch kein Platz.

4.

Schiller, heißt es immer wieder, habe keine Frauen entwerfen können, sie blieben Kunstprodukte, und gemeint sind dann solche wie die Milford, Amalia oder die Eboli. Da hat sich der Schreck, der die schillerschen Jünglinge vor diesen Frauen erfaßt, zu einem Kunsturteil rationalisiert, das nur von solchen Kritikern stammen kann, die selber vom Geheimnis dieser Frauen irritierbar sind: »Erotische Subversion« würde ich es gerne nennen; es ist das genau jene Kraft, die den schillerschen Männern fehlt. Die reden immer nur vom Riesenwerk ihrer Liebe, aber sie kommen nicht zu ihr; sie bleiben Selbstdarsteller ihrer Gefühle: der Höhenflug ihrer Liebeserklärungen dient wohl auch dazu, die Liebe von irdischer Erfüllung möglichst lange fernzuhalten – insofern kommt einem ein Vater, der Einspruch gegen die Liebe erhebt, gerade recht. Der Vollzug der Liebe wird so sehr weggeträumt wie der einer politischen Aktion: in der angstvollen unbewußten Erkenntnis, daß beidem ja die Basis fehlt. Die Himmelsphantasien sind ein Ersatz für sexuelle Handlungen, die Freiheitsträumereien einer für politische.

In den Frauen aber hat Schiller – oder es hat *sich*, ohne sein bewußtes Zutun, gleichviel – eine emanzipatorische Kraft versteckt, die nur deshalb nicht zur tatsächlichen Entfaltung kommen kann, weil die Rollen-Verteilung der Dramen der gesellschaftlich herrschenden folgt. Schiller überlistet das Schema ein wenig, ohne es natürlich sprengen zu können. Das gelingt ihm erst mit der Erfindung einer Konstellation zwischen zwei Königinnen: Maria und Elisabeth. Da endlich sind die Frauen frei von den Selbstvernichtungsgelüsten der Männer – denn nun regieren *sie* über sie –, und frei von jenem Todestrieb, der aus der Angst vor Vereinigung zu sprießen scheint, weil er sich denn diese immer nur im Untergang wünschen kann, im Tode, im Himmel: der Akt gemeinsamen Sterbens als jenes erotische Ereignis, vor dem man *keine* Angst haben muß.

5.

Verzage nicht, versteige dich. Je schlimmer eine Sache wird, desto besser kann sie auch gelingen.

Wenn man Schillers Regie-Vorschläge, die ja allein ihrer Ausführlichkeit wegen ein nicht einfach zu leugnender Bestandteil der Stücke sind, aufmerksam liest, dann laufen sie immer wieder auf solche Anforderungen an die Figuren und die Situationen hinaus. Es sind nicht Posen: es sind ohnmächtige »deutsche« Gesten. Vaterlandslose Sprache, vaterlandsloser Gestus: eine Heimat kann nur im eigenen Körper aufzufinden sein, im Sprachkörper und im sich selbst vernichtenden Körper, im Sprechen, das sich versteigt, das es riskiert, zu zerbersten und deshalb wieder »infantil« zu erscheinen; in Haltungen, die es riskieren, neurotisch zu erscheinen: Ausdruck eines hysterisierten Körpers, für den Schiller ganz einfach das Wort »in Wallung« gebraucht hat.

Einer »ermannt« sich –: auch so ein Lieblingswort Schillers,

Ausdruck seiner ahnungsvollen Erkenntnis, daß es bis dahin, daß Männer es tun, noch ein weiter Weg sein mag. Wenn die Räuber dem Karl Moor zurufen: »Ermanne dich«, dann klagen sie – und der Lacher im Publikum ist der traurige Beweis darauf – eben genau das Gegenteil dessen ein, worum der Ohnmächtige ringt: sie halten nur die gesellschaftliche Verabredung fest, was ein Mann in einer bestimmten Situation zu sein hat. Karl erfüllt das nicht. Nur darin besteht seine Größe. Er versucht, die männliche Rolle *neu zu definieren*, nicht mehr und nicht weniger. Er »ermannt« sich ja schon zwei Akte lang, eh sie's ihm zurufen –: genau deshalb gerät er in den Konflikt, nicht eigentlich mehr ihr Hauptmann, sondern nurmehr er selbst sein zu können.

»Entsetzliche Freiheit«: die er sich genommen hat, treibt ihn erbarmungslos in sich selbst hinein. Wer bin ich noch, wenn ich doch der Freiheitskämpfer, den ich ihnen versprochen habe, weder aus objektiven noch aus subjektiven Gründen sein kann? Räuber, Mörder, Liebender, Sohn? Ein schizophren Zerrissener, dem der Auftritt eines Bruders im Geiste, Kosinsky, vorübergehende psychische Stabilisierung garantiert. Muß einer denn so viele Rollen spielen müssen? Das ist ja wohl Moors Frage, ehe er sich am Ende der Justiz überantwortet. Schiller trägt da den Konflikt nicht zu Ende, er bricht ihn resignativ ab, wohl weil er keine Lösung weiß, weil er mit dem Stück »Die Räuber« so sehr gescheitert ist wie Karl Moor in ihm. Aber was macht das schon? Dieser Mann und der Dichter mit ihm, sie haben im Gedanken-Flug eine Revolution durchgemacht, mehr war nicht möglich. Daß da keine Guillotine bereitsteht, wie in »Dantons Tod«, ist nicht Schillers Schuld, allenfalls ein Versäumnis der Deutschen. Und so gesehen sind »Die Räuber« bereits ein post-revolutionäres Stück: Artauds Theaterphantasien, die ja auch solche des Sich-Ermannens sind, lassen schon grüßen.

Schiller muß davon etwas geahnt haben, akzeptieren durfte er es nicht. Wenn deshalb seine Helden am Ende sich eher *ent*mannen – sich selbstmorden, kapitulieren, totträumen –, dann ist das Ausdruck seiner Ohnmacht vor einem historischen Phänomen, das er heraufdämmern sah, aber noch nicht anders als auf dem Theater, mit Theatereffekten zu reflektieren wußte.

In einer Anmerkung zu »Kabale und Liebe« hat er einmal von seiner Lust am »Gothischen« gesprochen – was, in unsere Begriffswelt übersetzt, heißen soll, von seiner Vorliebe am Grotesken, Absurden, an den verzweifelt-komischen Widersprüchen. Hat er also nicht insgeheim gewußt, mit welchem Risiko er selber und seine teutschen Jünglinge, von Karlos, über Karl und Ferdinand und Mortimer, da spielen, wenn sie ihre politischen Phantasien in einer ästhetischen Form austragen, in welcher sie als Hirngespinste nur zu schnell ruchbar werden? War sich Schiller des grotesken Elements, das den gläubigen, verzückten, blindseligen Vortragsweisen, in denen sich der Freiheitsgedanke da äußert, nicht auch bewußt? Hat er, Theaterlüstling, der er war, nicht auch mit ihnen gespielt und sie der Wahrheit einer Bühnenprobe unterzogen?

War er vielleicht, gehen wir getrost einen Schritt weiter in unserer Vermutung, der erste Autor, der die bürgerlichen, die doch erst noch zu erringenden Freiheiten gleich schon wieder mit der Lust eines dialektischen Spiels zu Tode grub? Mit derselben Schaufel, die da etwas freilegte, schon auch ein Grab bereitend, in das die auferstehende Freiheit sich wieder hineinlegt – sobald sie's nämlich satt hat, weil sie merkt, daß sie ja doch nur einen falschen Weg gehen kann und deshalb, eine »gothische« Pointe, gut daran tut, sich von sich selbst zu erlösen?

Bezeichnend, daß es immer die Freiheitsdurstigen sind, die sich zu Tode bringen, aber bemerkenswert doch auch, daß sie damit nie ein Fanal setzen, sondern immer nur eine persönliche Karriere zu Ende bringen oder einem psychischen Irrgarten entspringen. Es gelingt ihnen nicht, einen guten Gebrauch von dem zu machen, was sie erträumen. Als wären es erotische Obsessionen, versuchen sie ihr Geträum auf andere zu übertragen, ja sie damit zu vergewaltigen. Im schlimmsten Falle, der heißt Mortimer, geht dem Jüngling die erotische und die politische Phantasterei tatsächlich auch szenisch ineins, wenn er der Maria Stuart seinen politischen Plan gleich auch körperlich aufzuzwingen sucht.

Scheitern die Träume etwa auch deshalb, weil sie von Männern ausagiert werden, die auch Grenzgänger der Erotik sind, dem väterlichen Diktat ausweichend, die versagte mütterliche Liebe im nachhinein erzwingen wollend? In den »Räubern« gibt es einen Augenblick der innigen Übereinstimmung zwischen Amalia und dem alten Moor, der nicht anders zu lesen ist als die Projektion einer schillerschen Sehnsucht: es möchten derart liebend Vater und Mutter gemeinsam an den Sohn gedacht haben. Sie haben's aber in der Wirklichkeit seines Lebens nicht getan, und Schiller arbeitet das auf wiederum groteske, gothische Weise ab: er stellt sich, beziehungsweise seinem Karl, die fehlende Mutter ganz einfach als eine irgendwann ins Haus geschneite Pflegetochter des Vaters vor, als eine Art Ersatz-Schwester also, mit der dann eben doch noch ein Inzest möglich wäre.

Tät er sich nur trauen: man kriegt ja beim Karl Moor nie ganz heraus, warum er denn nun wirklich das Vaterhaus verlassen und die geliebte Amalia jahrelang so sehr verdrängt hat. Es mag wohl auch das eine Flucht gewesen sein; Flucht vorm Vollzug der Liebe? Bei Mortimer äußert die sich in ihrer aggressiven Verkehrung, ein ästhetischer Lebensentwurf schlägt jäh um in heftige unkontrollierte Besitznahme. Ferdinand entzieht sich in eine Vereinigungs-Phantasie, die es auf Erden zu nichts kommen läßt, sich aber alle Optionen des Himmels offenhält. Und Leicester, er windet sich an seinen Liebesängsten vorbei, indem er sich ins politische Intrigengeschäft stürzt.

So sind all diese schillerschen »positiven Helden« – und die Liste ließe sich verlängern – im Grunde anrührende Monster: in allen Künsten der Verdrängung, eines energischen Lebens im Unterbewußtsein, sind sie Meister, und sie bedienen sich dabei mit Lust des Hochflugs der schillerschen Sprache, die wird ihnen zur Droge, welche einen Teil der Phantasien, die ihnen innewohnen, umlenkt auf Ersatzvorstellungen, an denen sich's idealischer sterben läßt. Der Körper dieser Helden, so scheint mir, träumt sich nach innen, er will sich im Grunde nicht offenbaren, er möchte sich verstecken, das Korsett der edlen Haltung kommt ihm grad zupaß dabei.

Doch der Rebellion ist nicht zu entkommen: Schillers Ahnung, daß die historische Stunde der Vervollkommnung menschlicher Individuation in der Gestalt der bürgerlichen zugleich auch ihre letzte sein könnte, schafft einen solchen Rumor in seinen Figuren an, daß sie sich, wie Hasardeure, weidwunde Spieler, theatralische Existenzen anerfinden und sich in Situationen stürzen, die gar nicht exzentrisch genug sein können, um die allfälligen Affekte aus ihnen herauszulocken. Plötzlich stehen sie dann da wie Plünderer ihres Unbewußten, wie auf einer Bühne der eigenen Phantasie leben sie es aus, zuckend, springend, stampfend und, wenn das der Krönung dieses Körper-Spiels dient, im Todesstrick zappelnd, am Gift verröchelnd, mit wüster, selbstverliebter Geste sich erdolchend.

Es erscheint einem das manchmal wie die grinsende Rache der Figuren an ihrem Schöpfer, der sie ins Leben gesetzt hat. Ich glaube, sie trennen sich von dem, was er in ihnen verbergen wollte: sie stülpen es einfach zurück an die Außenwelt, nun geh damit um, Theater! Die närrische Liebe Schillers zum Theater ausbeutend, machen sich seine Figuren ein Fest aus politischem Spuk, bürgerlichen Sehnsüchten, sexuellen Ängsten, indem sie dieser unbewältigten Mischung eine in ihrem Wahn eigentlich »witzige« Sprach- und Körpergestalt geben. Ihr Inbegriff, diejenige Figur, die dem Schiller da am meisten voranläuft, ist Franz Moor, die angebliche Kanaille. Da feiert, mit Sartres Flaubert-Essay zu sprechen, der »Idiot der Familie« seine literarischen Triumphe und streckt seinem geistigen Vater Schiller, der ihn als den »Bösen« zu verleugnen sucht, noch im Würgetod zugleich höhnisch und liebeverlangend die Zunge heraus: Werde doch, sagt er, ein solcher wie ich bin, schwarzer Engel und nicht deutscher Jüngling.

Das Gothische, von dem Schiller sprach, mag wohl darin bestehen, daß der in der Anatomie gründlich ausgebildete und vom zerschneidbaren menschlichen Körper faszinierte Schiller im Franz plötzlich eine Auferstehungs-Marionette sah, die uns vortanzt, ohne es selbst zu wissen, daß es diesen Unterschied gar nicht gibt und daß in seiner Aufhebung, also in Franzens bizarrem Gestus und Denken sich unsere nationale Seele, oder was man das kollektive Unbewußte nennt, entblößt. Der deutsche Jüngling *ist* ein Würgeengel.

(Vortrag zur Eröffnung der Mannheimer Schiller-Woche, Mai 1984)

Goethes Scheitern, unseres?

Zu den Proben von Goethes »Torquato Tasso«

1.

»Der Geist führt einen ewigen Selbstbeweis.« (Novalis)

2.

Am Anfang war das Mißtrauen:

Gegen den Interpretations-Schutt, den germanistischer Eifer im Laufe der Jahrzehnte über ein Stück wie den Torquato Tasso gehäuft hat, dessen eigene Rede-Seligkeit wohl nur zu sehr der Redseligkeit von Meisterdenkern den Anlaß lieferte.

Auch gegen die modellhaften Inszenierungen der letzten Jahre, die Arbeiten von Peter Stein in Bremen 1969 und von Claus Peymann in Bochum 1980, beides radikale Neudeutungen des Stückes, die uns aber – dem Team an den Münchner Kammerspielen – auch als radikale Verengungen des Textes erschienen waren.

Und schließlich gegen Goethe selbst, gegen die makellose Reinheit der Form dieses Stücks, sein Beharren auf architektonischer Symmetrie, Vollendung des Verses und Harmonisierung aller Leidenschaften der Figuren.

Wir verstanden, wie sehr man beim Lesen und Hören eines Frauen-Gesprächs, das der hartnäckige Goethe-Hasser Grabbe einmal bösartig als »Seelengezwitscher« bezeichnet hat, versucht sein mag, diese beiden Leonoren, die da verkleidet und verkleidend sprechen, als unzulänglich befriedigte Hofdamen oder gar als exaltierte Kultur-Huren zu denunzieren; als eher lächerliche Gesellschafts-Hennen, die einen eitlen Kampf um einen ausgebeuteten Dichter führen, dessen Bekränzung mit dem Lorbeer schon Symbol seiner Unterdrückung ist; dem sie seine Erhöhung durch dieses Zeichen nur vorspielen, vorlügen.

Wir verstanden – bei den Leseproben –, wie verführerisch es sein kann, einen solchen kurzgefaßten Blick aufs gegenwärtige Kulturleben, auf die gleisnerische Betriebsamkeit von Leuten, die sich um die Künstler scharen und sie aushalten und korrumpieren, in Goethes Stück zu übertragen und seine Figuren nun auf das Niveau derer, über die wir uns heute ärgern, herunterzuziehen.

Und nachdem wir das verstanden hatten, taten wir alles, um die Verse zunächst dieser ersten Szene des Stückes so *nicht* zu »lesen«, sie nicht von heute aus zu verstehen, sondern aus sich selbst, aus ihrem inneren Antrieb, den musikalischen Reizungen, den Gefühlsschwingungen, die sie heraufriefen – um dann zu beobachten, wohin uns diese Sprache, in welche Empfindungen sie die Figuren führen oder verlocken würde.

3.

Die erste Probenerkenntnis:

Das Stück beginnt, wenn man das Gespräch der beiden Leonoren nicht verscherzt und verspielt, gar nicht so scherzohaft, wie die Überlieferung es will, sondern gleichsam »molto moderato«; der erste Satz von Schuberts b-Dur-Sonate op. posth. kann dann plötzlich als musikalisches Modell dienen, und das was Dieter Schnebel, ihn charakterisierend in einem Aufsatz über Schuberts Spätwerk notiert hat, klingt uns jäh wie eine Regieanweisung zu Goethes Stückanfang entgegen: vom »Protokoll eines dissoziierenden Lebens« ist da die Rede, »welches sich mehr tastend als zugreifend verhält«, innerhalb dessen immer wieder die musikalische Zeit ihren Atem anhalte.

Schon bei den ersten Proben drängt sich den beiden Schauspielerinnen der Prinzessin und der Leonore Sanvitale der Text als ein immer wieder stockender, eher retardierender denn ruhig verweilender oder gar munter dahinfließender auf. Es ist die Situation ja auch keine des Spielens, nicht einmal der Beschaulichkeit, sondern des bedrückenden Wartens, der Resignation eher als der schönen Hoffnung. Von einem Frühling ist die Rede, der zugleich eine Trennung mit sich bringen, den man gemeinsam nicht mehr erleben wird; von einem Glück, welches man nicht selber hat, sondern der jeweils anderen Person zuschreibt; von einem Manne, Tasso, den keine der beiden wird besitzen können.

So ist das unendliche Sprechen darüber Ausdruck – schon in der ersten Szene – jener Vergeblichkeit, die späterhin die Verlaufsform des ganzen Stückes bestimmen wird. Alles liegt bereits im Schatten, wenn es anfängt; gespielt wird nur mehr, daß ein Scherzo nicht länger möglich ist; die Figuren erheben Einspruch gegen den Fluß der Verse, die ihnen der Dichter in den Mund gelegt hat.

Es beginnt ein Kampf um die Sprache:

Die Probierenden fühlen sich zum erstenmal dem Autor ganz nah und ahnen gleichzeitig zum erstenmal, daß sie womöglich auf dem Wege sind, Goethens eigenes »Scheitern« – auf einer anderen Ebene – zu reproduzieren: sie kommen ihm nah, indem sie seinen Harmonisierungs-Traum als eine unendliche Anstrengung zeigen, nicht als verlogen, aber als mißlingend. Denn wenn es so sein sollte, daß Goethe den Figuren jenen intelligenten, scheinbar wendigen Versfluß in den Mund legt, um sie über die Vergeblichkeit ihrer Wünsche hinwegsprechen zu lassen, um der androhenden Vergänglichkeit ein fließendes Maß entgegenzusetzen –: dann ist ihm das zweifellos in mancherlei Beziehung mißlungen.

Es ist ihm in historischer Hinsicht mißlungen: das schöne Modell des Zusammenlebens, das die Figuren im Tasso noch einmal entwerfen, ist von aller Geschichte nach Goethe gräßlich dementiert worden, und Goethe war klug genug und »modern« genug, das vorauszuahnen, auch wenn er es nicht wahrhaben wollte.

Es ist ihm aber auch im Verlauf des Stückes selber mißlungen: die Anstrengung zum Schönen wird widerlegt von der zunehmenden Beschädigung oder Hilflosigkeit der Menschen. Die Konflikte *zwischen* ihnen und *in* ihnen *selber* müßten explodieren, würden sie nicht vom Versmaß gerade noch zusammengehalten. Aber sie sind ja da, unter einer Eisdecke des schönen eloquenten Sprechens, und immer wieder stemmen sich die Schauspieler, wenn sie die Wahrhaftigkeit ihrer Figuren behaupten wollen, gegen diese Eloquenz.

Immer wieder ist es, als setze für Augenblicke das Herz aus, als könne der Satz nicht weitergehen, als weigere sich der Atem, den

Versfluß zu bedienen. Die Schauspieler bemühen sich, die Zeit immer wieder anzuhalten, sie krallen sich an einzelne Wörter, mit Lust zugleich und mit Trauer, denn auch sie stemmen sich – mit ihren Mitteln – gegen jenes Maß an Vergänglichkeit, das Goethe seinem Stück auch mit der betörendsten Zeile nicht austreiben konnte. Die Proben der ersten Wochen sind ein Abbild dieses Kampfes, der zugleich einer *mit* Goethe und *um* Goethe ist. Eine seelische Auflehnung gegen die Trauer darüber, daß das Schöne ja historisch – gegen Goethes letzten Stemmversuch – tatsächlich entwertet worden ist, bestimmt das Tempo der Reden; ein sanfte Langsamkeit will die Verse mal schier zerreißen in dieser Trauerarbeit, will sie sich manchmal zärtlich aneignen, um wiederum ein andermal auf ihren fragwürdigen Gestus aufmerksam zu machen und das, was sie verbergen wollen, ans Ohr zu bringen.

4.

Immer wieder stellt, und es bezeichnet das ja wohl eine Qualität, die Erinnerung an Steins Inszenierung sich ein; die bleibt Herausforderung. Aber ihr verdeutlichender Gestus, der den Tasso wohl manchmal an den Rand einer Clownsfigur rückte, als fürstliche Marionette definierte, will uns heute fremd erscheinen: was damals eine konsequente, der eigenen Position gegenüber nicht unironische Ausarbeitung des Konflikts zwischen dem Künstler und den Mächtigen war – ist das heute das Thema, das uns bewegt, ja, ist es überhaupt der Kern des Stückes? Wir denken nicht so, und finden es nicht spannend, den Tasso als an der Macht leidendes und unterdrücktes Genie zu zeigen, das in deren Mechanismen zappelt und verkrüppelt wird. Noch in den Interviewfragen der Zeitungen und in den Kritiken hernach wird einem dieses Thema angedient – nur ist eben im Stück selber alles so viel differenzierter und schwieriger.

Tasso ist ja ein sogenannter »Kranker« längst, wenn er auftritt, als solcher beschrieben und von sich selbst als neurotisch zerrissen gesehen. Darüber liest man natürlich gern hinweg: man will ihn anfangs jugendlich und heil, am Ende darf er kaputtgehen. So stellt sich der deutsche Spießbürger ja Künstlers Erdenwallen vor. Tasso aber leidet unter Realitätsverlusten, er beschreibt ja deutlich selber, wie – Wahngebilden gleich – das, was er sucht, Erfahrung, sich ihm zubewegt und immer gleich entschwindet, wenn er's nahe glaubt. Am Schluß erst sieht er klar: poetische Metaphern, jene Wirklichkeit, die ihm zubestimmt ist.

Krank oder gesund – die lachhafte Frage wird ja von Goethe gerade überwunden, so sehr wie die Scheinalternative aus Glück und Unglück. Die trauernde Verarbeitung der Tatsache, daß diese Grenzziehungen der Menschen doch erst jene Konflikte schaffen, die sie zu definieren und also durch Ausgrenzung zu »heilen« vorgeben, scheint uns das eigentlich spannende untergründige Thema im Tasso. Schon während der Arbeit ist freilich zu spüren, wie sehr so manchen der Entzug der Eindeutigkeiten reizen oder gar wütend machen wird. Was aber können die Schauspieler und der Regisseur dafür, daß sie auf Goethes Erkenntnis einer Welt, die in sich pathologisch ist, stoßen? Sie können sich dagegen wehren, so wie der Dichter es tat. Der Erkenntnis letzte, ohnmächtige Schönheit, verwelkende, abgewinnen. Das geht nicht ohne Resignation ab.

5.

Entwurf eines Bühnenraums:

Es kann, so meinten wir noch vor dem Beginn der Proben, für ein derart nur als Sprachkörper existierendes Werk nichts geben, was den Namen Bühnen-»Bild« verdiente. Keine Garten-Realität, keine fürstlichen Gemächer, Säle. Der historische Ort des Stückes ist in seiner sprachlichen Gestalt aufgehoben und in der des perfekt symmetrischen Aktestückes, das der Einheit von Ort und Zeit, mit kleinen Sprüngen, folgt. Er muß auf der Bühne nicht ausgemalt werden. Freilich soll sie die architektonische Struktur des Schauspiels mindestens andeutungsweise noch spiegeln: zwei groß aufgerissene Außenakte am Anfang und Ende, in der Mitte ein enger, gleichsam zum inneren Gefängnis des Tasso gewordener Raum, dazwischen, 2. und 4. Akt, zwei Begegnungs-Räume, Korridoren gleich, die keiner der Personen als eigene zugehören.

Und der Raum soll jene Stille ermöglichen, jene Konzentration auf den Sprech-Duktus der Menschen und die darunter klingende Seelenarbeit, die uns – nach allen Vorüberlegungen – nötig erscheint. Es fällt zum erstenmal das Wort »Nacht-Stück«. Wir können uns immer weniger eine Bild-Welt vorstellen, in der die Figuren sich bewegten; andre Assoziationen als die der nächtlichen Schwärze und Trauer und des Träumens im Dunkeln wollen sich nicht mehr einstellen.

Denn die wenigen Vorgänge des Stückes brauchen, so denken wir, nicht die Stütze von ausgeführten Schauplätzen, und andre als die von Goethe beschriebenen sind nicht hinzuzuerfinden, es bedarf – das glauben wir inzwischen – der theatralischen Aufbereitung nicht. Wenn wir alles ins Dunkle, Nächtige zurückziehen, machen wir es umso klarer. Wir leuchten es aus der Schwärze heraus wie im Traum, und die Vorgänge, die es gibt, werden dann zu magischen:

Die symbolische Bekränzung zweier Büsten durch die Frauen.

Die Übergabe des Manuskripts durch einen Dichter an den Fürsten.

Die Erhöhung dieses Dichters durch den Lorbeer.

Tassos ausgestreckte Hand zum Antonio und dessen Weigerung, sie anzunehmen.

Das Ziehen des Degens als ein Akt gegen Sitte und Gesetz.

Der Gestus des Verzichtens: Tasso legt Kranz und Degen ab.

Die Umarmung der Prinzessin als der *letztmögliche* Verstoß.

Und schließlich: Antonio nimmt den Tasso bei der Hand.

Acht Vorgänge in fünf Akten. Allein das mag beleuchten, wie sehr der Tasso ein Stück des Stillstands ist, der Ermüdung des Realen. Jeder dieser Vorgänge will etwas Absolutes: Verehrung, Ruhm, Tod, Freundschaft, Einsamkeit, Liebe. In den meisten Fällen ist ihr Anspruch schon fragwürdig geworden, wenn sie ausgeführt werden. Ihnen ergeht es da – so wird sich im Verlauf der Proben zeigen – wie den Worten: ihre Schönheit können sie nicht mehr absolut, sondern nurmehr im Vorgang des mühsamen Entstehens beweisen, indem sie scheitern, bevor sie ganz ausgeführt sind. Die Hand, die den Degen ziehen will, wird bereits vom Bewußtsein der Entfremdung zur Tat geführt: sie erschlafft notwendigerweise schon im Vollzug. Die Umarmung hat so sehr, so lange, so inständig sich erfüllen wollen und nicht dürfen, daß sie nurmehr als betäubter Reflex möglich ist, wenn sie endlich geschieht. Und die Übergabe eines Manuskripts erweist sich als ein unendlicher Abnabelungsvorgang, in dem sich Freude und Schmerz und Angst fast so sehr mischen, daß die Hand, die das Manuskript überreichen soll, nur zu einer Summe zusammenhangloser, widerstreitender Gesten findet, wenn Tasso auftritt; so sehr, wie auch Tassos Sprechen nicht vom Stolz der Vollendung beflügelt wird, sondern überdunkelt ist von einer Angst, sich zu trennen, das einzige Eigentum zu verlieren und deshalb selbst in der Bekränzung arm und einsam dazustehen.

6.

Tasso. Wenn er auftritt, ist Angst um ihn herum, Gefährdung, die fast bis zur Lähmung reicht. Da kommt einer, der sich nach wenigen Sätzen selber als einen »tatenlosen Jüngling« bezeichnet, und das nicht kokett, sondern durchaus leidend. Das eine getan zu haben, ein episches Gedicht geschrieben zu haben, wird relativiert durch die Tatsache, etwas anderes, »Realeres« nicht getan zu haben. Eine Sehnsucht, zugleich noch ein anderer zu sein, führt in die allzu bereite Haltlosigkeit, zu einem Identitätsverlust in ausgerechnet jenem Augenblick, wo eine eigene Leistung vorliegt, wo ein Talent sich bewiesen hat –; aber es ist das Talent, vor dessen allzu früher Ausfertigung der junge Mensch selber Angst spürt, Todesangst, denn wenn die Nachwelt schon bewundernd bereitzustehen scheint, dann ist einer ja – nimmt er das ernst, und Tasso tut's – faktisch auch bereits tot.

So muß er den Kranz, den er gerne wollen würde, reflexartig, fast in Panik, erst verweigern, und hat er ihn, weil's die Prinzessin ist, eine liebende Hand, die ihn aufsetzt, dann ist er wie gebrannt davon, und weil er nicht weiß, ob er sich im Ruhm zum Tod verliert oder als Narziß im spiegelnden See, flieht er in einen Traum heroischer Sehnsüchte, er nimmt sich ganz aus der Realität heraus, als habe er keine Zukunft mehr, als liege alle Sehnsucht in den Herausforderungen der Vergangenheit. Das Gegenwärtige, die Bekränzung, selber Produkt einer Agonie der ausführenden Gesellschaft, kann er nur auf dem Weg über eine eigene Agonie abarbeiten.

7.

So trifft ihn Antonio. Ein Erwachsener, der den andern als Mann nicht akzeptieren mag, als ungestümen Jüngling glaubt beschreiben zu müssen und als voreiligen Knaben vorm Fürsten denunziert. Er setzt dem identifikationslosen Tasso zunächst nur Fehler entgegen: die Maske der eigenen Sicherheit, die die eigene Krise verschleiert. Dem tassoschen Trauma des Jungseins, der Angst, sich jäh als erwachsen zu fühlen und beweisen zu müssen, setzt er, unbewußt, ein eigenes Trauma entgegen: das des Alterns. Zwar, er beherrscht es besser; ein auch sich selbst gegenüber wortgewandter Diplomat macht sich seine eignen Ängste untertan, indem er sie zu leisen pädagogischen Aggressionen gegen den Jüngeren umspitzt. Seine Belehrungen lassen sich durchschauen als Fluchtbewegungen innerhalb der eigenen Ortlosigkeit.

Er kann die Hand, die Tasso ihm entgegenstreckt, nur als eine Herausforderung begreifen, als die Vorwegnahme der später gezückten Waffe. Er ist sich selbst zu eng; das verletzt ihn mehr als Tassos unsichere, hilflos-jähe Offenheit. Sein Leben, das sich wohl wesentlich im Zuarbeiten für eine höhere, ihm nicht zweifelbare Ordnung verwirklicht, erschöpft sich zugleich auch darin. Weil er das nicht erkennen und nicht wahrhaben darf, wo er's erkennt, meint er, einen Freund nicht zu brauchen. Die Schroffheit, mit der er ihn, der sich im zweiten Akt als Freund anbietet, ablehnt, ist freilich so sehr schon gesättigt von einem nagenden Unterbewußtsein, daß sie sich kaum mehr anders als Vereisung äußern mag, daß Ironie gleich auch immer von Trauer verzehrt wird und jede Attacke ihr Zögern vor der Selbstverwundung schon in sich enthält.

8

Die Proben versuchen über Wochen, mehr und mehr diesem Selbstfindungsprozeß einer Figur, die in der Überlieferung eher undialektisch gesehen wird, nahezukommen. Wir tun uns schwer damit: so sehr viel Ballast ist abzuwerfen, ehe ein Neues erobert werden kann. Der Schauspieler lernt, daß er nicht nur um eine Rolle, sondern auch gegen die Tradition einer Rolle kämpfen muß; Probenarbeit besteht dann oft auch darin, wochenlang unsicher zu sein und dennoch Schritt um Schritt ein Terrain neuer Erkenntnis zu behaupten.

Er gilt als der »gesunde« Mann. Antonio, ein älterer Staatsmann, väterliche Figur, wenn er nicht gleich als der aalglatte Prototyp des politischen Machers und Anpassers verraten und verkauft wird. Er ist, so findet man beim Probenstudium heraus, das alles natürlich auch – aber keinem davon gewachsen: fürs eine nicht gut, fürs andre nicht schlimm genug. Er *hat* die Erfahrung des Realen, die Tasso sich von ihm vermittelt wünscht, aber er kann sie nicht weitergeben, weil er selber an ihr erstickt und in ihr verengt.

Goethe faßt diese Erfahrung eines Weltmannes, eines erfolgreichen Politikers, eines aktiv Handelnden, immer wieder in weltkluge Sentenzen –: aber jedesmal verrät sich in ihnen, dem Schauspieler spätestens beim Aussprechen, wie schwer, wie psychisch bedrückend sie der Wirklichkeit abgerungen sind. Der Preis, der für ihre Formulierung gezahlt wurde, schimmert durch den Glanz des Verses hindurch. Die schöne pädagogische Sentenz erweist sich allemal als nicht nur dem äußeren, sondern auch dem eigenen Leben abgekauft.

So nähert sich die Figurenerfindung des Schauspielers, der den Antonio spielt, immer mehr einem potentiell Kranken: einem, der es nicht wahrhaben darf, weil er rundum ja als der eigentlich Gesunde entworfen wird; der aber mindestens das als eben bloß einen »Entwurf«, als die Hoffnung der andern, durchschaut und deshalb auch gelähmt ist, weil er weiß, er würde lügen, wenn er sich als das verkaufte, was in ihn hineinprojiziert wird. So ist auch seine an sich ritualisiertere Redeweise, sein diplomatisches, tak-

tisches Formuliergeschick zuweilen gehemmt: wenn er erkennt
oder spürt, jetzt wäre ganz anders zu sprechen, und findet doch
die Sätze nicht dafür, sondern allenfalls Pausen der Verletzbar-
keit, der Ahndung eines Gefühls, das ihm die geübte Sprechkul-
tur verstört.

So spricht er zweimal, fast im Monolog sich verlierend, zu
anderen über sein alter ego Tasso. Einmal, der Sanvitale gegenüber, nimmt er ihn fast an, redet über einen, den er vorher dem
Fürsten gegenüber zum Knaben infantilisiert hat, wie von einem
Adoptivsohn, wie ein Sorgevater. Ein andermal, dem Fürsten
gegenüber, spricht er von ihm wie von einem Patienten, als
lächelnder besserwissender Therapeut. In beiden Situationen
meint er kritisch zu sein und ist doch auch, im Versuch, das Bild
des Gegenübers zu entziffern, ein selbstverliebt Entfremdeter.
Wie Tasso. Dort wo er ihn am entschiedensten beschreibt, schien
uns am ehesten ein Ton getroffen und in Goethes Text verborgen,
der uns ahnen läßt, daß die wahre und beiden verborgene Liebesgeschichte sich zwischen Antonio und Tasso abspielt.

9.

Der Raum hat sich eingedunkelt. Es ist ein graphitfarbener
Kasten, Struktur einer leicht schraffierten Schultafel, und zumeist sieht man die Wände nicht. Die Figuren werden durch
Seiten- und Oberlicht aus dem Schwarzen herausgeleuchtet, es
bilden sich Gassen, Diagonalen – Lichtmuster, in denen die
Personen sich, wenn überhaupt, bewegen. Sie sollen eher wie
festgebannt wirken, eingemalt in ein Licht- und Schattenspiel,
wie wir es von Bildwirkungen der Renaissancemalerei kennen.
Die Veränderungen der Architektur bilden sich wesentlich nur
am Fußboden ab: verschiedenfarbige Bodentücher, die beleuch-
tet und zusammen mit den Farben der Kostüme die Gefühlssi-
tuationen, die fortschreitenden, des Stückes spiegeln sollen. Goethes eigene Farbimaginationen, seine Hoffnungen, daß mit Hilfe
der Reflektion von Licht auf Farben *Natur* sich offenbaren möge,
dienen dabei als Anreiz, als Modell. Kaum einer hat ja so sinnlich
und so gläubig wie er in der »Farbenlehre« über die schattieren-

den Wirkungen von Licht und ihre Verwandlungen sogenannt »reiner« Farben phantasiert.

Wir dachten, nicht zu weit zu gehen, wenn wir unterstellten, daß in Goethes Licht-Erwartungen sich eine Sehnsucht an die Welt abbilde, die auch durchs Dunkle, das sie überwinden will, getrost durchscheint. Nicht als ordinäres Symbol, wohl aber als Mystik, als ein Glaube, daß die Wirklichkeit sich tatsächlich in der Art wie sie beschienen wird, sei es nachts oder tags, ihr eigentliches Geheimnis vorbehält – dem können Menschen nachhängen, daran können sie glauben und sich entsprechend ins Licht stellen ... auf den Proben dachten wir manchmal, wir könnten froh sein, wenn wir überhaupt noch ein Licht abkriegen. Denn die Quellen, aus denen die Bilder, an denen wir uns orientierten, ein Licht bekamen, sind längst verstopft. Die Lichtquellen, die Goethe noch als naturhafte und deren Reflexe er noch als Prachterscheinungen beschreiben konnte, sind erloschen: allenfalls Material von Verkaufsstrategien in bunten Prospekten.

Aber wenn wir es denn nicht mehr so sinnenhaft klar erleben können wie Goethe es tat: müssen wir uns dann nicht diesem Verlust schmerzlich aussetzen, so lange bis der Schmerz wieder schön wird und wir auf eine neue Weise erleben, was Goethe festhalten wollte? Urverhältnisse, so hat er es selber genannt, in Farben festgehalten: »man will nicht weiter und man kann nicht weiter«, auch das ein Satz von ihm. Auge und Gemüt, so hat er's gefordert, möchten auf dem *Gemischten* wie dem *Einfachen* der Farbenmannigfaltigkeit ruhen. Und es war das, wenn wir ihn richtig verstanden haben, selbstredend ein Plädoyer *gegen* die Buntheit, die er aufdämmern sah, und *für* die sinnlich gesteigerten Übergänge, in denen Licht, Schatten, Farbe noch Ernst und Würde haben und Ausdruck von Hoffnungen des Auges sind.

Reproduzieren konnten wir die nur im eingeschwärzten Rand. Und täglich bestand der Arbeitsablauf darin, einen Text, der sie behauptet, als einen am Realen gescheiterten ernst zu nehmen und zu lieben, und sich selbst als daran scheiternd Trauernde zu akzeptieren. Allmählich entstand ein imaginäres Scenario zwischen dem Text von Goethe und den Probierenden: eine insgeheime Verabredung, eine Simulation, es könne sich jedenfalls kaum mehr um eine Vorführung von Theater handeln, sondern nur um abwesende Realität, Darstellung eines Wunschdenkens und eines Begehrens, das einzig durch die Infizierung mit einer Hyperrealität zu sich selbst, zur Befreiung kommen könnte. Im Glauben an die Macht nicht des Realen, sondern einer Metapher, die sich dessen Ohnmacht phantasierend bemächtigt. So wie Tasso es am Ende des Stückes mit der Unmacht jenes Antonio tut, der ihn bei der Hand faßt; indem er die Geste geschehen läßt und über sie hinwegdichtet, hat er – endlich– alle andern bei der Hand; alle die abreisen und glauben, sie folgten dem Laufschritt der Geschichte; und alle die bleiben und glauben, es gäbe noch Realität zu verteidigen. Er selber mag gehen *oder* bleiben, er hat die Exterritorialität erreicht, simulierte Freiheit.

10.

Man kann diesen Schlußmonolog als die poetische Beschreibung eines Wahnsystems lesen. Wir haben versucht, es zu tun. Die Metaphern wollen einen auf dem *unlösbarsten* Punkt angekommenen Konflikt ungeschehen machen, sie sind ein Instrument der Abwehr des Realen. Dieses wird umgeformt zu einer eigenen Welt mit einer eigenen Zeit, dem Versuch Hölderlins gleich, in der Behausung seines Turms eine eigene »Zeittechnik« gegen die Welt zu behaupten.

Da war Goethe nicht nur prophetisch, sondern auch äußerst objektiv: er hat im Tasso einen Künstler-Typus entworfen, gegen den *er selbst* sich wehrte, ja den er mit Abneigung verfolgte. Aber es muß wohl so gewesen sein, daß er im andern – in Dichtern wie Kleist, Lenz, Hölderlin – etwas attackierte, was er als eigene Gefährdung spürte. Es hätte ihm ein Tasso sonst kaum gelingen können.

Immer wieder stießen wir bei der Lektüre und beim Ausprobieren der Szenen auf solche goetheschen Widersprüche: Versuche, alle androhenden Gefährdungen der Seelen, des Sprechenkönnens, der äußeren Wirklichkeit, der Zeit wegzuschmelzen in idealische Entwürfe. Und immer macht gerade diese Anstrengung aufmerksam auf die Risse in den Seelen, auf die Kommunikationsmängel, auf die Defekte des Realen und das Schwinden von Zeit.

Am fürstlichen System läßt sich das beispielhaft ablesen. Was Alphons beispielhaft lebt und verkörpert, ist sichtbar von allen Schlacken des real existierenden Feudalismus befreit: Sitte und Gesetz, von einem Traumfürsten verwaltet, darin aufgehoben die »maßvollen« Freunde. Die Ordnung des Zusammenlebens ist als Kreisfigur gedacht, es ist das ein Entwurf, wie denn Ordnung – da nun die goldne Zeit, die Tasso träumt: die Anarchie, vorbei ist – noch sein könnte, zumindest unter Edlen, edel Gesitteten.

Für eine kritische Darstellung deutscher Kleinstaatsmisere und der darin waltenden Ausbeutung der Intellektuellen durch die Höfe gibt das Stück, wenn man den System-Entwurf so begreift, überhaupt nichts her. Der Entwurf ist freilich *in sich selbst* kritisch: denn natürlich richtet er sich gegen das darin abwesende Reale, er versucht es ja zu vertilgen, und er stemmt sich gegen kommende, geahnte Zeit. Es ist fraglos von einer Vision Goethes auszugehen, die sich träumerisch und unbewußt gegen die am Horizont aufscheinenden negativen Folgen der Aufklärung, gegen republikanische Streiterei und gegen den historischen Umbruch, den die Maschinen bewirken werden, auflehnt.

Ein utopisches Modell also, das uns die Empfindungen, welche einer wie Goethe für verwundbar hält in der Zukunft des Rationalismus, zu retten sucht.

Aber: diese Ordnung scheitert ja – denn sie sieht nicht vor, daß auch die Edlen edel nur im Wünschen sind, tatsächlich aber verformte, fehlbare Menschenwesen; verformt durch Arbeit, Aktivität, Tat – wie Tasso und Antonio auf je verschiedne Weise –, oder durch erotisches Sehnen und Leiden – wie beide Leonoren und auch Tasso –, oder durch kreative Lüste und Ängste – wie Tasso auf extreme Weise. Das macht »Mäßigung« den je einzelnen nur möglich im Akt des Sprechens. Sie scheinen das zu spüren: warum redeten sie sonst so unaufhörlich? Ihr Reden ist von Angst bestimmt, Angst vor dem Konflikt, der das geträumte Modell zum Zusammenbruch brächte und ein böses Aufwachen erzwänge. Fliehend vor sich selbst oder fliehend *in sich hinein* reden sie – aber selten miteinander, sondern aneinander vorbei, oder über einen Abwesenden oder über sich selbst. Kaum je findet wirkliche Kommunikation statt. Wo aber nicht kommuniziert wird, ist jeder Monolog schon ein Verrat und jede Selbstvergewisserung wird automatisch, ohne es zu wollen, zur Intrige, und am Abwesenden scheinen immer nur die Mängel auf.

Deshalb scheitert das System, und mit ihm: der es entworfen hat, Goethe, und mit jenem: das Stück.

II.

Wir haben das auf den Proben die Pathologie der Grammatik genannt. An einem Beispiel wie dem Monolog der Sanvitale, das hier nur für viele steht, wird deutlich bereits in der grammatikalischen Form der Sätze die Dringlichkeit des Begehrens, unter dem die Figuren leiden, vorgebildet. Der Vokativ arbeitet das eigentliche Wollen aus den Figuren heraus, der Konjunktiv ihre Sehnsüchte und zugleich schon die Zweifel daran. Die Beziehungen, wie sie sein sollten, sprechen sich in inflationärem Gebrauch der Personalpronomen aus. Kurz: in den Sprachformen, die doch das einzige sind, was noch Einheit stiftet, scheuern sich die Figuren bereits wund. So ist denn die Schönheit der goetheschen Sprache, geht man aufrichtig mit ihr um, nicht anders als Verletzung zu erfahren und zu vermitteln. Sie diente sonst einer Illusionierung, die der Dichter nicht gewollt hat, einem Genuß, den er gerade als einen nur noch brüchig zu habenden durchschaut hat.

Derart sind freilich Proben dieses Stückes auch zu einem Kampf gegen ein Reaktions- und Wertungssystem geworden, das den Goethe vereinnahmen möchte als einen Seelenmusikanten, der uns in eine bessere oder zumindest besser klingende Welt entführt. Er tut's aber nicht. Wenn man lange genug hineinsieht, wird es immer ein Abgrund, hat er einmal zu Eckermann gesagt. Und kein Zweifel: wenn man inständig genug auf die Worte horcht, tut plötzlich eine gähnende Leere sich auf – sie fassen es nicht mehr, was sie festhalten wollen. Aber in der Leere kauert die verlorene Zeit, und wer hineinhört, erwischt vielleicht einen Schimmer von dem, was sie war, und es sei ihm das schön genug.

12

Es sind zweifellos alle fünf Personen: Kunstfiguren. Sind sie das?
Auch hier wiederum meinten wir, einer goetheschen Dialektik
auf der Spur zu sein. Warum sind sie denn, wenn sie es sind,
Kunstfiguren? Und was ist das überhaupt, es sagt sich so leicht
dahin? Was künstlich an ihnen ist, wie ein Panzer oder eine
Glasvitrine wirkt, die sie um sich tragen, erweist sich alsbald,
beim genaueren Lesen, als das Produkt einer Verweigerung,
einer fliehenden Bewegung von Psychen, denen ihr Autor eingegeben hat, sich vor der zunehmenden Sozialisation, die das nächste, das 19. Jahrhundert mit sich bringen wird, zu schützen.

Ein Schutz durch Verharren: das wirkt als künstlich und ist
doch schon die nackte Not. Die Prinzessin verharrt im Leiden, die
beiden Vokabeln »leben« und »leiden« werden ihr zu einem
süß-perversen einigenden Schmerzgefühl. Der Fürst verharrt in
seiner Souveränität, blind dafür, daß die Kreisfigur der von ihm
entworfenen Ordnung nicht zugleich ihn selbst in der Mitte
erlauben kann. Die Sanvitale, verheiratete Frau mit einem
Stadtekel, verharrt in einer ratlosen Gemeinsamkeit mit der
Freundin; ihr ist es nicht gegeben, das Leiden zum Genuß und
trauriges Gefühl zur Harmonie zu bringen, sie muß sich immer
neu entschließen und tut es doch nicht eigentlich, um den Mann
zu *besitzen*, sondern um sich in ihm zu spiegeln, in seinen Liedern
die eigene Vergänglichkeit aufgehoben zu wissen. Auch das eine
Form des Verharrens, die immanente Leidenschaft wird nicht
ausgespielt, sie vergißt sich in der Reflexion. Nicht unähnlich bei
Antonio: er verharrt in seinem Gegenbild, dem Tasso; indem er
wie jener *zwei* Männer sein möchte, bewahrt er sich davor, der
eine ganz zu werden. Zwar leidet er daran, denn es bindet ihn in
einen unproduktiven Konflikt ein, aber es schützt ihn doch davor, jener zynische Macher oder glatte Polit-Opportunist zu
werden, den Goethe wohl auf uns Heutige herabkommen sah.

Sie entziehen sich der Zukunft, dem Geräusch der Dampfma-
schinen, dem aufkommenden Bürgertum, der Elektrifizierung,
den modernen Kommunikationsweisen, der Psychiatrisierung.
Und indem sie es tun, verweisen sie doch schon darauf. Goethe

hat ihnen den Atem der Moderne mit einhauchen müssen, als er sie *vor ihr* zu bewahren versuchte.

In der Figur des Tasso hat er den Neurosen, die er von sich selbst noch abwehren konnte, einen Körper gegeben, in dem wir uns heute finden können. Der idealische Entwurf einer Figur, die er selbst nicht sein wollte, weil er sie nicht sein konnte? Dann wäre auch das eine Zwangshandlung gewesen.

13.

Ein Nachtrag nach der Premiere:

Ein Erfolg war sie nicht. Stummheit, Verblüffung, Abwehr, wohl auch ein Gefühl der langen Weile. Schwierigkeiten, sich zu identifizieren, an die Figuren heranzukommen: eine Sehnsucht, die zu erfüllen von uns freilich nie beabsichtigt war. Schwierigkeiten beim Zuhören, ein anderes Gefühl von Musikalität, ein Zurückscheuen vor dem allzu genau und keusch dargelegten Wort. Das Bedürfnis wohl, es möchte geschmeidiger zugehen. Ein Empfinden, um die Schönheit, die man meint, betrogen worden zu sein. Inzwischen in und nach den Vorstellungen heftiges Pro und Contra.

Nicht ganz unerwartete Reaktionen. Goethe selbst hielt sein Stück für eigentlich nicht aufführbar; was er bei Gelegenheit über das Publikum dachte, sei hier aus Höflichkeit nicht wiedergegeben. Erfolgreich war er zu Lebzeiten kaum. Die Deutschen haben sich aber immer eingebildet, ihn zu kennen.

Nun, es ist noch ein ganzes Todes-Jubel-Jahr Gelegenheit, ihn kennenzulernen, sofern man sich der Vermarktung auch dieses Datums zu entziehen versteht.

14.

»Wer sich Mühe gibt, hat Glück gehabt.« (Alexander Kluge)

(NDR, Januar 1982)

Fliehen. Wohin?

Zu Goethes »Stella«

Sie sind alle drei auf der Flucht. Vor der eigenen Vergangenheit, vor sich selbst und voreinander. Die einzige ganz aufrichtige Bewegung aufeinander zu begibt sich im zweiten Akt zwischen den beiden Frauen. Da ist für Augenblicke eine Identität zu ahnen, die zwei Menschen umgreifen könnte: innige Verwandtschaft der Seelen, eine goethesche Utopie, er billigt sie nur den Frauen zu.

Stellas und Cezilies Sehnsucht füreinander ist auf mehr gerichtet, als in ähnlichem Leiden sich aneinanderzuklammern. Sie will den Schmerz der Liebenden durch gleichgestimmtes Träumen besiegen. Goethe sagt es nicht so, aber heute würde man das als die Suche nach einer »weiblichen Sprache« bezeichnen. Stella und Cezilie sind nahe dran, sie zu finden. Recht eigentlich ist nur mehr der Mann im Wege: durch sein Wiederauftauchen zerstört er, was gerade zu blühen beginnt, und setzt den Mechanismus von Umarmen und Entziehen, von Erkennen und Fliehen neu in Gang.

In der Mitte des fünften Aktes sind alle drei Figuren wieder so allein wie am Anfang des Stückes: nur daß sie inzwischen noch einmal umgestrudelt sind und tiefer in den Mahlstrom hineingezogen. Fernando weiter als je davon entfernt, zu wissen wer er sei, ein durch sich selbst zerstörter Mann, den Selbstmord herbeisehnend. Stella auf der Flucht vor allen Erinnerungen, sich selber vom Ort ihrer Träume verbannend, auch sie nicht ohne Todessehnsucht. Und Cezilie ohnmächtig allein mit ihrer Leidenschaft, ein letztes Mal den heiligen Gott am Himmel anflehend.

Drei »Elende«, die sich gegenseitig als »elend« bezeichnen (eine der Lieblingsmetaphern Goethes in diesem Stück): der Mann elend dem Nichts gegenüber, Stella elend dem Bild dieses Mannes gegenüber und eher fähig, sich als dieses Bild zu zerstören; und Cezilie elend von diesem Elend, gottverlassen, in einen Kraftakt sich hineinträumend: die Flucht nach vorn.

Daß Goethe seine Figuren so oft beten und mit Gott hadern läßt: ist es nicht ein Indiz für ihre Verlassenheit? Grausame Ironie

Goethes, daß er den zurückkehrenden Fernando, der uns zuvor als gottlos geschildert worden ist, in Stellas Armen den Satz sagen läßt: »Ich kann beten; denn ich bin glücklich«, um ihn am Ende in den Satz zu treiben: »So kalt, so grass liegt alles vor mir – als wäre die Welt nichts.« Als wäre die Suche nach »Glück« (Goethes Gegenmetapher zum Elend) nur ein notwendiger, von Gott zum Scherz bestellter Umweg, der in die geradezu büchnersche Konsequenz führt, daß des Sinnens Ende nirgends anders als im eigenen Kopf sei: »Wo's zuletzt widerstößt! Nirgends vor, nicht hinter sich!«

Goethes »Schauspiel für Liebende« hat mehr als einmal die Neigung, diesen selbstgesetzten Rahmen zu sprengen und in ein Schauspiel der Verlorenen umzukippen, die keinen anderen Halt in der Welt – und auch sich selber nicht anders – als in der Liebe wissen und dort nicht finden. Trostlose Glücksucher, solange sie wähnen, glücklich sein bedürfe des Besitzens. »Mein« heißt das Wort, an dem sie scheitern. Weil sie sich selber nicht besitzen, suchen sie sich um so mehr im anderen. Deshalb kann nur Cezilie, nicht einmal Gott – den sie schließlich ausdrücklich anfleht, sich herauszuhalten –, die Sache zu einem guten Ende träumen: »Und kann der Knoten gelöst werden; heiliger Gott im Himmel! zerreiß ihn nicht!«

Die sich selber in ihrer Leidenslust am nächsten von allen gekommen ist, kann am Ende jenen Vereinigungs-Traum behaupten, der Gott nicht eigentlich gefällig sein kann, und den wie eine Legende zu »glauben« wir uns entschließen oder nicht.

Die zentrale, immer wieder im Stück gestellte Frage »Fort. Wohin« scheint für den Augenblick beantwortet. Keiner muß in die Verbannung, keiner sich oder das Bild des andern in sich töten: »Eine Wohnung, Ein Bett und Ein Grab.« Goethe kann nicht geglaubt haben, daß das von Dauer sei. So wie wir die Figuren kennengelernt haben, wird auch das sich herausstellen als »Kein Ort. Nirgends«.

(Programmhefte Staatliche Schauspielbühnen Berlins, 1982)

Hebbels Zuviel

Zu »Gyges und sein Ring«

1.

Er will alles auf einmal. Die Wiederentdeckung des Mythischen. Die Anwendung philosophischer Gedanken, die er sich mühsam autodidaktisch angeeignet hat. Eine Geschichte über die sich im 19. Jahrhundert zerstörenden erotischen Beziehungen. Verschiedene Kulturvorstellungen gegeneinanderführen. Eine Vorstellung von Sitte einerseits und eine Vorstellung von der an ihrem Scheitern sich entzündenden Tragödie andererseits noch einmal erzwingen. Und das alles mit sich selbst als dem heimlich Mitagierenden, dem eigentlichen Voyeur eines Stückes, das – unter anderem – vom Voyeurismus handelt, und von den Schmerzen, die die Zuschauenden und die Angespähten davontragen.

Ach ja, und dann auch – nicht zuletzt – ein Königsdrama, in dem der zu früh Gekommene pikanterweise von seinem Zögling, aber nicht einem politischen, sondern einem erotischen Zögling, abgelöst wird. Gyges, der Mann, der noch ohne Identität ist, nur blind nach ihr sucht, während eines Ablösungsprozesses vom König/Freund/Vater, – er wird diesen Mann, der seiner Identität müde wird, den Kandaules, töten. So will es Hebbel.

Er will sehr viel – zu viel?

2.

Er will, ließe sich vermuten, sein eigenes Scheitern. Darin ist er so hybride wie die Figuren, die er entwirft. Die wollen so mächtig, so inständig das Leben, daß sie es immer gleich zu Tode wünschen müssen. Sie suchen, darin sehr »moderne« Figuren, den radikalsten Punkt der Erfahrung zu finden – und finden ihn doch nur, außer im Tod, in der Phantasie, in einem Sprach-Körper, der nicht mehr identisch mit ihrem leiblichen ist. Sie reden sich, könnte man sagen, im Augenblick des äußersten Begehrens, um Kopf und Kragen – deshalb bietet jeder mindestens einmal dem andern sich als Opfer an. Nur darin, in der Verschwendung des eigenen Ichs, meinen Hebbels Protagonisten die Erfüllung ihrer Lust finden zu können. Gyges treibt es da – jedenfalls mit Worten – am weitesten, wenn er sich eine Transfusion des eigenen Blutes in das des Älteren und damit eine Erhöhung von dessen Lust zur Königin – aber zugleich, im Tode, die Steigerung der eigenen vorstellt. So sehr weit ist es da nicht mehr bis zu Heiner Müllers Satz in »Quartett«: »Das masturbiert noch mit den Würmern.«

3.

Sich verschwenden: das können sie freilich nur, weil sie so egoman sind; Menschen, die einen Schmerz, eine Verletzung, sofort zur Idee umbauen und im nächsten Schritt zu jener Maschine, die diese Idee ins Ziel der Selbstvernichtung transportiert. Auch darin ist Hebbel nicht so sehr ein Analytiker, sondern eher schon der Henker der »Moderne«: er zeichnet ihr bereits den Schlußstrich vor, den sie ja mit einer immer weiteren Maschinisierung der Ideen zu gehen entschlossen scheint.

In einem historischen Augenblick, wo er ahnt, Verschwendung (Opfer) wird bald nurmehr von Strategie-Maschinen betrieben werden, die ihren Geistersitz bei Langemarck und Stalingrad haben, gewährt er ein paar einzelnen noch einmal das fatale Recht, es selbst zu tun. Aber es ist das Recht der letzten Stunde, der Individualismus von sich im Ausleben Todweihenden. Es ist, als handelten sie in Panik vor der Geschichte, die sie einholen wird und versuchten, diese in einer letzten privaten Geste zu vollstrecken, ehe sie noch stattfindet.

4.

Und zwar: eine »Geste« des Sprechens oder des Blickens. Der Körper hat sich bereits auf die Zunge und das Auge eingegrenzt. Oder zurückgezogen? Jedenfalls erfüllt sich die Begehrlichkeit der Figuren darin: sie »erkennen« sich *in* den Augen, *mit* den Augen, und es ist das der erotischste Moment. Sie sprechen ihre Sehnsüchte aus, und eine größere Erfüllung als in diesem Augenblick gibt es dann danach nicht mehr.

Sollte Hebbel auch hier etwas von den Fatalitäten der Moderne gewußt haben? Von der aufkommenden Entwertung der Körper durch ihre Zurschaustellung? Von der Leere, in die man blickt, wenn man alles sehen kann und alles sehen darf?

Rhodopens Satz »Ich bin befleckt wie niemals noch ein Weib« mag sicher manchem komisch, altmodisch vorkommen – und ist doch nur: verstiegen. Er versteigt sich zu der Behauptung, zu nicht weniger und nicht mehr, der heimliche begehrliche Blick beflecke. Schwer zu akzeptieren im Zeitalter der Promiskuität, das die begehrlichen Blicke in unmittelbare Tat umsetzt und sich damit der Auseinandersetzung mit den heimlichen entledigt.

Die Provokation eines solchen Satzes, von einer Frau ausgesprochen, könnte ja darin liegen, daß ein Wort, das von der geschichtlichen Entwicklung erledigt wird, noch einmal dieser sich entgegenstemmt und natürlich nur um den Preis des Todes jener Figur, die es ausspricht, für die Nachwelt aufgehoben werden kann. Ein Mahnwort also. Es hat, wofür das Wort stand, einmal gegeben: Ich, Rhodope, bin dafür eingestanden, es war nicht die schlechteste Zeit.

5.

Nur in der – scheinbaren – historischen Vergeblichkeit dieser Hebbelschen Stemmversuche, in der Verbohrtheit einer Schreibfeder, die sich gleichsam gegen die Erfindung der Schreibmaschine wehrt, ließe sich Hebbels »Scheitern« erkennen. Von dieser Verbohrtheit hat er allen seinen Figuren mit auf den Weg gegeben. Sie meinen immer: büßen zu müssen. Wofür denn nur?

Ist es, daß sie nur für ihre eigene Schuld an die Kasse sich drängen? Oder ist es nicht auch so, daß sie eine Schuld abtragen wollen/sollen, von der der Hebbel vermutet, daß die Welt sie erst begehen würde?

(Programmhefte Deutsches Schauspielhaus Hamburg, 1982)

Wie es euch gefällt geht nicht mehr

Notizen zu Shakespeare während der Proben

Ein Wald

Was ist der Wald? Der Wald ist nichts anderes als eine von Shakespeares »Inseln« oder ein Stück Heide. Teil dieser Utopie ist die Leere, die Einöde. Der Hohlraum im eigenen Kopf. Keine grüne Feerie, sondern ein Ort der Ängste und Verstrickungen für alle, die dorthin getrieben werden. Verstrickungen in sich selbst oder zueinander. Das schließt nicht aus, daß es ein »anziehender« Ort ist, in den man sich wie im Traum hineinbegibt, hineinflüchtet. Aber es bleibt noch dieser Traum am Fluchtort einer in der Verbannung. Die Frage, wo man denn hin soll, wohin man gehöre, wird durch ihn genausowenig beantwortet wie durch jenen Ort, der verlassen wurde. Die Insel gibt es nur als scheiternde Sehnsucht, nicht als eine verwirklichte Realität. Shakespeare war kein Illusionist, der uns den Wald als Paradies vorführen wollte: sondern bereits einer, der die Verluste anmeldete. Wie es euch gefällt, geht's nicht mehr.

Der Wald von Arden

Wir wissen wenig über Shakespeares Leben, aber immerhin: seine Mutter hieß Arden. Zufall? Oder bedenkenswert in einem Stück, in dem Vaterschaft und Vatersuche eine so große Rolle spielen und doch zugleich dramaturgisch eher leichtfertig behandelt werden? Ist gar der Wald die Mutter, und keiner findet sie? Warum denn gibt es im Stück nur Väter, keine Mütter; und es ist auch nie die Rede davon, daß es je welche gab. Die Erklärung, in Shakespeares Ensemble seien eben keine zu besetzen gewesen, erklärt es nicht und zugleich vielleicht doch: denn aus einem Mangel hat Shakespeare immer einen Vorteil bezogen. Aber er hat es dann niemals nur »theatralisch«, sondern immer ernst gemeint. So fehlen eben in der Welt jener müden, nicht einmal zum Mord sich aufschwingenden Politik, die hier herrscht, den Vätern die Frauen und den Kindern die Mütter. Das Stück zeigt die närrischen Folgen.

Paare, Paarungen

Mehrmals kommt das Stichwort »Paarung« im Stück vor. Als poetische Metapher (»Junos Schwänen gleich«), als eindeutig sexuelle im Sprechen Touchstones, als religiöse, wenn Jacques im Schlußbild beobachtet, daß die vier Paare sich womöglich in eine neue Arche Noah begäben. Shakespeare spielt alle Varianten der Paarung aus oder zumindest an: die keusche und die unzüchtige, die liebende und die hassende, die zwischen Knabe und Mädchen, die unter Männern, die zwischen Frauen, die zwischen Vater und Tochter, auch die voyeuristische Paarung mit ahnungslosen Beobachteten, auch die narzißtische mit sich selbst. Ganz wie es euch gefällt.

Liebens-Angst

Und immer ist Angst dabei im Spiel, Angst beim Suchen der Liebe: Shakespeares Figuren erweisen sich als höchst »unrein« Liebende, als Liebe verfehlende, liebegeängstete, liebend sich verirrende und liebend ihre Liebe zerstörende Stolpermenschen. Warum? Sie sind schutzlos all dem ausgeliefert, was Lieben nur sein kann: eine Summe von Widersprüchen, von niemandem zu bändigen. Keiner im Stück schafft das. Es gibt wohl reine, idealische Augen-Blicke, Momente eines liebenden Erstarrens, jähem Farbwechsel verbunden; Liebes-Schocks, die mit Erröten oder Erbleichen, mit einem Verstummen oder einem verdrängenden Wortschwall, mit Ohnmacht oder Flucht »gepaart« sind, mit Kopulieren oder Küssen oder Stottern. Alle Äußerungen sind jäh und radikal, und sind sie erfolgt, steht einer doch mit leeren Händen da, verwirrt, verstört, kommunikationsunfähig, verstrickt in ein Netz aus Verstellung, Unsicherheit, Sprachlosigkeit, Ahndung des Scheiterns.

Verstellung, Verkleidung

Kaum einer im Stück, der sich nicht verstellte, fast panisch eine äußere oder innere Verkleidung aufsuchte: Orlando, der von

Anfang an in das Bild des armen, gedemütigten jüngsten Bruders sich hinverkleidet, »vernarrt« in ein Leben im Abseits, und der, wiederum verkleidet, als potentieller Selbstmörder zum Ringkampf antritt. Celia, die sich ins Häßliche verkleidet, ein Aschenputtel, das sich zum eigenen Gefühl der Fremdheit (Aliena) namentlich bekennt und am Fluchtort auf Erlösung wartet. Rosalinde, die sich aus Angstlust vorm Manne in die Hosen träumt und damit unbewußt auch ihre heterosexuellen Wünsche erwischt. Jacques, der sich in eine schwarze, und Touchstone, der sich in eine bunte Jacke flüchtet – der eine war ein »Wüstling« und rettet sich, krank davon, doch liebesuchend, in die Rolle des melancholischen, intellektuellen Einsamen; der andre, närrischer Intellektueller und als solcher eh schon verkleidet, strauchelt wortreich ins Wüste, in die animalische Unzucht. Und Oliver verstellt sich zum Heiligen-Narren, um schlimmem Schicksal zu entgehen. Und Phöbe verliert sich im Abenteuer der Streitsucht, um dem Liebe-Alltag zu entgehen, und im Abenteuer des Augen-Blicks.

Ein Raritäten-Kasten

Goethe, der junge, hatte wohl nur zu sehr recht, als er Shakespeares Menschenanordnungen einen »Raritäten-Kasten« nannte und in der Rede »Zum Schäkespears Tag« des Dramatikers Regellosigkeit und das Chaos seiner Figuren als ein Ergebnis übergenauer Menschenbeobachtung verteidigte – noch gegen seine eigenen (späteren) Harmonisierungstendenzen. Manchmal, sagt er, schäme er sich vor Shäkespearen, denn aus ihm weissage die Natur, die »prätendierte Freyheit unseres Wollens« stoße in seinen Stücken »mit dem nothwendigen Gang des Ganzen zusammen« und nur unser »verdorbener Geschmack« lasse uns an der Natur seiner Charaktere Anstoß nehmen. Auch er wußte schon, daß es sich beim Shakespeare nicht um allgemein Menschliches handelt, das von den Nachlebenden nur reproduziert zu werden braucht, sondern daß uns da Verluste vorgeführt werden, Verluste an menschlicher Natur: »Wo sollten wir sie her kennen, die wir von Jugend auf, alles geschnürt und geziert, an uns fühlen, und an andern sehen.« Deshalb, so Goethe, der Protest »des sogenanndten guten Geschmacks« gegen die Natur von Schäkespears Menschen.

Die Clowns

Denn in Shakespeares Weltbild figurieren sie allesamt als Narren, als fools & clowns. Nicht nur die berufsmäßigen, die zur Narretei engagierten Narren; genausogut die Liebenden, genausosehr die Herrschenden. Ihre Närrischkeit liegt eben darin, *daß* sie lieben und darin, *daß* sie herrschen. Sie suchen ihre Identität und finden sich –: als Clowns. Sie tragen Masken und sind verkleidet, um ihr Spiel – das Leben – zu spielen. So ist ihre Natur. Sie sind – in keinem Stück des Welttheaters so sehr wie in »Wie es euch gefällt« – beständig auf der Flucht, vor den anderen und vor sich selbst. Es zieht sie wohin und wenn sie dort ankommen, dann hat der Ort eine verdammte Ähnlichkeit mit demjenigen, den sie verlassen haben. Sie finden – auch und gerade in dem, was der »Wald« heißt – keinen Frieden, sie bleiben Flüchtlinge, fühlen sich bedroht und trost-los. Fliehen sie vor einer alle bedrängenden Melancholie?

Melencolia

Dürers berühmter Stich ist ja das Gefühls-Signal einer Epoche, der auch Shakespeares Stücke sich verdanken. Im Augenblick, da die »Moderne« anbricht, der Mensch dem Mittelalter entweicht und sich anschickt, »aufgeklärter« zu leben, entsteht – Zeichen des historischen Bruchs – noch einmal: Stille. Eine Weltsekunde unheimlicher Ruhe und Nachdenklichkeit. Denn dem Aufbruch geht das Gefühl der Angst voraus. Die von der neuen Zeit Angesogenen verharren in einem Moment der Selbstbetrachtung, die Sonne der Zukunft wirft einen Schatten der Melancholie über die Menschen. In »Wie es euch gefällt« scheinen sie fast alle in diesen Kreis gebannt, nicht nur Jacques, der sich ja ganz in diese Gefühlslage eingegraben hat, dessen Bewußtsein vollständig durchdrungen ist von ihr – so sehr, daß er in der Mitte des Stücks gar einmal einen »Ausfall« wagt, eine (scheiternde) Flucht *aus* der Melancholie. Den anderen wohnt sie inne wie der Keim einer Krankheit, sie wissen nichts davon und sie können nicht darüber verfügen. Sie spielen – aber insgeheim werden sie gespielt. Der Bann einer historischen Wende macht sie irre, oder er lähmt sie. Nur die »Einheimischen«, die Schäfer (Silvius, Corin, William), sind frei davon. Die Aura ihres Naturzustandes gibt ihnen Sicherheit, einen Gestus von »natürlicher Philosophie«. Es sind diejenigen, über die die neue Zeit hinweggehen wird. Sie warten es gelassen ab, wenig neugierig auf deren Fortschritte. Sie wissen auch, was Liebe ist: Warten, Erprobung. Die närrische Ungeduld und panische Liebes-Betriebsamkeit der Zukunftsclowns ist ihnen fremd.

Außen, Innen

Dies alles – wie auch anders gegenüber dem Shakespeare? – sind nichts als Annäherungen. Mehr läßt er nicht zu; richtet, wenn man etwas zu erkennen vermeint von der Freiheit seiner Figurenentwürfe, neue Geheimnisse auf. Eine Aufführung, die ehrlich ist, wird also versuchen, »Löcher« zu lassen, Reste des Unaufgeklärten. Wir müßten denn, hat Goethe sinngemäß gesagt, uns gleichsam in einen neuen Schöpfungszustand begeben, wollten wir Shakespeare ganz verstehen. Das können wir nicht. Wir können nur wissen, daß er kein Illusionist war, sein Wald nicht ein Ort der lieblichen Märchen und der süßen Verzauberung, sondern ein unheimlicher traumatischer Hohlraum unsrer Innenwelt. Und daß die Liebe nicht eine zaubrische Himmelsmacht ist, sondern ein entsetzliches Gemenge aus Trieben & Ängsten & Wünschen & Wahn, und die Menschen sind dessen närrische, im Mondlicht sich verstolpernde Opfer. Die obligate Hochzeit am Ende schafft deshalb auch nicht eine heitere Auflösung, sondern stellt neue Rätsel.

(Programmhefte Münchner Kammerspiele, 1983)

Schwarzes Loch, kalte Sonne

Notizen zur Aufführung der
»Troerinnen des Euripides« von Werfel

»Der Zufall geht mir auf die Nerven« (Zeus).

Das Stück des Euripides spielt nicht »unter« Menschen. Es spielen Menschen »gegenüber« dem Universum. Und dieses spielt mit ihnen. Das verschafft ihnen »entsetzliche Freiheit« (Schiller). Ob sie sich als die Ameisen erweisen, die sie in den Augen der Götter sind, hängt ab vom Ausmaß der Würde und Lust ihres Gegen-Spiels. Ihr Pathos ist ihre Waffe. Sie machen sich aus ihrer Alleinheit ein Fest.

Etwas zu formulieren versuchen über die Würde des Weiter-Sprechens.
    Über die Würde der überlebenden, ihrer Heimat beraubten Körper.
    Das Pathos aufsuchen in der Beschädigung.
    Die Wörter buchstabieren. Nicht Psychologie mit ihnen transportieren, sondern die Aura der Affekte: Geheimnisse einer Untergangs-Situation, Harmonie des Kaputten.

Die Abbildung von Hoffnungen ist der ästhetische Ausweis eines grassierenden Zynismus. Der Krieg ist kein Märchen und keine Revue. Wir können nur das Psychogramm einer Katastrophe zeigen, die nackten Freiheitsbewegungen der Menschen darin, ihre Lust aufs Weitersprechen, Wörter als ihren letzten Besitz: die Beschädigungen des Menschen als Auszeichnungen, die er – vielleicht – annimmt.

Am Tag nach dem Ende: würden wir nur eine Reihe von Abschieden erzählen, möchte das im Angesicht eines Himmels, von dem Beckett gesagt hat: »Die Sonne schien über nichts Neues«, sentimental erscheinen. Es muß wohl auch erzählt werden, daß es keine Abschiede mehr gibt. Hekuba trennt sich nicht mit Worten, sondern mit »Stürzen« – Bewußtlosigkeiten, Verdämmerungen – von den Töchtern, und den einzigen Abschied, den von Andromaches totem Kind, bricht sie – als sinnlos ihn erkennend – vorzeitig ab, mitten in der Grablegung.

Sie sind alle ergriffen von der Sehnsucht nach einem schwarzen Loch, einem götterlosen. Kein Wunder: das Echo des Götterlachens aus dem am Beginn der Tragödie stehenden Satyrspiel gellt ihnen noch in den Ohren. Zeit, sich dem Spiel und Gegen-Spiel zwischen Göttern und Menschen, Menschen und Göttern zu entziehen: dann hätten auch die Götter ausgelacht.

Was ist ein Bote? Ein durchs Vermittlungssystem Geschundener, Zerrissener, zum Tode sich Laufender. Marathon als erste Metapher eines Endspiels. Die Würde des Boten, des »Herolds«, besteht nicht darin, daß er auch mal ein bißchen human ist, sondern daß er seine Wunden als Auszeichnungen trägt. Als Geschundener alpträumend, es möchte, was er zu sagen hat, alles gar nicht wahr sein: die Würde des Menschen bestimmte sich sonst ja nach dem Grad seiner Verkrüppelung – was ein Hohn der Götter!

Der Chor: er hat die größte, die Freiheit der Narren: da ihm alles private Empfinden durch eine formale Übereinkunft genommen ist, kann er sprunghaft, alogisch, wahnhaft auf den Wechsel der Geschehnisse reagieren, als deren Seismograph durch Ausschläge reagierend. Er darf, wenn's ihn »reißt«, anklagen, er darf singen, noch im Unseligen lachen, er trägt die kollektiven Ängste und Freuden und Sehnsüchte aus. Für die Protagonisten des Geschehens ist er eine Instanz, die wie ein Schatten- und Traumgebilde funktioniert, Reflex der eigenen Verstörungen, nicht aber in der Form von Einzelwesen.

»Wer aber hockt dort schwankend im Geträum der Nacht?« –: Es ist wohl Franz Werfels Verdienst, auf die Traumkomponente in des Euripides Stück so nachdrücklich aufmerksam gemacht zu haben wie sonst keiner der Übersetzer und Bearbeiter. Das mag, grotesk genug, daran liegen, daß er das Stück nicht nach einem

Krieg geschrieben hat, hoffend, nie wieder würde es so schlimm kommen, sondern: als Vor-Traum eines Untergangs, 1913, fürchtend, wie es werden soll.

So war er, den Text schreibend, in unserer Lage.

»Wir träumen Schmerz um Schmerz, und Schlaf heißt dieser Raum«: immer wieder drängt Werfel aus dem Text des Euripides hervor, was diesem innewohnt: ein Traumgeflecht, das alle Affekte der in den Untergangsstrudel hineingezogenen Personen erbarmungslos aus-agiert: wie in einem den Tag verarbeitenden Traum kreuzen sich da die kalten Vernunftbilder mit hysterischer Verfolgungsangst, wahnhaften und auch lächerlichen Phantasien, Versuche, den Schmerz nicht einfach loszuwerden, zu betäuben, sondern: zu überwältigen.

Nicht zu verkennen, daß dabei zuweilen auch Werfels Auseinandersetzung mit einem Christen-Gott mit ins griechische Spiel kommt. Da aber auch diese Suche sich zugleich als eine womöglich ausweglose noch reflektiert, mag sie vielleicht das Spiel komplizieren; sie betrifft dennoch auch uns, die sich den kalten Himmel, welchen das alles gar nicht interessiert, nicht mehr als den Olymp vorstellen können – aber noch immer einen Gott, den sein eigenes Würfelspiel anödet.

(Programmhefte Deutsches Schauspielhaus Hamburg, 1984)

Tschechow lesen
Versuch einer Sammlung zum »Kirschgarten«

Ein Spiegel-Reigen

Vor Tschechow versagt zunächst alle »Lesetechnik«, die wir erobert oder uns angewöhnt haben. Die herkömmlichen Entzifferungsraster passen nicht. Zeitweise scheint es gar so, als gäbe es bei Tschechow überhaupt nichts zu dechiffrieren, als seien die Figuren mit dem, *was sie aussprechen*, identisch. Dieses scheint dann als jeweilige Illusion rasch erkennbar, die Figuren als deren

Opfer, Gefangene also jener Sätze, mit denen sie einander verfehlen, weil sie – sprechend – immer nur sich selber denken.

Nun ist es durchaus so: sie arbeiten an der Vervollkommnung von Illusionen, indem sie ihre jeweils einzelnen Erfahrungen nicht an denen der anderen entwickeln oder reiben, sondern individuell verabsolutieren. Und sie täuschen sich um so mehr, je inniger sie zu sich selbst aufbrechen. Am Ende des »Kirschgartens« scheinen sie alle »befreiter« – aber befreiter wozu? Für den Fortschritt der Selbsttäuschung: ein Glücksverlangen, das sich in falschem Bewußtsein erfüllt.

Aber stimmt das – nur weil es so ist? Ist diese erste Lesart die umfassende? Und Tschechows Menschenbild wirklich so eng, wie es in einer solchen Interpretation, die auf dem Theater ja auch schon zu sehen war, erscheint; und die er selber, in manchen Aufzeichnungen und Briefen, und vor allem in der Auseinandersetzung mit Stanislawski, gefördert hat?

Warum denn schafft er so viele Spiegel-Paare: ein kompliziertes System von Reflektionsflächen, in dem, was die eine Figur tut, denkt, sagt, träumt und stolpert, vom Tun und Denken, vom Reden und Träumen und Stolpern einer anderen oder mehrerer gebrochen wird – um dadurch noch einmal eine andre Qualität zu erhalten und auf eine Meta-Ebene gehoben zu werden, die sich aller vulgären Verhaltenskritik an den Figuren verschließt?

Wir kommen seinem Menschenbild nur näher, wenn wir den Code entziffern, in den er es verschlüsselt hat: ein ironisches System von sozialen und erotischen Spiegelungen, von Brechungen des Widerscheins der einen Figur in einer ihr zugeordneten – ihr antwortenden oder sie verfehlenden oder sich ihr entziehenden – nächsten Figur, die wiederum im Licht von weiteren gesehen sein will.

Die musikalischen Ironien

Das Schnarchen: Da läßt der Dichter, der auch ein Arzt ist, einen alten Mann eine Schachtel Tabletten auffressen und gleich darauf an der poetischsten Stelle des Akts – zum erstenmal wird der

Kirschgarten beschrieben – die Begleitmusik schnarchen. Wahrscheinlich waren es Schlaftabletten.

Der ferne Klang: Da denkt der Gajew, weil er grad stolzierend über die Natur geredet hat, an einen Reiher; Lopachin, der sich für die Entwicklung der Produktivkräfte die Kraft von Giganten ersehnt, an einen Arbeits-Unfall; die Ranjewskaja, die schon das Haus über sich einstürzen fühlte, an etwas »irgendwie Unheimliches«. Vielleicht klang es wirklich nur so wie Trofimow sagt: wie ein Uhu? Oder ist auch er nur in der Stimmung dieses Vogels? Und keiner hat gehört, wie es wirklich war?

Firs' Geräusche: Er ist mit der Kaffeemaschine beschäftigt, sie zischt. Er trägt Selterwasser über die Bühne, vielleicht ist es ein Siphon, jedenfalls zischt es. Sein pausenloses Sprechen wird von der Sinnlichkeit der Geräusche, die sich aus seinen obsessionellen Tätigkeiten übertragen, beflügelt sein. Warum sagt uns der Dichter sonst: »Er bürstet Gajew ab, sehr eindringlich«; auch er ein von Geräuschen Besessener . . .?

Ton-Proben-Ironie: Das Geräusch beim Zerreißen der Telegramme. Trofimows Treppensturz. Das Zerkauen der Tabletten. Der zu frühe Einsatz der Äxte. Das Klicken der Billardkugeln. Das zerbrechende Queue. Firs' Kleiderbürste. Jepichodows Gitarre oder ist es eine Mandoline. Seine knarrenden Schuhe. Die zerbrechende Untertasse. Charlottas Bauchreden. Warjas Schlüsselbund. Der Husten konterkariert vom Gesang des Wanderers. Ein Mensch, der ein Poem vorträgt und von einem Tanzorchester übertönt wird. Das Kofferpacken. Etc.

Stille, Schweigen: Fast immer, bevor Firs auftritt. Manchmal auch nur sein Murmeln und Zischeln, ein strukturiertes Schweigen. Wenn ihnen für das, was sie sich ohnehin nicht zu sagen haben, auch noch die Worte fehlen. Bevor sie sich erinnern, wenn sie sich in der Gegenwart erschöpft haben. Wenn sie dazu stehen, daß sie einander selten zuhören. Gajew sagt dann immer: Wie? Was? Die Behauptung, Firs sei schwerhörig, die er selber gern unterstützt, muß bezweifelt werden. Eher wird es so sein, daß er als einziger das absolute Gehör hat.

Liebe: Wie man in ihr fast untergehen und dennoch nicht genug von ihr haben kann und sie verzweifelt sucht und wieder in sie hineinfällt und sie wahrscheinlich auf ein Neues verfehlt, ein letztes Mal? (Ranjewskaja). – Wie es ist, wenn man sie nie gehabt hat, schon von den Eltern nicht, und niemand sie bei einem sucht, weil man sie in sich selbst nicht mehr findet, ja, sich selbst gar nicht weiß (Charlotta). – Wie man über ihr steht, ihr entgeht und wie sie einem entgeht, weil die Kopfarbeit (Trofimow) oder die Ordnungsarbeit (Warja) oder die Geldarbeit (Lopachin) eine Konzentration schaffen, die der Liebesarbeit keinen Raum läßt. – Wie man gierig sie sucht und sie nicht festhalten kann, den einen verpassend, vom andern Mann versetzt (Dunjascha). – Wie man lächelnd ihr Scheitern erträgt (Jepichodow), auf Karriereschritten mit ihr spielt (Jascha), statt ihrer Kandiszucker lutscht und die Nichte zur Guten Nacht küßt (Gajew) und wie sie einem noch kein Problem ist (Anja). – Und wie man tatsächlich »über« ihr steht: Firs, von dem wir doch annehmen dürfen, daß er sich, wie die Greise Samuel Becketts, am Ende seiner alten Liebe erinnert. Der einzige Glückliche?

Geld: Ich kann alles bezahlen, sagt der eine und schmeißt einen Leuchter zu Boden, die Welt ist käuflich. Ich brauche kein Geld, sagt der andre, ich habe grade etwas für eine Übersetzung bekommen, und da lügt er wahrscheinlich, er verachtet es, denn die Zukunft sollte die Geld- und Zinsverhältnisse abschaffen. Ich schmeiße es immer hinaus, ich kann nicht anders, sagt die eine, weil sie gewohnt war, daß immer was da ist. Ich ginge in ein Kloster, dann wäre ich frei vom Geld, nur: das wenige zur Reise dorthin, das habe ich nicht, sagt die andre. Habt ihr die Hypothekenzinsen bezahlen können, fragt die Jüngste, denn über diese Art von Abhängigkeiten weiß auch sie schon Bescheid. 6000 Rubel im Jahr, eine magische Zahl für den Onkel, wie lächerlich die Summe auch sein mag. Und einer pumpt und pumpt, auch das hilft nichts, er denkt daran, Falschgeld zu drucken, hofft auf den Lotteriegewinn, und als ihm die Rubel in den Schoß fallen, trifft ihn fast der Schlag. Auf einer Versteigerung kulminiert die

Geld-Not aller; wie nach einer Explosion müssen im vierten Akt danach alle neu anfangen, sich neu orientieren. Ein Aufbruch.

Arbeit: Eine Neuordnung der Arbeitsverhältnisse findet statt, die Leibeigenschaft – sichere Orientierung damals – ist längst aufgehoben, aber nicht alle haben schon die Konsequenzen daraus gezogen. Auch nicht aus der neu anfallenden Arbeit, die beim Wachsen der Städte, bei der Erschließung des Bodens, bei der Entwicklung der Verkehrs- und Nachrichtenmittel entsteht. Die Bahn- und Postbeamten werden noch nicht ernstgenommen, ein Bankbeamter ist doch nichts für einen Adligen, selbst ein Buchhalter mit Malheur steigt freilich jäh zum Verwalter auf, die Gouvernanten werden allerdings, wenn die Kinder aufs Gymnasium gehen, nicht mehr gebraucht und arbeitslos, die jungen Lakaien setzen auf die Großstädte, dort entsteht eine Bohème, in der man unterkommen wird, und wer wirklich nichts als Arbeiten gelernt hat, der geht in den bürgerlichen Haushalt. Die Kellner warten auf die letzten Trinkgelder, die Musiker arbeiten auf den Abschiedsfeiern, die Spekulanten auf den Versteigerungen, die Philosophen und die Studenten an den Entwürfen für die Zukunft, die Arbeiter mit der Axt.

Nur eben: an der Liebe zu arbeiten haben sie alle versäumt, und weder die *mit* noch die *ohne* Geld können sie sich kaufen.

Das ist das ganz »einfache« Zeichen-System, unter das Anton Tschechow seine Menschen im »Kirschgarten« gestellt hat. Ein ironischer Code, aus den Ohnmachten und den scheinbaren Machten gepuzzelt, die er ihnen im Verhältnis zu Liebe, Geld, Arbeit zuschreibt. Können wir ihn dechiffrieren?

Ach ja, und der Tod. Es ist ziemlich viel gestorben worden in den Familien der beteiligten Figuren; immer wieder wird das Sterben leitmotivisch erwähnt. Und daß sie älter werden oder geworden sind, werfen sie sich gegenseitig mehrmals vor. Am Schluß freilich heißt es mal: Du bist jünger geworden, oder: Deine Augen funkeln. Da scheint es, als verjüngten sie sich noch einmal. Es geht auf eine Reise. Für jeden wegwohin.

Auch für den der bleibt, Firs. Vielleicht zieht er als einziger auch hierin den Joker?

Dreimal Telegramme aus Paris. Das erste wird ihr gebracht, sie zerreißt es mit großer Geste. Das zweite zieht sie wie von ungefähr aus ihrer Tasche, zerreißt es. Das dritte läßt sie zu Boden fallen, man hebt es ihr auf, sie steckt es ein. Phasen der scheiternden Flucht vor »Paris«, dem Liebhaber.

Das Gurken-Motiv. Jaschas »O du kleine Gurke du!« zu Dunjascha, wenn er sie küßt. Charlottas Gurke, in die sie hineinbeißt: »Woher ich stamme und wer ich bin, das weiß ich nicht.« Und die Parodie auf diese Nöte – Firs über Simeonow: »Der Herr haben in der Osterwoche ein halbes Faß Salzgurken verspeist.«

Geld-Schlaf. Zweimal schläft er ein, immer dann, wenn er vom Geld redet, das ihm fehlt. Erst als er's endlich hat, im letzten Akt, da fängt das »Roß« Simeonow hellwach an zu galoppieren. Den Seinen gibt's der Herr im Schlaf.

Warja trifft. »Dem hätt ich's gegeben« sagt sie, als Lopachin im ersten Akt im falschen Moment die Tür aufmacht und »Mäh« ruft. Während des Tanzabends trifft sie mit dem Stock den Falschen, aber instinktiv den Richtigen. Am Schluß schwingt sie halb lachend einen Schirm: »Aber, aber . . . es war doch gar nicht meine Absicht.« Stationen, eine »unmögliche« Beziehung zu verarbeiten.

Gott und Geld. Im ersten Akt wird er von Anja und Warja angerufen, weil kein Geld mehr da ist. Im zweiten von der Ranjewskaja, als sie fühlt: sich und ihr Geld verschwendet zu haben, das möchte Sünde gewesen sein. Schließlich von Lopachin, als die Finanzen geregelt sind.

Die geliebten Toten. Lopachins Vater. Ranjewskajas Sohn Grischa. Ihr Mann, der sich zu Tode getrunken hat. Die wollen überwunden werden.

Die namenlosen Toten. Die alte Kinderfrau ist gestorben: keiner hört hin, wenn Gajew das berichtet. Die toten Augen der Leibeigenen in den Kirschbäumen: nicht einmal Anja versteht, was Trofimow da bewegt. Und der krepierende Firs, der schon zu lange lebt, den alle vergessen.

Kinder-Schuhe. Die gelben des neureichen Kaufmanns Lopachin. Die grotesk knarrenden des unglücklichen Buchhalters. Die dreckigen Galoschen des relegierten Studenten. Und wie um einen Witz zu machen, fügt Tschechow diesen drei Paar Schuhen im letzten Akt ein viertes zu, das aber offenbar niemandem gehört. Charlotta nimmt es an Kindes Statt an.

Anjas Liebe. Zum erstenmal begegnet sie dem Studenten im Schlaf, da mag sie sich in ihn verlieben, wir wissen es nicht. Beim zweitenmal »agitiert« er sie, vor soviel Lernen kommt's zu keiner Liebe, jedenfalls wissen wir's nicht. Im dritten Akt fällt Petja vor ihren Augen die Treppe hinunter, ein scheuer Tanz zwischen den beiden ist der erste der Abschiede, die alle andern erst im vierten Akt vollziehen. Da laufen diese beiden nurmehr aneinander vorbei.

Die möglichen Liebhaber. Für Ranjewskaja: Lopachin, der versucht, es zu formulieren; Trofimow, dem versucht sie es anzudeuten; Jascha, der es vielleicht ist. Für Warja: Lopachin, aber das könnte beiden so passen; Trofimow, aber sie stehen ja beide über der Liebe; oder einer von denen im Gesindehaus, mag sein ein Landstreicher, ein Wanderer. Für Charlotta: der Buchhalter Semjon, deshalb muß sie ihn für häßlich erklären; der verschuldete Simeonow, mit dem redet sie aus dem Bauche; der Millionär Lopachin, da tut's am Ende auch ein Arbeitsplatz. Und Dunjascha? Ihr schwimmen alle Männer, im sozialen Aufstieg begriffen, davon: Lopachin hat seine Klasse, die gleiche wie Dunjaschas, längst verlassen; Jascha tut es grad auf seine Weise; und Jepichodow, zu lange verschmäht, steigt zum Verwalter auf. Das Aschenputtel kriegt nicht einmal den Unglücksraben: wieder eine dieser Ironien des Dichters.

Firs' Freiheit. Die erste Rede: wie man die Kirschen eingemacht hat; da gab es Rezepte in der Vergangenheit. Die zweite Rede: wie man wußte, wohin man gehört; das war die Freiheit in der Vergangenheit. Die dritte Rede: wie man mit Siegellack alles kurierte; da gab es Gesundheit in der Vergangenheit. Der Rest ist Schweigen, da reden schon die Äxte.

Und Gajews Reden. Die erste phantasiert über einen hundert Jahre alten Bücherschrank, Sinnbild von Kultur und Tradition. Die zweite über die Möglichkeiten und Unmöglichkeiten, nach dem Verlust von Kultur, Geld beschaffen zu müssen. Die dritte phantasiert sich dorthin, wo man weder Kultur noch Geld braucht: in die Natur. Zur vierten setzt er nur noch an, da unterbrechen sie ihn schon: Aber Onkelchen!

Wie man Kapitalist wird. Im ersten Akt Lopachins ökonomischer Entwurf. Im zweiten sein flehentliches Werben, man möge sich seine Ideen nutzbar machen. Im dritten tut er's, weil keiner auf ihn hört, für sich selber.

Gajew im ersten Akt: »Somit werden wir die Sache von drei Seiten anpacken.«

Lopachins Abschiede. Ein artiger im ersten Akt, da reicht er allen die Hand. Ein verunglückter im zweiten, da kehrt er auf dem Absatz um. Im vierten Akt eine sympathetische Neigung im letzten Moment (zu Trofimow), die andern drängt er mit Zeitansagen aus dem Haus. Im dritten Akt kein Abschied: da müssen sie alle auf ihn warten.

Der Mann in Paris. Als sie sich endlich zu ihm bekennt, sie hat das dritte Telegramm grad wieder vom Boden aufgehoben, da sagt sie's gleich dreimal: Ich liebe. Ich liebe ihn. Ich liebe ihn.

Der Witz des Doktor Tschechow. Zuerst: Medizin schadet nicht, aber sie nutzt auch nichts. Später: Mag sein, daß Siegellack hilft. Schließlich: der Tod, der kommt. Aber wie sagt Trofimow: Woher wissen wir, daß wir sterben?

Sterbens-Orte. Ein ehemaliges Kinderzimmer, das im letzten Akt zum Sterbezimmer (für Firs) wird. Ein ehemaliger Friedhof, in der Nähe ein Fluß, der an den Tod eines Kindes gemahnt. Ein Saal in einem todgeweihten Haus mit einer Musikkapelle, die es längst nicht mehr geben dürfte. Und da, bereits im dritten Akt, sterben die Liebenden allesamt ab.

Drei Karten. Denken Sie sich eine Karte, sagt Charlotta. Und Simeonow, der grade so sehr »unten« ist, daß er an Nietzsche denkt und daran, Falschgeld zu drucken, denkt sich die Acht, die Auferstehung (einen Akt später wird er sie erleben). Und bei Trofimow liegt, wie auch anders, nachdem gemischt wurde, die Karte des Todes oben, und dann wird neu gemischt und Simeonow zieht – der Mann, der keine Frau mehr braucht – ironischerweise die Herz Dame. »Eins, zwei, drei«, sagt Charlotta, immer wenn sie zaubert.

Du Nichtsnutz. Firs sagt es zu allen drei Dienern des Stückes: zum Mädchen Dunjascha, zum Lakaien Jascha und schließlich – sein letztes Wort – zu sich selbst.

Versteigerungen. Eine Villa in Menton wurde versteigert, beim Tanzabend wird ein Tuch versteigert, dann kommt die Nachricht, daß das Gut versteigert worden ist.

Schlaganfall. Zwei Schlaganfälle habe er schon hinter sich, sagt Simeonow stolz im dritten Akt. Ob ihn der dritte noch erwischt, ehe er beim letzten seiner Schuldner angekommen ist? Schon beim letzten Auftritt im vierten Akt hat man Angst, das Glück könnte ihn ereilen.

Übrigens: Drei Billardkugeln.

Die Abwesenden.
In der Reihenfolge ihres Auftretens

Warjas Eltern? Darüber wird überhaupt nicht geredet, sie ist ganz einfach die »Pflegetochter«. Man hat vermutet, sie sei womöglich die uneheliche Tochter von Ranjewskajas erstem Mann. Möglich wär's.

Lopachins Vater. Er war ein Säufer. Ein ungebildeter Mensch, ein »Bauer«, wie man so sagt. Den Sohn hat er geschlagen, der kommt mehrmals darauf zurück, denn mit einer blutenden Nase ist er der Ranjewskaja zum erstenmal begegnet. Den Triumph des Sohnes, auf dessen Weg er ihn geprügelt hat, erlebt er nicht mehr, der Sohn beweint das.

Der Gärtner, der den Fliederstrauß schicken läßt, den vielleicht aber Jepichodow selber – für Dunjascha – gepflückt hat.

Der alte Abbé im fünften Stockwerk in Paris, Ranjewskajas Behausung. Was hat der vorgelesen aus seinem »Brevier« in einem vollgerauchten Zimmer unter Damen?

Die Kellner, am Bahnhof in Paris, die die großen Trinkgelder von Ranjewskaja kriegen.

Dunjaschas Vater. Sie nennt stolz seinen Namen: Fjodor Kosojedow.

Ranjewskajas verstorbener Mann, der Vater Anjas. Ein Rechtsanwalt, also war es eine Mesalliance. Er hat sich, vor sechs Jahren, mit Sekt zu Tode gesoffen.

Grischa. Der ertrunkene Sohn, wie ein Gespenst geht er durchs Stück. Trofimow, an seinem Tod als seinerzeitiger Erzieher wohl nicht ganz unschuldig, immer in der »Gefahr« an seiner Statt von Ranjewskaja angenommen zu werden, ein Pflegesohn.

Ranjewskajas Vater und Großvater. Lopachins Vater war noch deren Leibeigener, er erwähnt es wie eine Familienbande.

Die alte Kinderfrau. Die ist gestorben. Gajew läßt die Mitteilung lakonisch fallen, Ranjewskaja hört nicht einmal hin, obwohl es doch die Amme Grischas und Anjas gewesen sein muß.

Der schielende Petruschka, der in die Stadt gezogen ist und jetzt beim Polizeimeister dient. Landflucht.

Simeonows Tochter. Die Daschenka besitzt ein Los, damit kann sie 200 000 Rubel gewinnen. Sie liest den Nietzsche. Sie läßt viel grüßen. Immer wenn er nicht mehr weiter weiß, fällt ihm die Tochter ein.

Die selige Mutter. Ranjewskaja meint sie im Garten zu sehen, in weißem Gewande – Projektion eines der weißen Kirschbäume oder Reflex auf die kurz vorher durchs Zimmer gegangene weiße Charlotta?

Das Bauernweib, das zu Trofimow »Räudiges Herrchen« gesagt hat. Am Verbannten wird auch noch der Ort, in den er sich flüchtet: der eigne Körper, kritisiert.

Jaschas Mutter. Sie sitzt seit Stunden wartend in der Gesindestube, um den zurückkehrenden Sohn zu begrüßen. Den widert das an.

Die Tante Gräfin aus Jaroslawl. Sie ist noch reich, aber geizig, und Geld rückt sie nicht raus, weil die Standesehre befleckt worden ist. Nur für Anja hat sie schäbige 15 000 übrig. Man macht sich über sie lustig.

Gajews Bekannte in der Kreisstadt, Bankiers, Generale. Gibt es sie, oder sind es Hirngespinste, wie seine Schwester behauptet? Immerhin kriegt er am Ende den mager bezahlten Posten bei der Bank.

Die Bauern. Der Bauer liebt mich, sagt Gajew, der an seiner

Liberalität lächerlich Zerbrechende. Aber daß sie sich zumindest von ihm verabschieden, läßt sich nicht bestreiten; am Schluß hört man ihre Stimmen.

Die Dienstboten im alten Gesindehaus. Warjas Arbeitswelt. Vielleicht auch mehr. »Jefimuschka, Polja, na und auch Karp . . . der Schafskopf, der.«

Charlottas Eltern. Wer sie waren, reisende Schausteller auf Jahrmärkten, sie weiß es nicht – vielleicht waren sie nicht einmal verheiratet.

Die Kellner im Restaurant in Charkow, mit denen Gajew über Literatur redet. Groteske Indizien des Verfalls.

Der reiche Deriganow, der das Gut ersteigern will. Es gibt schon Spekulanten, bevor Lopachin seine Ideen entwickelt.

»Dann lernte ich einen anderen lieben«. Erst in der Mitte des zweiten Aktes wird Ranjewskajas Liebhaber zum erstenmal erwähnt! Das Telegramm im ersten Akt war noch namenlos.

Das jüdische Orchester. Hört sie es im zweiten Akt wirklich? Lopachin hört da nichts. Auf jeden Fall spielt es auf der Beerdigung.

Jegor, dem man angeblich den Auftrag gegeben hat, Firs ins Krankenhaus zu schaffen.

Ferner:

Nietzsche, ein Philosoph

Thomas Henry Buckle, Verfasser von »Geschichte der Zivilisation Englands«

Die Schauspieler in dem Stück, das Lopachin gesehen hat; offenbar war es »Hamlet«

Die Engländer, die auf Simeonows Grund weiße Tonerde finden

Der junge Mann im Eisenbahnwagen, der Simeonow mit einem weiteren Philosophen bekannt macht

Snoikow und Kardamonow, bei denen Simeonow noch Schulden hat

Die Ragulins in Jaschnowo, zu denen Warja in Stellung geht

Die Professoren in Moskau, die auf Trofimow gewartet haben

Und:

Die Spinne und die Küchenschabe, die Jepichodow sieht
Die toten Augen der Leibeigenen, die Trofimow sieht
Die Arbeiter, die die Kirschbäume fällen

(Programmhefte Münchner Kammerspiele, 1983)

Danksagung

Ich benutze gern die Gelegenheit, einigen Lehrern, Beratern, Mitarbeitern und Freunden jenen Dank zu sagen, der ihnen am Zustandekommen dieser Arbeits-Biographie zukommt.

Den früh verstorbenen, verehrungswürdigen Kritiker-Essayisten Albert Schulze Vellinghausen, für dessen Sammlung von Theaterberichten ich als Anfänger die Korrekturen lesen durfte, erreicht er nicht mehr; von ihm war zu lernen, wie man Theater als ein Untersuchungsfeld begreift, auf dem ästhetische Neugier sich laben, sich wundern und sich verirren darf.

Jetzt kommen die Hannoveraner, die Landsleute: Vom ollen Herbert Ihering war zu lernen, daß Theater auch anderes kann, als die ästhetische Neugier zu befriedigen; daß es – als Ensemble zusammenwirkender politischer Wesen – im schönsten, selten eintretenden Falle, gesellschaftliche Hoffnungen wecken kann.

Und Henning Rischbieter, der Iherings Fleiß, dessen Liebe und Genauigkeit – auch dessen Sprödigkeit – weiterführt, er hat mir das Schreiben und das Redigieren beigebracht. Seine durch nichts zu erschütternde sture Theaterdickschädeligkeit imponiert mir seit 25 Jahren.

Der hannoversche Freund Adam Seide zeigte mir Ende der fünfziger Jahre in seiner Galerie die richtigen Bilder: Schumacher, Girke, Mack, Piene, Uecker, da kannte man die noch kaum; und die Essays von Alain und Fabri, die man heute immer wieder mal im Ramsch erwerben kann.

Helmut Henrichs, der verstorbene Intendant des Residenztheaters in München, hat mich dann ans Theater geholt. Ich bin ihm dankbar dafür. Seine heimliche, unberedte Liebe zu Schauspielern beobachten zu können, war eine wichtige Erfahrung.

Hans Lietzau. Er ist verantwortlich dafür, daß ich seit zehn Jahren inszeniere: Warum machen *Sie* es nicht, sagte er im Flugzeug zwischen Berlin und München, als er Becketts »Not I«

gelesen hatte. Ihm verdanke ich soviel wie alle, die meinten, sich deshalb auch immer wieder mit ihm verstreiten zu müssen.

Hans-Reinhard Müllers Ehrgeiz, anderen zur Entfaltung ihrer Talente zu verhelfen, hat mir, während seiner Intendantenzeit in München, die bisher geschlossenste und produktivste Arbeitsphase ermöglicht. Daran waren Johannes Schütz mit seiner Bühnenphantasie, Hans-Günter Martens mit seiner jahrelangen skeptischen Unterstützung, Hans von Uslar mit vielen liebevollen Probenbesuchen und dem Mut, den er einem Ensemble machte, und Rosemarie Koch, die Dramaturgin, mit ihrer Arbeit und ihrer Freundschaft, beteiligt. Und Dieter Dorn.

Stellvertretend für alle Schauspieler, von denen etwas zu lernen war, möchte ich mich vor Dieter Borsche verneigen. Wir haben einige Hörspiele zusammen gemacht, es war eine Zeit, wo er nurmehr behindert sich bewegen konnte und ganz hineinkriechen wollte in seine Erfahrungen über die Bewegung der Sprache; er ist dann gestorben.

Diejenigen, die für so manchen Text dieses Buches mit ihrer Phantasie einstanden, nicht zu vergessen: die Schade, Rath, Mangold, Freier, Affolter, Nüsse; dann Boysen, Manteuffel, Kirchner, Schwientek, Wessely, Lause, Roggisch . . . einige von denen, die ihre Nerven zu Markte getragen haben.

Wichtige Beiträge dieses Bandes wären ohne die Anregungen und die redaktionelle Begleitung von Hans Bender (Akzente), Christian Gneuss und Wend Kässens (NDR), Joachim Werner Preuß (SFB) und Peter Hamm (BR) nicht entstanden.

Sämtliche Texte sind zuerst auf einer Schreibmaschine meines Vaters, Modell »Erika« 1932 von der A. G. Naumann vorm. Seidel & Naumann-Dresden, geschrieben worden.

Denen, die das Klappern der Tasten und das Schweigen dazwischen ertragen / nicht ertragen haben, bringt ein Dankeschön wenig; es sei trotzdem riskiert.

e. w., August 1984